Vorbild ?!

mit den besten Wünschen
zum 27.7.83

Ihre Altensteins

SFV

Rose Fitzgerald Kennedy

Alles hat seine Stunde

Meine Lebenserinnerungen

S. Fischer

Aus dem Amerikanischen von Hans Jürgen Baron von Koskull

Die amerikanische Originalausgabe erscheint unter dem Titel
»Times to remember« bei Doubleday and Co., Inc., Garden City, New York
Deutsche Ausgabe:

Umschlagentwurf Eberhard Marhold
Satz und Druck Georg Wagner, Nördlingen
Einband Hans Klotz, Augsburg
Printed in Germany 1974
ISBN 3 10 039301 5

Laß dich über die Leere des Erfolgs nie hinwegtäuschen, Errungenschaften sind ein Nichts, Plackerei ist Elend. Und so... Erhalte dir das Verlangen, weiter vorzudringen, jenen Schmerz in der Seele, der uns über uns selbst hinausträgt.

Schau nicht zurück, und träume nicht von der Zukunft. Beides wird dir die Vergangenheit nicht zurückgeben noch deine anderen Tagträume erfüllen. Deine Pflicht, dein Lohn – – dein Los – – sind *hier* und *jetzt*.

Dag Hammarskjöld

Danksagung

Den folgenden Persönlichkeiten danke ich aufrichtig für die Ratschläge, die sie mir zu meinem Buch gegeben haben.
Zwar habe ich ihren Rat und ihre Hinweise angenommen, doch für die Darstellung meiner Lebenserinnerungen bin allein ich selbst verantwortlich.
Gertrude Ball, Robert Coughlan, Senator Edward M. Kennedy, Ethel Kennedy, Joan Kennedy, Pat Lawford, Jacqueline Onassis, Sandy Richardson, Jay Sanderson, Jean Smith, Stephen Smith, Eunice Shriver, R. Sargent Shriver.

Alles hat seine bestimmte Stunde,
 jedes Ding unter dem Himmel hat seine Zeit.
Geboren werden hat seine Zeit,
 und Sterben hat seine Zeit.
Pflanzen hat seine Zeit,
 und Ausreißen hat seine Zeit.
Töten hat seine Zeit,
 und Heilen hat seine Zeit.
Einreißen hat seine Zeit,
 und Bauen hat seine Zeit.
Weinen hat seine Zeit,
 und Lachen hat seine Zeit.
Klagen hat seine Zeit,
 und Tanzen hat seine Zeit.
Steine wegwerfen hat seine Zeit,
 und Steine sammeln hat seine Zeit.
Umarmen hat seine Zeit,
 und Sichmeiden hat seine Zeit.
Suchen hat seine Zeit,
 und Verlieren hat seine Zeit.
Behalten hat seine Zeit,
 und Wegwerfen hat seine Zeit.
Zerreißen hat seine Zeit,
 und Nähen hat seine Zeit.
Schweigen hat seine Zeit,
 und Reden hat seine Zeit.
Lieben hat seine Zeit,
 und Hassen hat seine Zeit.
Der Krieg hat seine Zeit,
 und der Friede hat seine Zeit.

Der Prediger Salomo ist eines meiner Lieblingsbücher im Alten Testament, und es war auch eines der Lieblingsbücher meines Sohnes, des Präsidenten John F. Kennedy. Einige dieser Verse wurden bei seiner Beisetzung im Jahre 1963 verlesen.

Rose Fitzgerald Kennedy

1. KAPITEL

Es hat Zeiten gegeben, in denen ich glaubte zu den glücklichsten Menschen der Welt zu gehören, fast als sei ich von der Vorsehung, vom Schicksal oder von der Bestimmung – wie man das auch nennen mag – besonders begünstigt worden.
Jetzt bin ich über achtzig Jahre alt und habe die schrecklichsten und die schönsten Zeiten erlebt. Ich kann die tragischen Ereignisse weder vergessen noch mich mit ihnen aussöhnen. Aber das Alter hat seine Vorzüge. Der eine muß sich erinnern, und der andere darf sich die Dinge aussuchen, an die er sich erinnern will. Ich ziehe es vor, mich an die glücklichen Zeiten zu erinnern, und mit ihnen beginnt auch dieses Buch.

Bevor ich mit der Arbeit an diesem Buch begann, mußte ich mir einige schwer zu beantwortende Fragen stellen. Die erste lautete: »Weshalb soll ich es tun?«, die zweite hieß: »Wenn ich es tue, in welcher Form soll es geschehen? Welches ist die beste Methode?« Ich glaube, jeder, der das Buch liest, hat das Recht zu wissen, wie ich mir diese Fragen beantwortet habe.
Jeder, der seine Memoiren oder eine Autobiographie schreibt, muß davon ausgehen, daß er in irgendeiner Weise ein besonderer Mensch ist, der über ein besonderes Wissen oder besondere Erfahrungen verfügt, oder in anderer Weise etwas Einzigartiges und Wertvolles zu geben hat. Wäre das nicht so, dann gäbe es in der Geschichte und in der Literatur nicht den großen Schatz wertvoller (und weniger wertvoller) Werke, die uns einen Einblick in vergangene Zeiten geben und vom Schicksal der Menschen und Gesellschaften berichten.
Einer der Gründe dafür, daß ich dieses Buch geschrieben habe, ist der Wunsch, falsche Vorstellungen zu berichtigen. Man hat

über unsere Familie und ihre einzelnen Mitglieder unendlich viel geschrieben, doch das meiste davon enthält bestenfalls Ungenauigkeiten, Mißverständnisse und falsche Interpretationen, wenn nicht gar unwahre, verleumderische oder verlogene Geschichten von erschreckendem Niveau, die leider oft mit geschichtlichen Darstellungen verwechselt werden. Ich habe lange versucht, das alles zu ignorieren, und zwar sowohl die versehentlichen als auch die vorsätzlichen falschen Darstellungen, denn hätte ich mich darum gekümmert, so hätte ich einfach verzweifeln müssen. Die Flut dieser Schriften war zu groß. Ich glaube auch, solange die Kennedys im politischen Leben oder in den Augen der Öffentlichkeit eine Rolle spielen, wird es an ähnlichen Entstellungen und Verzerrungen auch in Zukunft nicht fehlen. Ich kann mich damit beim besten Willen nicht auseinandersetzen; doch ich kann mit diesem Buch wenigstens eine wahrheitsgetreue, den Tatsachen entsprechende Darstellung geben und damit meiner Familie und den Historikern einen Dienst erweisen.
Was nun die zweite Frage nach der besten Methode, ein solches Buch zu schreiben, betrifft, so war ich mir nicht sicher, bis sich dieses Problem zu meiner großen Erleichterung fast von selbst zu lösen begann. Ich besaß noch meine Tagebücher, die ich seit unserer Zeit an der Botschaft in London einigermaßen gewissenhaft geführt hatte, und verschiedene andere im Lauf der Jahre gemachte Aufzeichnungen, die, wie ich glaubte, zum Teil recht brauchbar waren, ferner meine »Zitatenbücher«, in denen ich Zitate, interessante Aussprüche, treffende Wendungen, Predigten, philosophische Gedanken und Aphorismen für die Verwendung in Wahlkämpfen, in öffentlichen Reden und bei sonstigen Gelegenheiten gesammelt hatte. Dazu kamen Notizbücher, Zeitungsausschnitte, Notizzettel, Fotografien und ähnliches, sowie eine Sammlung von Privatdrucken über die Familie Kennedy, die zum Teil von Angehörigen der Familie geschrieben waren. Und doch schien mir dieses ganze Material noch nicht zu genügen, um dem Thema gerecht zu werden. Denn da es keine umfassenden Fami-

lienerinnerungen aus der Feder meines Mannes oder eines der Kinder gibt, würde dieses Buch das bisher einzige sein, das von einem Angehörigen der Familie Kennedy über die Kennedys geschrieben wurde, und das bedeutete eine große Verantwortung.
Zur Ergänzung, und um damit einen glücklichen Abschluß für dieses Kapitel zu finden, möchte ich ein Gerücht über die Kennedys erwähnen, das durchaus der Wahrheit entspricht. Es besagt, daß die Kennedys einander helfen und daß aus dem Vorhaben eines jeden einzelnen meist ein Familienprojekt wird, an dem jeder mitarbeitet. Meine Familie hat mir geholfen und dabei Zeit geopfert, Energie aufgebracht und sorgfältige Nachforschungen betrieben; sie hat mich mit Aufmerksamkeit, Fürsorge und ermutigenden Worten unterstützt, nachdem ich sie mit meinem Vorhaben und den Problemen, denen ich mich gegenübersah, bekannt gemacht habe; ich habe sie um Briefe, Notizen oder andere Aufzeichnungen gebeten, die dazu beitragen könnten, Lücken auszufüllen, und Episoden vielseitiger und lebendiger zu schildern. Schließlich habe ich sie gebeten, auf ein Tonbandgerät über mich und unser Familienleben zu sprechen und dabei zu schildern, wie es unter den verschiedensten Umständen gewesen sei.
Ich sagte ihnen, ich werde nun immer älter, und es falle mir schwer, mich noch genau an längst vergangene Ereignisse zu erinnern. (»Guter Gott!« sagte meine Schwiegertochter Ethel, »du willst dich daran erinnern, was vor zwanzig oder dreißig Jahren geschehen ist? Ich kann mich oft nicht einmal mehr daran erinnern, was gestern nachmittag geschah.«)
Nachdem ich um Mithilfe gebeten hatte, kamen plötzlich viele hundert Briefe zum Vorschein und dazu Dutzende von Erinnerungsstücken aus der Kindheit; Glückwünsche zum Valentinstag, Weihnachtskarten, kindliche Schreibversuche aus der zweiten Vorschulklasse, lyrische Versuche aus der vierten Klasse, und das meiste davon hatte ich längst vergessen, sosehr mich diese Dinge seinerzeit auch erfreut haben mochten.

Sie waren auch gern bereit, ihre Erinnerungen an mich und an unser Leben auf Band zu sprechen, und so standen am Schluß viele Tonbänder zur Verfügung, deren Inhalt anschließend zu Papier gebracht wurde. Für mich besitzen diese Unterlagen und Bänder einen unschätzbaren Wert, nicht nur als Gedächtnisstützen, sondern auch als »Gegenerinnerungen«. Ich habe meine eigenen besonderen Erinnerungen an die Familie, an unsere Freunde und an mich selbst in einer Landschaft der Kennedys, und immer unterscheiden sich die Erinnerungen der anderen irgendwie von den meinen. Das ist nützlich, hilft mir, Irrtümer richtigzustellen, ist lehrreich und faszinierend. Obwohl ich nicht immer der gleichen Ansicht bin, habe ich dennoch viele dieser »Gegenerinnerungen« in meinem Buch verwertet, wenn sich das aus dem Zusammenhang ergeben hat. Ferner habe ich zahlreiche Briefe vollständig oder auszugsweise in den Text eingeblendet. Dadurch erhalten diese Memoiren neue Dimensionen und Einsichten. Die Briefe und Tonbandaufnahmen waren das, was mir – wie ich heute glaube – für mein Vorhaben noch fehlte. Mein Buch sollte historisch wahr sein, aber man sollte den Atem des Lebens darin spüren.
Emerson schreibt: »In Wirklichkeit gibt es so etwas wie Geschichte überhaupt nicht, sondern es gibt nur Biographien.« Soweit mir meine Darstellung gelungen ist, ist dies also eine Biographie über die Kennedys, die das Leben dieser Familie von den verschiedensten Seiten beleuchtet; in ihrer Umwelt, in ihrer Menschlichkeit, in ihrem Wesen und in ihrem Schicksal. Vielleicht werden es Historiker lesen, aber mir ist wichtiger, daß es alle diejenigen lesen, denen die Kennedys etwas bedeuten und die sich dafür interessieren, was die Mitglieder unserer Familie im öffentlichen Dienst für ihr Land zu tun versucht haben.
Bei aller Hilfe, die mir von so vielen Menschen zuteil geworden ist, und bei all meinem Dank, der in die verschiedensten Richtungen geht, bleibt es mein Buch. Es enthält meine persönlichen Erinnerungen, besonders die Erinnerungen an meine Kinder und

meine eigenen Gedanken, Grundsätze und Ziele, die ihre Erziehung bestimmt haben.
Was ich ihnen weitergeben konnte, und zwar in einem nicht genau bestimmbaren, aber doch wesentlichen Ausmaß, war natürlich das, was ich von meinen Eltern empfangen habe – und sie wiederum von ihren Eltern.

2. KAPITEL

Wie bei so vielen anderen amerikanischen Familien irischer Abstammung beginnt auch unsere Geschichte eigentlich mit der Hungersnot, die Irland Mitte des vorigen Jahrhunderts heimsuchte. Tausende von Menschen starben, weitere Tausende, die jünger, stärker und glücklicher waren, wanderten nach Übersee aus, die meisten in die Vereinigten Staaten und ein großer Teil in die Stadt Boston und ihre Umgebung, denn Boston ist der große amerikanische Hafen, der Irland am nächsten liegt. Ich habe gelesen, daß die Überfahrt einschließlich Verpflegung damals etwa $ 20 kostete und daß die Reise manchmal bis zu zwei Monate dauerte. Die Schiffe waren überfüllt, die Passagiere wurden krank, die Verhältnisse waren im allgemeinen schlecht und ungesund, und so starb auf der Überfahrt jeder Zehnte. Ein Auswanderer mußte deshalb gesund sein und Glück haben, wenn er schließlich den Fuß auf den Boden des Landes der unbegrenzten Möglichkeiten setzen wollte.

Meine Großeltern väterlicherseits, Thomas Fitzgerald und Rose Mary Murray, machten die gefährliche Reise in den 1840er Jahren. Beide stammten aus der Grafschaft Wexford, sie lernten sich aber erst in Boston kennen und heirateten dort. Etwas später traf ein weiterer hoffnungsvoller Sohn Wexfords in Boston ein. Es war Patrick Kennedy. Auch er begegnete hier einer jungen irischen Emigrantin, Bridget Murphy, und heiratete sie. Ich habe keine persönlichen Erinnerungen an sie, denn sie waren alle schon gestorben, als ich geboren wurde. Ich weiß jedoch, daß sie kaum mehr mitbrachten als ihre Entschlußkraft und ihren starken Glauben, daß sie hart arbeiteten und daß sie ihre Kinder in der Liebe und Zuneigung zu Gott erzogen.

Die Fitzgeralds hatten elf Kinder, von denen neun das frühe Kindesalter überlebten. Zu ihnen gehörte John Francis Fitzgerald.

Er heiratete Mary Josephine Hannon, und aus dieser Ehe gingen sechs Kinder hervor, von denen ich das älteste war. Die Kennedys hatten vier Kinder, aber nur einen einzigen Sohn mit Namen Patrick Joseph. Er heiratete Mary Hickey, die ihm drei Kinder schenkte. Eines von ihnen, und zwar wieder der einzige Sohn, war Joseph Patrick Kennedy.

Die beiden Familien verbanden sich, als Joseph Patrick Kennedy und ich die Ehe schlossen.

Großvater Thomas Fitzgerald hatte eine Zeitlang als Landarbeiter in South Acton gearbeitet, einem etwa 40 Kilometer außerhalb von Boston gelegenen Dorf. Aber später kehrte er nach Boston zurück, wo er im »North End« fast bis zu seinem Tode ein Lebensmittelgeschäft betrieb. So kam es, daß mein Vater in einer bescheidenen Wohnung in einem Achtfamilienhaus im North End geboren und erzogen wurde und sich dort zu Hause fühlte. In diesem Stadtteil wurde auch ich am 22. Juli 1890 geboren und auf den Namen Rose Elizabeth getauft, nachdem mein Vater und meine Mutter geheiratet und genug Geld gespart hatten, um eine kleine Wohnung in einem alten Backsteinhaus zu beziehen.

Das North End war das Zentrum des kolonialen Boston und damit Zentrum des kaufmännischen, religiösen, kulturellen und politischen Lebens, das die Stadt zum Mittelpunkt der Kolonie Massachusetts und eines großen Teils von Neu-England machte. Das North End nahm den größten Teil von Boston ein, das in jenen Jahren nur etwa 17 000 Einwohner hatte. Wie jedes amerikanische Schulkind weiß, entstanden die Vorstellungen und Ideale, die zur amerikanischen Revolution führten, zum großen Teil in Boston, und sie wurden hier zur Reife gebracht, denn die meisten ersten entscheidenden Ereignisse fanden an diesem Ort statt, und so gibt es im alten North End viele bedeutende historische Gebäude und Plätze – wie Faneiul Hall, die alte North Church oder das Paul-Revere-Haus –, die die Phantasie eines jeden anregen, der dieses Land liebt, es mit wachen Augen in sich aufnimmt und einen forschenden Geist besitzt.

Im Alter von achtzehn oder neunzehn Jahren interessierte sich mein Vater lebhaft für die Geschichte Bostons, er betätigte sich sogar als Fremdenführer und hielt dabei selbst verfaßte Vorträge. Dieses Thema beschäftigte und faszinierte ihn sein ganzes Leben lang. In meiner Kindheit und Jugend kam es nur selten vor, daß wir einen Spaziergang in Boston oder einen Ausflug in die Umgebung unternahmen, ohne daß er einen Vortrag über historische Ereignisse hielt, der in seiner Art inhaltsreich, aber doch äußerst fesselnd und unterhaltend war. Er verstand es, die Geschichte lebendig werden zu lassen. Manchmal erinnerte ihn eine Szene oder ein Ereignis an die irische Geschichte und an die Auswanderungsbewegung. Auch darüber wußte er viel, vor allem aus den Erzählungen seines Vaters. Aber er beherrschte einen weiten Themenkreis, von der Geschichte Bostons bis zu derjenigen Amerikas, Irlands, Englands und der Welt. Die geschichtlichen Ereignisse führten ihn zur Gegenwart und zu den Ursachen gegenwärtiger Entwicklungen, die er in einem Strom von Gedanken und Worten spontan zu analysieren und zu interpretieren wußte.
Wenn ich als Kind und junges Mädchen mit ihm zusammen war, redete er unaufhörlich über alles, was uns vor die Augen kam. Aber da das meiste, was wir sahen, in irgendeiner Weise in Beziehung zur amerikanischen Geschichte stand, hörte ich vor allem etwas über dieses Thema. Das hat mich natürlich auch geformt. Es hat einen bleibenden Einfluß auf meinen Charakter und auf meine Haltung gehabt, und dieser Umstand machte sich besonders bemerkbar, als ich meine eigenen Kinder erziehen mußte. Ich hielt es für richtig, daß sie die Geschichte und besonders die Geschichte ihres eigenen Landes kennenlernten, und als sie alt genug waren, um diese Dinge zu verstehen, führte ich sie an die historischen Stätten in Boston und in der Umgebung, erklärte ihnen, was hier geschehen war, und besprach es mit ihnen, damit sie es im Gedächtnis behielten.
Ich habe das ganz systematisch getan und es vielleicht etwas übertrieben, denn man kann des Guten auch zu viel tun. Meine

Tochter Eunice sagt, sie habe den Eindruck gehabt, ich hätte die Kinder ständig an Orte wie Bunker Hill oder Concord Bridge geführt, und manchmal habe sie das Gefühl gehabt, ich sei eine Schullehrerin. Jedenfalls haben die Kinder etwas dabei gelernt, ihr Interesse für ihr Land und dessen Geschichte entwickelte sich mit den Jahren immer stärker, und ich nehme an, dies ist eine der Erklärungen dafür, daß sie als Erwachsene ihrem Lande dienen wollten. Jack* faszinierte Geschichte von all meinen Kindern am meisten. Sie war der Inhalt seiner Lektüre, seiner eigenen Schriften und seines Lebens, und ich glaube, sein Sinn für Geschichte hat seinen ganzen beruflichen Werdegang bestimmt und seiner Amtszeit als Präsident eine ganz besondere historische Qualität verliehen.

An dieser Stelle sollte ich vielleicht noch über eine andere Eigenart unserer Familie sprechen, die zum Teil von meinem Vater stammt. Ich weiß nicht recht, wie ich es nennen soll, aber sagen wir, es sei eine Mischung aus überschäumender Energie, Vitalität, guter körperlicher Veranlagung, Geistesgegenwart und einer psychischen Erbanlage, die es mit sich bringt, daß wir uns gern körperlich betätigen und Sport treiben. Jack hat während seiner Amtszeit als Präsident die körperliche Ertüchtigung der Nation ebenfalls zu einem seiner wichtigen Programmpunkte gemacht.

Da die Einflüsse der Erbfaktoren und der Umwelt so schwer zu bestimmen sind, gibt es keine Möglichkeit, zu sagen, in welchem Verhältnis sie zueinander stehen. Aber mir ist es klar, daß unsere Kinder diese Anlagen von beiden Seiten der Familie geerbt haben. Joe war ein hervorragender Sportsmann, und es gibt nur wenige Männer mit so viel Energie und Durchhaltevermögen. Aber auch mein Vater war außerordentlich sportlich.

Mit einer Körpergröße von nur 1,70 Meter war er sehr kräftig und beweglich. Aus seiner Jugend berichtete er: »Damals veranstalte-

* John F. Kennedy wurde innerhalb seiner Familie und von Freunden Jack genannt.

ten wir Wettläufe auf dem Bürgersteig und dem Straßenpflaster der Hanover Street, und ich konnte die anderen Jungen immer schlagen. Es kamen Jungen aus allen Teilen der Stadt, um sich mit mir im Wettlauf zu messen. Ich wurde Sieger in einem für Neu-England ausgeschriebenen Wettbewerb über die halbe Meile, aber meine Stärke lag bei der Viertelmeile. Mir war diese Strecke am liebsten, weil ich hier so schnell war, daß die anderen Jungen sich scheuten, gegen mich anzutreten.« An der Bostoner Lateinschule, der ältesten und wenigstens damals wahrscheinlich angesehensten öffentlichen Oberschule des Landes, betreute er die Baseballmannschaft und spielte in der Fußballmannschaft mit, deren Kapitän er zwei Jahre lang war. Außerdem gab er die Schülerzeitung heraus. Damals gab es in Boston noch keine sportliche Organisation, der alle Schulen angehörten. Deshalb gründete er nach bestandenem Examen eine solche und wurde ihr erster Präsident. Nachdem er in jungen Jahren Leichtathletik, Baseball und Fußball getrieben hatte, entwickelte er später eine große Vorliebe für Reiten und Polospiel. Er wurde Kapitän einer Polomannschaft, die gegen die besten Mannschaften im Osten der Vereinigten Staaten spielte. Außerdem war er ein guter, schneller und ausdauernder Schwimmer und ein geschickter Taucher. Ich sollte noch hinzufügen, daß er zu den besten Tänzern in Boston gehörte. Er tanzte gern und ausdauernd. Dabei verstand er es, seine Partnerinnen auf die charmanteste Weise zu unterhalten, und redete in den Tanzpausen unermüdlich auf sie ein.

Mein Vater hatte auch die Gabe, schnell zu denken und zu sprechen, was in vielen Situationen recht nützlich sein kann. (Shakespeare spricht davon, daß einem die Worte von der Zunge fließen.) Und diese Fähigkeit hat meinem Vater im Geschäftsleben und in der Politik in vielen Fällen genützt. Das war jedoch alles in einer Zeit, ehe es Radio, Fernsehen, Lautsprechersysteme und all die anderen Massenmedien gab, die es – ebenso wie das heute viel gebildetere Publikum – notwendig gemacht haben, unmittelbarer und prägnanter zu sprechen und sich zwischen den Sätzen Zeit zu lassen, damit alles, was man sagen will, von den Zuhörern auch wirklich aufgenommen wird.

Über seine geistigen und intellektuellen Fähigkeiten gibt es keine Zweifel. Die Bostoner Lateinschule hatte ein hohes Niveau, und seine Leistungen waren gut. Nach dem Schulabschluß wurde er von der medizinischen Fakultät der Universität Harvard aufgenommen, aber schon im ersten Studienjahr griff das Schicksal ein, um seinem Leben eine ganz andere Richtung zu geben.

Seine Mutter, Rose Mary Fitzgerald, war bereits vor drei Jahren gestorben. Nun starb auch der Vater, Thomas Fitzgerald. Beide waren erst zwischen 30 und 40 Jahre alt gewesen. Sie ließen neun Söhne zurück, von denen mein damals achtzehn Jahre alter Vater der drittälteste war. Es blieben also noch sechs jüngere Brüder, deren jüngste erst im frühen Kindesalter standen. Thomas Fitzgerald hatte eine kleine Geldsumme hinterlassen, die aber nicht ausreichte, um die Kinderschar längere Zeit zu ernähren und unterzubringen. Auch für die Bezahlung der Studien meines Vaters an der medizinischen Fakultät blieb offenbar nichts übrig. Wäre er allein gewesen, hätte er sich wahrscheinlich durchbringen können; er fühlte sich jedoch seinen Eltern verpflichtet und glaubte, ihren wahrscheinlich größten Wunsch erfüllen zu müssen, nämlich die Familie zusammenzuhalten, obwohl der Gemeindepfarrer dazu riet, die jüngeren Geschwister bei anderen Familien in Pflege zu geben. Mein Vater verließ deshalb die Universität, legte eine Beamtenprüfung ab und erhielt eine feste Anstellung als Schreiber beim Zollamt von Boston. Ich habe nie erfahren, weshalb die beiden älteren Brüder nicht mehr Verantwortung übernommen haben. Tatsache ist jedoch, daß mein Vater die Hauptsorge für seine Brüder übernehmen mußte und das getan hat, bis auch die jüngsten imstande waren, selbst für sich zu sorgen.

Damit war die formale Ausbildung meines Vaters abgeschlossen. Sicherlich hat er es bedauert, das College nicht beenden zu können, aber ich glaube, das hat ihm, so seltsam es klingen mag, nur Vorteile gebracht. Offenbar lassen viele Menschen nach Abschluß ihrer akademischen Ausbildung ihre geistigen Fähigkeiten verkümmern, weil sie keinen Gebrauch mehr von ihnen machen. Bei meinem Vater war das Gegenteil der Fall. Er hat seinen Wissensdurst vielleicht gerade deshalb behalten, weil es ihm nicht gelungen war, seine Studien zu beenden, und hat aus diesem Grund mit besonderem Eifer an seiner Weiterbildung gearbeitet.

Was er einmal gelesen hatte, das behielt er auch. Er hatte ein erstaunlich gutes Gedächtnis und die großartige Gabe, über jedes beliebige Thema schnell, überzeugend und eindringlich zu reden. Alles Gedruckte wurde von ihm verschlungen – und wenn er auf etwas stieß, das ihm interessant oder nützlich erschien, pflegte er den entsprechenden Abschnitt mit einem kleinen Federmesser, das er immer bei sich trug, auszuschneiden. Dann, um sicherzustellen, daß es nicht verlorenginge, heftete er die Ausschnitte mit einer einfachen Stecknadel (einen Vorrat davon hatte er immer dabei) an seinen Rockaufschlag. In einer meiner frühesten Erinnerungen an ihn sehe ich ihn in einem Sessel sitzen, umgeben von Zeitungen, das Federmesser in der Hand, und exakt (immer exakt wie ein Chirurg) trennt er Abschnitte aus. Und diese Eigenart hat er sein Leben lang beibehalten.

Ich glaube, auch auf diesem Gebiet habe ich etwas von ihm geerbt. Ich habe weiter oben von meinen Notizbüchern und den »Zitatenbüchern« gesprochen, in denen ich nützliche Tatsachen, bemerkenswerte Gedanken und Zitate gesammelt habe. Außerdem besaß ich eine in vielen Jahren zusammengetragene Sammlung von Zeitungsausschnitten und Zitaten aus Theaterstücken und Büchern. Seit Jahren liegt außerdem in meiner Handtasche immer ein kleines Notizbuch, das ich dazu verwende, derartige Schätze festzuhalten, wenn ich im Vorübergehen auf sie treffe, und ohne dieses Büchlein würde mir etwas sehr Wichtiges fehlen.

Das Leben eines Schreibers im Zollamt genügte dem Tatendrang meines Vaters nicht lange und hätte seinen Ehrgeiz nie befriedigen können. Deshalb kündigte er seine Stellung nach drei Jahren, mietete ein Büro im North End und gründete eine Versicherungsagentur. Er hatte schon so viel mit städtischen, gemeinnützigen, sozialen und sportlichen Angelegenheiten zu tun, daß er in weiten Kreisen bekannt war, und da er die natürlichen Anlagen eines guten Kaufmanns hatte, war er bald wohlhabend genug, um das Mädchen zu heiraten, das er schon seit Jahren liebte. Es war Mary Josephine Hannon, die Tochter irischer Einwanderer, die sich in der kleinen Stadt Acton nordwestlich von Boston niedergelassen hatten. Meine Eltern heirateten 1889, und ich wurde im folgenden Jahr geboren. Man sagt, jeder Mann wünscht sich als erstes Kind einen Sohn. Da er aber schon neun Brüder und weder in diesem Lande noch in Irland irgendwelche weiblichen Verwandten hatte, die er kannte, war mein Vater hocherfreut, eine Tochter zu bekommen. Er scheint mich als ein Wunder angesehen zu haben, ein Eindruck, von dem er sich niemals hat befreien können.

Als ich auf die Welt kam, war er schon aktiv in der Lokalpolitik tätig. Sehr bald wurde er in den Stadtrat von Boston gewählt. Es folgte die Wahl zum Senat des Staates Massachusetts, und dann – es war ein meteorhafter Aufstieg – kam er als Abgeordneter in das amerikanische Repräsentantenhaus. Er war eines der jüngsten Mitglieder des Kongresses, der einzige Demokrat aus ganz Neu-England und der einzige Katholik. Er wurde zweimal wiedergewählt, und so gehörte er von 1894 bis 1899 sechs Jahre dem Kongreß an.

Indessen wurde unsere Familie immer größer. Zuerst bekam ich eine kleine Schwester, Agnes, und dann einen kleinen Bruder namens Thomas. Mit drei kleinen Kindern und der Aussicht, daß noch mehr kommen könnten, beschloß mein Vater, mit uns aufs Land zu ziehen, wo wir genug Raum, einen Garten zum Spielen und frische Luft haben würden. Es war ein großes, altes, geräumiges, aber sehr gemütliches Haus in Concord, wenige Kilometer von Acton entfernt, wo die Eltern meiner Mutter, die Großeltern Hannon, lebten. Hier verbrachte ich den Rest meiner Kindheit.

Es waren wunderbare Jahre, und sie vermittelten uns all die Freuden und Vergnügungen, die das Leben in einer Kleinstadt in Neu-England auszeichnen. Es waren Jahre der Heiterkeit, der Ordnung, der gutnachbarlichen Beziehungen und des liebevollen familiären Zusammengehörigkeitsgefühls. Wir unternahmen Kutschfahrten zu meinen Großeltern, kletterten auf Apfelbäume und pflückten im Walde hinter unserem Haus wild wachsende Blumen. Ich wußte und erinnerte mich jedes Jahr, wo sich der Frauenschuh versteckte, wo man das Salomonsiegel finden konnte und wo alle die anderen schönen Frühlingsblumen – jede zu ihrer Zeit – blühten. Da gab es die handbetriebene Eismaschine, und man konnte kaum den Augenblick erwarten, da man endlich die Rührkelle ablecken durfte, denn das dauerte immer recht lange. Das Herstellen von Speiseeis war eine große Sache und erforderte viel Arbeit. Es geschah auch nur sonntags, an Geburtstagen und zu anderen besonderen Gelegenheiten. Es gab kuhwarme Milch von den Kühen des benachbarten Farmers. In meinen Erinnerungen scheint das Essen im Vordergrund zu stehen. An unserem Nationalfeiertag, dem 4. Juli, gab es bei uns und überall in der Nachbarschaft frische grüne Erbsen und Lachs. Die grünen Erbsen gab es übrigens in der entsprechenden Jahreszeit jeden Sonntag. Wir mußten uns daran beteiligen, sie auszupahlen. Ein anderes Lieblingsgericht waren gebackene Bohnen und Schwarzbrot. Jeder Haushalt hatte sein besonderes, unübertreffliches Rezept, und der Duft, der jeden Samstagabend aus der Küche strömte, war köstlich und verführerisch, denn das war der Abend, an dem es gebackene Bohnen und Schwarzbrot gab. Mein Vater schwärmte dafür. Am Freitagabend brachte er Hummer aus Boston mit. Ich weiß noch, wie glücklich er aussah, wenn er mit der Familie am Tisch saß und Hummer aß, die Scheren aussaugte und die Schalentiere sachverständig zerlegte.

Außer in den Parlamentsferien konnte er aus zeitlichen Gründen nur an den Wochenenden bei uns sein. Zeit zu verlieren, Zeit zu verschwenden, nichts zu tun, das waren Dinge, die ihn ärgerten, und deshalb sorgte er immer dafür, daß es etwas zu tun gab, und zwar etwas, das er für nützlich hielt. Ich glaube, das ist auch von jeher meine Einstellung gewesen.

Es ist wohl etwas Wahres daran, daß Gegensätze sich anziehen, im Fall meiner Eltern traf es mit Sicherheit zu. Mein Vater war ganz nach außen gewendet, meine Mutter ihrem Wesen nach sehr scheu und reserviert. Mein Vater konnte mit jedem Menschen über jedes Thema sprechen. Wenn meine Mutter sprach, dann ganz direkt und nur zu einem bestimmten Sachverhalt. Klatsch und andere gesellschaftliche Vielgeschäftigkeit langweilten sie, und sie konnte sich nicht damit beschäftigen. Sie war gern in Gesellschaft von Menschen jeder denkbaren Art, jeder Hautfarbe, Religion, politischen Überzeugung, jeden Alters und jeden Standes, solange es lebendige Menschen waren, die auf sie eingingen. Am glücklichsten war sie in der Gesellschaft guter Freunde und innerhalb ihrer Familie. Sie brauchte aber auch Zeit, um allein zu sein und in friedlicher Einsamkeit nachzudenken und zu beten. Sie stand gern »auf der Bühne« und fühlte die Ausstrahlung, die von einem Publikum ausging. Sie konnte sich an dem Glanz einer öffentlichen Schaustellung erfreuen, und zwar inmitten des Publikums als Zuschauerin. Wenn sie gezwungen war, selbst auf der Bühne aufzutreten, wie das von Zeit zu Zeit geschah, reagierte sie leicht mit einer gewissen Nervosität, die sie durch eine etwas steife und förmliche Haltung beherrschte. Wenn mein Vater glücklich war, konnte das jeder sehen. Wenn sie glücklich war, gab es außer einem Lächeln und einer ruhigen Heiterkeit kaum ein äußeres Anzeichen dafür. War sie aber unglücklich, dann zeigte sie es kaum.
Meine Mutter war eine gewissenhafte Hausfrau, sie kannte genau den Wert des Geldes, und sie hatte einen scharfen Blick für jede

Verschwendung und jede Unehrlichkeit. Das war sehr gut, denn mein überschwenglicher Vater neigte dazu, selbst eine gute Figur zu machen, großzügig zu sein, den Tisch reich zu decken und an das Geld erst später zu denken. Er kannte die Armut und die Bedeutung des Geldes, aber sein Wesen und das Wesen des politischen Lebens förderten seine Spontaneität und hinderten ihn daran, sparsam zu sein. Meine Mutter war der Finanzminister in der Familie.

Wenn ich versuche, festzustellen, welche meiner Auffassungen meine Mutter besonders beeinflußt hat, würde ich sagen, sie war dafür verantwortlich, daß ich mit der Vorstellung aufgewachsen bin, man müsse sparsam sein, dürfe kein Geld ausgeben, ohne einen guten und ausreichenden Grund dafür zu haben, und jede Ausgabe müsse sich in materieller oder immaterieller Hinsicht rechtfertigen lassen. Ich habe diese Haltung nie aufgegeben, auch nicht, als Geld kein Problem mehr für uns war. Sparsamkeit gehörte auch zu den Grundsätzen, die ich versucht habe, meinen Kindern anzuerziehen.

Eine weitere Auffassung, die ich vielleicht in erster Linie von meiner Mutter übernommen habe, ist die, daß Kinder eine strenge Disziplin brauchen. Sie war durch die Umstände dazu gezwungen, die Disziplin in unserem Hause aufrechtzuerhalten, weil mein Vater meist nicht da war. Sie hat uns streng erzogen, ja nach heutigen Maßstäben sogar sehr streng. Sie sorgte dafür, daß wir uns anständig betrugen, uns für die Schule und auf den Religionsunterricht vorbereiteten, daß wir pünktlich, sauber und manierlich waren. Und wenn wir die Regeln nicht einhielten, bekamen wir Schläge.

Ein besonders kostbares Geschenk, das unsere Mutter uns in reichem Maße zuteil werden ließ, war ihr fester Glaube an die Kirche, ihre Lehren und die praktische Anwendung dieser Lehren. Mein Vater war ein gläubiger und pflichttreuer Katholik, der regelmäßig zur heiligen Kommunion ging und die Feiertage des Kirchenkalenders sowie die sich daraus ergebenden Verpflichtungen einhielt. Er war jedoch von weltlichen Dingen so stark in Anspruch genommen, daß er die Religion als etwas Selbstverständliches hinnahm, ohne viel darüber nachzudenken. Daß er zur Messe ging, war natürlich und normal und gab ihm die Gelegenheit (ich sage das mit Liebe und nicht, um ihm ein Sakrileg vorzuwerfen), nicht nur mit Gott zu kommunizieren, sondern auch mit vielen persönlichen und politischen Freunden zusammenzukommen.

Für meine Mutter war die Kirche jedoch allgegenwärtig und bestimmte ihr Leben, und diese Einstellung hat sie uns vermittelt. Sie ließ uns den Katechismus und andere religiöse Texte auswendig lernen, sprach mit uns über die Fastenzeiten und die anderen Festzeiten der Kirche. Der Mai war der Marienmonat. In unserem Hause stand ein kleiner Marienaltar mit einer Statuette der Muttergottes, und wir schmückten ihn den ganzen Monat über mit frischen Blumen und beteten jeden Abend davor. In der Fastenzeit versammelte uns meine Mutter allabendlich in einem Zimmer des Hauses, löschte das Licht, damit wir uns besser konzentrieren konnten, und betete mit uns den Rosenkranz.

Sicher haben mir die Knie geschmerzt, und ich habe mir manchmal überlegt, weshalb ich so viel knien, auswendig lernen, nachdenken und beten sollte. Aber mit der Zeit verstand ich es und war dankbar dafür. Später habe ich versucht, dieses kostbare Geschenk des Glaubens an meine Kinder weiterzugeben.

Doch neben ihrem Pflichtgefühl, ihrer Frömmigkeit und Strenge konnte sich meine Mutter auch des Lebens freuen. Manchmal fuhr sie mit meinem Vater zu einem Erholungsurlaub fort und ließ uns Kinder (in Concord wurden noch zwei weitere Geschwister geboren, John F. jr. und meine Schwester Eunice) in der Obhut des Kindermädchens und der Haushälterin. In einem Jahr besuchten sie einen der in unserer Gegend beliebten Kurorte und kamen mit zwei wunderbaren Rappen, Black Hawk und Maud, zurück. Meine Mutter ritt gerne und gut. In einer meiner lebendigsten Erinnerungen sehe ich sie im Damensitz auf einem dieser

Rappen herangaloppieren. Mähne und Schweif des Pferdes flatterten im Wind, und ihre eigenen langen und vollen schwarzen Haare, die sich in der Bewegung gelöst hatten, wehten hinterher. Es war ein großartiger Anblick, und sie erschien mir wunderschön.

Sie war eine Vertreterin des dunklen irischen Typs, hatte eine zarte Haut und bis ins hohe Alter eine kleine zierliche, aufrechte Gestalt. Von der Zeit ihrer Heirat bis zum Ende ihres Lebens (sie starb im Alter von 91 Jahren) wog sie immer etwa 110 Pfund. Sie hatte feine Knochen und war wohlproportioniert. Trotz ihrer geringen Körpergröße von 1,60 Meter sah sie wegen ihrer aufrechten Haltung größer aus. Selbst in ihren letzten Lebensjahren war das schwarze Haar nur von wenigen grauen Strähnen durchzogen. Sie mochte hübsche Kleider, wahrscheinlich weil mein Vater sie gern darin sah, und zog sich instinktiv geschmackvoll an.

Mein Vater liebte sie von Herzen und war sehr stolz auf sie. Als beide schon alt waren und jemand ihn fragte, welches der glücklichste Tag seines Lebens gewesen sei, antwortete er: »Das war der Tag, an dem ich das Mädchen bekam, das ich mir gewünscht hatte, Mary Josephine Hannon. Wir leben jetzt schon fünfundvierzig Jahre zusammen, aber es war eine Liebe auf den ersten Blick.«

Von meinem siebenten bis zu meinem dreizehnten Lebensjahr wohnten wir in Concord. Das war eine schöne Zeit, und es verbinden sich viele schöne Erinnerungen damit.

Ich denke noch heute an die wohltuend friedlichen Sonntagnachmittage, an denen wir nach der Vormittagsmesse und einer reichlichen ländlichen Mittagsmahlzeit eine oder zwei Kutschen bestiegen und in unserem Sonntagsstaat in die Umgebung hinausfuhren. Dabei hatten wir natürlich immer ein bestimmtes Ziel, meist das Haus meiner Großeltern, manchmal auch eine Farm, wo wir Kinder die Tiere in den Ställen und die Hühner auf dem Hof bewunderten und mein Vater sich im Gespräch mit dem Farmer über die politische Stimmung orientierte und ihn darüber belehrte, wie man Perlhühner hält und aufzieht.

Diese Sonntagsausflüge wurden noch angenehmer, als mein Vater einen zweispännigen Wagen kaufte, der halbmondförmig gebaut war und die Form eines abgeschnittenen Bogenfensters oder einer Theaterloge auf Rädern hatte. Hier konnten wir alle, die Eltern, Kinder und Großeltern, Seite an Seite Platz nehmen und uns gegenseitig sehen. In diesem von den feurigen Rappen Black Hawk und Maud gezogenen Gefährt unterhielten wir uns fröhlich und sangen unsere Lieblingslieder.

Als ich etwa zwölf Jahre alt geworden war, bekam ich mein eigenes Fahrzeug; ein ruhiges Pferd und einen kleinen Wagen, worauf ich natürlich sehr stolz war. Ich benutzte es für alle möglichen Erkundungsfahrten, aber am lebhaftesten sind mir die Sommertage in Erinnerung, wenn die Schule zu Ende war, ich mich langweilte und dann in die Bibliothek von Concord fuhr, um mir Bücher zu leihen. Ich las gern, und auch diese Vorliebe hatte ich von meinem Vater geerbt. Mich interessierte allerdings Belletristik viel mehr als Sachbücher. Heute habe ich die meisten Verfasser, Buchtitel und Geschichten längst vergessen, aber ich bin sicher, daß sie alle im Geist der Zeit geschrieben waren; moralisch, anregend und sentimental. Ein Hauptmotiv war, soweit ich mich erinnere, daß die Liebe, unterstützt von Tugend und harter Mühe und Arbeit, irgendwie alles überwindet. Darauf führe ich auch meine in der Jungmädchenzeit gehegte Überzeugung zurück, daß ich unter allen Umständen nur aus Liebe heiraten dürfte.

Damals und auch später verbrachte unsere Familie jeden Sommer zwei bis drei Wochen in Old Orchard Beach, Maine, an der See. Das war ein für jung und alt angenehmer Aufenthaltsort, besonders aber für meine Eltern, denn viele ihrer Freunde gingen ebenfalls dorthin. Natürlich waren sie fast alle irische Katholiken aus Boston und aus dem Stimmbezirk meines Vaters, und viele von ihnen standen aktiv im politischen Leben. Sie alle kannten einander und kamen mit ihren Familien, besuchten sich gegenseitig und picknickten gemeinsam, während die Kinder miteinander spielten. Es war jedoch durchaus keine Konklave. Was sie hierherbrachte, waren ganz einfache Dinge; das Salzwasser, der Sonnenschein und die angenehme Gesellschaft. Die Familien kamen und gingen, ohne über ernstere Dinge zu reden als das Wetter. In die salzige Atmosphäre mischte sich allerdings hin und wieder ein Wort über Politik. Einer der Männer, die regelmäßig mit ihren Familien kamen, war der hoch geachtete Geschäftsmann und politische Führer aus East Boston, Patrick Joseph Kennedy. Selbstverständlich waren er und mein Vater gute Bekannte.

So geschah es auch, daß mein künftiger Mann und ich uns in Old Orchard Beach zum erstenmal begegneten. Keiner von uns beiden hatte viele Jahre später noch die leiseste Erinnerung an jene »historische« erste Begegnung, bis irgend jemand einen vergilbten Ausschnitt aus einer Bostoner Zeitung hervorzog. Er zeigte ein Gruppenfoto der Fitzgeralds, der Kennedys und etwa eines Dutzend anderer am Strande, und darunter war jeder namentlich genannt. Dort sah man auch Joe als recht mageren neun oder zehn Jahre alten Jungen. Ich war ebenfalls auf dem Bild zu erkennen, wenn auch nicht sehr ansehnlich, aber offenbar größer, obwohl ich zwei Jahre jünger war.

Acht Jahre später, in meinem sechzehnten und seinem achtzehnten Lebensjahr, haben wir in Old Orchard Beach unsere Bekanntschaft erneuert.

3. KAPITEL

Die politischen Verhältnisse in Boston waren zu dieser Zeit denen nicht unähnlich, die vor der Eroberung durch die Anglo-Normannen in Irland geherrscht haben. Die Iren hatten ihre Stammeshäuptlinge, die oft gegeneinander in den Krieg zogen, um für sich und ihre Gefolgsleute einen fragwürdigen Ruhm und Vorteile zu gewinnen. Sie gingen unsichere Bündnisse ein, und es konnte geschehen, daß der Verbündete des einen Jahres der Feind des nächsten war und umgekehrt. Und doch hat Irland starke Führerpersönlichkeiten hervorgebracht, Oberhäuptlinge, die wie Könige über weite Gebiete herrschten und dabei Bündnisse schlossen und lösten, um wieder neue Bindungen einzugehen, und zwar so willkürlich wie der Wind weht. Gelegentlich war einer von ihnen so erfolgreich, daß er zum »High King« ausgerufen wurde, aber niemals ohne von anderen direkt oder indirekt herausgefordert zu werden, die sich seiner Autorität widersetzten. Dem berühmten Volkshelden Brian Boru gelang es durch ungewöhnliche kriegerische Fähigkeiten, Diplomatie und Staatskunst, den größten Teil der Insel zu einigen, und er wird bis heute als der »einzige wirkliche König, den Irland je gehabt hat«, verehrt. Aber seine Herrschaft dauerte nur zwölf Jahre.

Ich will hier keine weiteren Vergleiche ziehen. Ich habe schon gesagt, daß ich mich damals an der »praktischen Politik« nicht beteiligt habe und diese Probleme mir nicht einmal bewußt gewesen sind. Ich spielte nur eine Nebenrolle auf einer politischen Bühne, die mein Vater entworfen hatte, der eine Art politischer Shakespeare war: Autor, Schauspieler und Regisseur in einer Person.

Die Demokratische Partei war die stärkste Partei in Boston, sie war aber weniger eine politische Partei als vielmehr das Etikett für eine Vielzahl von lokalen und Bezirksinteressen, und ihre Führer standen oft im Gegensatz zueinander. Man schloß leicht Bündnisse aus Gründen der Konvenienz und gab sie ebenso schnell wieder auf. Nur selten kam es zu Zwischenperioden einer relativen Stabilität und einer gewissen Disziplin unter besonders starken politischen Führern oder einer sachlich zusammenarbeitenden Koalition der bedeutendsten Führer. Um 1900 gab es vier Männer, die regelmäßig zusammenkamen, gewöhnlich in einem separaten Zimmer des schönen alten Quincy House Hotels, um bei Kaffee und Lunch Meinungsverschiedenheiten beizulegen. Man nannte diese Versammlung scherzhaft den »Strategenausschuß«. Zu dieser Gruppe gehörte auch mein Vater. Ein anderes Mitglied war mein späterer Schwiegervater, Patrick Joseph »P. J.« Kennedy.

Die Stellung meines Vaters als Kongreßabgeordneter für einen Bezirk, zu dem ganz Boston gehörte, war offenbar Grund genug für ihn, als einer der »großen Vier« in den »Strategenausschuß« aufgenommen zu werden. Aber warum gehörte Patrick Joseph Kennedy dazu? Ich muß jetzt kurz abschweifen, um diesen Teil meines Berichts zu vervollständigen.

Wie ich schon berichtet habe, wanderte sein Vater Patrick während der großen Hungersnot aus Irland aus und ließ sich im Hafenviertel von Boston, dem heutigen East Boston, nieder. Er ergriff den Beruf eines Faßbinders, heiratete Bridget Murphy und hatte vier Kinder mit ihr. Er starb völlig verarmt mit nur 35 Jahren, ebenso jung wie mein Großvater Thomas Fitzgerald. Seine Witwe eröffnete ein kleines Schreibwarengeschäft und konnte damit gerade ihren Lebensunterhalt verdienen. Die heranwachsenden Kinder unterstützten sie. Der jüngste Sohn Patrick Joseph arbeitete im Laden und als Laufbursche, suchte sich die verschiedensten Gelegenheitsarbeiten am Hafen und wurde, als er groß und stark genug war, Schauermann. Da sich seine Familie in einer so schwierigen finanziellen Lage befand, mußte er die Schule schon früh verlassen, aber ebenso wie mein Vater las er

viel, und sein Interesse galt vor allem der amerikanischen Geschichte.
Nachdem er sich mehrere Jahre mühsam durchgeschlagen hatte, konnte er genügend Geld sparen, um eine in der Nachbarschaft gelegene Gastwirtschaft zu kaufen. Die Wirtschaft ging, er investierte seine Gewinne im Geschäft, das sich vergrößerte, und bald war er an anderen Gastwirtschaften, Einzelhandelsgeschäften, Großhandlungen und Importgeschäften beteiligt. In kurzer Zeit kamen eine Kohlenhandlung und eine Bank hinzu. Die Geschichte seines Aufstiegs war die typische Erfolgsgeschichte eines amerikanischen Einwanderers der zweiten Generation.
Das »Pub um die Ecke« war in Irland ebenso wie in England der Klub des kleinen Mannes, und diese Tradition gab es auch in Boston. Als Barmixer, Inhaber und Besitzer erfuhr P. J. Kennedy alle die Bewohner des East End betreffenden Neuigkeiten, jeden Klatsch und jedes Familienereignis und wußte über die Hoffnungen und Befürchtungen, die Sorgen und Tragödien, um die es hier ging, Bescheid. Er war ein guter Zuhörer, konnte schweigen und hatte ein mitfühlendes Herz. Er half den Menschen mit Darlehen, Geschenken und guten Ratschlägen. Oft hörte er zufällig, daß irgend jemand in Not war, und wenn P. J. Kennedy helfen konnte, dann tat er es, ohne eine Gegenleistung zu verlangen. Jeder wußte, daß er ein ehrlicher Mann war, und jeder achtete ihn. Er war 1,78 Meter groß, von kräftiger Gestalt, hatte blaue Augen, eine rosige Gesichtsfarbe, rötliches Haar und trug einen starken, an den Spitzen nach oben gezwirbelten Schnurrbart, der ihm ein gesetztes und würdiges Aussehen verlieh. Wie nicht anders zu erwarten, wurde er in East Boston zu einer politischen Kraft, und bald war er der einflußreichste Mann in diesem Stadtteil.
Während einer Sitzungsperiode gehörte er dem Repräsentantenhaus von Massachusetts an und wurde für eine weitere in den Senat des Staates gewählt. Bei drei Parteikonventen der Demokratischen Partei auf nationaler Ebene war er der Delegierte seines Bezirks. Es paßte jedoch nicht zu seinem Lebensstil, als

gewählter Volksvertreter irgendein Amt zu übernehmen, das es erforderte, in der Öffentlichkeit aufzutreten und Reden zu halten. Er wirkte lieber still hinter den Kulissen, und deshalb war er so glänzend für die Mitarbeit im Strategenausschuß geeignet.

Er und mein Vater waren schon seit langer Zeit befreundet oder wenigstens gut bekannt. In ihren Charakterveranlagungen waren sie absolute Gegensätze, und ich kann mir vorstellen, daß sie einander manchmal auf die Nerven gegangen sind. Sie hatten aber auch vieles gemeinsam: das Schicksal des Einwanderers, den frühen Tod ihrer Väter, die Armut, die Entschlußfreudigkeit, den Weitblick und die harte Arbeit, durch die sie sich ihre Stellungen erobert hatten. Aber natürlich gehörte auch das feine Verständnis für politische Fragen dazu. Ich bin überzeugt, daß sie sich verstanden und daß jeder den anderen auf seine Art schätzte und bewunderte.

An dieser Stelle muß ich wieder an die Analogie denken, mit der ich das Kapitel begonnen habe, und auch an eine Bemerkung, die mein Sohn Jack über politische Freunde machte, denen er in seiner eigenen politischen Laufbahn begegnet war und über die er mit seinem zupackenden Humor sprach. Er sagte: »In der Politik hat man keine Freunde, nur Verbündete.« Dabei zitierte er aus einem Buch von Frank Sullivan, einem der besten politischen Journalisten, der zu Beginn dieses Jahrhunderts gelebt hat. Das Buch hat den Titel *The Great Game of Politics,* einen Titel, der viel über die Notwendigkeit der koordinierten Zusammenarbeit, der politischen Bündnisse – und der Möglichkeit von Bündniswechseln – sowie darüber aussagt, daß es richtig ist, sich die Hand zu reichen, wenn das »Spiel« vorüber ist.

Mein Vater hatte sich 1894 gegen die Opposition des Strategenausschusses, dem er damals noch nicht angehörte, wohl aber P. J. Kennedy, zu den Wahlen für den amerikanischen Kongreß aufstellen lassen und diese gewonnen. Als mein Vater wenige Jahre später auch diesem Ausschuß angehörte, wurden die früheren Gegensätze begraben, und er und P. J. Kennedy verbündeten sich.

Als aber mein Vater 1900 die dritte Amtsperiode im Kongreß beendete und mit einer neuen Nominierung und Wiederwahl rechnete, gab es einige Erschütterungen, Umschichtungen und neue Bündnisse. Ich hatte damals keine Ahnung, was das alles bedeutete. Jedenfalls stellten sich P. J. Kennedy und die anderen Mitglieder des Ausschusses (und mit ihnen ein neuer Bürgermeister, mit dem mein Vater nicht einverstanden war) gegen die Nominierung. Vielleicht hätte er sich wie das erste Mal in den Vorwahlen gegen sie durchsetzen können, aber ein Blick auf die neuen Machtverhältnisse veranlaßte ihn, es nicht zu versuchen.
So endete seine Laufbahn als Mitglied des Kongresses.

Mein Vater kaufte nun ein kleines, todgeweihtes, wöchentlich erscheinendes Blatt, *The Republic,* das er für nur $ 500 erwerben konnte. Er glaubte, er könne damit Geld verdienen, und das war dringend notwendig, denn er bezog nicht mehr seine Diäten als Abgeordneter und mußte für uns sorgen. Er kannte aber auch die Macht der Presse im politischen Leben und erblickte in der Zeitung *The Republic* ein unter Umständen wertvolles Instrument dafür, seine eigene politische Laufbahn zu fördern. Dabei ging er mit großer Zähigkeit und Kühnheit vor, und sein Ziel war es, Bürgermeister von Boston zu werden.
Er verstand nur wenig von den Aufgaben eines Zeitungsherausgebers, hatte aber viele Freunde an Bostoner Zeitungen, die ihm raten konnten, und er lernte schnell. Außerdem hatte er einen guten Instikt. Er wußte, was die Öffentlichkeit interessierte, und wie man es in ansprechender Form bringen mußte. Schließlich war er auch ein kluger Geschäftsmann.
Später sagte er: »Ich wußte, der Erfolg einer Zeitung hängt von den Anzeigen ab, und mir war klar, daß die Inserenten, die die meisten Anzeigen veröffentlichen, sich an die Frauen wenden, die das meiste Geld in den großen Geschäften ausgeben. Ich gestaltete die Zeitung deshalb so, daß sie für Frauen lesbarer wurde...«
Obwohl die Frauen noch nicht das Stimmrecht hatten, konnte

ihre Meinung außerordentlich wichtig sein. John F. Fitzgerald war sich schon damals ihrer Macht bewußt. Ich glaube, er hat zum Teil die strategischen Grundkonzepte beeinflußt, die Jack später, als er in das öffentliche Leben eintrat, bei seinen Wahlfeldzügen verwendete, an denen auch ich mich beteiligte.

Mit seinen Ideen, seiner Energie und Geschäftstüchtigkeit führte mein Vater *The Republic* bald zum Erfolg. Ich habe gelesen, er soll nach wenigen Jahren einen jährlichen Gewinn von $ 25 000 damit erwirtschaftet haben. Das war das Fünffache seiner Diäten als Kongreßabgeordneter. Ob das nun stimmt oder nicht, ich weiß, daß er sich 1904 ein ansehnliches, geräumiges Haus mit fünfzehn Zimmern in der Bostoner Vorstadt Dorchester leisten konnte.

Dorchester lag außerhalb der Stadtgrenzen von Boston, und mein Vater ging jetzt daran, sich um das Amt des Bürgermeisters von Boston zu bewerben. Aber seine offizielle Anschrift, die Anschrift im Wahlkreis, blieb die alte, nämlich im Wahlkreis sechs des North End. Er hielt ständigen Kontakt zu seinen Wählern dort, und das taten auch seine soliden und zuverlässigen Wahlhelfer, die ihm den Rücken stärkten. Er war der »Boß« des sechsten Wahlkreises – wenn nicht sogar der »Boß« des ganzen North End. Bestimmt aber war er der führende Politiker in diesem Stadtteil.

Mein Vater war sehr sentimental. Wenn er vom North End sprach, dann war es für ihn »the dear old North End«. Irgend jemand, wahrscheinlich ein Zeitungsreporter, der diesen Ausdruck oft gehört hatte, schuf daraus ein neues Wort und bezeichnete alle, die dort lebten, dort gelebt hatten und irgendwie in Beziehungen zu meinem Vater standen, als »Dearos«. Dieses Schlagwort zündete und wurde zu einer Art Markenbezeichnung, wie sie in der Politik sehr nützlich sein kann. Vater war der König der Dearos, die im politischen Leben von Boston zu einem Standardbegriff wurden.

In Dorchester lebten wir viele Jahre sehr angenehm und glücklich.

Meine Mutter nahm ihre häuslichen und mütterlichen Pflichten mit der gleichen Strenge und Gewissenhaftigkeit wahr. Obwohl Dorchester ganz in der Nähe von Boston lag, war mein Vater nicht mehr, ja vielleicht sogar weniger sichtbar als vorher in Concord. *The Republic* nahm viel von seiner Zeit in Anspruch, außerdem bereitete er sich aktiv auf seinen Wahlfeldzug vor, um Bürgermeister zu werden. Er nahm an Versammlungen, offiziellen Essen, Kirchenveranstaltungen, Gemeindetagen, Klubtreffen und anderen gesellschaftlichen Veranstaltungen teil. Es mußten Hunderte von Reden gehalten werden, Tausende von Händen wollten geschüttelt sein, er mußte scherzen, singen, die Leute freundlich ansehen, glücklich lächeln, geduldig zuhören, gute Ratschläge geben und Gefälligkeiten erweisen. Nur ganz selten kam er nach Hause, um mit uns zu Abend zu essen.

Ich war damals bestimmt nicht glücklich darüber. Wir alle und besonders meine Mutter waren es nicht. Ich habe jedoch inzwischen erkannt, daß dies ein Preis ist, den die Angehörigen einer »politischen Familie« zahlen müssen. Ich habe gesehen, daß meinen Söhnen, ihren Frauen und Kindern die gleichen Spannungen und Enttäuschungen nicht erspart geblieben sind.

Es gab jedoch einen Ausgleich dafür, daß mein Vater so selten zu Hause war. Heute ist es mehr oder weniger so, daß jemand, der sich um ein politisches Amt bewirbt, sich unentwegt mit politischen Dingen beschäftigen muß. Ich habe es gesehen, daß die Wahlhelfer meiner Söhne und ihre wichtigsten Berater praktisch in die Familie aufgenommen wurden, daß es bei ihnen oft von Reportern und Fotografen wimmelte und daß strategische Sitzungen und Stabsbesprechungen häufig im Wohnzimmer oder auf der Terrasse stattfanden. Kurz gesagt, das öffentliche und das private Leben sind heute unauflösbar ineinander verwoben.

Zur Zeit meines Vaters war das Haus eines Politikers noch seine Burg. Das Planen, die Beratungen, der Pferdehandel, die Versuche, andere von der eigenen Meinung zu überzeugen, und der ganze Rummel fanden in den politischen Klubhäusern, Hotels und

Wahlkampfbüros statt. Die eigene Wohnung war ein Zufluchtsort, an dem man abseits von allem politischen Streit Ruhe und Frieden suchte. Das war sie auch für meinen Vater, und meine Mutter trug viel dazu bei, ihm hier geistige Entspannung zu ermöglichen und ihn neue Energien sammeln zu lassen.

Wir Kinder hatten nur eine schwache Vorstellung davon, was es bedeutete, als er 1905 erklärte, sich offiziell um die Kandidatur für das Amt des Bürgermeisters von Boston bewerben zu wollen, und seinen Wahlfeldzug begann. Wieder stellte sich der Strategenausschuß gegen ihn. Aber mein Vater nutzte die Lage geschickt zu seinem Vorteil aus, indem er sein Wahlprogramm mit folgenden Schlagworten verkündete: »Nieder mit den Bossen! Das Volk und nicht die Bosse müssen regieren! Ich verlange ein größeres, besseres und blühenderes Boston!« Überall in der Stadt ließ er Plakate mit seinem Bild und seinen Parolen anbringen. In einem leuchtend rot lackierten Automobil fuhr er durch die Straßen, gefolgt von einer Karawane seiner Anhänger, zu denen sich auch zahlreiche Presseberichterstatter gesellten. Dies war das erste Mal, daß bei einem Wahlkampf in Boston eine Autokarawane eingesetzt wurde. Seine »Dearos« waren überall, jubelten ihm zu und setzten sich energisch für ihn ein. Jeden Abend hielt er durchschnittlich zehn Ansprachen. Am Vorabend der Vorwahlen raste er mit seinem roten Automobil von einer Versammlung zur nächsten, besuchte dabei alle fünfundzwanzig Wahlbezirke der Stadt und hielt dreißig Reden – eine erstaunliche Leistung. Dabei wies er darauf hin: »Ich führe meinen Wahlkampf allein gegen den Apparat, die Bosse und die Organisationen.«

Und so gewann mein Vater durch seinen Weitblick und nach langen, sorgfältigen Vorbereitungen die Nominierung, weil er sich unermüdlich um die Bedürfnisse anderer kümmerte, persönliche Beziehungen anknüpfte, weil er energisch, ideenreich und kühn war und, das sollte ich hinzufügen, weil einige führende Politiker in den Wahlbezirken und eine Reihe junger Politiker zur rechten Zeit den Apparat gewechselt hatten.

4. KAPITEL

Im Januar 1906 wurde mein Vater nicht weit von dem Hause, in dem er in »dear old North End« geboren war, in sein Amt als Bürgermeister von Boston eingeführt. Er sagte, er bedaure nur, daß seine Eltern diesen Tag nicht mehr hätten erleben dürfen. »Es wäre für sie eine große Freude gewesen. Ich bin der erste, der als Sohn im Ausland geborener Eltern Bürgermeister von Boston geworden ist, und damit waren meine Eltern die ersten Einwanderer, deren Sohn es zum Bürgermeister gebracht hat.«

Die Amtszeit des Bürgermeisters von Boston dauerte damals zwei Jahre, und deshalb mußte sich mein Vater 1908 zur Wiederwahl stellen. Es kam erneut zu Spaltungen in der Partei. Diesmal setzte sich der Strategenausschuß, dem auch P. J. Kennedy, nun als starker Verbündeter meines Vaters, angehörte, mit allen Mitteln für ihn ein. Es gab jedoch andere, die es nicht taten. Ein entscheidender Umstand war, daß es eine dritte Partei gab, die von den sogenannten Goo-Goos, der Good Government Association, gefördert wurde, und sie konnte einen hohen Stimmenanteil für sich buchen. Mein Vater wurde von einer Mehrheit von etwas mehr als 2000 Stimmen geschlagen, und ein Republikaner wurde gewählt.

Obwohl ich überzeugt bin, daß die Niederlage für meinen Vater einen schweren Schlag bedeutete, war dies in unserem Hause kaum zu spüren. Als ihn in der Wahlnacht jemand fragte, welche Pläne er für die Zukunft habe, antwortete er: »Wir haben eben eine Sitzung gehabt und dabei mit den Vorbereitungen für die nächsten Wahlen begonnen.«

In der Zwischenzeit erholte er sich von den Anstrengungen der politischen Arbeit. Er und meine Mutter verbrachten einen Winterurlaub in Palm Beach, das sie schon während der letzten Jahre

ein paarmal besucht hatten. Im Sommer 1908 unternahmen sie mit meiner Schwester Agnes und mir eine Europareise.
Als wir uns im Juli im Hafen von Boston einschifften, hatten sich zahlreiche »Dearos«, Freunde, Verwandte und andere, die uns eine gute Reise wünschen wollten, am Kai versammelt. Als einziger Angehöriger des Strategenausschusses war bezeichnenderweise P. J. Kennedy erschienen.
Wir besuchten Irland, England, Belgien, Frankreich, die Schweiz, Deutschland und Holland, und die Reise nahm den ganzen Spätsommer, also etwa zwei Monate in Anspruch, was für damalige Verhältnisse ein sehr hektisches Reiseprogramm war. Ich genoß es sehr und glaube, daß es auch Agnes gefallen hat, obwohl wir beide etwas Mühe hatten, mit unserem energischen Vater Schritt zu halten, der nur fünf Stunden zum Schlafen brauchte und vierundzwanzig oder sechsunddreißig Stunden ohne irgendwelche Ermüdungserscheinungen wach bleiben konnte.

Am Ende dieses Sommers beschloß man, daß Agnes und ich ein Jahr in Europa bleiben und dort zur Schule gehen sollten. Damals hielt man es für sehr vorteilhaft, wenn ein junger Mensch im Ausland die Schule besuchte, und ich stimme dieser Auffassung auch heute noch zu. Meine Eltern entschieden sich für die Internatsschule des Klosters Blumenthal in Holland, unweit der deutschen Grenze in der Nähe von Aachen oder, wie es die Franzosen nennen, Aix-la-Chapelle, der alten Kaiserstadt Karls des Großen.
Es war eine kleine, französisch-deutsche und aus Angehörigen vieler anderer Nationen zusammengesetzte katholische Enklave in der friedlichen holländischen Landschaft. Junge Mädchen aus aller Welt nahmen an dem in französischer und deutscher Sprache erteilten Unterricht teil. So konnte ich endlich mein Französisch auffrischen und Deutsch lernen. Das war eine große Sache. Ich erlernte beide Sprachen fließend, und das hat mir während meines ganzen Lebens viel genützt.

Obwohl in Blumenthal wie in allen Klosterschulen eine religiöse Atmosphäre herrschte, beschäftigte sich der Lehrplan vor allem mit weltlichen Dingen. Man setzte voraus, daß der Lebensinhalt der Mädchen, wenn sie einmal verheiratet sein würden, Kinder, Kirche und Küche sei, und daß sie sich auf die Pflichten vorbereiten müßten, die sie dort erwarteten.

In der Schule war Musik ein wichtiger Lehrstoff, und es gab ausgezeichneten Chor- und Instrumentalunterricht, so daß ich meine musikalische Ausbildung mit großem Gewinn fortsetzen konnte. Weil so viele Nonnen und Schülerinnen Deutsche waren und weil die Grenze ganz in der Nähe lag, konnten wir in die kleinen benachbarten Städte wie Vaals oder nach Aachen fahren, um dort Toilettenartikel und kleine Geschenke zu kaufen, die wir nach Hause schickten. Dabei hatte ich die Gelegenheit, den »deutschen Charakter« mit seinen besonderen Vorzügen kennenzulernen.

Es gibt zu viele, um sie alle aufzuzählen, aber mir fielen besonders ihr Fleiß, ihr Ehrgeiz und die Bereitschaft, schwierige Aufgaben zu übernehmen, auf. Eine gute Schulbildung war für sie eine wichtige Angelegenheit, und die Kinder nahmen das Lernen ernst, besonders den Fremdsprachenunterricht (ich wünschte, viele amerikanische Kinder würden das auch tun). Die Kinder achteten die Autorität ihrer Eltern, und die Eltern zeigten viel Verantwortungsgefühl für die geistige und religiöse Entwicklung ihrer Kinder. Das kam, wie ich es oft bemerkt habe, in einer sehr sympathischen und offenen Weise zum Ausdruck, wenn die Eltern die Kinder bei der Begrüßung bekreuzigten.

Ich bin seitdem selten in Deutschland gewesen. Frankreich habe ich oft besucht und Monate dort gelebt, und die französische Sprache ist die Fremdsprache, die ich am besten beherrsche und am liebsten spreche. Ich weiß von den Schrecken der Nazizeit und von der destruktiven Politik, die mehrere deutsche Regierungen im Namen des Volkes getrieben haben. Aber die Deutschen sind nach meiner Meinung trotzdem anständige und reich begabte

Menschen, die allzu oft von politischen Führern betrogen worden sind, denen sie zu sehr vertraut haben.

Im August des folgenden Jahres kehrten wir nach Boston und Dorchester zurück. Unsere Mutter begrüßte uns mit Tränen in den Augen. Sie war sehr einsam gewesen. Man beschloß, daß wir nicht noch ein weiteres Jahr in Europa zur Schule gehen sollten. Statt dessen besuchte Agnes jetzt die Schule des Klosters Sacred Heart in Providence, Rhode Island, ganz in der Nähe von Boston, und ich ging auf die entfernter gelegene Klosterschule Sacred Heart in Manhattanville, New York.

Mein Vater hatte sich wieder um das Amt des Bürgermeisters von Boston beworben und die Vorwahlen gewonnen. J. J. Storrow war sein Gegenkandidat und der anständigste Rivale, den er je gehabt hat. Er und mein Vater waren immer gut miteinander ausgekommen, aber dann kam diese politische Rivalität, gewissermaßen ein Frontalzusammenstoß, und die Atmosphäre wurde gespannt. Jeden Morgen, wenn ich aufgewacht war, las ich in den Schlagzeilen der Zeitungen, mein Vater sei ein Dieb, ein Lügner und ein »korrupter und verderbter« Manipulator, dem man außer Mord praktisch jedes Verbrechen vorwerfen könnte.

Wie schon gesagt, war ich seinerzeit zu jung gewesen, um mich viel um die früheren Wahlkämpfe meines Vaters zu kümmern. Dies war daher die erste politische Auseinandersetzung, die ich ganz bewußt miterlebte, und die erste, an die ich mich deutlich erinnere. Als seine Gegner begannen, ihn mit Schmutz zu bewerfen, war ich schockiert und empört. Ich kochte vor Wut. Aber mein Vater schien das mehr oder weniger als selbstverständlich anzusehen. Einige der Beschuldigungen und persönlichen Verleumdungen haben ihn zweifellos geärgert, aber nach außen blieb er, wenigstens soweit ich es sehen konnte, ganz gelassen. Ich erinnere mich daran, da ich ihm immer um 9.00 Uhr die Morgenzeitungen ans Bett brachte, nachdem er am Vortag und Abend den anstrengenden Wahlkampf geführt hatte. Er setzte sich auf und las sie mit großem Interesse. Hin und wieder nahm er sein Taschenmesser und schnitt einen Abschnitt aus, um ihn später zu verwenden oder etwas darauf zu erwidern. Aber er zeigte dabei keine größere Erregung, als wenn meine Mutter zum Beispiel ein Rezept oder die Anzeige eines Kaufhauses mit einem besonders günstigen Angebot ausschnitt. Nachdem er sich orientiert hatte, welche neuen Gemeinheiten man ihm vorwarf, legte er sich manchmal wieder hin, um noch eine kleine Weile zu schlafen, bevor er aufstand und sich wieder in den Wahlkampf stürzte.

So nahm ich mir also meinen Vater zum Vorbild, beruhigte mich und begann mich mit dem Gedanken vertraut zu machen, daß Klatsch, Verleumdungen, Denunziationen und Schmähungen einen Teil des Preises ausmachen, den man zahlen muß, wenn man am öffentlichen Leben teilnimmt. »Man muß die Haut eines Nashorns haben, wenn man in der Politik bleiben will«, wie es Jim Farley einmal gesagt hat. Das ist zwar hart und unangenehm, aber man muß sich daran gewöhnen, denn wenn man das nicht tut und nicht weiß, was einen erwartet, und wenn man nicht bereit ist, emotional damit fertig zu werden, dann kann das Leben in einer »politischen Familie« wie der unseren sehr unangenehm werden.

Daran mußte ich denken, als meine Söhne heirateten. Sie alle hatten schon in verhältnismäßig frühem Alter einen Vorgeschmack davon bekommen und gelernt, damit fertig zu werden, aber weder Ethel noch Jackie oder Joan waren in einer politischen Atmosphäre aufgewachsen. Jackie kannte das politische Leben ein wenig, weil sie in Washington an einer Zeitung gearbeitet hatte. Aber da sieht man die Dinge von einer anderen Seite. Wenn man über etwas schreibt, so ist das anders, als wenn über einen geschrieben wird. Deshalb habe ich zuerst Ethel, dann Jackie und schließlich Joan ganz bewußt im voraus davor gewarnt, was ihnen bevorstand; daß sie alle möglichen Skandalgeschichten und Vorwürfe über unsere Familie, über ihre Ehemänner und natürlich auch über sich selbst und gegebenenfalls ihre Kinder würden hören oder lesen müssen. Sie müßten das verstehen und sich von Anfang an darauf gefaßt machen, denn sonst würden sie unter Umständen sehr unglücklich werden. Sie haben diese Belastung zugleich mit den Segnungen ihres neuen Lebens auf sich genommen, und alle drei haben sich dabei bewährt.

Dennoch bedeutet dieser Aspekt des öffentlichen Lebens eine Belastung. Ich glaube, niemand kann sich am Ende ganz daran gewöhnen.

Die arme Jackie, verheiratet mit dem beliebten jungen Präsidenten der Vereinigten Staaten, war eine bezaubernde First Lady und eine bezaubernde Persönlichkeit. Ein grausames Schicksal hat sie zur Witwe gemacht. Dann heiratete sie einen der reichsten Männer der Welt, und zwar zur großen Überraschung der Weltöffentlichkeit. Gerüchte, Berichte und »Enthüllungen« umschwirren sie, wohin sie auch geht. Ich habe vor einiger Zeit mit ihr darüber gesprochen, denn diese Dinge belasteten sie. Ich wollte ihr den bestmöglichen Rat geben, aber ich konnte ihr am Schluß im wesentlichen nur das gleiche sagen, was ich ihr – und vor vielen Jahrzehnten auch mir selbst – schon gesagt hatte:

»Du mußt damit rechnen, in dieser Weise ins Licht der Öffentlichkeit gestellt zu werden, solange die Welt so ist, wie sie ist. Weshalb also beachtest du es? Wir sind eine Familie, die zusammenhält. Wir können diesen Dingen in vollem Selbstvertrauen begegnen und unser Leben weiterführen; nicht nur für uns selbst, sondern auch um unserer Kinder willen müssen wir das tun, was für sie wichtig ist. Es gibt auf dieser Welt augenscheinlich Menschen, die den Klatsch brauchen. Sie brauchen etwas, das sie durchhecheln und worüber sie reden können. Es gibt Menschen, die andere ständig verdächtigen und immer bereit sind, das Schlimmste zu glauben. Dennoch sind die meisten Menschen freundlich, anständig und gutherzig. Deshalb darfst du von der Menschheit immer das Beste hoffen und es auch wirklich erwarten. Aber rechne nicht damit.«

5. KAPITEL

»Jedes Ding unter dem Himmel hat seine Zeit.
Weinen hat seine Zeit
und Lachen hat seine Zeit.
... und Tanzen hat seine Zeit.«

In den folgenden Jahren war das der Inhalt meines Lebens. Ich war wieder »die Tochter des Bürgermeisters« und alt genug, um mich an der Aufmerksamkeit zu erfreuen, die man mir entgegenbrachte, und an den Vergnügungen teilzunehmen, die sich mir boten. Die Stadtverfassung von Boston war geändert worden, und die Amtszeit des Bürgermeisters dauerte jetzt vier und nicht mehr zwei Jahre. Mein Vater konnte sich etwas mehr Ruhe gönnen, und das gab auch uns mehr Möglichkeiten, das Leben zu genießen.

Dieses Leben bestand natürlich nicht nur aus Vergnügungen. Ziellose Frivolität hat mir niemals gefallen. Was hat man denn auch davon? Ein Leben, das nur aus Parties und gesellschaftlichen Veranstaltungen bestünde, würde mich zu Tode langweilen. Am Nachmittag nahm ich an der Universität von Boston an Kursen in Französisch, Deutsch und Malen teil. Am Konservatorium von Neu-England setzte ich meine Musikstudien fort und beschäftigte mich mit der Geschichte der Oper. Ich wurde Mitglied einer kleinen Theatergruppe und trat in einigen Schauspielen und Musicals auf. Ich erteilte Unterricht in Katechismusklassen und in der Sonntagsschule, nähte für die Armen und beteiligte mich an der Sozialarbeit. Außerdem besuchte ich pädagogische Vorlesungen. Ich war das jüngste Mitglied des Ausschusses für die Neuordnung der öffentlichen Bibliotheken, dessen Hauptaufgabe darin bestand, Bücher zu empfehlen und Bücherlisten für die Bostoner Kinder aufzustellen. Ich gehörte deutschen und französischen Vereinen zur Förderung der Freundschaft und des Kulturaustausches an, der Alliance Française und der Deutschen Gesellschaft, ging zu deren Versammlungen und beteiligte mich an ihrer Arbeit. Ich gründete sogar einen Klub für junge Frauen, die im Ausland zur Schule gegangen waren und sich für Zeitgeschichte und aktuelle internationale Fragen interessierten.

Aus dem Vorangegangenen geht hervor, daß ich ein ernster Mensch war, der sich am Leben freuen konnte – was man auch heute noch von mir sagen darf. Dies waren jedoch besonders sonnige Jahre, und ich habe damals so viel Schönes erlebt, daß ich bei der Niederschrift meiner Erinnerungen wählerisch sein muß.

Mein gesellschaftliches Debüt war nicht sehr aufwendig, gemessen an den Maßstäben der damaligen Zeit. Es war nur ein hübscher Empfang und eine Teegesellschaft in unserem Haus in Dorchester. Es kamen Gratulationen aus allen Richtungen, darunter ein Telegramm von Sir Thomas Lipton: »Meine herzlichsten Glückwünsche an Sie zu Ihrem gesellschaftlichen Debüt. Ich nehme an, daß ich bald zu einem weiteren erfreulichen Ereignis gratulieren werde. Bevor das geschieht, hoffe ich, daß Sie sich einen Mann aussuchen, der Ihres Vaters würdig ist.«

In meinem Herzen hatte ich das schon getan. Dieser Mann war Joe. Aber es gab auch noch mögliche Rivalen und eine Reihe anderer junger Männer und Mädchen, mit denen mich eine herzliche Freundschaft verband. Nachdem die ältere Generation sich verabschiedet und eine größere Gruppe von ihnen sich zusammengefunden hatte, um den Abend auf ihre Weise zu verbringen, ging die Jugend in ein mit Papierschlangen und Rosengirlanden geschmücktes Zimmer nach oben, wo wir uns zunächst zum Essen setzten, um dann zu singen, zu scherzen, zu lachen und zu tanzen. Es gab keinen Champagner und keinen Alkohol irgendwelcher Form, denn keiner von uns hatte sich bis dahin, soweit ich weiß, das Trinken angewöhnt. An diesem Abend brauchte jedenfalls niemand etwas anderes als gute Laune, um sich zu amüsieren.

Es gab zwei gesellschaftliche Gruppen in Boston, und zwar weil die Bevölkerung selbst durch einen fortwährenden Zustrom von Menschen aus Italien, Rußland, Deutschland und anderen Ländern in der Hauptsache in zwei große Gruppen unterteilt wurde. Eine von ihnen war fast ausschließlich protestantisch und hauptsächlich englischer Abstammung mit einer Beimischung von Schotten, schottisch-irischen Elementen und sogar einigen Iren, die einen französischen oder anderen fremden Einschlag hatten. Sie alle stammten jedenfalls aus der Kolonialzeit oder waren schon früh nach Amerika eingewandert, und für sie galt die allgemeine Bezeichnung Yankee, »alter Amerikaner« oder, wie man es später nannte, »echter Bostoner«. Ihre Zitadelle und ihr Symbol war das Stadtviertel der Back Bay, wo die reichen und vornehmen Familien wie die Cabots und die Lodges mit ihren Ahnenbildern, Mahagonimöbeln und silbernen Teeservicen in geräumigen Häusern auf großen Grundstücken ein geruhsames Leben führten. Sie genossen den Vorzug des ererbten Reichtums, des Status und der engen Familienbindungen, ihnen gehörten die Banken, die Versicherungsgesellschaften, die bedeutenden Anwaltsfirmen, die großen Schiffahrts- und Handelsunternehmen, und es standen ihnen alle Wege zum Erfolg offen. Damit bildeten sie eine sich selbst tragende Aristokratie. Sie hatten viele bewundernswerte Eigenschaften, aber sie waren eine geschlossene Gesellschaft.

Die zweite Gruppe bestand aus irischen Katholiken, aus den Nachkommen jener verarmten Massen, die zwischen 1840 und 1870 nach der großen Hungersnot aus Irland nach Amerika geflohen waren. Durch harte Arbeit und Einfallsreichtum waren zahlreiche Angehörige der zweiten und dritten Generation oft über die Politik, aber auch auf jedem anderen ihnen offenstehenden Wege zu Wohlstand gekommen, und viele hatten ein kulturelles Niveau erreicht, das dem der »Brahmanen« aus dem Stadtviertel Back Bay in nichts nachstand.

Zwischen diesen beiden Gruppen herrschte, um es milde auszudrücken, stets ein gewisses Mißtrauen, das sich im allgemeinen zu einem Zustand des chronischen Antagonismus steigerte. Auf die Gründe dafür wollen wir hier nicht im einzelnen eingehen. Ein paar Faktoren möchte ich allerdings doch erwähnen. Einer davon, anachronistisch, aber dennoch sehr stark, ließ sich aus der alten und unglücklichen Beziehung zwischen England und Irland ableiten. Obwohl sie sich von England gelöst hatten, waren die meisten alten Yankeefamilien kulturell noch stark in der alten Heimat verwurzelt und teilten mit den Engländern zahlreiche ererbte Vorurteile wie etwa den Antikatholizismus und eine diffuse Vorstellung von den Iren, die sie für ein minderwertiges und Unruhen verursachendes Volk hielten. Die Bostoner Iren auf der anderen Seite hatten natürlich ihre überkommenen Vorstellungen von den Engländern als gefühllosen, hartherzigen Ketzern, Ausbeutern und Unterdrückern. Die alten Vorurteile hätten in dem neuen Land vielleicht aufgegeben werden können, sie wurden jedoch durch die äußeren Umstände der Einwanderungsbewegung in der Mitte des 19. Jahrhunderts noch vertieft. Die Kinder der Einwanderer hörten von ihren Eltern die grausigen Geschichten vom Leiden und Sterben der Massen und von den englischen Gutsbesitzern, der englischen Regierung – zu der auch die Königin Victoria gehörte – und wahrscheinlich vom englischen Volk im allgemeinen. Die englischen Gutsbesitzer lebten in England, und auch die übrigen Engländer kümmerten sich nicht um das Schicksal der Iren, außer daß sie ihnen ihr Mitgefühl ausdrückten und sich Sorgen darum machten, daß ihre gewohnten Einkommensquellen versiegen und die Steuereinnahmen aus Irland zurückgehen würden.

Andererseits fürchteten die Yankees, gerade weil die Einwanderer so arm und elend waren und plötzlich in so großer Zahl erschienen, von einer Flut unfreundlicher, ungebildeter Ausländer überschwemmt, an die Wand gedrückt und ausgeschaltet zu werden, von Einwanderern, die eine andere Lebensart hatten als sie und einer Kirche angehörten, die mit ihrer eigenen in Feindschaft lebte. In ihrer Sorge und Ablehnung gaben sie den Iren Spottnamen wie Sumpfläufer, Moorhüpfer und – weil gerade die Iren einen großen Teil der schweren Arbeit beim Ausheben von Entwässerungsgräben, beim Bau von Dämmen, beim Abtragen von Bodenerhebungen und beim Trockenlegen der Sümpfe und des Wattenmeeres leisten mußten – »Schwarzbeine« und »Dreckschaufler«. Diese Leute leisteten täglich schwerste körperliche Arbeit für einen Hungerlohn, und viele geschäftstüchtige Leute beuteten sie aus und verdienten mit ihrem Schweiß viel Geld. Es gab aber auch andere, die sie so wenig ertragen konnten, daß sie sie nicht einmal ausbeuteten. In den Stellenanzeigen der Tageszeitungen oder sogar auf den Plakaten in den Schaufenstern, auf denen offene Stellen ausgeschrieben waren, äußerten sich diese Gefühle in sehr grober und deutlicher Weise. Hier las man oft den mit großen Buchstaben geschriebenen Satz: »Iren brauchen sich nicht zu bewerben.«

Anfang des 20. Jahrhunderts hatten beide Seiten die offene Feindschaft mehr oder weniger aufgegeben, aber ein gewisses Mißtrauen blieb bestehen. Man koexistierte, hatte aber so wenig wie möglich mit der jeweils anderen Seite zu tun, ja es war so schwierig, eine gemeinsame Basis zu finden, daß mein Vater, James Jackson Storrow und andere versöhnungsbereite Männer zusammenkamen und den City Club gründeten, um prominenten Führern beider Gruppen die Möglichkeit zu geben, in einer neutralen und entspannten Atmosphäre zusammenzukommen.

Nach meiner Überzeugung lag die Schuld auf beiden Seiten, denn hier wie dort war man zu kurzsichtig, konnte sich nicht von alten Vorurteilen befreien und war zu wenig bereit zu erkennen, daß die Verhältnisse sich geändert hatten und daß man darauf mit einer ganz neuen Haltung reagieren müsse. Man war viel zu wenig nachsichtig und es fehlte die Bereitschaft, zu vergeben, zu vergessen und den Weg gemeinsam weiter zu gehen. Ich erinnere mich zum Beispiel daran, daß, als mein Vater einen alten protestantischen Yankee zum Hauptkommissar der Bostoner Feuerwehr ernannte, irische Katholiken sich bei mir darüber beschwerten und sagten, »warum hat er nicht einen seiner eigenen Leute ernannt?« Als ich nach der Geburt unseres ersten Kindes meinen katholischen Geburtshelfer irischer Abstammung bat, mir den besten Kinderarzt zu nennen, den er kannte, damit dieser unser Kind behandelte, und er einen Arzt schottisch-irischer Abstammung und presbyterianischen Glaubens empfahl, gab es unter einigen meiner Freunde und den anderen Patienten des Frauenarztes eine gewaltige Aufregung. Sie wollten wissen, warum das notwendig sei, auch wenn er angeblich einer der besten Kinderärzte von Boston war?

Bei dieser »kulturellen« Rückständigkeit, die damals noch in Boston herrschte, war es, glaube ich, unvermeidlich und in einer gewissermaßen »atavistischen« Weise nur natürlich, daß es zwei gesellschaftliche Gruppen gab. Das ging, so unglaublich es klingen mag, sogar so weit, daß es in den Zeitungen zwei getrennte Gesellschaftsspalten gab; die eine berichtete über sie, die andere über uns.

Damals habe ich das alles für selbstverständlich angesehen. Ich war mir zwar der Tatsache bewußt, daß hier ein Mißverhältnis herrschte, aber ich glaube nicht, daß es mich überraschte. Ich kannte die gesellschaftliche Spaltung seit frühester Jugend, war damit aufgewachsen und akzeptierte diesen Zustand als einen jener elementaren Lebensumstände, über die nachzudenken sich nicht lohnt. Das war Boston, und dabei mußte es bleiben. Ich würde mit den Leuten aus dem Stadtteil Back Bay nichts zu tun haben, und sie würden auch nicht mit uns verkehren. Ich bedauerte das nicht und hatte auch gewiß keine Minderwertigkeitskomplexe. Ich kannte einige junge Mädchen aus diesen Kreisen gut genug, um zu wissen, daß ich ihnen im Hinblick auf die Schulbildung, meine Begabung, mein Aussehen, meine gesellschaftliche Gewandtheit und auf jedem anderen Gebiet, auf das es ankam, in jeder Hinsicht ebenbürtig, wenn nicht sogar überlegen war.

Die beiden Gruppen taten etwa die gleichen Dinge auf die gleiche

Weise zur gleichen Zeit und oft an gleichen Orten. In ihrer Kleidung, ihrem Benehmen und ihren Vergnügungen glichen sie einander so sehr, daß ein aus London, Paris, Berlin oder aus dem Weltraum nach Boston verschlagener Beobachter wahrscheinlich keinen Unterschied festgestellt hätte. Die anderen hatten ihre Junior League, wir hatten unseren Cecilian Club, und beide Vereinigungen bekannten sich zu dem Grundsatz, in selbstloser Weise Gutes tun zu wollen. Die anderen veranstalteten Wohltätigkeitsbasare und Bälle, und wir taten das gleiche, nur unter verschiedenen Bezeichnungen. Das hatte auch gewisse Vorteile. Sie waren alle untereinander bekannt, und dasselbe traf auch bei uns zu. Deshalb hatte es in beiden Gruppen niemand nötig, zu erklären, wer er war, oder seine Stellung zu verteidigen, und es ergaben sich die besten Gelegenheiten für spontane Gespräche über gemeinsame Interessen. Es kam nur sehr selten vor, daß sie katholische junge Männer zu ihren Parties einluden, und ebenso sahen wir bei uns keine jungen Protestanten. Obwohl unser Abbotsford Club jedes Jahr drei Subskriptionsbälle veranstaltete und ich sie mehrere Jahre hintereinander regelmäßig besuchte, kann ich mich nicht daran erinnern, dort jemals einem Protestanten begegnet zu sein. Das Prinzip war natürlich falsch, aber die praktische Auswirkung bestand darin, daß keine Liebesaffären entstanden, die zu »Mischehen« führten – mit all ihren unglücklichen, ja oft herzzerreißenden Folgen, die solche Ehen in der Welt, wie sie damals war, erwarteten. Was die getrennten Gesellschaftsspalten in den Zeitungen betraf, so lagen auch darin gewisse Vorteile, ja diese Einrichtung war uns sogar sehr angenehm, denn wir wußten genau, wo wir die Nachrichten über unsere Freunde zu suchen hatten.

Ich glaube, ich habe schon gesagt, daß mein Vater ein geborener Schauspieler war. Die politische Arena war seine Bühne, und wie jeder gute Schauspieler konnte er zu jedem beliebigen Publikum den Kontakt herstellen. Das lag nicht nur an seinem Vortragsstil – er konnte seine Zuhörer sowohl mit dem würdigen Ernst eines

Bischofs ermahnen als auch ihnen zulächeln und mit den Augen zwinkern –, sondern auch am Inhalt dessen, was er zu sagen hatte; und hier reichte sein Repertoire von den wichtigsten Themen der großen Politik bis zum operettenhaften Singen und Tanzen.

Er hat in der Tat sehr oft gesungen, anstatt eine Ansprache zu halten. Eines seiner Lieblingslieder war *Sweet Adeline,* und dieser Schlager wurde zu seiner politischen Kennmelodie. Da ich gut Klavier spielen konnte und ihn damals oft begleitete, beteiligte ich mich an manchen dieser musikalischen Darbietungen. *Sweet Adeline* ist mit der politischen Laufbahn meines Vaters ebenso untrennbar verbunden wie *Happy Days are here again* mit derjenigen von Franklin D. Roosevelt, vielleicht sogar in noch stärkerem Maße. Ich muß diese Melodie damals und in den seither vergangenen sechzig Jahren ein paar tausendmal gespielt haben.

Dabei hat er das Lied keineswegs nur »auf Wunsch des Publikums« unzählige Male gesungen – wobei er den Chor seiner Bewunderer entweder anführte oder in ihren Gesang einstimmte, wenn sie ihm ein Ständchen brachten – vielmehr hat es dazu kaum einer Aufforderung bedurft. Wenn er einen Versammlungsraum, ein Auditorium, ein Amphiteater oder ein Stadion betrat, war seine Art, sich anzukündigen und die Versammelten zu begrüßen, daß er die beiden letzten Zeilen des Liedes summte und die Menge begeistert einfiel:

You're the flower of my heart,
Sweet Adeline . . .

Da mein Vater keine Fremdsprache beherrschte, erwies es sich oft als vorteilhaft, daß ich Deutsch und Französisch sprechen, lesen und schreiben konnte, wenn Delegationen oder bedeutende Persönlichkeiten aus dem Ausland nach Boston kamen und von dem Bürgermeister offiziell begrüßt und bewirtet werden sollten oder selbst Ansprachen halten und Gespräche mit ihm führen wollten.

So war es ihm auch angenehm, wenn er mich bei den zahllosen offiziellen Essen und Zusammenkünften zur Seite hatte. Jeder höhere Beamte brauchte außerdem eine Dame, die die Pflichten der Gastgeberin übernahm. Meine Mutter hat gewiß ihren Teil dazu beigetragen und sich ausgezeichnet bewährt, und meinem Vater bereitete es große Freude, sie vorzuzeigen. Ich erinnere mich aber an einen Empfang, auf dem ein Reporter, der mich erkannte, mich darum bat, ihm Agnes zu zeigen. Dann sagte er:
»Und die schlanke Dame in Blau, welche Tochter ist das?«
Ich lachte: »Sie wollen ihren Namen wissen? Kennen Sie sie denn wirklich nicht? Sie heißt Mutter!«

6. KAPITEL

Ich möchte jetzt über Joe Kennedy sprechen – den jungen Mann, in den ich mich verliebte, den Mann, den ich heiratete, den Vater meiner Kinder und den Architekten unseres Lebens.

Wir sahen uns etwa acht oder neun Jahre nach unserer ersten Begegnung in Old Orchard Beach wieder, und diesmal schlossen wir in den wenigen Tagen des Zusammenseins Freundschaft. Die Freundschaft vertiefte sich und entwickelte sich zu einer innigen Liebe.

Joe Kennedy war ein hochgewachsener, schlanker, drahtiger junger Mann, sommersprossig, mit blauen Augen und rotem Haar. Dieses Haar war nicht dunkelrot, orangerot oder goldrot, wie man es bei manchen Iren antrifft, sondern eher sandfarben mit rötlichem Glanz. Sein Gesicht war offen und ausdrucksvoll, doch mit einer gewissen jugendlichen Würde, aus der Selbstvertrauen, Selbstachtung und Selbstdisziplin sprachen. Er trank nicht und rauchte nicht. Auch ich tat es nicht, denn das schickte sich damals nicht für ein junges Mädchen. Er war ein ernsthafter junger Mann, aber auch schlagfertig, und er hatte Sinn für Humor. Er lächelte und lachte leicht, und jeder, der sein offenes und spontanes Lachen sah, wollte mitlachen.

Im Herbst nach unserem Zusammensein in Old Orchard Beach lud er mich zum ersten Ball der Saison ein, den die Bostoner Lateinschule veranstaltete. Mein Vater wollte mir jedoch nicht erlauben, hinzugehen. Er hielt es nicht für richtig, daß ein sechzehnjähriges Mädchen Tanzveranstaltungen am fremden Ort besuchte, wo es mit Leuten zusammentreffen konnte, die es möglicherweise in eine unangenehme Lage brachten.

Deshalb forderte Joe ein anderes Mädchen auf, sagte ihr jedoch, sie sei seine zweite Wahl, er werde sie aber gern mitnehmen, wenn sie das wünschte. Ich fand das sehr anständig von ihm und habe ihn dafür bewundert.

Im folgenden Frühjahr, nachdem ich auf der Oberschule von Dorchester das Nachexamensjahr beendet hatte, fand dort ein großer Examensball statt. Ich war zwar noch sechzehn, aber mein siebzehnter Geburtstag stand kurz bevor. Die Schule lag in der Nähe unseres Hauses, und der Ball fand am Nachmittag statt. Das Ganze war eine gefühlvolle Angelegenheit, und nach einigen Überlegungen erlaubte mir mein Vater, daran teilzunehmen. Wie nicht anders zu erwarten, forderte ich Joe Kennedy auf, mich zu begleiten.

Offizielle »Verabredungen« unter jungen Leuten meiner Altersklasse waren damals eine Seltenheit. Daß man sich regelmäßig mit einem Angehörigen des anderen Geschlechts traf oder miteinander »ging«, kam nicht in Frage. Für Joe und mich war das ein ernstes Problem, mit dem wir fertig werden mußten so gut es ging, und dazu wendeten wir recht unschuldige Kriegslisten an. Wir mußten gut zusammenarbeiten, geschickt sein und brauchten verschwiegene und zuverlässige Verbündete.

Zu ihnen gehörten meine in Dorchester und der näheren Umgebung wohnenden Freundinnen, Mädchen aus guten Familien, die in hübschen Häusern wohnten und deren Eltern mit meinen Eltern bekannt waren. Sie veranstalteten nun häufiger – vorausgeplante – »Überraschungsparties«, als sie es sonst getan hätten. Ein weiterer Verbündeter war der Chauffeur meines Vaters. Er war ein guter Mann und meinem Vater treu ergeben. Aber er war auch sentimental, mochte Joe und mich und erkannte eine junge Liebe auf den ersten Blick. Er ebnete uns deshalb die Wege. Wenn er mich gelegentlich in seinem Wagen mitnahm, fragte er, welchen Weg ich am liebsten fahren wollte, und ich schlug dann vielleicht einen Umweg vor. Auf diesen Fahrten trafen wir dann – ganz zufällig und ohne daß es uns überrascht hätte – Joe Kennedy an einer Straßenbahnhaltestelle, auf einer Bank sitzend oder auf einem Spaziergang. Mir fiel dann natürlich sofort ein, daß ich etwas Wichtiges mit ihm zu besprechen hätte, und ich bat den Fahrer, am Ende des Häuserblocks wenige Minuten auf mich zu warten. Diese Minuten konnten unter Umständen zu einer halben Stunde werden. Joe brachte mich an den Wagen zurück, öffnete die Tür, begrüßte seinen Freund, und ich war wieder, wie es sich gehörte, auf dem Weg nach Hause, ohne daß der Fahrer außer einem Lächeln etwas dazu sagte. Er hat mich nie verraten, und natürlich hielt auch ich den Mund.

Während meines letzten Jahres auf der Oberschule von Dorchester und im Jahr darauf, als ich die Klosterschule Sacred Heart in Boston besuchte und dabei hin- und herfahren mußte, gelang es Joe und mir sehr oft, ein Zusammentreffen zu arrangieren. Es geschah zwar seltener, als wir gewünscht hätten, aber häufiger als mein Vater ahnte. Jedenfalls waren wir oft genug zusammen, um uns klar darüber zu werden, wieviel wir einander bedeuteten.

Aber dann ging ich nach Blumenthal, und ein Ozean lag zwischen uns. Ich konnte nichts anderes tun als schreiben und warten. Als ich nach Hause zurückkehrte, war es nur für etwa sechs Wochen. Während meines Aufenthalts in Manhattanville korrespondierten wir weiter und besuchten uns einige Male. Nach meiner Rückkehr übernahm ich in Boston gewisse Pflichten im öffentlichen Leben und war viel mit meinem Vater auf Reisen.

Ich begleitete ihn nach Europa, Mittelamerika, Palm Beach, Kansas City, St. Louis, Chicago, Baltimore und an viele andere Orte und kam mit vielen Menschen, darunter auch mit einer Anzahl attraktiver heiratsfähiger Junggesellen, zusammen.

Hatte mein geliebter Vater bestimmte Pläne mit mir? Hatte er etwas gegen Joe einzuwenden? Das war nicht der Fall, denn was hätte gegen ihn sprechen können? Es gab nichts, was man gegen ihn vorbringen konnte.

Wenn ein junges Mädchen damals ihr gesellschaftliches Debüt gab, dann bedeutete das, daß sie jetzt heiratsfähig war und junge Männer ihr den Hof machen durften. Auch die junge Dame hatte das Recht, sich unter den für sie in Frage kommenden jungen Männern umzusehen. Allerdings brauchte sie sich zunächst nicht zu entscheiden und hatte noch ein oder mehrere Jahre Zeit. Wenn ein junges Paar sich unmittelbar nach dem Debüt verlobte oder sich, was schlimmer war, im geheimen verständigt hatte, dann galt das als romantische Torheit und wurde aufrichtig bedauert. Man pflegte zu sagen: »Wieviel haben sie sich entgehen lassen, bevor sie einen Hausstand gründeten!« Nach der hergebrachten Meinung würde ein solches Paar eine unglückliche Ehe führen, wenn die Glut der ersten Verliebtheit abgekühlt war und den jungen Leuten wehmütig zum Bewußtsein käme, was sie versäumt hätten. Es konnte aber auch Schlimmeres passieren.

Deshalb war ich im geheimen unsicher und vergoß manche Träne bei dem Versuch, mit mir selbst ins reine zu kommen. Ich liebte Joe von Herzen, aber ich liebte auch meine Eltern und wußte, was ich ihnen zu verdanken hatte. Ich wollte nicht undankbar sein und sie auf keinen Fall kränken oder täuschen. So litt ich ständig unter Gewissensbissen, da ich mich häufiger mit Joe traf, als dies eigentlich hätte sein dürfen.

Mit den Jahren ließen meine Gewissenbisse nach. Statt dessen wurde ich zum willigen Komplizen und einfallsreichen Mitverschwörer bei den Kriegslisten, die wir gemeinsam ersannen. Manchmal waren sie direkt komisch.

Unser schönstes Zusammensein dieser Art ergab sich, wie Joe und ich später übereinstimmend meinten, auf einem Spaziergang, den wir eines Tages unternahmen. Plötzlich glaubten wir, einen Zeitungsreporter gesehen zu haben. Wir kamen gerade an einer Kirche vorbei und gingen schnell hinein, setzten uns recht atemlos auf eine der hinteren Bänke und achteten zunächst gar nicht auf unsere Umgebung. Dann sahen wir, welche Art von Literatur auf den Bänken ausgelegt war, und stellten fest, daß wir in eine Kirche der Christian Science geraten waren. Als gute Katholiken hätten wir diesen Ort nicht betreten dürfen. Wir beschlossen jedoch sofort, diese läßliche Sünde auf uns zu nehmen und uns später dafür zu verantworten, denn hier mußten wir nicht mit der Anwesenheit irgendeines unserer Freunde rechnen. Wer sonst hereinkam und glaubte, wir sähen aus wie Rose Fitzgerald und Joe Kennedy – wir stammten ja beide aus bekannten katholischen Familien –, würde annehmen müssen, es handle sich um ein interessantes Beispiel zufälliger Ähnlichkeiten, denn an diesem Ort konnten wir es unmöglich sein. Nachdem wir geheiratet hatten, fuhren Joe und ich häufig an dieser Kirche vorüber, ja Joe machte manchen Umweg, um es zu tun. Dann lachten wir und dachten daran, wie ungezogen wir gewesen waren. Joe erklärte, sobald er es sich würde leisten können, werde er der Kirche zu unseren Ehren und als Dank für die Segnungen, die wir in einer Notzeit dort empfangen hätten, eine Spende überweisen. Als es soweit war, machte er ihr ein anonymes Geschenk, denn er wollte keinen persönlichen Dank. Ganz im Gegenteil, er wollte sich dafür bedanken, daß man es uns ermöglicht hatte, unerkannt zu bleiben.

Eine weitere Verschwörung betraf die wichtigsten Bälle des Jahres. Es gab damals die Einrichtung der »Tanzkarten«, die es auch heute noch in bestimmten Gegenden, aber in weniger offizieller Art geben soll. Wenn ein junger Mann und ein junges Mädchen gemeinsam auf einen Ball gingen, dann waren sie, gleichgültig wer wen eingeladen hatte, beim Betreten des Ballsaales frei. Es war üblich, daß sie den ersten und letzten Tanz miteinander tanzten, vielleicht auch noch einen oder zwei Tänze dazwischen, aber im übrigen hatte jeder junge Mann die Freiheit, jedes beliebige Mädchen »um die Ehre eines Tanzes« zu bitten. Wenn sie seine Aufforderung annahm, schrieb er seinen Namen oder seine Initialen neben den Tanz auf die Tanzkarte des Mädchens, zu dem er sie auffordern wollte. Ihre Tanzkarte – manchmal war es ein kleines Büchlein – trug die junge Dame an einem Band am Gürtel oder am Handgelenk. Die Karten der beliebtesten Mädchen waren natürlich innerhalb weniger Minuten nach Beginn des Abends vollgeschrieben. Die weniger beliebten hatten noch Tänze frei und wurden zu »Mauerblümchen«. Dieses System war in mancher Hinsicht grausam, sowohl für die Mädchen, die nicht aufgefordert wurden, als auch für die jungen Leute, die die Mädchen aufforderten und Absagen erhielten. Aber im allgemeinen erhöhte sich die Spannung, jeder einzelne kam mit vielen anderen zusammen, und es wurde verhindert, daß die Pärchen den ganzen Abend beieinander blieben. Für die meisten war dies eine sehr angenehme Einrichtung; nicht aber für Joe und mich. Wir brauchten keine zusätzliche Spannung und wollten nicht von einem zum anderen gehen. Wir wollten den ganzen Abend zusammenbleiben. Was also sollten wir tun?

Joe fand eine ebenso kühne wie elegante und simple Lösung: Urkundenfälschung. Es war allerdings keine richtige Urkundenfälschung, denn er schrieb auf meine Karte nicht die Namen wirklich existierender Menschen, sondern Namen und Initialen, die er sich ausgedacht hatte. Er benutzte etwa ein Dutzend und verwendete immer wieder die gleichen. Dabei trug er sie jedesmal in anderer Reihenfolge ein, und zwar jeweils mit veränderter Handschrift. Am liebsten mochten er und ich den Namen »Sam Shaw« oder abgekürzt »S. S.«

Weil es sich nicht schickte, daß ich den ganzen Abend nur mit Joe tanzte, und da meine Mutter meist auch zugegen war und in der Nähe der Tanzfläche saß, mag man sich fragen, wie es uns gelungen sei, sie zu täuschen. Joe war natürlich klug genug, einigen meiner anderen Bekannten ein paar Tänze frei zu lassen. Wenn sie mit mir tanzten, gelang es mir fast immer, die Aufmerksamkeit meiner Mutter zu erregen, ihr vielleicht zuzuwinken oder kurz bei ihr stehen zu bleiben, um ein paar Worte mit ihr zu wechseln. Da Joe mich eingeladen hatte, war er als mein Begleiter selbstverständlich auch in ihren Augen berechtigt, den ersten, letzten und auch ein paar andere Tänze mit mir zu tanzen. Während der übrigen Tänze »blieben wir sitzen«, das heißt, wir verschwanden hinter die Topfpalmen oder in die Arkaden und Verandas des Hotels oder des Klubs und bei gutem Wetter auf die

Terrassen und Parkwege. Es gehört zu meinen schönsten Erinnerungen, wenn ich daran denke, wie die Musik durch die Nacht zu uns herausklang und wir das fröhliche Lachen der Gesellschaft aus der Ferne hörten, während ich Hand in Hand mit »Sam Shaw« über die Parkwege ging.

Nachdem Joe 1912 seine Studien in Harvard abgeschlossen hatte, gab es immer weniger Gründe, uns zu verstecken, und schließlich wurde es ganz überflüssig. Das lag, glaube ich, zum Teil daran, daß mein Vater, der in politischen und öffentlichen Angelegenheiten ein absoluter Realist war, auch schließlich im Hinblick auf unsere romantischen Beziehungen realistischer wurde, den Tatsachen ins Auge blickte und sich darauf einstellte. Er mußte jetzt zugeben, daß, wenn irgendein junger Mann es wert war, mich zu heiraten, Joe Kennedy eine ebensogute Wahl sei wie jeder andere.

Es ist mir heute sehr arg, daß ich mich an zwei Ereignisse, die sich eigentlich in meiner Erinnerung eingegraben haben sollten, nicht mehr recht erinnern kann. Sosehr ich mich auch darum bemühe, sie sind mir völlig aus dem Gedächtnis geschwunden. Einmal weiß ich nicht mehr, wie oder wann Joe mich gebeten hat, ihn zu heiraten, und zum anderen habe ich vergessen, wann er mir meinen Verlobungsring geschenkt hat.

In der ersten Sache habe ich ein einigermaßen gutes Gewissen, denn ich glaube nicht, daß er mir überhaupt jemals einen Heiratsantrag gemacht hat, jedenfalls nicht direkt. So ist es nicht gewesen. Es ging weniger um die Frage »willst du mich heiraten« als darum »wann werden wir heiraten?«

Da ich gerade von Anträgen spreche, muß ich bekennen, daß der einzige direkte Heiratsantrag, den man an mich gerichtet hat, von Sir Thomas Lipton kam und weder ernst gemeint war noch ernst genommen wurde. Sir Thomas war ein ewiger Junggeselle und einer der begehrtesten Junggesellen der Welt. Man hat daher viel herumgerätselt, welche Dame er früher oder später zu seiner Frau machen würde, und seine Freunde haben ihn oft in gutmütiger Weise wegen seines Zögerns geneckt. Eines Abends, als er in

Boston war, begann diese Neckerei auf einer privaten Abendgesellschaft, die mein Vater für ihn und einige seiner Freunde in einem Hotel gab, aufs neue. Man verlangte von ihm, er möge sich doch offen über seine Absichten aussprechen. Er blickte zu mir herüber und sagte:

»Wenn ihr wissen wollt, wer Lady Lipton sein wird, sie befindet sich hier in diesem Zimmer. Komm, Rose, wollen wir ihnen nicht doch unser Geheimnis offenbaren? Steh auf, Rose!«

»Ich werde Ihren Antrag nicht annehmen, Sir Thomas«, antwortete ich, und ich hoffe, ich bin dabei nicht zu tief errötet. »Ich glaube, Sie sind viel zu unbeständig!«

»Nun gut«, sagte er, als das Gelächter sich gelegt hatte, »jetzt weiß ich, wie einem zumute ist, wenn man den Laufpaß bekommen hat!«

Der Sommer 1914 war in Europa eine hochdramatische und krisenreiche Zeit. Dem Attentat auf den österreichischen Erzherzog im Juni folgten politische und diplomatische Stürme, die Mobilmachungen der Armeen und der Kriegsausbruch zwischen den Alliierten und den Mittelmächten im August. Daß zwischen Deutschland und Frankreich, den Ländern, die ich nächst meinen eigenen Vereinigten Staaten am meisten liebte und bewunderte, der Krieg ausgebrochen war, bereitete mir großen Kummer. Auch Joe war erschüttert und betrübt, denn erst im Sommer zuvor war er zum erstenmal mit einer Gruppe von Freunden aus Harvard in Europa gewesen. Sie hatten Deutschland und Frankreich bereist, und er war mit angenehmen Erinnerungen an beide Länder und Völker nach Hause zurückgekehrt.

Aber wir waren jung und verliebt, und der Atlantik lag zwischen uns und jener Tragödie. Präsident Wilson gab eine Erklärung über die Neutralität Amerikas ab. Wir durften annehmen, daß irgend jemand den Krieg beilegen würde, und zwar recht bald, denn alle Nationen hatten intelligente politische Führer, und es konnte nicht ausbleiben, daß intelligente Männer einen vernünftigen Kompromiß suchten und fanden, ehe sich die Lage zu sehr verschärfte. Wir nahmen daher an, alles werde geregelt und der Friede wieder hergestellt sein, bevor die Ereignisse irgendeinen direkten Einfluß auf unser gemeinsames Leben nehmen könnten.

So verging der Sommer 1914 für uns sehr ähnlich wie die vergangenen Sommer. Ich brauche nicht zu sagen, daß wir viel über uns und unsere Pläne, über die Hochzeit und die Flitterwochen sprachen. Wir überlegten, wo wir leben würden, mit welchen Möbeln wir uns einrichten wollten usw. Dabei haben wir sicher ganz besondere Hoffnungen und Träume über unsere gemeinsame Zukunft ausgetauscht. Aber das waren nebelhafte und bezaubernd unbestimmte, rosige Träume.

Joe und ich heirateten im Oktober 1914, und an der kirchlichen Trauung nahmen nur die Mitglieder unserer Familien und die nächsten Freunde teil. Wir wünschten keine aufwendige Feier und ließen uns deshalb in der Privatkapelle des Kardinals O'Connell von diesem trauen.

Wir verlebten zwei herrliche Flitterwochen im Greenbriar Hotel in White Sulphur Springs, West Virginia. Dann kehrten wir nach Boston zurück und bezogen das Haus, das wir uns vorher ausgesucht und möbliert hatten und das nun auf uns wartete.

7. KAPITEL

Die meisten mit uns befreundeten jungen Ehepaare lebten in Mietwohnungen, und auch mir hätte zu Beginn unseres gemeinsamen Lebens eine Mietwohnung durchaus genügt. Aber Joe dachte anders. Vom ersten Tage an war das »Zuhause« der Mittelpunkt seiner Welt und der einzige Ort, auf den es ihm bei seinen Plänen wirklich ankam, gleichgültig wohin ihn seine Vorhaben von Zeit zu Zeit auch führen mochten. Trotz seiner ausgeprägten Führereigenschaften und der Fähigkeit, andere für sich zu gewinnen, sei es im persönlichen Gespräch, als Mannschaftskapitän oder bei der Verwaltung großer Geschäftsunternehmen oder wichtiger Vorhaben im Rahmen der Regierung wie in späteren Jahren, hatte er das starke Bedürfnis, ein Privatleben zu führen, unabhängig zu sein und sich die Menschen auszusuchen, mit denen er privat verkehrte. Als er nach Jahren in Wall Street eine führende Stellung einnahm, nannte man ihn den »einsamen Wolf«. Diese Charakterzüge zeigten sich deutlich bei der ersten großen Entscheidung, die er für uns traf. Das Zuhause konnte keine Wohnung, sondern mußte ein Haus sein. Ich erklärte mich gern damit einverstanden.

Im Sommer vor unserer Hochzeit sahen wir uns um und fanden ein Haus, das uns beiden gefiel und unseren Bedürfnissen für den Augenblick und die nächste Zukunft entsprechen würde. Es war ein hübsches altes, mit Holz verschaltes Haus. Es enthielt sieben große und zwei kleine Zimmer im ausgebauten Boden; eine geräumige Veranda reichte bis auf wenige Meter an den Bürgersteig und die Straße heran. Es stand auf einem kleinen Grundstück, auf dem einige Büsche und Bäume wuchsen. Dieses erste Haus steht auch heute noch in der Beals Street 83 und ist jetzt ein Museum. Es wird vom National Trust verwaltet und alljährlich von vielen tausend Menschen besucht. Es ist jetzt größtenteils wieder mit den gleichen Möbeln eingerichtet worden, die Joe und ich während der langen Jahre unserer Ehe aufbewahrt haben, oder die wir ausgeliehen und verschenkt hatten, und die man hier wieder zusammengetragen hat.

Ich glaube, unsere Pläne und Vorstellungen als jung verheiratetes Paar waren nicht anders als diejenigen anderer junger Ehepaare damals und heute. Mit Ausnahme der Tatsache, daß Joe und ich schon etwas eher ein eigenes Haus und einen Wagen besaßen als die meisten unserer Freunde und daß sich bei uns manches günstiger gestaltete, unterschied uns nur wenig von anderen jungen Menschen unserer Art.

In den ersten Jahren unserer Ehe verfolgten Joe und ich ebenso wie in den Jahren zuvor unsere persönlichen Interessen und Neigungen. Ich beschäftigte mich weiterhin mit meinen Dingen und Joe ging seinen Beschäftigungen nach. Hatten früher die Schule und das College den größten Teil seiner Zeit in Anspruch genommen, so war es jetzt das Geschäft, dem er sie widmen mußte. Wie bisher, wenn nicht gar mehr noch, teilten wir alles. Ich liebte Musik, besonders die klassischen Komponisten, Joe auch. In seiner Jugend hatte er wenig ernste Musik gehört, und deshalb glaube ich, daß ich ihm das Verständnis für dieses so wertvolle Erlebnis vermittelt habe. Aber er besaß die natürliche Anlage, sich daran zu erfreuen, und eine der Freuden seines Lebens war und blieb die Sammlung von Schallplatten mit klassischer Musik, die wir zusammentrugen. Viele Jahre später hatte das eine besondere Konsequenz. Es war in erster Linie Joe, der es Jahre später Arturo Toscanini ermöglichte, das faschistische Italien zu verlassen und in die Vereinigten Staaten überzusiedeln.

Ebenso führte er mich in Freuden ein, die ich sonst versäumt hätte, die wir nun aber gemeinsam genießen konnten. In Harvard hatte er den Professor Copeland vom Department für Englisch besonders geschätzt. »Copy«, wie viele Generationen von Studenten ihn liebevoll nannten, war nicht nur wegen seiner hohen

Bildung beliebt, sondern auch als guter Schauspieler. Seine Lesungen aus der klassischen Literatur waren literarische Festvorstellungen, bei denen seine Zuhörer das ganze Drama der Handlung und die feinsten Nuancen der Charaktere in allen Schattierungen genießen konnten. Joe und ich begeisterten uns besonders für seine Lesungen aus dem Werk von Dickens.

Unser größtes gemeinsames Erlebnis, ja eine fundamentale Erfahrung, die in gewisser Weise unsere Einstellung zu allen anderen Lebensbereichen beeinflußt hat, war der Umstand, daß wir die Rolle von Eltern übernehmen mußten. Da die meisten unserer Freunde etwa gleichzeitig mit uns geheiratet hatten, bekamen wir auch unsere Kinder ungefähr zur gleichen Zeit. Ich kann mich nicht daran erinnern, daß wir uns viel über die Kinder unterhalten oder unsere Erfahrungen über Babyflaschen und Sicherheitsnadeln ausgetauscht hätten. Ich habe es jedenfalls nicht getan, denn für mich hat es immer vieles gegeben, was mich mehr interessierte und worüber ich mehr nachdenken und sprechen wollte als die Frage, ob ein bestimmtes Puder besser gegen Wundliegen sei als ein anderes. Aber wir interessierten uns dennoch füreinander und für unsere Familien, ja wir waren in gewisser Hinsicht sogar eine Art »Großfamilie«, und ohne uns gegenseitig mit sentimentalen Einzelheiten zu langweilen, empfanden wir, daß unser Leben eine grundlegend neue Bedeutung und weite neue Dimensionen erhalten hatte. Es war uns bewußt, daß Gott uns mit der neuen Verantwortung unendlich gesegnet hatte.

Joe, Jack, Rosemary und Kathleen wurden in den Jahren geboren, als wir in der Beals Street lebten. Sie erschienen innerhalb eines Zeitraums von weniger als fünf Jahren, gerechnet vom Tage der Geburt unseres Sohnes Joe jr. bis zum Eintreffen von Kathleen. Das Kinderzimmer füllte sich, es konnte die kleine Schar kaum noch aufnehmen, und es dauerte nicht lange, bis ich wieder ein Kind erwartete.

Jetzt, da das fünfte Kind unterwegs war, brauchte ich mehr Platz. Wir sahen uns deshalb nach einer neuen Behausung um. Wir fanden das, was wir brauchten, in derselben Gegend. Es war ein größeres und besser für die zahlreicher gewordene Familie geeignetes Haus, nur etwa fünf Minuten zu Fuß von der Beals Street entfernt in der Naples Road Nr. 131 gelegen. Anfang 1921 verkauften wir unser altes Haus an der Beals Street, kauften das an der Naples Road gelegene, und hier kamen Eunice, Pat und Bobby zur Welt.

Mit der Geburt von Bobby hatte ich also durchschnittlich alle achtzehn Monate ein Kind geboren, und das älteste unserer sieben Kinder war zu diesem Zeitpunkt nur gut zehn Jahre alt. Ich muß sagen, daß sogar mich diese Arithmetik heute, da ich die obigen Berechnungen angestellt habe, verblüfft, wenn auch das so schnelle Wachsen einer Familie in dem Jahrzehnt von 1915 bis 1925 nichts Besonderes war.

Jean und Teddy sollten allerdings noch kommen. Als das geschah, hatten wir Boston jedoch schon verlassen und waren nach New York übergesiedelt. Ich kam aber zu den Entbindungen nach Boston zurück, weil ich ein besonderes Vertrauen zu meinem dortigen Geburtshelfer hatte. So wurden auch sie beide in Boston geboren.

Jede Mutter, der ihre Kinder wirklich am Herzen liegen und die sich um das Wohlbefinden und die Entwicklung eines jeden einzelnen kümmert, wird, glaube ich, wie auch jeder gute Vater wissen, daß ich sehr viel zu tun hatte, sosehr ich mich auch auf die Hilfe meiner Hausangestellten und Kindermädchen verlassen konnte und ihnen dafür dankbar war.

8. KAPITEL

Menschen, die meine Kinder bewundern, fragen mich oft nach den Einflüssen, die im frühen Kindesalter auf sie gewirkt haben, und wollen damit sagen, ich hätte irgendein besonderes Verfahren gefunden und angewendet, das ihre Entwicklung günstig beeinflußt hat. Das ist sehr schmeichelhaft, und ich wünschte, ich könnte behaupten, eigene Entdeckungen auf dem Gebiet der Kindererziehung gemacht zu haben. Ich muß jedoch gestehen, daß dies nicht zutrifft. Als sie alt genug waren, um zu begreifen, was falsch und richtig ist, als sie begannen, eigene Verantwortung zu übernehmen und ihre Interessen zu erweitern, wie in der allmählichen Entwicklung aus dem Kleinkindalter in die weitere Kindheit und Jugend so üblich, wichen meine Methoden wohl etwas von der Norm ab, doch praktisch stets eher in die Richtung des Altmodischen als in die des allzu Modernen. Was die frühesten Einflüsse betrifft, diejenigen bei der Geburt und im frühesten Kindesalter, so könnten sie gar nicht altmodischer gewesen sein, denn ich richtete mich nach dem in der damaligen Zeit Üblichen und verhielt mich ebenso wie meine Mutter und ihre Vorfahren.

Die Frauen bekamen ihre Kinder zu Hause, wo und wie dieses Zuhause auch gewesen sein mochte. Außer den beiden jüngsten wurden auch meine Kinder alle zu Hause geboren. Die Frauen nährten ihre Babys in der ersten Zeit selbst. Ich habe das bei allen Kindern ebenfalls getan, obwohl es zu der Zeit, als die beiden letzten zur Welt kamen, schon Mode wurde, die Kinder fast von Geburt an mit der Flasche aufzuziehen. (Mich amüsiert der Wechsel in den wissenschaftlichen Anschauungen großer und berühmter Fachleute. Heute empfiehlt man wieder die Brustnahrung, und es gibt sogar die deutlich erkennbare Tendenz, die Kinder wieder zu Hause zur Welt zu bringen.)

Es mag ungewöhnlich erscheinen, aber ich wollte nicht, daß mein Mann bei der Geburt der Kinder in der Nähe war. Ich wußte, er arbeitete hart für uns und tat damit seine Pflicht. Er arbeitete selbst, wenn er sich nicht wohl fühlte, und manchmal sogar unter starken Schmerzen. Bei der Geburt der Kinder konnte er mir in keiner Weise helfen, wie auch ich ihm nicht direkt helfen konnte, die geschäftlichen Belastungen zu tragen. Indirekt konnte ich es wohl. Die natürlichste Weise, es zu tun, bestand darin, daß ich ihm, wenn er nicht ohnedies geschäftlich unterwegs sein mußte, sagte, er solle für die Zeit der Geburt eines Kindes verreisen, einen Urlaub nehmen und sich erholen. Wenn er dann nach Hause zurückkehrte und mich und das Neugeborene besuchte, war er um so glücklicher und zufriedener und zeigte seine Liebe und Freude um so deutlicher.

Dies war ein weiterer Aspekt der uns verbindenden »synergistischen« Qualität unserer Ehe. Als einzelne trugen wir beide viel Verantwortung im Rahmen einer Partnerschaft, die uns beiden hohe Gewinne brachte.

Ich erinnere mich noch an einen dafür typischen Vorfall: Als er einmal geschäftlich in Kalifornien war, rief er mich an, nachdem ich gerade erst vor ein paar Minuten nach einem Autounfall zu Hause angekommen war, bei dem ich mir eine große Platzwunde an der Stirn zugezogen hatte. Ich stand noch unter den Einwirkungen eines Schocks. Als der Anruf kam, lag ich auf dem Bett und versuchte, mich zu beruhigen. Aber bei dem Gespräch gab ich mir Mühe, so zu reden wie immer, und berichtete ihm über alles, was er erfahren sollte. Dabei sagte ich ihm, das Wetter sei herrlich, ein idealer Tag zum Golfspielen. Dann ließ ich mich ins Krankenhaus bringen, um die Wunde an der Stirn nähen zu lassen.

Leider jedoch überlegte sich unser Chauffeur, daß die Nachricht von dem Unfall und meiner Verletzung im Radio durchgegeben werden würde, und Joe sehr bald davon erfahren mußte. Deshalb glaubte er, es sei seine Pflicht, Joe sofort davon zu unterrichten.

Kaum hatte Joe die Nachricht erhalten, da rief er mich in großer Aufregung an, und ich mußte ihn nun davon überzeugen, daß es nur ein unbedeutender Unfall gewesen war. Weder ich noch irgend etwas anderes seien dabei ernstlich zu Schaden gekommen, und er habe keine Veranlassung, sich Sorgen zu machen.
Es war deshalb nichts dadurch gewonnen, daß er von meinem Unfall erfahren hatte, aber es ging etwas verloren; Zeit und Energie, die wir beide – er dort in Kalifornien und ich hier im Osten – besser hätten nützen können und die wir eigentlich nicht übrig hatten, weil wir sehr angespannt waren.
Joe hat an allen seinen Kindern vom Tage ihrer Geburt an viel Freude gehabt und sich für sie begeistert. Immer schenkte er ihnen so viel von seiner Zeit wie irgend möglich. Doch diese Zeiten des Zusammenseins wurden allmählich immer seltener und kürzer. Anfang 1917 – Joe jr. war gerade geboren, und Jack noch unterwegs – übergab er die Leitung der Firma Columbia Trust seinem Vater und wurde stellvertretender Generaldirektor der großen Fore River Werft von Bethlehem Steel in Quincy, Massachusetts. Nachdem Amerika in den Ersten Weltkrieg eingetreten war, stand er unter solchem Arbeitsdruck, daß er außer sonntags nur zum Schlafen nach Hause kommen konnte. Die Werft brach alle Produktionsrekorde, und bei Joe entwickelte sich ein Magengeschwür.
Während dieser Jahre machte er übrigens auch die Bekanntschaft von Franklin D. Roosevelt, der damals stellvertretender Marineminister war.
Nach dem Kriege ging Joe zunächst ins Maklergeschäft und dann in das private Bankgeschäft. Neben anderen Vorteilen verschaffte ihm das die Möglichkeit, mehr Zeit zu Hause zu verbringen. Doch wie es bei Joe fast immer der Fall war, entzündete sich eine Idee an der anderen. Er erkannte sehr rasch seine Chance, ergriff sie, bevor ein Konkurrent es tun konnte, und so dauerte es nicht lange, bis er wieder in alle möglichen finanziellen Geschäfte und Abenteuer verwickelt war, die seine Zeit in Anspruch nahmen

und immer mehr Reisen erforderten. So gründete er zum Beispiel sehr bald ein Syndikat, um die Mehrheit der Anteile einer Kette von Filmtheatern in Neu-England zu erwerben. Das führte nicht nur zur Vorführung, sondern auch zum Verkauf von Filmen, und auf diesem Wege kam er zur Filmherstellung und zum Erwerb von Filmateliers und deren Betrieb. Bei alledem mußte er sich lange in New York, dem finanziellen Zentrum der Filmindustrie, und in Hollywood, dem Produktionszentrum, aufhalten. Oft war er Tage, Wochen oder sogar Monate nicht zu Hause. Er rief mich praktisch täglich an, und jeden Sonntagmittag sprach er telefonisch mit den Kindern. Sie mußten, nach dem Alter geordnet, in einer Reihe vor dem Telefonapparat stehen und warten, so daß auch der Jüngste wenigstens die Stimme seines Vaters hören konnte. Die Kinder hatten deshalb nie das Empfinden, er sei sehr weit fort. Sein Einfluß war in unserem Hause auch spürbar, wenn er verreist war. Kam er wieder, dann beschäftigte er sich intensiv mit den Kindern. Ich bin jedoch während einer ganzen Reihe von Jahren durch die Umstände gezwungen worden, den größten Teil der Kindererziehung zu übernehmen.

Ich habe mich erst kürzlich mit Eunice unterhalten, und wir haben versucht, eine Definition dafür zu finden, welche Rolle Joe und welche ich im Leben der Kinder gespielt haben, und Eunice kam dabei zu folgender Formulierung: »Du hattest die Verantwortung und hast uns aufgezogen und erzogen, als wir Kinder waren. Später, als wir älter wurden, übernahm Dad diese Aufgabe.« Ich glaube, das trifft zu.

Nach dem Sprichwort, »was ein Häkchen werden will, krümmt sich beizeiten,« das in seinem Wahrheitsgehalt heute offenbar von den Psychologen aller Schulen anerkannt wird, habe ich an der Charakterbildung unserer Kinder einen wesentlichen Anteil genommen. Die natürlichen Anlagen, mit denen ich zu arbeiten hatte, waren allerdings sehr gut, und ich wußte, was ich damit tun wollte. Ich habe meine Ziele nicht immer erreicht, und das ist wohl selbstverständlich. Aber das hat nie daran gelegen, daß ich mich nicht genug darum bemüht hätte. Ich habe die Erziehung der Kinder nicht nur als ein Werk der Liebe und der Pflicht empfunden, sondern als einen Beruf, der durchaus ebenso interessant und herausfordernd ist wie jeder andere, und der von mir das Beste verlangt, was ich zu geben imstande war.

Ich war in einer günstigeren Lage als die meisten Frauen, denn ich hatte jede denkbare Hilfe im Haushalt und alles Geld, das ich brauchte. Andererseits waren die Anforderungen, die sich mir mit neun so rasch hintereinander geborenen Kindern stellten, sehr hoch, und es bedurfte nicht nur persönlicher Bemühungen, sondern auch des Vorausplanens, Organisierens und Beaufsichtigens.

Bei all den Kindern und den vielen Dingen, an die man in diesem Zusammenhang für Wochen, Monate und Jahre vorausdenken und die man behalten mußte, begann mir der Kopf zu schwirren. Also ging ich eines Tages in ein Papiergeschäft, kaufte gewöhnliche Karteikarten und die dazugehörigen Reiter und ging daran, die Namen, Daten und Ereignisse systematisch zu katalogisieren. Diese Kartei habe ich viele Jahre auf dem laufenden gehalten.

Als Joe Botschafter in London wurde und wir alle dorthin zogen, feierte die englische Presse meine Karthotek, als sei sie eine Erfindung der Größenordnung von Henry Fords Fließband. Meine gewissenhaft geführten Karteikarten wurden so zum Symbol »amerikanischer Tüchtigkeit« – dabei waren sie nichts als eine schlichte »Kennedysche Notlösung«.

Wenn ein neues Kind geboren wurde, legte ich eine Karte an, auf der alle wichtigen Daten eingetragen wurden wie Geburtsdatum und Geburtsort, die Kirche, in der das Kind getauft worden war, die Namen der Paten und alles sonst Wesentliche. Im Lauf der Zeit kamen Datum und Ort der Firmung und Erstkommunion hinzu. Bis dahin hatte ich alles Wichtige über den Gesundheitszustand und die ärztliche Fürsorge eingetragen.

Aber beim besten Willen und größten Verständnis kann niemand wissen, was diese Aufzeichnungen für mich, für Joe und für uns alle bedeuteten. Jede Karte weckt die Erinnerung an die Lebensgeschichte eines der Kinder.

Joe jr. war ein gesundes Kind, groß und kräftig für sein Alter, und für die ersten Lebensjahre stehen nur wenige Eintragungen auf seiner Karte.

Auch Jack war ein gesundes Baby, aber dann kamen Keuchhusten, Masern und Windpocken, Kinderkrankheiten, mit denen man damals rechnen mußte, die mir jedoch Sorgen bereiteten.

Am 20. Februar 1920 erkrankte er an Scharlach.

Das war eine sorgenvolle Zeit. Als er im städtischen Krankenhaus von Boston eingeliefert wurde, war sein Zustand sehr ernst. Joe ging in die Kirche und betete für ihn; dabei gelobte er, wenn Jack am Leben bliebe, wolle er die Hälfte seines Vermögens für einen wohltätigen Zweck spenden. Als der Junge wieder genesen war, erfüllte Joe sein Versprechen und gab der St. Appilonian Guild einen Scheck über $ 3700 – genau die Hälfte seines damaligen Vermögens.

9. KAPITEL

»Zu sein ist die flüchtige Freude des Werdens,
ein Flußbett, in dem das Leben
freudig und mutig dahinströmt
wie kühles Wasser, das im Sonnenlicht glitzert –
in einer Welt... der Unruhe und Sorge –...«

Markings, Dag Hammarskjöld

Auf den Karteikarten sind die Meilensteine im Leben unserer Kinder bezeichnet, die für die Zeit gelten, als sie noch jung waren. Aber das Leben besteht nicht aus Meilensteinen, sondern aus Augenblicken. Sie reihen sich aneinander wie die Pulsschläge der Zeit selbst, und wenn wir an das letzte Ticken des Uhrwerks denken, dann können wir zurückblicken, die Jahre zählen und uns daran erinnern, daß es dieses oder jenes Jahr gewesen sein muß, als dieses oder jenes geschah. Doch wie zählen wir die Augenblicke, die Minuten und Stunden, deren Inhalt »die flüchtige Freude des Werdens« war? Das Lächeln eines Kindes, seine Tränen, der erste Zahn, ein drolliger Ausspruch, eine gute (oder ungezogene) Tat, das alles gehört zu einer Entwicklung, in deren Verlauf das Kind die Welt für sich entdeckt und auf seine eigene Art hineinwächst, um dabei seine Persönlichkeit zu entwickeln. Es sind die Eindrücke, Gefühle, Bilder, Geräusche und Gerüche, das erregende Erlebnis eines Schneefalls oder einer Seebrise, winzige Ausschnitte aus dem Leben, »das im Sonnenlicht glitzert«, die rasch vergehen und leider allzu leicht vergessen oder in den Hintergrund des Gedächtnisses verdrängt werden, solange das Leben weitere Ereignisse bringt und das Werden fortschreitet.

Ich finde, die folgenden Zeilen (auf die Jackie mich aufmerksam gemacht hat) des Schriftstellers und Regisseurs Garson Kanin sind sehr tröstlich:

»Wenn wir uns an die Vergangenheit erinnern, dann ist sie wie ein überquellendes Füllhorn... Wir erinnern uns nicht chronologisch, sondern in einzelnen, ungeordneten Rückblenden. Wir sind keine programmierten Informationsspeicher. Der Mensch ist weniger leistungsfähig, und sein Gedächtnis ist weniger systematisch geordnet, aber man denke an alles, was diese Mängel ausgleicht, an die Freiheit der Assoziation, an die Möglichkeiten, nach Belieben in den Bodenkammern des Gestern herumzustöbern und sich eines aus dem anderen entwickeln zu lassen.«

Unser Haus in Hyannis Port ist groß, altmodisch und geräumig und besitzt einen großen Bodenraum, der uns viele Jahre gute Dienste geleistet hat. Hier bewahrten wir nun schon mehr als vier Jahrzehnte alle möglichen Erinnerungsstücke auf, die allmählich zu viel Platz brauchten, um in der Wohnung zu bleiben, die aber als sentimentale Andenken zu viel Wert hatten, um sie zu verschenken oder fortzuwerfen. Ich bin überzeugt, alle Familien kennen das gleiche Problem.

Meine Tochter Patricia hat sich kürzlich an jene Zeit zu erinnern versucht, um mir bei der Abfassung dieses Buches zu helfen, und erzählte mir: »Ich und wir alle erinnern uns daran, daß Mutter, als wir Kinder waren, die verschiedensten Dinge auf dem Boden forträumte, und jetzt, nachdem wir erwachsen geworden sind, ist sie immer noch dort oben, aber nun nimmt sie diese Dinge wieder heraus.«

Das ist ganz richtig. Die Zeit ist gekommen, diese Sammlung aufzulösen und die einzelnen Stücke dorthin zu schicken, wo sie am ehesten hingehören, an die Mitglieder unserer Familie, an unsere Freunde, an das Präsidialarchiv von Jack und einen nicht unwesentlichen Teil zu den Akten zu nehmen, die ich zusammengestellt habe, um mit ihrer Hilfe dieses Erinnerungsbuch zu schreiben.

Zum Beispiel fand ich ein altes Tagebuch von mir, aus dem Jahr 1923.

Ich hatte schon in meiner Kindheit angefangen, Tagebuch zu führen, aber diese Aufzeichnungen sind alle verlorengegangen. Der Grund dafür ist wahrscheinlich, daß ich bei meinen Versuchen den gleichen Fehler gemacht habe wie meine Kinder, wenn sie mit den besten Vorsätzen darangingen, Tagebücher zu führen. Nach den ersten Eintragungen fing man an, Daten auszulassen, und allmählich schlief die Sache ein, und es blieben nur noch leere Seiten zurück. Der Himmel weiß, daß ich meine Kinder dazu ermutigt und immer wieder ermahnt habe, es zu tun – sie und ihre Altersgenossen in unserer Umgebung. Ich wünschte, auch ich selbst hätte mich immer danach gerichtet, denn ich muß mit Bedauern zugeben, daß ich erst viele Jahre später, als Joe Botschafter geworden war, regelmäßig ein Tagebuch geführt habe.

Mein Tagebuch aus dem Jahre 1923 muß ich unter der unmittelbaren Einwirkung eines guten Vorsatzes zum neuen Jahr begonnen haben, denn der erste Eintrag zeigt das Datum des 1. Januar, und die täglichen Aufzeichnungen gehen bis zum 21. Januar weiter, wo es heißt: »Stürmischer Tag, konnte nicht zur Kirche gehen. Die Kinder den ganzen Tag im Hause.« Von hier an werden die Eintragungen seltener, und die Pausen immer größer. Zuerst sind es Tage, dann Wochen. Die letzte Aufzeichnung stammt aus dem Dezember. Es umfaßt so den größten Teil eines Jahres, das typisch war für unsere Zeit in dem Bostoner Vorort Brookline.

Das Tagebuch weckt alle möglichen Erinnerungen.

> *1. Januar 1923.* Kam am 27. Dezember mit Joe jr., Jack und Mary Moore in Poland Springs an. Eddi und Joe sen. kamen später. Drei Tage schwere Schneefälle, die Jungen mußten im Hause bleiben. Sehr fröhliche Gesellschaft. Jungen und Mädchen aus dem College. Gingen zur Messe ... rodelten am Sonntag in Auburn. Montags Sturm. Joe sen. und Eddie fuhren nachmittags heim.

Damals gab es den »Wintersport«, wie wir ihn heute kennen, noch nicht. Man kannte keine Skilifts, keine langen, gepflegten

Abfahrten, keine Kunsteisbahnen, keine überdachten Schwimmbecken mit angewärmtem Wasser, und es fehlten die Chalets, die Hotels, die Motels und die ganze riesige Fremdenindustrie. Niemand hat sich damals so etwas in den kühnsten Träumen vorstellen können. Unser Wintersport war so simpel wie die Gemälde von Grandma Moses. In unserem Teil des Landes gab es nur wenige Orte, an denen man sich diesen Vergnügungen widmen konnte, und zu ihnen gehörte Poland Springs, ein bekannter Kurort, der auch im Winter Fremde aufnahm.

Wir hatten diesen Ort schon seit 1916 einige Jahre regelmäßig besucht, und es hatte uns ausgezeichnet gefallen. Wir hatten damals keine Ahnung, wie prächtig das alles später noch werden sollte. Am Bahnhof wurden wir in Schlitten abgeholt, hüllten uns in Waschbärpelze, wickelten die Beine in warme Wolldecken und fuhren dann unter Schellengeläut im Schnee auf knirschenden Stahlkufen davon. Dann kamen die Abenteuer des Skifahrens auf sanften Hügeln, des Rodelns und des Eislaufs. Zu jener Zeit gab es noch keine fest an die Stiefel montierten Schlittschuhe. Wir mußten sie noch mit einem Schlüssel an die Schuhsohlen schrauben und mit Lederriemen an den Schuhen und Fesseln befestigen, eine mühsame Sache, die nicht immer den erwarteten Erfolg hatte. Die Schlittschuhe lösten sich leicht und fielen ab, und es konnte vorkommen, daß wir uns in den Riemen verhedderten, ausrutschten und fielen. Aber so lernten Joe jr., Jack und auch einige der jüngeren Kinder das Schlittschuhlaufen. Doch trotz der erstarrten Finger, der verlorenen Schlittschuhschlüssel und der Beulen war es ein großes Vergnügen.

Die in meinem Tagebuch erwähnten Mary und Eddie Moore waren Mr. und Mrs. Edward Moore. Eddie Moore war ein treuer Freund meines Vaters und hatte ihm während der Amtszeit als Bürgermeister in der Kapazität eines Sekretärs und vertrauten Mitarbeiters zur Seite gestanden. Er kannte unsere Familie daher sehr gut, und als mein Vater die Amtsgeschäfte niederlegte, übernahm er für Joe etwa die gleichen Pflichten, kam ihm dabei aber vielleicht noch näher. Wie ich schon gesagt habe, hatte Joe das Bedürfnis des Individualisten, allein zu sein. Es gab sehr wenige Männer, die er mochte, denen er vertraute und in deren Gesellschaft er sich ganz entspannen konnte. Von diesen wenigen wirklich intimen Freunden war Eddie Moore, glaube ich, der nächste, und ihm vertraute Joe in jeder Hinsicht und unter allen Umständen. Seine Frau Mary wurde eine ebenso enge Freundin, Vertraute und Helferin für mich.

Das Ehepaar Moore war einige Jahre älter als Joe und ich, und vielleicht läßt sich unsere enge Freundschaft am besten beschreiben, wenn ich sage, daß wir beide die ganze Zuneigung, das ganze Vertrauen und die absolute, auf Gegenseitigkeit beruhende Anerkennung für sie empfanden, die man einem verehrten Onkel und einer geliebten Tante entgegenbringt.

Sie hatten selbst keine Kinder und wendeten sich daher in Liebe und Verantwortungsgefühl den unseren zu, brachten ihnen ihre elterlichen Gefühle entgegen, freuten sich mit uns über jeden Fortschritt und teilten unseren Schmerz bei jedem Kummer. Die Kinder vergötterten sie. Wir werden im folgenden immer wieder auf die Namen Mary und Eddie stoßen. Um es vorwegzunehmen, sei gesagt, daß wir unser neuntes Kind, den vierten Sohn, Edward Moore Kennedy nannten.

2. Januar 1923. Joe jr. und ich fuhren mit dem Nachmittagszug nach Hause. Jack und Mary blieben zurück, denn ich glaube, Jack braucht ein paar Tage mehr. Zug eine halbe Stunde verspätet. Jack erzählt, er mußte Mrs. Moore gestern abend die Hand auf den Mund legen, weil sie »summte«. (In Wirklichkeit schnarchte sie.)

10. Januar 1923. Das Kindermädchen kam heute abend zurück. Rose braucht wegen der Grippeepidemie nicht in die Schule zu gehen, ist aber gesund.

Rose ist unser drittes Kind und die erste Tochter, Rosemary, die damals viereinhalb Jahre alt war. Die »Schule« ist natürlich der Kindergarten.

Rose war ein von Geburt an in der Entwicklung gehemmtes Kind. Niemand weiß den Grund, und es gibt nur Vermutungen. Eunice hat sich, obwohl sie einige Jahre jünger ist, schon in der Kindheit besonders aufmerksam und hilfsbereit mit ihr beschäftigt und sie immer wieder zu besseren Leistungen angeregt. Wegen dieses liebevollen und nie nachlassenden Interesses für die ältere Schwester hat sie sich später viel mit den Problemen geistig Behinderter beschäftigt und ist Leiterin der Stiftung*, die unsere Familie zur Erforschung der Ursachen dieses Leidens ins Leben gerufen hat, von dem so viele Kinder heimgesucht werden. Es sind, wie wir heute wissen, viel mehr, als man in jenem dunklen Zeitalter wußte, in dem man eine geistige Mißbildung noch als Familienschande ansah. Eunice sagte: »Wir glauben, es kam wahrscheinlich dazu, weil der Arzt irgendwo aufgehalten wurde und zu spät zur Entbindung kam. Die Hebamme wußte nicht, was sie tun sollte und verzögerte die rechtzeitige Geburt. Das dauerte etwa zwei Stunden. Wir sind aber nicht sicher – niemand weiß es genau.«

Rose war ein niedliches Baby. Erst ganz allmählich, als sie älter wurde und anfing zu laufen, erkannte ich, daß sie geistig behindert sein könnte. Es war schwer, die Anzeichen als das zu akzeptieren, was sie waren. Ich sah, daß sie nicht so schnell lernte wie die anderen. Aber Kinder sind natürlich verschieden, und nicht alle Kinder derselben Familie sind gleich begabt. Ich sah, daß sie körperlich schwächlich war, aber auch das ließ sich vielleicht mit der Zeit und durch ein geeignetes Training in Ordnung bringen. Ich sorgte mich um sie, dachte über sie nach und, als meine Sorgen schließlich zu groß wurden, ließ ich sie von Psychologen untersuchen. Der erste war der Chef des entsprechenden Departments an der Universität von Harvard, der zweite ein gelehrter

* Die Joseph P. Kennedy, Jr. Memorial Foundation.

Geistlicher in Washington. Beide sagten mir, Rosemary hätte einen niedrigen Intelligenzquotienten. Als ich fragte, »was kann ich tun, um ihr zu helfen?«, hatten sie offenbar keine befriedigende Antwort.

Wenn die Wissenschaft keine Lösung hatte, dann blieb uns nichts anderes übrig als selbst zu versuchen, unser möglichstes zu tun. Das bedeutete, sie zu lieben, sie anzunehmen, sie zu ermutigen und ihr in jeder möglichen Weise beizustehen.

> *16. Januar 1923.* Joe sen. fuhr um 5.00 Uhr mit Eddie Moore und zwei anderen Freunden, die in New York zu ihnen stießen, nach Palm Beach ab.

Das war Synergismus in Aktion. Er wollte mit drei guten Freunden nach Florida fahren, um zu viert Golf zu spielen, denn er brauchte die Ruhe und den Sonnenschein und konnte sich gerade jetzt dazu frei machen. Mir war es nicht möglich, ihn zu begleiten, und zwar aus ganz bestimmten Gründen. Die Kinder waren stark erkältet, und um diese Jahreszeit mußten wir mit weiteren Erkältungen und Komplikationen rechnen. So ließ ich ihn mit vielen guten Wünschen fahren. Zum Teil – oder soll ich sagen hauptsächlich – weil wir uns schon darüber verständigt hatten, daß ich bald selbst eine Reise unternehmen würde, und zwar mit einer mir angenehmen Begleiterin an einen Ort, den ich kennenlernen wollte. Das geschah dann auch, und Joe entließ mich dazu mit seinen guten Wünschen.

> *14. Februar 1923.* Eunice hat ihre ersten Schritte getan und redet viel. Sie ist die gesprächigste von allen Kindern. Sie versucht, sich zu verbeugen und zu sagen: »Brüderchen, komm, tanz mit mir...«

Sie war erst anderthalb Jahre alt, aber ich glaube, diese kleinen Beobachtungen sagen schon etwas darüber aus, wie sie sich später entwickelte. Sie war ein sehr ausgeglichenes Kind, reagierte

schnell und war später eine der besten Sportlerinnen in unserer auf diesem Gebiet sehr aktiven Familie. Sie konnte sich prägnant und witzig ausdrücken, und das machte sie zu einem guten Gesprächspartner. Sie konnte aber auch zuhören, denn sie hatte ein weites Herz für andere Menschen und half ihnen gern, besonders ihren Geschwistern, aber auch jedem anderen, der sie brauchte. Durch ihre Vitalität, ihre Offenheit, ihren Humor und ihr verständnisvolles Mitgefühl gewann sie die Herzen. Sie war in ihrer Art ein besonderes und unvergleichliches Mädchen.
Was könnte interessanter für eine Frau sein als zu beobachten, wie das eigene Kind heranwächst und sich entwickelt, und was könnte lohnender sein, als dieses Kind verständnisvoll, phantasievoll, geduldig und ausdauernd zu leiten, um das Beste, was die Natur ihm mitgegeben hat, in ihm zu fördern? Bei der Erziehung unserer neun Kinder, die zwar alle irgendwelche gemeinsamen Charakterzüge und Neigungen hatten, aber doch wieder so verschieden waren, habe ich gesehen, daß jedes Kind einen immer wieder überrascht. Jedes ist ein unverwechselbares Individuum. Keines läßt sich mit dem anderen vergleichen, denn jedes hat gottgegebene Möglichkeiten, die, wenn sie sich entfalten sollen, der richtigen Umwelteinflüsse bedürfen. In den ersten Lebensjahren hängt das in erster Linie von der Mutter ab. Hier kommt es nicht auf das Geld an und nicht auf die äußeren Umstände, sondern darauf, daß die Mutter das Einfühlungsvermögen besitzt, das Kind im richtigen »emotionalen Klima« anzuleiten.

> *20. Februar 1923.* Kathleen hat ihren Geburtstagskuchen angeschnitten ... (zwei Tage später) Kathleen geht mit ihrem kleinen Schlitten hinaus.

Sie war drei Jahre alt, ein hübsches, ja bezauberndes Kind, von zierlicher Gestalt mit den sanften irischen Farben. Jeder war von ihr entzückt. Joe und ich liebten sie natürlich von Herzen – wie jedes andere Familienmitglied –, aber ich glaube nicht, daß wir sie hätten verwöhnen können, selbst wenn wir es versucht hätten. Sie hatte ein sonniges Gemüt, war aufgeweckt, fröhlich und hatte Humor. Dabei war sie anschmiegsam und besaß eine augenscheinlich angeborene Lebensweisheit.

23. Februar 1923. Bei der heutigen Frühmesse in der St.-Aiden-Kirche ging Joe jr. an den Altar, um sich als Ministrant zu üben. Bisher ist er es noch nicht, aber sein Chorhemd hat er schon.

Er war siebeneinhalb Jahre alt, sehr jung für einen Ministranten, aber er war einfühlend, verantwortungsbewußt, energisch und besaß Initiative, ein männlicher, aufrechter, bemerkenswert intelligenter kleiner Junge, und dabei ganz natürlich. Er lächelte und lachte gern. Dazu besaß er einen starken Charakter und angeborene Führereigenschaften. Wir haben das alle schon früh an ihm bemerkt. Kathleen hat einmal geschrieben: »Irgendwie blickten wir alle zu Joe und dem, was er tat, auf.« Sein Großvater Fitzgerald, mein Vater, sagte über ihn: »Es gibt keine sympathischere Persönlichkeit ... Er liebte das Leben, er war gesellig, und schon wenn er einem die Hand gab, spürte man seine Aufrichtigkeit.« Doch auch er war manchmal zu dummen Streichen aufgelegt.

25. Februar 1923. Joe jr. und Jack haben ein neues Lied über die »roten Käfer und die Bienchen«, und sie gehören einem Klub an, dessen neue Mitglieder eine Prüfung bestehen müssen, bei der sie mit Nadeln gestochen werden.

Das brauche ich wohl nicht zu kommentieren.

28. Februar 1923. Die Jungen haben von ihrer Tante Agnes aus dem Süden zwei Alligatoren geschenkt bekommen und ihnen die Namen ihrer besten Freunde, Jerry und Charlie, gegeben. Charlie hat einen Hund mit Namen Brandy, denn sein Vater ist Alkoholschmuggler.

30. März 1923. Jack war es heute nicht so wichtig, sich einen glücklichen Tod zu wünschen, sondern er meinte, er wolle sich lieber zwei Hunde wünschen. Joe kam ungewaschen in die Kirche, um den Kreuzweg zu beten.

1. April 1923. Ostern. Wir fuhren alle nach Winthrop, außer Jack, der etwas erkältet war. Eddie und Mary Moore kamen zum Essen. Abends Konzert. Sehr kaltes Wetter. In Winthrop steckte Rose die Zunge heraus.

Winthrop ist eine Stadt in der Nähe von Boston, und hier lebten die alten Kennedys. Patrick J. Kennedy war damals 65 Jahre alt und hatte sich aus dem öffentlichen Leben zurückgezogen. Er war zwar noch ein Politiker, mit dem man rechnen mußte, aber in der Rolle des älteren Staatsmannes. Er war sehr stolz auf die Leistungen von Joe, und Joe war ihm gegenüber ein liebevoller und treuer Sohn. Deshalb packten wir in der warmen Jahreszeit oft die Kinder in den Wagen, fuhren hinüber und verbrachten den Sonntag bei den Großeltern. Diese Besuche wechselten sich mehr oder weniger regelmäßig mit den Sonntagsbesuchen bei meinen Eltern ab. Beides waren große Familien, und so trafen wir bei diesen Ausflügen oft zahlreiche Verwandte; Großtanten, Onkel und kleine Vettern und Cousinen, und wir alle verstanden uns gut.

3. April 1923. Jack meinte heute: »Du bist aber eine gute Mutter – fährst weg und läßt deine Kinder allein!«

Er war damals fast sechs Jahre alt. Wie ich schon erwähnt habe, war er ein recht zarter kleiner Bursche. Er war zwar nicht zu klein für sein Alter, aber etwas mager. Deshalb achtete ich darauf, daß er richtig ernährt wurde, und ich ließ ihm von der Köchin manchen Extrabissen zustecken. Er hatte ein sehr schmales Gesicht und abstehende Ohren. Sein Haar ließ sich kaum bändigen, und das gab ihm ein koboldhaftes Aussehen. Er war aber ein sehr aktiver, lebendiger kleiner Kobold und, wenn er nicht krank war, voller Energie. Dazu besaß er Charme und Phantasie. Immer wieder überraschte er einen, denn er hatte seine eigenen Gedanken, tat die Dinge auf seine eigene Art und paßte in kein Schema. Das hat mir manchmal Kopfzerbrechen gemacht, denn ich glaubte zu wissen, was für ihn das Beste sei. Wenn er mich dann aber wieder mit etwas Außergewöhnlichem überraschte, war ich entzückt und amüsiert. Er war ein komischer kleiner Junge, und er konnte sich so humorvoll und lebendig ausdrücken, daß ich glaubte, seine Aussprüche seien es wert, festgehalten zu werden.

Den eben zitierten Ausspruch tat er, bevor ich mit meiner Schwester Agnes eine Reise an die Westküste unternahm. Ich muß sagen, daß ich mir nach Jacks Äußerung fast hartherzig vorkam. Als ich mich am folgenden Tag, am 4. April, auf der Veranda von den Kindern verabschiedete, wurde es mir schwer. Sie sahen so verloren aus, und als ich sie küßte, kamen mir die Tränen. Nachdem ich schon ein Stück die Straße hinuntergefahren war, fiel mir ein, daß ich etwas vergessen hatte, und ich kehrte um – und stellte fest, daß sie alle ganz zufrieden auf der Veranda spielten und mich augenscheinlich gar nicht vermißten. Deshalb fuhr ich dann mit gutem Gewissen ab.

Diese kleine Episode illustriert die Vorzüge einer großen Familie. Alle Familienmitglieder sind füreinander da, und ich glaube daher, je größer eine Familie ist, desto besser für jeden einzelnen. Zu diesem Thema werde ich im weiteren Verlauf meiner Erzählung noch manches zu sagen haben.

> *7.–8. Juni 1923.* Fuhren an den Strand. Das Wetter kühl, aber angenehm. Joe jr. und Jack mit dem Pony bei den McElwains.

Der »Strand« war damals noch nicht Hyannis Port. Das kam einige Jahre später. In der Zwischenzeit besuchten wir mehrere Orte an der sehr langen und abwechslungsreichen Küste von Massachusetts.

26. Oktober 1923. Die Jungen sahen an einem Geschäft eine Tafel mit der Aufschrift »No dogs allowed in this Restaurant.« Sie malten ein »Hot« davor.

28. Oktober 1923. Die Jungen stahlen in einem Laden falsche Schnurrbärte.

21. November 1923. Erwischte die Jungen im Keller, wo sie leere Milchflaschen zusammensuchten, um sie zu verkaufen.

5. Dezember 1923. ... Jacks Lehrer kommt zu uns, um sich über ihn zu beschweren. Jack meint dazu: »Weißt du, ich komm schon ganz gut mit, aber wenn man zuviel lernt, dann kann man verrückt werden.«

Als sich diese Streiche mehrten, entschloß ich mich, sie beide aus unserer öffentlichen Schule herauszunehmen und im benachbarten Dexter in eine Privatschule zu geben, wo sie auch nach dem Unterricht beaufsichtigt wurden. Mein Mann und ich hatten zwar selbst öffentliche Schulen besucht und kannten deren Vorzüge, aber jetzt zwangen mich die Umstände zu dieser Entscheidung.

Meine Tagebuchaufzeichnungen aus dem Jahr 1923 schließen Anfang Dezember, wahrscheinlich weil die Familie schon sehr mit den Weihnachtsvorbereitungen beschäftigt war, denn Weihnachten war in unserem Haus das wichtigste Ereignis des Jahres.

Natürlich hatten wir jedes Jahr einen Weihnachtsbaum, den Joe oder auch wir beide gemeinsam aussuchten. Er mußte so groß und dicht sein, daß er gerade noch in das Wohnzimmer paßte. Das Schmücken war ein Familienereignis, an dem sich jeder beteiligte; die Eltern, manchmal auch die Großeltern und alle Kinder, und jeder durfte bestimmen, wo sein Lieblingsschmuck angebracht werden sollte. Dabei ging es natürlich sehr lebhaft zu. War das geschehen, dann gingen Eddie oder Mary Moore nach langem Tuscheln und Beraten mit den Kindern einzeln in das Kaufhaus an der Coolidge's Corner, wo die Geschenke für Eltern, Geschwister und die anderen Hausbewohner ausgesucht wurden.

Vom fünften Lebensjahr an bekamen sie Taschengeld. Zunächst waren es, soweit ich mich erinnere, zehn Cents in der Woche. Damit mußten sie nicht nur ihre Bonbons bezahlen, sondern ich erwartete auch, daß sie einen Teil dieses Geldes für Geburtstags- und Weihnachtsgeschenke zurücklegten. Jedes Kind hatte seine Sparbüchse. Wer sparsam genug war, konnte es sich leisten, zur gegebenen Zeit in das Kaufhaus zu gehen, um jemandem, den er liebte, eine Freude zu machen. Das Schönste für Jack war natürlich ein Buch mit vielen Bildern. Ein anderes Kind wünschte sich vielleicht eine Seifenblasenpfeife, ein kleines Spielzeug zum Aufziehen, und das jüngste bekam eine Rassel, einen Beißring oder ein Glöckchen. Für den Vater erstand man einen Bleistifthalter und für mich einen bunten Federwisch.

Dann wurden die Geschenke eingepackt. Die Ecken des Einwickelpapiers mußten mit Aufklebern befestigt werden, die kleine Engel, Stechpalmenzweige, lächelnde Nikolause und fliegende Rentiere zeigten. Zum Schluß wurde das Paket mit einem bunten Band und hübschen Schleifen geschlossen, und man versteckte es in den unmöglichsten Ecken, denn bis zum Weihnachtstag waren die Geschenke streng gehütete Geheimnisse.

Die Spannung steigerte sich, weil wir mit dem Auspacken am Weihnachtstag bis nach dem Mittagessen warteten. Am Eßtisch wurden die Päckchen dann geöffnet, um zu sehen, was der Weihnachtsmann gebracht und welches Geschenk jeder dem anderen zugedacht hatte. Die Kinder öffneten ihre Pakete eines nach dem anderen in der Reihenfolge des Alters. Welcher Jubel und welche Freude!

10. KAPITEL

Ich habe immer geglaubt, je mehr Erfahrungen ein Kind macht, und je mehr es sieht und hört, desto mehr wird es sich später für das Leben interessieren, und desto interessanter wird sein eigenes Leben werden.

Im großen und ganzen glaube ich, daß mein Grundsatz, die Kinder sollten aus Erfahrungen lernen, ihre geistigen Gaben voll ausnutzen und persönlich mit der Welt konfrontiert werden, um sie für sich zu entdecken, sich bewährt und die innere Lebendigkeit gefördert hat, die so vielen Menschen an ihnen aufgefallen ist. Ich muß aber auch freimütig bekennen, daß ich mich manchmal getäuscht habe.

Dabei denke ich zum Beispiel an einen Ausflug mit den Kindern zum Blaubeerenpflücken. Damals gab es überall auf Cape Cod sehr viele wilde Blaubeeren, die besser schmecken und aromatischer sind als die großen, in Gärten gezüchteten. Die Gouvernante und ich packten fünf Kinder in den Kombiwagen und fuhren vergnügt und lachend über die holperigen Sandwege etwa 16 Kilometer in die Wildnis hinein. Dort sahen wir an einer Stelle eine von der Sonne beschienene und mit Blaubeerbüschen bewachsene Fläche, und die Beeren waren schon reif. Dazwischen blühten wilde Blumen in vielen Farben. Es sah aus wie ein impressionistisches Gemälde.

Jedes Kind bekam eine kleine Blechkanne zum Beerenpflücken. Bald war jeder auf der Suche nach dem Busch mit den meisten Beeren, und unter lauten Zurufen wetteiferten sie darin, möglichst rasch den Boden ihres Gefäßes zu bedecken. Plötzlich kam Eunice laut schreiend auf mich zugelaufen. Eine Hummel hatte sie in den Arm gestochen. Wir hatten kein Insektenöl mit, um die Schmerzen zu lindern. Die anderen standen im Kreise herum, und

jeder stellte sich vor, wie schlimm es wäre, wenn die Hummeln sich jetzt auch auf ihren Armen und Beinen niederließen.
Nachdem Eunice sich etwas beruhigt hatte, gingen die anderen wieder an ihre Beerenbüsche. Eunice schluchzte noch etwas, ertrug die Schmerzen aber ganz tapfer.
Doch schon nach wenigen Minuten kam Jack auf mich zugerannt, schrie laut und fuchtelte mit den Armen in der Luft herum. Er hatte auf dem Boden gesessen, wahrscheinlich um die tiefer hängenden Beeren besser sehen zu können, und nicht gemerkt, daß es ein Ameisenhaufen war, auf dem er saß. Nun krochen die Ameisen überall auf ihm herum. Er zog sich aus, wir schüttelten seine Kleider aus, und die Ameisen verschwanden.
Die Ausbeute war gering, doch mein erzieherisches Vorhaben war gescheitert. Ich verfrachtete die Kinder wieder in das Auto, und wir fuhren nach Hause. Unterwegs kauften wir drei Pfund Blaubeeren. Ich habe den Vorschlag, zum Abendessen Blaubeeren zu pflücken, nicht wiederholt.
Es gab aber auch gelungenere Ausflüge. Wir veranstalteten gern Picknicks mit der ganzen Familie, gewöhnlich an einem der schönen Strände von Cape Cod. Dafür hatte sich allmählich ein Standardmenü eingebürgert. In einen großen Thermosbehälter kam ein geschmortes Huhn, in dem am Wege liegenden Drugstore kauften wir eine große Portion Eiskrem und ein Paket Knusperstangen. Es gehörten auch immer Bonbons und frisches Obst dazu. Die Krönung des Ganzen war ein Schokoladenkuchen, das heißt ein gewöhnlicher Pulverkuchen mit einem dicken, wohlschmeckenden Schokoladenguß.
Ein anderer beliebter Nachtisch war der sogenannte Boston Cream Pie, ein Kuchen aus lockerem Teig, mit Eierkrem gefüllt und einem nicht zu weichen Schokoladenüberzug. Diese Kuchen ließen sich leichter mitnehmen als Torten, denn sie vertrugen das Rütteln des Wagens und verwandelten sich am Schluß nicht in eine breiige Schokoladen- und Teigmasse. Wir nahmen sie deshalb immer auf unseren größeren Ausflügen mit. Später zogen wir

in die Nähe von New York und brauchten für unsere Reisen nach Cape Cod und zurück zwei große Automobile, oder es wurde eine lange Eisenbahnfahrt in einem oder zwei Pullmanwagen, die für die Zeit der Reise unser Haus auf Rädern waren. Anstatt den Speisewagen zu benutzen, war es für die Kinder viel lustiger, wenn wir einen Picknicklunch mitnahmen und das Essen auf Klapptischen servierten. Der Höhepunkt war immer das Anschneiden des Boston Cream Pie. Dieses mit Spannung erwartete Ereignis ließ die Fahrten in dem von einer qualmenden Lokomotive gezogenen und überhitzten Zug – damals gab es noch keine Elektroloks und keine Klimaanlagen – nicht nur erträglicher werden, sondern wir erinnerten uns auch später noch gern an diese Fahrten. Aber auch zu Hause aßen wir solche Kuchen oft zum Nachtisch. Noch in der nächsten Generation gehörten sie unbedingt zu einem richtigen Familientreffen.

Die meisten Enkelkinder kommen jeden Sommer für einige Zeit nach Hyannis Port. Sie kommen und gehen und beleben das alte Haus mit der gleichen Selbstverständlichkeit wie einst ihre Eltern. Heute sind es so viele, daß ich sie nicht mehr alle im Auge behalten kann, auch wenn ich es wollte. Aber ein- oder zweimal in der Woche lade ich ein paar von ihnen, die der gleichen Altersgruppe angehören, zum Mittagessen ein, damit wir uns über die Dinge unterhalten können, die ihrem Alter und ihren Interessen entsprechen, wie ich das auch mit ihren Eltern getan habe. Wenn ich sie dann im Eßzimmer sitzen sehe, oft auf denselben Stühlen, auf denen früher ihre Eltern gesessen haben, dann möchte ich ihnen unsere Familiengeschichte etwas näherbringen und ihnen sagen, wie das Leben in unserer Familie war – wo jeder heute ist, woher wir kamen, wie es früher war und wie schöne Zeiten wir zusammen verlebt haben. Ich gebe ihnen die alten, schmackhaften Gerichte zu essen, die Lieblingsgerichte ihrer Eltern. Vor einiger Zeit hat mir Jacks kleiner Sohn, John jr., der mich mit seiner Mutter und seiner Schwester Caroline hier am Cape besuchte, ein großes Lob gespendet. Als ihn jemand fragte, ob er

gern zu mir zum Essen käme, antwortete er: »Ja! Da gibt es gutes Essen, prima Hühnerbraten und Boston Cream Pie.«
Außer bei den Picknicks, wo die Ungezwungenheit das halbe Vergnügen ausmacht, folgten wir bei den Mahlzeiten ganz bestimmten Regeln. Jeder mußte pünktlich zu Tisch kommen – nicht zu früh und nicht zu spät – und niemand durfte mäkeln oder trödeln. Das hatte ganz bestimmte Gründe. Bei einer so großen Familie, zu der sich bei den Mahlzeiten oft Freunde und Verwandte gesellten, mußten die Essenszeiten einigermaßen pünktlich eingehalten werden, damit im Haushalt nicht alles drunter und drüber ging, die Köchinnen und Hausangestellten uns nicht kündigten und uns nicht mit dem Inhalt des Kühlschranks allein ließen. Außerdem boten die Mahlzeiten für eine Familie mit so vielen Kindern der verschiedensten Lebensalter und Interessen die einzige Gelegenheit, sich zusammenzusetzen und darüber zu sprechen, was jeder den Tag über getrieben hatte. Joe und ich fanden, daß Zeit etwas sehr Kostbares sei. Man hat nie genug Zeit, um alles zu tun, was eigentlich getan werden müßte, und wenn man sie richtig nutzen will, muß man sie einteilen. Pünktlichkeit ist deshalb eine notwendige Tugend; sie spricht für sich selbst.
Das waren so triftige Gründe, daß wir eigentlich von jedem einzelnen Pünktlichkeit hätten erwarten können. Aber in der Praxis sah es doch etwas anders aus. Wie gesagt liegt das Interessante an einer großen Kinderschar unter anderem auch darin, daß man feststellt, wie verschieden sich die gleichen Einflüsse bei den verschiedenen Persönlichkeiten auswirken können. Die meisten Kinder waren einigermaßen pünktlich, aber Jack rangierte in dieser Beziehung an letzter Stelle.
Oft fuhren wir gemeinsam an den Strand an eine nur wenige Kilometer von Hyannis Port entfernt gelegene Stelle. Es war immer eine ganze Wagenladung von Kindern, zu denen neben unseren eigenen oft Vettern, Cousinen und Freunde kamen. Um 12.45 Uhr sollten sie alle wieder am Wagen sein, damit wir pünktlich

zum Mittagessen zu Hause waren. Jack kam jedesmal zu spät. Um ihm eine Lehre zu erteilen, fuhr ich manchmal ohne ihn ab, aber ihm gelang es immer wieder, sich von einem anderen Auto mitnehmen zu lassen, und dann kam er fröhlich und unbekümmert zehn oder fünfzehn Minuten zu spät nach Hause, wenn wir schon längst bei Tisch saßen. Der erste Gang war meist schon abgetragen, und wir aßen schon den zweiten. Wenn jemand nicht zur rechten Zeit da war, mußte er sich mit dem begnügen, was übrigblieb. Er durfte nicht um eine Extraportion von dem schon abgeräumten ersten Gang bitten. Auch Jack verlangte nicht, daß wir mit ihm eine Ausnahme machten, und mußte sich deshalb manchmal mit einem recht mageren Mittagessen begnügen.
Nachher schlich er sich allerdings in die Küche und überredete die Mädchen, ihm noch etwas zu geben. Ich wußte das natürlich, und er wußte, daß ich es wußte. Aber trotz aller strengen Regeln ließ ich es durchgehen, weil er so mager war und das Essen dringender brauchte als die Diszplin.
Wenn Jack der Unpünktlichste war, dann war, glaube ich, Bobby der Pünktlichste, oder mir ist diese Eigenschaft bei ihm am meisten aufgefallen. Während alle Kinder wußten, was wir von ihnen erwarteten, bemühte sich Bobby am meisten, es auch zu tun.
Vielleicht lag das zum Teil daran, daß er in einer Reihe von neun Kindern in der Mitte stand. Er war das siebente, und die Sieben ist angeblich eine Glückszahl. Wenn das siebente Kind kommt, ist das für die Eltern auch nicht mehr ganz so aufregend. Wir freuten uns alle, daß es wieder ein Junge war, nachdem wir hintereinander vier Mädchen gehabt hatten – nicht weil es Mädchen waren, sondern nur, weil es interessanter ist, wenn sich die Kinderschar aus Mädchen und Jungen zusammensetzt. Wahrscheinlich träumt jeder Junge davon, groß und stark zu werden, und als Kind war Bobby nicht sehr groß, aber stark. Das nächste Kind war wieder ein Mädchen, unsere reizende und hübsche Tochter Jean. Als unser letzter Sohn Teddy 1932 geboren wurde,

war Bobby schon sieben Jahre alt. Er hatte daher zwei sehr viel ältere Brüder und einen viel jüngeren. Der Altersunterschied nach jeder Seite war so groß, daß keiner seiner Brüder für ihn Kamerad, Vertrauter und Spielgefährte sein konnte.
Ich glaube, ich habe mir keine besonderen Sorgen darum gemacht, aber meine Mutter hat es getan. Sie pflegte zu sagen: »Er ist der einzige Junge in einer Schar von Mädchen. Er wird noch ein Muttersöhnchen werden.«
Es geschah aber gerade das Gegenteil. Er wurde nicht sehr groß, aber außerordentlich stark, muskulös und schnell. Er war ein guter Sportler, wurde in Harvard ein berühmter Fußballspieler, und das war seinem starken Willen zu verdanken. Er nahm nicht nur Herausforderungen an, sondern als er älter wurde, provozierte er sie sogar, als fühlte er die Notwendigkeit, gegen irgend etwas anzugehen. Als er erwachsen war und in die Politik ging, schrieben die Zeitungsreporter über ihn, er sei rücksichtslos und hart. Ich halte das für falsch; er war entschlossen, zielbewußt, mitfühlend und hatte ein gutes Herz. Er war ein ausgesprochen rücksichtsvoller Mensch, hatte jedoch immer schon die Fähigkeit und die Neigung, harte, eindeutige Entscheidungen zu treffen.
Jedenfalls war Bobby pünktlich, manchmal sogar übereilt. Nach seiner Ermordung hat unsere Tochter Pat viele Menschen über ihre persönlichen Erfahrungen mit Bobby befragt und ein Buch mit dem Titel *That Shining Hour* geschrieben, das im Selbstverlag für die Familie und unsere Freunde herausgekommen ist. Ich habe es hier auszugsweise verwendet. James Noonan, mit dem Bobby in Hyannis Port viele Jahre befreundet war, erinnert sich an eine Episode, die zeigt, wie wichtig es ihm war, pünktlich zu sein. Im Sommer 1948 – Bobby war damals 22 Jahre alt – kam er eines Tages zu James und lud ihn zum Segeln ein. Bobby hatte ein schönes Segelboot und wußte genau, »daß ich vom Segeln und Segelbooten kaum etwas verstand. Als wir vor der Küste kreuzten, erzählte er mir, fast die ganze Familie sei jetzt hier versammelt, und auch sein Vater sei gestern abend angekommen. Wenn

Mr. Kennedy zu Hause war (und besonders dann), wurde das Mittagessen um eine bestimmte Zeit serviert, und man erwartete von jedem, daß er pünktlich da war. Die Zeit verging im Fluge. Plötzlich sah Bobby, daß es später war, als er gedacht hatte. Er steuerte das Boot auf den Liegeplatz zu, aber als wir nahe genug herangekommen waren, stand Bobby zu meinem Entsetzen auf und sprang ins Wasser. Er rief mir zu, ich sollte das Boot festmachen. In meiner Verzweiflung versuchte ich, jedes vorüberkommende Fahrzeug auf mich aufmerksam zu machen. Schließlich kam ein Motorboot längsseits und half mir bei dem Manöver. Ich konnte es kaum erwarten, Bobby am Abend von meinen Schwierigkeiten zu erzählen, aber ihm war die Sache ganz gleichgültig, denn er war ja pünktlich zum Essen gewesen. Er fand meine Geschichte nur komisch und sagte: ›Großartig! Aber jetzt müssen wir dir das Segeln beibringen!‹«

Natürlich erwarteten wir, daß er pünktlich war, aber doch nicht *so* pünktlich.

Ich möchte nicht den Eindruck erwecken, unser Leben habe sich ausschließlich um das Essen und die Mahlzeiten gedreht. Aber Joe und ich hatten fast nur bei den Mahlzeiten die Möglichkeit, mit den Kindern ein Gespräch zu führen und – was uns besonders wichtig erschien – sie dazu anzuhalten, ihre Ansichten zu äußern und dafür einzustehen.

Ich hatte ein schwarzes Brett eingerichtet, an dem die Kinder auf dem Wege zu den Mahlzeiten vorbeikommen mußten. Dort heftete ich Ausschnitte aus Zeitungen und Zeitschriften an. Die älteren Kinder sollten, sobald sie lesen und nachdenken konnten, diese Dinge lesen oder wenigstens überfliegen, damit sie etwas zum Thema des Tages sagen könnten. Sie sollten sich bei den Mahlzeiten mit ihren Meinungen, Kommentaren, Fragen und Vorbehalten am Gespräch beteiligen oder wenigstens erklären, daß ein bestimmtes Problem sie verwirrte oder sie an eine bestimmte Sache nicht glaubten. Das waren ganz spontane Gespräche, an denen wir alle Freude hatten.

Das ging etwa wie folgt vor sich: Ein Artikel über Florida konnte mich veranlassen zu fragen, wie dieser Staat zu seinem Namen gekommen sei. Welches war die Bedeutung dieses Wortes, und aus welcher Sprache stammte es? Gab es in Florida noch andere Städte mit spanischen Namen? Sarasota, Tampa – nein, Miami ist ein indianischer Name. Wo finden wir in unserem Lande außerdem noch spanische Ortsnamen? Ja, in Kalifornien. Wie steht es mit San Francisco? Was bedeutet dieser Name? Nach wem wurde die Stadt benannt? Weißt du das aus der Kirche? Denk an andere Heilige, deren Namen wir dort finden: San Diego, San Gabriel, Santa Barbara. Und Los Angeles? Weißt du, wie es geschrieben wird? L-o-s bedeutet »die«. Was aber heißt A-n-g-e-l-e-s? Warum heißt dieser Teil des Landes Neu-England? Denk an die englischen Namen in Neu-England: New Hampshire, New London, New Bedford, Acton.

Die Kinder beteiligten sich mit Interesse an diesem Fragespiel. Zunächst fiel es ihnen vielleicht schwer, die richtigen Antworten zu finden, aber beim zweiten Mal, wenn es um das gleiche Thema ging, wußten sie mehr.

Die Osterzeit kam heran, und deshalb hing am schwarzen Brett ein Artikel zu diesem Thema. Warum trug der Priester am letzten Sonntag ein besonderes Gewand? Weshalb haben wir die Fastenzeit? Ist das Osterfest in jedem Jahr am gleichen Tage? Wie nennt die Kirche solche Feste? Es ist ein »bewegliches Fest«. Wie wird das Datum berechnet? Ostern ist am ersten Sonntag nach dem ersten Vollmond nach der Frühlingstagundnachtgleiche. Was bedeutet Tagundnachtgleiche? Die Tage werden jetzt länger. Wie kommt das? Welches ist der längste Tag im Jahr, welches ist der kürzeste? Wann sind die Tage und die Nächte genau gleich lang? Warum ist das so?

Auch am Thanksgiving Day erscheint natürlich ein Artikel zu diesem Thema am schwarzen Brett. Da die Pilgerväter im Gebiet von Boston und Cape Cod lebten, sollten wir uns besonders für sie interessieren. Was mögen sie nun um diese Jahreszeit getan haben? Was würdet ihr tun, wenn ihr euch aus dem Lande ernähren müßtet? Wovon würdet ihr leben? Natürlich von Muscheln, Fischen usw. Das sind wichtige Nahrungsmittel. Aber wie steht es mit Geflügel? Warum essen wir am Thanksgiving Day Putenbraten? Und welches Gemüse konnten die Pilgerväter von den Indianern bekommen, das man damals in England und Europa noch nicht kannte? Das war der Mais. Wie versorgten sich die Pilgerväter mit Fleisch? Was glaubt ihr, welche wilden Tiere lebten in dieser Gegend? Welche trifft man heute noch an? Gab es damals schon irgendwelches Obst oder Beeren? Warum servieren wir Moosbeeren zum Putenbraten? Habt ihr sie in dieser Gegend wild wachsen sehen? Welche Früchte und Beeren konnten die Pilgerväter außerdem noch finden? Trauben, Pflaumen, Blaubeeren und Brombeeren. Und warum, glaubt ihr, füllen wir den Putenbraten mit Eßkastanien? Wer kam auf diesen Gedanken? Wie haben sich die Pilgerväter gekleidet? Gaubt ihr nicht, daß die Frauen und Mädchen sehr geschickt im Nähen sein mußten, und könnt ihr euch vorstellen, daß es auch euch befriedigen würde, wenn ihr auf irgendeinem Gebiet besonders tüchtig wärt? Um ein guter Fußballspieler zu sein, muß man gern Fußball spielen. Aber weil ihr gut scid, macht es euch immer mehr Freude. Die Frauen und Mädchen der Pilgerväter konnten so gut nähen, daß sie stolz darauf waren und es ihnen Freude machte. Und sie gaben diese Fähigkeiten an ihre Töchter, Enkeltöchter und Großenkeltöchter weiter. Wie gut sie schließlich nähen und sticken konnten, seht ihr an dem Muster, das unter einem Rahmen im Wohnzimmer in Hyannis Port hängt. Ihr seht also, wenn ihr eure Arbeit versteht, ist sie nicht langweilig, sondern macht Freude. Was zunächst sehr langweilig erscheint, kann schließlich sehr interessant werden. Es kommt darauf an, wie man sich dazu stellt. Die Pilgerväter mußten sehr hart arbeiten und große Hindernisse aus dem Weg räumen, aber das gelang ihnen, weil sie sich für ihre Ideale einsetzten. Sie waren immer in Gefahr, aber sie fürchteten sich nicht, und das sind einige der Gründe, weshalb wir ihnen ein ehrendes Andenken bewahren.

Bei einer so großen Familie war es unmöglich, daß das Gesprächsthema immer jeden einzelnen interessierte. Es kam vor, daß die älteren Kinder alle Fragen beantworten konnten und die jüngeren gar nicht dazu kamen. Zwischen dem ältesten und dem jüngsten Kind bestand ein Altersunterschied von siebzehn Jahren. Als Teddy sechs Jahre alt war und lesen lernte, war Joe jr. dreiundzwanzig und hatte schon seine ersten Prüfungen auf der Universität von Harvard bestanden. Im Lauf der Jahre richteten wir es so ein, daß an zwei verschiedenen Tischen gegessen wurde. Der kleinere Tisch mit den jüngsten Kindern stand im Kinderzimmer, in einem Frühstückszimmer oder in einem Alkoven, jedenfalls in einiger Entfernung vom großen Eßtisch. Dort saß auch ich gewöhnlich zum Abendbrot und wählte den Gesprächsstoff aus.

Um die Weihnachtszeit sprachen wir zum Beispiel über den Weihnachtsbaum. Gefällt euch der Weihnachtsbaum. Natürlich, je größer und dichter, desto besser. Was braucht ein Baum, um so groß zu werden? Sonnenlicht, Platz, frische Luft und fruchtbaren Boden. Weshalb, glaubt ihr, haben wir zu Weihnachten einen Christbaum, und wer ist zuerst auf diesen Gedanken gekommen? Der Christbaum ist das ganze Jahr grün, und er erinnert uns an Jesus und seinen Geburtstag, weil er sich nie ändert und jeden Tag das ganze Jahr ein Teil unseres Lebens ist. Der Weihnachtsbaum stammt aus Deutschland, und deshalb erzählte ich den Kindern etwas über meine Zeit in Blumenthal oder sang ihnen das deutsche Weihnachtslied »O Tannenbaum« vor.

Wenn die Kinder einen großen Weihnachtsbaum draußen auf einem öffentlichen Platz, in einem Park oder in einer Anlage sahen, an dessen Lichtern und Dekorationen sich jeder freuen konnte, der vorüberging, dann sagte ich ihnen, ihr Großvater

Fitzgerald sei auf diesen Gedanken gekommen. Ihm tat es leid, daß es Menschen gab, die keinen Christbaum hatten; vielleicht weil sie ihn sich nicht leisten konnten, vielleicht weil sie kein Zuhause hatten oder weil sie um diese Zeit nicht zu Hause sein konnten. Als er Bürgermeister wurde, ließ er daher auf einem Platz in Boston einen Weihnachtsbaum für jedermann aufstellen. Diese Idee gefiel den Menschen, und heute gibt es in Tausenden von Städten und Dörfern im ganzen Lande jedes Jahr diese besonderen Weihnachtsbäume.

So gab es sowohl am kleinen als auch am großen Tisch für jedes Kind die Möglichkeit, auf jeweils dem gleichen Niveau an der Unterhaltung teilzunehmen. Bei beiden Gruppen mußte ich aber dafür sorgen, daß nicht ein Kind, weil es älter, geistig beweglicher oder aggressiver war, das Gespräch an sich riß, versuchte, die anderen zum Schweigen zu bringen oder ein anderes unterbrach und es einschüchterte. Das konnte dazu führen, daß das schwächere Kind scheu und schüchtern wurde, sich unterlegen fühlte und an sich selbst zweifelte, während es der eigentliche Sinn dieser Gespräche war, gerade das Gegenteil zu bewirken.

Wenn ein Kind in einer Atmosphäre, in der der andere und seine Ideen respektiert werden, dazu ermutigt wird, eigene Gedanken zu haben und auszusprechen, ohne fürchten zu müssen, daß es sich dabei lächerlich macht, dann schärft sich nicht nur der Verstand, sondern es wächst auch das Vertrauen. Im Lauf der Zeit erhöht sich außerdem die Ausdrucksfähigkeit. In meinem Notizbuch steht der folgende Satz: »Das Schicksal der Welt wird von denen gestaltet, die ihre Gedanken überzeugend vortragen können – und zwar zum Besseren oder Schlechteren.«

Ich habe es später erlebt, daß meine Söhne vor einer großen Zuhörerschaft sprechen mußten. Das waren Tausende von neugierigen und skeptischen Menschen. Im elektronischen Zeitalter des Radios und des Fernsehens waren es viele Millionen. Diese Reden waren gut, direkt und vernünftig. Manchmal mußten sie sich dabei gegen scharfe Angriffe verteidigen wie etwa bei den

Diskussionen, die Jack vor seiner Wahl zum Präsidenten mit Nixon führte. Ich glaube, die angeregten Gespräche in der Kindheit haben dazu beigetragen, daß sie später mit dem Wort umgehen konnten.

Wenn Kinder im späteren Leben Erfolg haben sollen, dann müssen sie schon frühzeitig dazu erzogen werden. Sie können nicht als Jugendliche plötzlich zu glänzenden Diskussionsrednern werden und die geistige Beweglichkeit, die ruhige Haltung und das umfassende Wissen zeigen, die dafür notwendig sind. Das kann nicht im Alter von vierzehn, fünfzehn oder sechzehn Jahren ganz ohne Vorbereitung dasein, wenn es nicht schon mindestens im Alter von vier, fünf oder sechs Jahren angelegt worden ist. Die Psychologen sprechen seit vierzig oder fünfzig Jahren sehr viel über die Bedeutung der Einflüsse im frühen Kindesalter. Als ich kleine Kinder hatte, brauchten wir diese Bücher nicht zu lesen. Sie waren entweder noch gar nicht geschrieben oder noch nicht veröffentlicht. Freud war für uns nur ein Name, und ich bin alt genug, um die Mutter von dem berühmten Kinderarzt Dr. Benjamin Spock zu sein. Ich halte auch nichts von der Theorie der *tabula rasa,* nach der ein kleines Kind ein vollkommen unbeschriebenes Blatt ist, auf das man schreiben kann, was man will. Ich glaube aber, daß man eine ganze Menge darauf schreiben kann und daß dies das ganze Leben nachwirkt. Darin liegt ein Teil der Verantwortlichkeiten einer Mutter.

Ich möchte nicht den Eindruck erwecken, daß unsere Tischgespräche nichts anderes gewesen seien als eine exerziermäßige Schulung des Verstandes. Das stimmt nicht. Es wurde gescherzt, es wurde mancher dumme Witz gemacht, und man neckte sich. Die Kinder waren sogar gelegentlich sehr übermütig, schnitten Grimassen und sprachen über Dinge, die ihnen der Augenblick eingab, über Vorkommnisse in der Schule, über etwas, das ihnen gefiel oder nicht – und ein Teil des Gesprächs war natürlich auch Klatsch. Das Ganze war ein durchaus gut gewürztes Gespräch über das Leben, wie es nun einmal war. Ich hörte ihnen gern zu.

Wohl konnte ich sehr streng mit ihnen sein, aber ich konnte auch mit ihnen lachen, und am Lachen hat es nie gefehlt.
Man darf auch nicht glauben, daß diese so vielseitigen und vielfarbigen menschlichen Kontakte auf die Mahlzeiten beschränkt blieben. Auf unseren Ausfahrten bildeten die Kinder manchmal zwei Parteien und wetteiferten darin, wer auf jeder Seite des Weges die meisten Tiere sah (dabei mußten die Tiere natürlich bei Namen genannt werden, und so lernten sie etwas dabei). Oder sie veranstalteten Ratespiele und Scharaden. Das war eine Lieblingsbeschäftigung, bei der meist Jack der Sieger war.
Wenn wir durch eine der hübschen kleinen Städte in Neu-England fuhren, die so eng mit der amerikanischen Geschichte verbunden sind, und wenn ich wußte, welche Rolle diese Stadt in der Geschichte gespielt hatte, wie etwa Salem, Sandwich oder Cape Cod, dann erwähnte ich das und berichtete irgendwelche interessanten Tatsachen, stellte Fragen und regte die Kinder an, über das Gesehene nachzudenken. Ich habe das viele Jahre so gehalten und tue es noch heute – wenn sich die Gelegenheit ergibt – mit meinen Enkelkindern.
Meine Schwiegertochter Ethel wurde einmal gefragt, ob sie sich noch daran erinnere, wie sie mich bei ihrem ersten Besuch in Hyannis Port kennenlernte. Sie hatte mit Jean in Manhattanville das Zimmer geteilt, war gut mit ihr befreundet, und auf diesem Wege lernte sie Bobby kennen. Sie kam mit einigen Freundinnen nach Boston, und ich fuhr von Hyannis Port mit Chauffeur und Wagen hin, um sie und ihr Gepäck abzuholen. Ethel berichtet:

> »Das war die Situation: eng zusammengepfercht fuhren eine Gruppe junger Leute mit ihrem Gepäck an einem Regentag zwei Stunden im geschlossenen Wagen durch die Landschaft. Mrs. Kennedy war die ganze Zeit damit beschäftigt, uns Geschichtsunterricht zu erteilen, und sie war großartig. Sie wußte so viel und neckte uns, wenn unsere Kenntnisse nicht ganz genügten. Wir mußten uns alle beteiligen, und jeder hat

wahrscheinlich etwas dabei gelernt. Die Fahrt verging im Fluge, und ehe wir es uns versahen, waren wir in Hyannis Port.«

Der Romanze hat das augenscheinlich nicht viel Abbruch getan, denn bald fand die Hochzeit statt. Bobby war das erste unserer Kinder, das heiratete. Er hatte sein juristisches Studium noch nicht beendet. Mir machte das einige Sorgen. Ich bin aber immer froh darüber gewesen, daß er eine Frau wie Ethel gefunden hat. Sie war die richtige Ehefrau für ihn und war und ist seinen Kindern eine prachtvolle Mutter. Einige Jahre nach der Hochzeit kauften sie ein neben unserem Grundstück in Hyannis Port gelegenes Haus, und Ethel kommt noch immer jeden Sommer dorthin und bringt für mindestens einen Teil der Zeit die meisten Kinder mit, was ich sehr genieße.

Jeder weiß, daß das Lesen die wichtigste Bildungsgrundlage ist, und deshalb sind Eltern dankbar, wenn ein Kind früh zu lesen beginnt und an Büchern Freude hat. Man sorgt sich, wenn das Gegenteil der Fall ist. Mir war es sehr wichtig, daß meine Kinder gut lesen lernten, es gern taten und die richtigen Bücher in die Hand bekamen. Bevor sie zur Schule gingen, las ich ihnen abends vor dem Zubettgehen vor. Etwas später habe ich ihnen, wenn sie krank waren und im Bett liegen mußten, aber doch irgendwie unterhalten werden wollten, stundenlang vorgelesen. Dabei habe ich die Bücher sehr sorgfältig ausgewählt und nur solche verwendet, die einen erzieherischen und geistigen Wert besaßen. Sie sollten nicht nur unterhalten, sondern auch nützliche Gedanken vermitteln und künstlerisch gestaltet und illustriert sein.
Jack und Bobby haben als Kinder auf meine sorgfältigen Planungen sehr verschieden reagiert. Bobby machte sich nichts aus Lesen. Wenn ich ihm Bücher gab, blätterte er sie durch und legte sie wieder fort. Ich sagte ihm dann: »Warum gehst du nicht in die Leihbücherei und suchst dir selbst etwas aus?« Wenn ich

ihn immer wieder daran erinnerte, tat er es. Aber selbst dann beschäftigte er sich nicht viel mit diesen Büchern. Doch später konnte er nicht genug über Rechtswissenschaften, Politik, Geschichte und Soziologie lesen und eignete sich umfassende Kenntnisse auf diesen Gebieten an.

Er war ein hochgebildeter Mann. Wie kam es dazu? Er war viel gereist und hatte die Dinge mit eigenen Augen auf seine eigene Weise gesehen. Es hatte sich in ihm die notwendige intellektuelle Neugier entwickelt. Er hatte sich in Ethel verliebt, und die Idealvorstellungen über das Dienen und hervorragende Leistungen, die sein Vater und ich den Kindern zu vermitteln versucht hatten, waren in ihm lebendig geworden. Ich könnte mir vorstellen, daß es viele Gründe gehabt hat, aber in erster Linie lag es wohl daran, daß er gereift war. Er hatte sich selbst gefunden und sich sein Ziel gesetzt. Von nun an tat er alles, um dieses Ziel zu erreichen. Das bedeutete unter anderem, daß er mit dem Lesen manches nachholen mußte, was er in früheren Jahren versäumt hatte.

Jack wiederum las gern. Diese natürliche Anlage wurde noch durch den Umstand gefördert, daß er oft krank im Bett lag oder sich zu Hause von einer Krankheit erholte und sich dabei beschäftigen mußte. Er verschlang die Bücher, und zwar nicht unbedingt die Bücher, die ich mit soviel Vorbedacht für ihn ausgesucht hatte. Als kleiner Junge war sein Lieblingsbuch die Geschichte einer Ziege mit Namen Billy Whiskers. Ich fand die Illustrationen schlecht und die Farben viel zu schreiend. Ich hätte das Buch nicht im Hause geduldet, wenn meine Mutter es ihm nicht geschenkt hätte. Jack war davon entzückt. Soweit ich mich erinnere, heiratete der Ziegenbock Billy, und er und Mrs. Whiskers hatten Zwillinge. Diese Ziegenfamilie bestand viele Abenteuer in einer Serie von Büchern, die Jack brennend interessierten, obwohl ich diese Lektüre für eine Zeitverschwendung hielt. Aber eines Tages kam er zu mir und fragte: »Mutter, wo liegen die Sandwich-Inseln?« Ich mußte gestehen, daß ich es nicht wußte, versprach ihm aber, nachzusehen. Dann zeigte ich sie Jack im

Atlas. »Das sind die Sandwich-Inseln, aber man hat den Namen geändert, und heute heißen sie Hawaii-Inseln. Warum interessiert es dich? Lernst du etwas darüber in der Schule?« Er verneinte, erzählte mir aber, daß Billy Whiskers bei seiner Überquerung des Pazifik dort gelandet sei. Es ist also schwer vorauszusagen, wodurch das Interesse und die Phantasie eines Kindes in konstruktiver Weise angeregt werden. Billy Whiskers hatte Jack schließlich doch etwas Geographie und Geschichte vermittelt – und in diesem Falle auch mir.

Als kleiner Junge war eines seiner Lieblingsbücher eine Sammlung von kurzen Tiergeschichten, in denen vermenschlichte Tiere wie »Reddy Fox« und ähnliche die Hauptrollen spielten und endlose primitive, aber wahrscheinlich aufregende Abenteuer bestanden. Der Verfasser war Thornton Burgess, und die Geschichten erschienen jahrelang als Fortsetzungsserie in den Zeitungen. Jack hat es nie vergessen, wieviel Freude sie ihm in der Kindheit bereitet haben, und viele Jahre später, als er schon Präsident war, lud er Mr. Burgess, der inzwischen ein alter Mann geworden war, nach Hyannis Port ein. Soweit ich mich erinnere, behielt Jack ihn zum Lunch da, und die beiden unterhielten sich glänzend über einige Lieblingsepisoden mit Reddy Fox und anderen wichtigen Figuren dieser Erzählung.

Als er älter wurde, erweiterte sich sein Interessengebiet, und er griff auch zu Büchern, die ich ihm empfahl. Er liebte Abenteuer- und Ritterromane wie z. B. die von Sir Walter Scott, Biographien berühmter und interessanter Persönlichkeiten und ganz allgemein geschichtliche Themen, solange sie interessant dargestellt waren und die Handlung ihn fesselte. Jack hatte eine ausgesprochen romantische und idealistische Ader, ja er neigte sogar etwas zum Schwärmerischen. Ich hatte oft das Gefühl, er sei mit seinen Gedanken nur halb bei der Sache, mit der er sich gerade beschäftigte – wenn er zum Beispiel seine mathematischen Hausaufgaben machte oder seine Kleider vom Fußboden aufhob – und hinge seinen Tagträumen nach. Ich war gerührt, aber nicht überrascht, als ich viel später (erst nach dem Attentat) erfuhr, er und Jackie hätten Camelot als ganz persönliches und privates Symbol für ihr glückliches und harmonisches gemeinsames Leben gewählt. Ich weiß, daß er in der Knabenzeit sein Buch über König Arthur und die Tafelrunde immer wieder gelesen hat.

Wenn man sich für Literatur interessiert und daran Freude hat, dann – so glaubte ich – würde man es auch lernen, das Wort richtig und wirkungsvoll zu verwenden und sich richtig schriftlich auszudrücken, das heißt, die Grammatik, den Stil und die Orthographie zu beherrschen. Schließlich muß sich jeder gute Handwerker auf sein Werkzeug verlassen können, sei er nun Bauer, Fischer, Schreiner oder Schriftsteller. Wer daher später ebensolche Bücher schreiben wollte, wie er sie gern las, mußte sein Handwerkszeug beherrschen.

Zu meinem Kummer schienen die meisten meiner Kinder mit der richtigen Verwendung der Sprache und der Orthographie Schwierigkeiten zu haben, und sie setzten ihre Kommata oder ließen sie aus, wie der Geist (ein böser Geist) es ihnen eingab. Am Schluß haben sie es nach ständigen Ermahnungen und wiederholten Belehrungen doch noch gelernt, und in späteren Jahren sind einige von ihnen sehr gute Schriftsteller geworden. Man hat z. B. Bobbys Schriften dafür gelobt, daß sie flüssig, überzeugend und ausdrucksstark seien. Man hat einen Teil der Schriften von Jack mit denen Lincolns verglichen, und es gibt Fachleute, die ihn für einen Meister der modernen Prosa halten.

Seine Orthographie, die zunächst fürchterlich war, ist aber immer unzuverlässig geblieben, und seine anfangs unmögliche Handschrift ist niemals mehr als ein nur halbwegs leserliches Gekritzel geworden. Ein gewisser Fortschritt ließ sich jedoch feststellen. Was er geschrieben hatte, mußte mühsam entziffert werden. Ich habe daher im folgenden versucht, einen Brief zu dechiffrieren, den er an seinen Vater geschrieben hat. Er ist undatiert, aber ich glaube, Jack hat ihn geschrieben, als er etwa zehn Jahre alt war.

Eine Bitte um Erhöhung des Taschengeldes
von Jack Kennedy
gewidmet meinem
Mr. J. P. Kennedy

Kapitel I
Mein Taschengeld beträgt 40 Cents. Das hab ich für Flugzeuge und anderes Kinderspielzeug ausgegeben aber jetzt bin ich ein Pfadfinder und ich habe mein Kinderspielzeug beiseite gelegt. Früher gab ich 20 Cents von meinen 40 Cents Taschengeld aus, und in fünf Minuten waren meine Taschen leer, ich hatte nichts zu gewinnen und 20 Cents zu verlieren. Als Pfadfinder muß ich Feldflaschen, Rucksäcke, Decken, Taschenlampen und Ponchos kaufen, die Jahre halten sollen und die ich immer gebrauchen kann, während ich türkischen Honig, Schokolade und Vanilleneiskrem am Sonntag nicht so lange aufheben kann. Deshalb beantrage ich eine Erhöhung um 30 Cents, damit ich meine Pfadfindersachen kaufen und überhaupt etwas mehr bezahlen kann.
Finis.

John Fitzgerald Francis
Kennedy

Zu diesem Brief muß ich noch etwas sagen. Ich weiß nicht, warum er an seinen Namen noch das »Francis« angehängt hat. Vielleicht wollte er damit den Segen und die Hilfe dieses sanften Heiligen erflehen.
Nach kurzer Überlegung und Rücksprache mit mir – denn ich händigte den Kindern jede Woche das Taschengeld aus – genehmigte sein Vater die Erhöhung. So brauchte Jack das »Kapitel II« nicht mehr zu schreiben.
Wir haben die Geldausgaben unserer Kinder natürlich streng überwacht. Auch das gehörte zu ihrer Erziehung. Wir wollten, daß sie den Wert des Geldes kennenlernten und daß sie wußten,

wie töricht es ist, es zu verschwenden, und welche schmerzlichen Folgen das hat – wenn man etwa im Alter von fünf Jahren nicht weiß, woher man das nächste Bonbon bekommen wird. Wie schon gesagt, bekamen die Kinder in diesem Alter ihr erstes Taschengeld. Das waren zehn Cents in der Woche. Der erste Gedanke galt dann natürlich dem Süßwarenladen. In Hyannis Port gab es zwei Häuserblocks von unserem Haus entfernt einen kleinen Kramladen mit einem erstaunlichen Warenangebot, zu dem auch eine reiche Auswahl der buntesten und wohlschmekkendsten »Penny-Candies« gehörte. Dann war natürlich die Versuchung groß, die zehn Cents auf einmal auszugeben. Aber in diesem Fall blieben nicht die ein oder zwei Pennies übrig, die für die Weihnachtsgeschenke in die Sparbüchse gesteckt werden sollten. Die zweite Versuchung – gleichgültig, wieviel man ausgegeben hatte – bestand darin, alles in den ersten Tagen hinunterzuschlingen, so daß für den Rest der Woche bis zum nächsten Taschengeld nichts als Kummer und Reue übrigblieb.

Das war für die Mädchen, wie ich meinte, ebenso wichtig wie für die Jungen, denn schließlich sind es die Mädchen, die, wenn sie erwachsen sind und geheiratet haben, den größten Teil des Familieneinkommens für Lebensmittel, Kleider und andere notwendige Dinge ausgeben. Sie müssen es lernen, sich das Geld einzuteilen, zu wissen, wo die Dollars geblieben sind, und wie man unnötige Ausgaben vermeidet. Ich habe immer die Ehepaare bedauert, bei denen die Frau verschwenderisch ist, bei denen sich die Rechnungen häufen, und die den Ehemann zwingen, Schulden zu machen oder immer härter zu arbeiten, um das Geld herbeizuschaffen.

Wenn wir unseren Kindern etwas zu Weihnachten, zum Geburtstag oder zu anderen besonderen Gelegenheiten schenkten, folgten wir dem gleichen Grundsatz. Solange sie klein waren, bekamen sie Dinge, die Kinder gern haben; Puppen, Selbstfahrer, Eisenbahnen, Spielzeugpistolen, Brettspiele, Autos zum Aufziehen, Stofftiere und alle die Sachen, die die meisten Eltern schenken und auch bezahlen können. Aber wir achteten darauf, daß es keine besonders teuren Geschenke waren, sondern nur die normalen Spielsachen, und daß es jeweils bei einigen wenigen blieb. Es gab keine komplizierten Eisenbahnanlagen mit vielen Schaltern und Haltesignalen, die einen ganzen großen Tisch in Anspruch nehmen, und keine Menagerien mit Stofftieren, mit denen man ein Sofa oder einen Schrank vollstopfen kann. Galsworthy sagt: »Eine große Auswahl führt zur Verwirrung des Geistes.« Und das trifft wahrscheinlich für Erwachsene ebenso zu wie für Kinder. Die Menschen brauchen in ihrem Leben ein paar einfache Gewißheiten, mehr Lösungen und weniger Probleme.

In allen solchen Angelegenheiten, ob es sich dabei nun um Taschengeld, Geschenke, besondere Vorrechte, Kleider und später um die Zugehörigkeit zu Klubs, um Boote, Autos, Reisen oder andere Dinge handelte, bei denen man ein gewisses Maß an Reife und Verantwortungsgefühl voraussetzen mußte, wollten wir, daß die Kinder alles bekamen, was normalerweise zu ihrem Lebensstil und zu ihrer Umwelt paßte. Als sich die Umwelt veränderte, veränderten sich auch die Bedürfnisse. Es ist in mehr als einer Hinsicht ein weiter Weg von der Beals Street in Brookline zum Ocean Boulevard in Palm Beach.

Im Kreis der Familie wurde nicht über Geld gesprochen. Es war für uns einfach kein Gesprächsthema. Wenn man über irgend etwas reden will, dann muß das Thema interessant sein. Ich sagte den Kindern, wenn sie einen besonderen Wunsch hätten, dann sollten sie es ihrem Vater oder mir sagen. War es etwas Außergewöhnliches, dann sollten sie einen Weg finden, das notwendige Geld selbst zu verdienen. Wir wollten, daß sie den Wert der Arbeit schätzenlernten, und wußten, was es bedeutete, Anstrengungen zu unternehmen und dafür belohnt zu werden. Sie sollten es lernen, die Arbeit um ihrer selbst willen zu respektieren. Sie sollten wissen, daß Arbeit einen bestimmten Wert besitzt. Bobby trug Zeitungen aus, und damit waren wir durchaus einverstanden. Der Zeitungsjunge ist ein amerikanisches Symbol für jugendliche

Tüchtigkeit und jugendlichen Ehrgeiz. Nach einiger Zeit stellte ich jedoch fest, daß er unseren Chauffeur überredet hatte, ihn dabei herumzufahren. So trug er denn die Zeitungen in ganz Bronxville im Rolls-Royce aus. Das habe ich natürlich sofort unterbunden. Sehr bald kam aber auch etwas anderes dazwischen. Ich glaube, er bekam die Sommergrippe, und das beendete diesen einträglichen Job.

Als einige unserer Kinder nach vielen Jahren in die Politik und in den Staatsdienst gingen, gab es viel Gerede, Klatsch und zahlreiche Presseberichte. Die Leute glaubten, unsere Kinder seien verwöhnt und arrogant, und ihr Vater habe mit Hilfe seines Geldes und seines Einflusses ihren Erfolg mehr oder weniger gekauft. Ich möchte versuchen zu zeigen, daß das alles Unsinn ist. Während die Kinder aufwuchsen und noch in dem Alter waren, in dem sie sich »prägen« ließen, haben sie niemals irgendwelche Vorrechte genossen. Ihr Lebensstandard entsprach dem der mit uns gleich gestellten Familien. Da sie intelligent waren und scharf beobachten konnten, stellten sie, als sie reifer wurden, fest, daß wir zwar einen niedrigeren Lebensstandard hatten als bestimmte Familien, aber auch einen höheren als andere, und sie erkannten, daß dies so war, weil ihr Vater bei seiner Arbeit Erfolg hatte. Als sie älter wurden, wußten sie, worin diese Arbeit bestand und daß ein Teil seiner Tätigkeit etwas mit der Filmindustrie zu tun hatte, weil es sichtbare Beweise dafür gab.

Als er von einer Reise in den Westen aus Hollywood zurückkam, brachte er ihnen einige typische Andenken aus der Filmmetropole mit. Einmal waren es, wie ich mich erinnere, echte »Tom-Mix-Cowboyausrüstungen« für Joe jr. und Jack. Wer alt genug ist, sich noch an Tom Mix zu erinnern, wird verstehen, welche Sensation das für die Jungen und ihre Freunde war.

In Hyannis Port richteten wir im Keller ein kleines Theater ein, das auch heute noch so geblieben ist, wie es war. Es war wirklich klein: am Boden befestigte eiserne Gartenstühle mit Holzsitzen für etwa zwei Dutzend Menschen. Auf den Stufen und an den

Seiten blieb noch Platz für weitere Zuschauer. An Regentagen konnten höchstens vierzig Menschen auf diesen unbequemen Sitzgelegenheiten Platz nehmen, und wenn man die Stehplätze hinzunahm und alles eng zusammenrückte, waren es vielleicht fünfzig. Außerdem hatten wir dort eine kleine Bühne für die Theateraufführungen der Kinder. Die Stellung Joes in der Filmindustrie erlaubte es ihm, Filme von praktisch jeder Filmgesellschaft auszuleihen, was für ihn als Besitzer von Filmtheatern und als Produzent sehr angenehm war, aber auch uns mit einem unerschöpflichen Vorrat an Unterhaltungsstoff versorgte. Natürlich wurde alles, was wir zu Hause vorführten, daraufhin geprüft, ob es für die Familie geeignet sei. Wenn es vorkam, daß eine Szene zweideutig wurde, schalteten wir den Projektor aus, und die Kinder wurden hinausgeschickt. Das geschah aber nur sehr selten. Unsere Sommeraufenthalte in Hyannis Port waren daher oft regelrechte Filmfestivals, zu denen an drei oder vier Abenden in der Woche verschiedene Filme gezeigt wurden. Jeder Hausbewohner – einschließlich der Hausangestellten – war dazu eingeladen, und fast immer brachten die Kinder auch ihre Freunde mit, so daß jedesmal eine stattliche Zahl interessierter Zuschauer an den Vorführungen teilnahm.
Natürlich besitzt nicht jeder Junge eine echte »Tom-Mix-Cowboyausrüstung«, und nicht jede Familie hat ein privates Kino, zwei sehr schöne Häuser, zwei Boote, einen Tennisplatz, ein privates Schwimmbecken und einen oder zwei Rolls-Royce. Den Kindern war klar, daß ihr Vater viel Geld verdienen mußte, um sich all das leisten zu können. Und da wir sie zum Sparen anhielten, mußten sie auch annehmen, daß er eine Menge Geld auf der Bank hatte. Sie hatten aber nicht die Vorstellung, daß ihr Vater »ein reicher Mann« sei und daß wir »eine reiche Familie« seien, ehe Joe in die Politik und in den Staatsdienst ging.
Das begann 1932, als er Franklin D. Roosevelt bei der Bewerbung um die Nominierung zum Präsidentschaftskandidaten der Demokratischen Partei unterstützte und zu dessen wichtigstem

Berater im Wahlkampf wurde. So stand er plötzlich im Rampenlicht, und auch die Presse begann, sich für ihn zu interessieren.
In der Filmindustrie und an der Börse war er bereits ein bekannter Mann, aber die Berichte über ihn erschienen gewöhnlich in den Handelsblättern oder im Wirtschaftsteil der Zeitungen und beschäftigten sich mit ganz bestimmten Geschäftsabschlüssen oder Vorhaben, an denen er zufällig beteiligt war. Jetzt waren die politischen Berichterstatter auf ihn aufmerksam geworden, verschafften sich aus allen möglichen Quellen Informationen über ihn, dieses Material erschien in den Nachrichten und Kommentaren, natürlich besonders in den Bostoner Zeitungen. Fast überall wurde von seinem Reichtum gesprochen. Er war der »Multimillionär, Filmmagnat und Börsenspekulant Joseph P. Kennedy«.
Damit war die Zeit gekommen, den Kindern etwas zu sagen. Ihr Vater hatte Millionen verdient. Er war ein ungewöhnlich reicher Mann, und deshalb durfte jedes Kind damit rechnen, später über viel Geld zu verfügen.
Doch mit dieser Mitteilung verbanden wir immer wieder Ermahnungen und Belehrungen über moralische Verpflichtungen. Wir wiesen darauf hin, daß mit dem Geld die Verantwortung wächst. Geld ist nicht zum unbedenklichen Ausgeben da, sondern es muß richtig verwendet werden. Man muß damit zwar die notwendigen Ausgaben bestreiten, darf sich auch gewisse Annehmlichkeiten leisten, aber darüber hinaus dient es nur wichtigen und lohnenden Zwecken. Man kann es dazu verwenden, ein würdiges Lebensziel zu verfolgen, und kann es für eine gute Sache, einen wohltätigen Zweck, für öffentliche Einrichtungen wie Schulen, Bibliotheken, Krankenhäuser, Erholungseinrichtungen und natürlich für die zahlreichen Bedürfnisse der Kirche ausgeben. Das Geld macht weder die Familie noch den einzelnen besser als andere Menschen. Wer Geld besitzt, ist vielleicht glücklicher. Die Kinder wurden ermahnt, zu bedenken, daß nicht sie das Geld verdient hatten, sondern ihr Vater. Und ich sagte ihnen, wenn ihr es einmal erben solltet, dann denkt daran, daß damit seine Hoff-

nung, sein Vertrauen und seine Erwartungen verbunden sind, ihr würdet es vernünftig verwenden. Man darf Geld nicht verschwenden. Nichts ist vulgärer als mit Reichtum zu protzen. Einige der größten Persönlichkeiten der Geschichte haben ganz bescheiden gelebt. Denkt daran, es sind nicht die Kleider, die ihr tragt, nicht der Wagen, den ihr fahrt, nicht die Brillantringe oder Broschen; ihr seid es selbst, es ist die Persönlichkeit in euch, auf die es ankommt. Das Geld gibt euch nicht die Berechtigung, euch gehenzulassen. Es gibt euch die Chance, alle eure Fähigkeiten dafür einzusetzen, daß ihr vorwärtskommt, ohne euch finanzielle Sorgen machen zu müssen.

Ich glaube, jeder, der meine Kinder damals oder später gekannt oder aus zweiter oder dritter Hand etwas über sie erfahren hat, wird sagen, sie hätten das begriffen. Sie haben gewußt, was man für sich oder andere mit Geld erreichen kann, sie haben ein verschwenderisches Leben abgelehnt und jede Großtuerei zutiefst verachtet. Manchmal hatte ich sogar das Gefühl, sie übertrieben diese Haltung ein wenig, besonders wenn ich feststellen mußte, daß die Mädchen ebenso wie die Jungen in unserem Haus gewöhnlich in alten, verschlissenen Blue jeans, abgetragenen Tennis- oder Turnschuhen und mit unter dem Pullover herausschauenden Hemdzipfeln herumliefen.

Was diese Haltung betraf, so hielt Jack auch hier wieder die Spitze. Die anderen forderten einen zur Kritik heraus, aber er war schon jenseits jeder Kritik.

So geschah es einmal, daß er sich irgendwo auf einer Reise befand und kein Geld bei sich hatte. Er hatte einfach vergessen, etwas mitzunehmen. Es war ihm nicht eingefallen. Einige seiner alten Jugendfreunde haben das bestätigt. Sie saßen zum Beispiel beim Mittagessen zusammen, und wenn es ans Bezahlen ging, suchte Jack in den Taschen herum und sagte dann mit verlegenem Lächeln, er habe kein Geld bei sich und könne seinen Anteil nicht bezahlen. Könnte wohl ein anderer so freundlich sein, das zu tun? Er werde ihm das Geld später zurückgeben.

Seine Einstellung zur Kleidung und zur äußeren Erscheinung war ähnlich. Wir besitzen ein Foto von ihm aus der Zeit vor seinem Eintritt in die Oberschule. Darauf sieht man ihn mit einem der Gelegenheit entsprechenden ernsten Ausdruck im Gesicht, im feierlichen schwarzen Anzug, aber die Füße stecken in abgetragenen braun-weißen Sportschuhen.
Und doch glaube ich, daß seine Unbekümmertheit gegenüber dem Gelde, allen Äußerlichkeiten und dem Besitz nicht nur eine heftige Reaktion oder Gegenreaktion auf die elterlichen Ermahnungen und Ratschläge war, sondern daß sie seinem Charakter entsprach und seine seltsame Geistesabwesenheit bekundete.
So machte es mir zum Beispiel nichts aus, wenn er und die anderen sich zum Spielen Räuberzivil anzogen, aber für die Schule, die Kirche und Auftritte in der Öffentlichkeit verlangte ich, daß sie sauber und ordentlich aussahen. Ich kaufte ihnen solide Kleidung und zog sie sehr oft gleich an. So hatten Joe jr. und Jack gleiche Matrosenanzüge, und Rosemary, Kathleen, Eunice und Patricia hatten gleiche Matrosenblusen und Röcke in den entsprechenden Größen. An Schultagen frühstückte ich immer mit ihnen, und zwar auch, weil ich sicher sein wollte, daß sie anständig gekämmt und angezogen waren. Sonntags vor dem Kirchgang stand ich unten an der Treppe und überprüfte ihren Anzug, wenn sie herunterkamen. Dabei stellte ich fest, ob sie ihre Gebetbücher und Rosenkränze hatten, und gab jedem Mädchen ein Paar frische weiße Handschuhe.
Im Temperament unterschied sich Joe jr. erheblich von Jack, und er hatte auch ein viel ausgeprägteres Gefühl für Sauberkeit und Ordnung. Dazu kamen ein ausgesprochener Besitzerstolz und das Bestreben, das persönliche Eigentum zu pflegen. Jack hatte ein sehr ausgeglichenes Temperament. Joe jr. war jähzornig. Was dabei herauskam, kann sich jeder leicht vorstellen. Manchmal mußte ich sie mit Gewalt auseinanderzerren.
Daß sie Brüder waren und der Altersunterschied nur zwei Jahre betrug, hatte viele Vorteile, aber auch einige Nachteile. Die

meiste Zeit waren sie gute Kameraden und Spielgefährten, teilten alle möglichen Erfahrungen und Abenteuer und trieben allerlei gemeinsame Streiche. Aber bis zu einem gewissen Grade waren sie, glaube ich, auch Rivalen. So kam es, weil sie im Temperament sehr verschieden waren, zu heftigen Auseinandersetzungen und Kämpfen.

Ich erinnere mich zum Beispiel, daß sie einmal, als sie noch sehr klein waren, einander an ihrem kleinen Tisch im Eßzimmer in der Beals Street gegenübersaßen. Joe und ich saßen am großen Tisch, und plötzlich schreckte uns ein lauter Schrei auf. Wir stellten fest, daß folgendes geschehen war. Sie waren schon beim Nachtisch, und es gab einen jener Lieblingskuchen mit dem dicken, klebrigen Schokoladenüberzug. Joe jr. hatte die Schokolade von seinem Stück abgenommen und beiseite gelegt, um sie zuletzt zu essen. In einem unbeobachteten Augenblick langte Jack hinüber, nahm sie und schlang sie hinunter. Joe jr. versetzte ihm einen Schlag, Jack schrie laut auf und schlug zurück. Ich weiß nicht mehr genau, was Joe und ich taten. Wahrscheinlich haben wir beide Jungen streng ermahnt und zu Bett geschickt. War das gerecht? Die Strafe soll dem Vergehen entsprechen. War es schlimmer, daß Jack die Schokolade seines Bruders gestohlen, oder daß Joe jr. seinen Bruder geschlagen hatte?

Jedenfalls haben sich die Brüder als Kinder oft geprügelt, aber ich habe das nur selten gesehen und nur davon erfahren, wenn es wirklich harte Auseinandersetzungen gab. Joe jr. war älter, größer, stärker und geschickter. Später war er ein hervorragender Sportler. Aber Jack konnte sich, obwohl er zart war, sehr energisch zur Wehr setzen, wenn es sein mußte. Andererseits haben sie sich zum Glück nicht mehr gestritten, als es Brüder, die sich im Alter so nahe sind, gewöhnlich tun, wahrscheinlich sogar viel weniger.

Einmal kaufte ich ihnen gleiche schwarze Badeanzüge mit weißen Streifen. Der von Joe jr. war natürlich viel größer. Sie waren etwa acht und sechs Jahre alt, und Joe jr. war gute zehn Zentimeter größer als sein Bruder und dazu breiter und muskulöser. Wir wollten sie in dieser eleganten Aufmachung fotografieren, und in der Aufregung verwechselten sie die Badeanzüge. Jack zog den von Joe an und umgekehrt. Wahrscheinlich hatte ich sie auch noch eine Nummer zu groß besorgt, damit sie länger hielten. Deshalb paßte der falsche Anzug Joe jr. wahrscheinlich ganz gut, und er bemerkte die Verwechslung nicht, bis wir fast so weit waren, die Aufnahme zu machen. Als er sich aber umwendete und Jack in dem viel zu großen und lächerlich wirkenden Badeanzug sah, mußte er feststellen, daß es seinem Bruder wieder gelungen war, ihn zu übertölpeln. Er stieß einen Wutschrei aus. Später kam es noch einige Male zur gleichen Verwechslung, und Joe jr. wurde jedesmal noch zorniger. Eines schönen Tages kam er aus unserem Haus in Hyannis Port und sah Jack über den Rasen zum Strand laufen – wieder im falschen Badeanzug.

Ich war ausgegangen, deshalb habe ich diese Szene nicht beobachtet. Später erfuhr ich jedoch, daß Joe jr. einen Wutanfall bekam und hinter seinem Bruder herlief. Jack blickte über die Schulter zurück und rannte fort, so schnell er konnte. Dann lief er den Strand entlang und sah sich nach einer Rettungsmöglichkeit um. Etwa hundert Meter von unserem Strand entfernt befindet sich ein Wellenbrecher. Er ist aus großen Steinen gebaut und reicht im Bogen etwa zweihundert Meter in den Nantucketsund hinaus; ein technisches Wunder aus dem 19. Jahrhundert, das Küstenschiffen und Ozeandampfern einen sicheren Hafen bot und Hyannis Port seine Bedeutung und den Namen eines Hafens gab. Dieses historische Bauwerk gewann an dem Tage an geschichtlicher Bedeutung, als ein künftiger Präsident es erkletterte, über die riesigen Steinbrocken auf die offene See zurannte und mit einer von der Angst beflügelten Kraft und Gewandtheit über die vom Wasser ausgewaschenen Rinnen sprang, während sein älterer Bruder hinter ihm herlief und ihm zurief, wie streng er ihn für seine Sünden bestrafen wollte.

Der Abstand zwischen beiden Jungen verringerte sich bedenklich, aber zum Glück kam Eddie Moore zufällig vorbei. Er sah sofort, daß Jack etwas angestellt hatte und Joe ihn jagte. Aber diesmal konnte es gefährlich werden. Er rief ihnen zu, sofort aufzuhören und zurückzukommen. Sie taten es, aber ich schauderte später noch bei dem Gedanken, was hätte geschehen können, wenn Eddie nicht zur rechten Zeit dagewesen wäre. Bei diesem Gedanken hat es sicher auch Jack geschaudert.

Das Freund-Feind-Verhältnis zwischen den beiden hielt während ihrer Kindheit und frühen Jugend an. Meist waren sie jedoch, wie gesagt, gute Freunde. Mit den Jahren vertieften sich die Freundschaft und das gegenseitige Verständnis, und als sie zu jungen Männern herangereift waren, bestand zwischen ihnen ein festes Band der Liebe, der Treue und des Vertrauens. Sie sprachen zwar nicht davon, aber es war deutlich zu spüren.

Nach dem Tod von Joe jr. sammelte Jack einige Aufsätze über ihn, die Menschen geschrieben hatten, die ihn gut kannten. Die Sammlung wurde für die Familie und unsere Freunde in einem Buch mit dem Titel *As We Remember Joe* als Privatdruck herausgebracht. Jack schrieb zu Beginn des Vorworts:

> »Bei der Zusammenstellung dieser Aufsätze habe ich nur deshalb zunächst gezögert, weil ich daran zweifelte, ob Joe, wenn er sich dazu hätte äußern können, damit einverstanden gewesen wäre. Aber ich habe schon früher Meinungsverschiedenheiten mit ihm gehabt, deshalb lege ich sie hier getrost vor.«

Den ersten Aufsatz schrieb Jack selbst. Die Überschrift lautete »Mein Bruder Joe«, und es hieß darin:

> »Joe hat sich in vieler Hinsicht ausgezeichnet, aber ich habe immer das Gefühl gehabt, seine größten Erfolge hatte er als ältester Bruder. Schon in frühem Alter entwickelte er Verantwortungsbewußtsein gegenüber seinen Geschwistern, und ich glaube, daß er dieses Gefühl nie verloren hat. Mir gegenüber, der ich fast ebenso alt war wie er, bestand diese Verantwort-

lichkeit darin, daß er immer hohe Anforderungen stellte. Ich glaube, ich habe Joe besser gekannt als irgend jemand sonst, und doch bin ich manchmal nicht ganz sicher, ob ich ihn wirklich gekannt habe. Er hatte immer einen gewissen Abstand zu den Dingen, die ihn umgaben – eine Mauer der Reserviertheit, die nur wenige Menschen durchdringen konnten. Ich meine damit nicht, daß Joe umständlich oder schwerfällig gewesen wäre, alles andere als das. Ich kenne niemanden, mit dem ich lieber einen Abend verbracht, Golf gespielt oder sonst etwas unternommen hätte. Er war witzig und sah die humorvolle Seite der Menschen und Situationen schneller als jeder andere. Es fiel ihm erstaunlich leicht, Freunde zu gewinnen, und wohin er auch kam, er war bei allen beliebt.

Er konnte Stunden damit zubringen, sich mit Bobby einen Fußball zuzuwerfen, mit Teddy zu schwimmen und den jüngeren Schwestern das Segeln beizubringen. Er stand sich besonders gut mit Kick – das war der Familienspitzname für Kathleen – und hat ihr in schwierigen Zeiten viel geholfen. Ich glaube, wenn die Kennedykinder heute oder irgendwann etwas wert sind oder sein werden, dann ist das der Haltung von Joe und seinem Vorbild mehr zu verdanken als irgendeinem anderen Umstand. Er erleichterte meinem Vater und meiner Mutter die Aufgabe, viele Kinder zu erziehen, ganz wesentlich, denn was sie ihn lehrten, gab er an uns weiter, und ihre Lehren wurden von ihm nicht verwässert, sondern eher noch überzeugender vorgetragen.«

Jack war hier etwas zu bescheiden, denn auch er hat viel für seine Geschwister getan. Er spielte mit ihnen Fußball und gab ihnen Unterricht im Schwimmen und Segeln, während er sich daneben auch mit den Dingen beschäftigte, die nur ihn interessierten. Das Lesen, sein großes Interesse für die Geschichte und entscheidende geschichtliche Ereignisse, seine romantische Lebensauffassung und seine unprätentiöse, aber selbstsichere, gelöste, offene, freundliche, entwaffnende und charmante Art machten ihn zu der Persönlichkeit, die er später als Präsident war, und man hat das mit Recht als »eine besondere Gnade« bezeichnet.

> Eunice sagt: »Es ist sicher normal, daß Mädchen ihre älteren Brüder bewundern und von ihnen begeistert sind, aber in unserem Fall ging das ziemlich weit. Für uns waren sie so etwas wie überirdische Wesen, wir haben sie vergöttert und wollten ihnen unbedingt alles recht machen und ihnen gefallen. Wir ließen uns das nicht unbedingt anmerken und schmeichelten ihnen nicht, denn damit hätten wir sie abgestoßen, und das war auch nicht unsere Art. Aber es bestand zwischen uns dieses ganz besondere Verhältnis, das die Familie miteinander verband, und dazu gehörte es auch, daß wir so lustig miteinander sein konnten. Sie behandelten uns liebevoll, aber ohne Pathos. Gelegentlich waren sie auch streng und wiesen uns zurecht, aber meist verständnisvoll, mit Humor und freundlich.«

Ebenso wie Joe jr. und Jack an die älteren Mädchen eine bestimmte Haltung und gewisse Wertmaßstäbe weitergaben, taten diese es auch in ihren Beziehungen zu den jüngeren Geschwistern.

In späteren Jahren hat man viel davon gesprochen, wie sehr unsere Familie eine Einheit bildete. Es fiel auf, wie stark wir miteinander verbunden waren und wie wir uns spontan verstanden. Man sprach vom »Kennedy-Klan«. Mir gefällt dieses Wort nicht. Mit dem Begriff des Klans verbinden sich für mich geistige Enge, Ausschließlichkeit, mißtrauische Ablehnung anderer Menschen und Gleichgültigkeit gegenüber deren Interessen. Das stünde im direkten Gegensatz zu den Idealen unserer Familie und vertrüge sich nicht mit den Vorstellungen, die uns veranlaßt haben, am öffentlichen Leben teilzunehmen. In einer Hinsicht jedoch trifft dieser Begriff zu: Innerhalb eines Klans gibt es gemeinsame Glaubensinhalte, Gewohnheiten, Verhaltensmuster, gemeinsame Interessen und Ziele, und die Angehörigen eines Klans wissen, was sie tun müssen, ohne die anderen zu fragen und ohne ihnen etwas zu erklären. So war es im allgemeinen auch in unserer Familie.

Eltern, die viele Kinder haben, rate ich dringend, sich bei der Erziehung der ältesten am meisten zu bemühen, denn ihrem Beispiel werden die jüngeren wahrscheinlich folgen. Kinder sind leicht zu beeinflussen, und obwohl sie zunächst dazu neigen, ihre Eltern zu imitieren, wirkt das Beispiel der älteren Geschwister im Lauf der Jahre ebenso stark, wenn nicht stärker. Nach meinen Erfahrungen, und das habe ich auch bei anderen Familien feststellen können, übernehmen die älteren Kinder gern die Verantwortung, die darin liegt, den jüngeren Geschwistern ein Vorbild zu sein, deren Fehlverhalten zu korrigieren und so das Vertrauen der Eltern und die Achtung der jüngeren Geschwister zu verdienen.

Wenn man sie in der richtigen Art dazu anleitet, werden sie Aufgaben übernehmen, die in einer kleinen Familie eigentlich den Eltern zukommen. Sie werden das nicht nur gern tun, sondern dabei oft auch mehr Erfolg haben als die Eltern. Wenn sich etwa eines der Mädchen im Alter von siebzehn Jahren zu stark die Lippen schminkte, und ich mit einem der Brüder darüber sprach, damit er ihr sagte, das gefiele ihm nicht, konnte ich mich darauf verlassen, daß die Schwester auf ihren Bruder hören und es abstellen würde. Oder wenn sie mit einem jungen Mann ausging, der nicht zu ihr paßte, dann wirkte ein Wort des älteren Bruders hundertmal mehr als eine Bemerkung von uns.

Das galt natürlich auch für die Jungen. Bobby wollte so sein wie seine beiden großen Brüder und bemühte sich nach Kräften darum. Die drei Ältesten haben die Entwicklung von Teddy entscheidend beeinflußt.

Bis hierher habe ich noch nicht viel über Teddy gesagt, und zwar aus dem einfachen Grunde, weil ich mich zunächst vor allem mit dem Zeitabschnitt beschäftigt habe, in dem er noch gar nicht geboren war. Er kam am 22. Februar 1932 zur Welt. Da mein Geburtsdatum der 22. Juli 1892 ist, war ich damals genau 39½ Jahre alt.

Nach der Geburt unseres siebenten Kindes Bobby im Jahre 1925 begannen einige meiner besten Freundinnen, mir diskrete, aber unüberhörbare Andeutungen zu machen, um mir zu sagen, dies solle aber nun wirklich das letzte Kind sein. Als drei Jahre später Jean, unser achtes Kind, eintraf, wurden aus den Andeutungen gute Ratschläge und Ermahnungen.

Nachdem ich feststellte, daß ein neuntes Kind unterwegs war, faßte ich den festen Entschluß, weder das Kind noch ich sollten irgendwelche Nachteile haben. Ob es ein Junge oder ein Mädchen würde, es sollte immer wissen, daß die Familie seine Ankunft begrüßte und es liebte. Es sollte die ganze tiefe Bedeutung der Liebe erfahren, der Eltern- und Geschwisterliebe, der christlichen Liebe, der Liebe, die »höher ist als alle Vernunft«, und die sich darin ausdrückt, daß jeder dem anderen in herzlicher Zuneigung dient.

Als Teddy geboren wurde, unternahm ich jede Anstrengung, um diesen Vorsatz für mich und für ihn zu verwirklichen.

Es gab zahlreiche äußere Umstände, die bei der Entwicklung seines Charakters und seiner Persönlichkeit eine Rolle gespielt haben. Einer von ihnen war die Tatsache, daß (aus Gründen, auf die ich später noch näher eingehen werde) er in seiner Knabenzeit und Jugend mehr dem Einfluß seines Vaters im Hause ausgesetzt war als seine älteren Brüder, und daß ihm dies nicht nur Halt gab, sondern auch viele Anregungen vermittelte und seinen Charakter festigte. Ich glaube auch, daß seine Stellung in der Familie als letztes von neun Kindern und jüngster Bruder dazu führte, daß man ihm mehr Aufmerksamkeit – und mehr liebevolle Nachsicht – entgegenbrachte, als die älteren Geschwister sich gegenseitig zugestanden hätten. Das wäre aber wahrscheinlich nicht so günstig gewesen, wenn das nächstälteste Kind ein Junge gewesen wäre, denn dann hätte es eine gewisse Rivalität gegeben, während

Mädchen, wie ich festgestellt habe, gegenüber kleinen Brüdern gern die Rolle der mütterlichen Beschützerin übernehmen. Pat hing besonders an Bobby. Jean fand eine besondere Beziehung zu Teddy. Sie waren ein Paar. Sie liefen zusammen herum. Sie ermahnte ihn manchmal, schalt ihn auch gelegentlich, war aber in der Hauptsache seine tapfere Freundin und große Schwester. Das ist sie heute noch, obwohl er inzwischen viel größer und stärker ist als sie.

Die beiden hatten vieles gemeinsam, und dazu gehörte auch ein etwas skurriler Sinn für Humor. Als junge Leute schickten wir sie zusammen auf eine Europareise. Dabei sollten sie aufeinander aufpassen. Wir ermahnten sie jedoch, sparsam zu sein, denn sie hatten schon zu viel Geld ausgegeben. Aus London erhielten wir ein Telegramm, das sie wahrscheinlich gemeinsam aufgesetzt hatten: »Nachdem ich Euren Brief gelesen habe, entschloß ich mich, wie ein Tourist zu reisen, und steckte Jean in meinen Seesack. Zum Glück hat niemand den Seesack gewogen. Teddy.« Von der Riviera kam ein anderes Telegramm: »Wir haben faßweise Spaß. Schickt mehr Geld für weitere Fässer.«

Teddy war von Geburt an körperlich gut veranlagt und sehr groß und stark für sein Alter. Wer kann sagen, woher diese Anlagen kamen? Es hat auf beiden Seiten der Familie gute Sportsleute gegeben. Wie ich schon erzählt habe, war mein Vater groß, aber nicht breit. Er war jedoch körperlich sehr leistungsfähig. Jedenfalls hat Teddy, wahrscheinlich aus den Familien beider Eltern, alle körperlichen Anlagen ererbt, die ein Junge für gute sportliche Leistungen braucht, und dazu hatte er den notwendigen Sportsgeist.

Seinen Vater begeisterte das natürlich, ebenso seine älteren Brüder, die es außerdem amüsierte, erstaunte und herausforderte. Seine Brüder verlangten von ihm ein diszipliniertes Verhalten. Sie leiteten ihn an, machten ihm Mut und gaben ihm gelegentlich einen Rippenstoß. Das alles gehört zum richtigen Verhältnis zwischen großen und kleinen Brüdern, vorausgesetzt der kleine Bru-

der reagiert in der richtigen Art und nimmt die Herausforderungen an. Teddy konnte und tat das auch, jedenfalls tat er immer sein Bestes, manchmal sogar auf die Gefahr einer körperlichen Verletzung hin.
Ich erinnere mich an einen Vorfall an der Riviera in dem schönen Hotel Eden Roc, dessen Grundstück bis an einen Steilhang reichte. Die felsige Steilküste fiel hier, soweit ich mich erinnere, 10 bis 15 Meter jäh ins Meer ab, und das Wasser war tief. Deshalb war dies eine ideale Stelle für einen geschickten Turmspringer. Ich sehe noch Teddy oben auf der Klippe stehen und höre die Stimme von Joe jr., der ihm zurief, er solle springen. Zu meinem Entsetzen tat er es auch, und zwar immer wieder, weil seine Brüder ihn dazu aufforderten. Ich habe nichts dazu gesagt, weil ich glaubte, es sei einigermaßen gefahrlos, denn sonst hätten Joe jr. und Jack es nicht von ihm verlangt. Ihm schien es Spaß zu machen. Ich glaube, er hatte absolutes Vertrauen zu Joe jr., und dieses Verhältnis wollte ich nicht durch meine Ängstlichkeit stören.
Ich wußte, jedes meiner Kinder würde schließlich selbst mit dem Leben fertig werden müssen und alle Erfahrungen und Kräfte brauchen, die es sammeln konnte. Es gibt Risiken, die Vater und Mutter auf sich nehmen müssen, sosehr es ihre Nerven manchmal auch belasten mag.
Es ist schwierig zu sagen, wo man die Grenze ziehen muß. Im Falle von Teddy denke ich hier besonders an die Zeit während des Wahlkampfes, in dem sich Jack um das Amt des Präsidenten bewarb. Es war in Wisconsin im Winter 1959/60. In einem der dortigen Wintersportorte war viel Schnee gefallen, und man veranstaltete ein Skispringen. Teddy, der Skifahren konnte, aber noch nie gesprungen war, wurde von irgend jemand zu einer Mutprobe herausgefordert und sprang von einer Schanze mit olympischen Ausmaßen. Er flog durch die Luft und brachte es fertig, richtig zu landen, ohne sich das Genick zu brechen. Ich war nicht dort, denn ich hätte wahrscheinlich mein Veto eingelegt und

mich wohl auch durchgesetzt. Ich erfuhr die Sache am folgenden Tage durch die Zeitung und war entsetzt. Ich hielt es für eine Verrücktheit und sagte ihm das auch, als ich mit ihm telefonierte. Aber eigentlich bewunderte ich seinen Kampfgeist und Mut und freute mich über seine Loyalität gegenüber Jack. Er hatte es für seinen Bruder getan, um zu zeigen, einer wie sportlichen Familie er angehörte, und um ein paar Stimmen für ihn zu gewinnen. Mir wäre es allerdings lieber gewesen, er hätte das auf eine etwas weniger dramatische Art getan.

Wie gesagt, war ich entschlossen, daß Teddy nicht benachteiligt werden sollte, weil er der Jüngste war. Aber seine Geschwister übernahmen die Aufgabe, seinen Charakter zu schulen. Ich möchte diese kurze Einführung in die Jugend von Teddy nicht abschließen, ohne noch über eine seiner Eigenschaften gesprochen zu haben, seinen Sinn für Humor. Alle Kinder hatten ihn, und dafür bin ich dankbar, denn mir scheint, die Fähigkeit, sich zu freuen, zu lachen und zu scherzen, ist eines der größen Geschenke im Leben. Eine allzu feierliche Haltung wäre in unserer Familie unerträglich gewesen. Wir nahmen ernste Dinge ernst, aber wir lachten gern über Dinge, die nicht ernst waren, und dazu gehörten manchmal auch unsere eigenen Schwächen, wie sie sich durch die Augen anderer wahrnehmen ließen. Humor ist ein notwendiger Teil der Weisheit. Er verleiht Perspektive und befreit den Geist.

Obwohl ich schon viel über Erziehung gesagt habe, bin ich mit diesem Thema noch lange nicht am Ende, denn ich meine, es beinhaltet nicht nur die normalen Wissenschaftskategorien wie Geschichte, Literatur, Grammatik usw., sondern auch die Erziehung in den einfachsten Grundregeln des gesellschaftlichen Verhaltens. Ich bin der Auffassung, daß Eltern, die die Liebe und das Vertrauen eines Kindes besitzen, damit auf die Dauer das wirksamste Instrument für die Bildung des Charakters und des richtigen Verhaltens des jungen Menschen in der Hand haben. Es gibt aber Zeiten, in denen sogar dies nicht genügt, besonders wenn die

Kinder sehr jung sind und ihre Sicherheit davon abhängt, daß sie bestimmte Dinge rasch und eindeutig lernen. Wenn ich zum Beispiel ein Kind dabei antraf, daß es mit meiner scharfen Schere spielte, nahm ich sie ihm weg, erklärte, wie gefährlich sie sein könnte, und stach, um das zu demonstrieren, mit den Spitzen der Schere so stark in einen Finger oder in den Arm, daß das Kind ein wenig Schmerz spürte und es begriff. Oder wenn ich sah, daß es zu nahe an einen heißen Ofen herangegangen war, nahm ich einen Finger des Kindes und hielt ihn so dicht an die Flamme oder die heiße Ofentür, daß ihm die Hitze unangenehm wurde, und es verstand, was es bedeuten konnte, wenn es unvorsichtig mit Feuer umging.

Man hat mich gefragt, ob ich Jack als Kind jemals geschlagen hätte. Ich glaube, es gehört zu den legendären Vorstellungen, die man sich von einem Präsidenten macht, daß man glaubt, er besäße außergewöhnliche Qualitäten und habe sich als Kind durch unfehlbare Tugendhaftigkeit ausgezeichnet. Ich kann bestätigen, daß dies bei Jack nicht so war, und auch nicht bei Bobby, Teddy oder irgendeinem der anderen Kinder. Wenn sie es verdient hatten, dann war, glaube ich, ein ordentlicher Klaps eine der wirksamsten Methoden, ihnen eine Lektion zu erteilen.

Dazu muß ich jedoch sagen, daß, wenn ein Kind Schläge verdient hat, die Eltern und nicht ein Babysitter oder ein Kindermädchen sie austeilen dürfen. Da Joe so oft nicht zu Hause war, mußte ich sehr häufig diese Pflicht übernehmen. Ich betrachtete es als eine Pflicht und tat es grundsätzlich nie im Zorn oder in der Erregung. Ich glaube außerdem, daß eine körperliche Strafe nicht das erste, sondern das letzte Erziehungsmittel sein sollte. Dennoch gibt es Zeiten und Situationen, in denen ein paar fühlbare Schläge auf das Hinterteil das einzige sind, was ein Kind im frühen Lebensalter wirklich versteht. Damit sie wirken, müssen sie der Tat auf dem Fuß folgen, mit so wenig Verzögerung wie möglich. Wenn ein Kind zum Beispiel mit mir ausging und vor einem herankommenden Auto über die Straße laufen wollte, gab ich ihm an Ort

und Stelle sofort einen Klaps, damit es den Versuch, vor einem Wagen auf die Straße zu springen, mit einem sehr unangenehmen Gefühl verband.
Zu Hause hatte ich ein Lineal auf dem Schreibtisch und benutzte es für solche Zwecke. Wenn eines der Kinder es ein paarmal erlebt hatte, das Lineal auf der Hand oder dem Hosenboden zu spüren, konnte schon die bloße Erwähnung des Lineals eine gesunde Wirkung haben. Da die Gerechtigkeit rasch und entschieden ihren Lauf nehmen sollte, ging ich oft nicht erst bis zum Schreibtisch, sondern nahm den nächstbesten Gegenstand zur Hand, und das war oft ein Kleiderbügel. Da unsere Familie so groß war, gab es viele Kleidungsstücke, viele Schränke und deshalb auch genügend Kleiderbügel. Sie waren immer in Reichweite. Ein leichter Schlag mit dem Kleiderbügel war nicht schmerzhafter als ein Schlag mit dem Lineal, vielleicht schmerzte er sogar weniger. Aber das ist ein für diesen Zweck ungewöhnliches Instrument, und als die Kinder erwachsen waren, neckten sie mich manchmal und sagten im Scherz, wie grausam ich gewesen sei, sie mit Kleiderbügeln zu »prügeln«. (Sie wurden nicht geprügelt, sie bekamen Schläge auf das Hinterteil, die energisch genug waren, um ihnen die Bedeutung der Strafe klarzumachen.) Die Kleiderbügel haben jedoch einen besonderen Platz in unserer Familiengeschichte. Als Eunice vor einigen Jahren ihr fünftes Kind bekam, fuhr ich zu ihr, um ihr bei der Beaufsichtigung der älteren Kinder und im Haushalt zu helfen, solange sie in der Klinik lag. Ich mußte feststellen, daß mein Ruf mir vorausgeeilt war. Die Enkel hatten alle Kleiderbügel im Hause fortgeräumt und im Wäschekorb versteckt. Vielleicht war es ein Scherz, aber dessen bin ich mir nicht ganz sicher.
Als die Kinder aus dem Alter heraus waren, in dem eine körperliche Strafe noch nicht in Frage kommt, und besonders als sie erwachsen und verheiratet ihre eigenen Probleme bei der Kindererziehung hatten, haben sie diese Erziehungsmethode mit absolutem Gleichmut selbst übernommen.

Ich erinnere mich, daß die Jungen manchmal, wenn sie etwas angestellt hatten und mit einer Strafe rechneten – sofern sie noch Zeit dazu fanden –, ein Kissen in die Hose steckten, um die Wirkung der Schläge abzumildern. (In jenen Jahren begannen die »Comics« in den Zeitungen zu erscheinen, und eine dieser Bildergeschichten hieß *The Katzenjammer Kids,* die ständig irgendwelche Dummheiten machten und, wenn sie Schläge bekamen, vorher ihre Hosen ausstopften. Vielleicht sind unsere kleinen Sünder dadurch auf den Gedanken gekommen.) Ich ließ mich nur selten täuschen, aber manchmal ließ ich es auch durchgehen.

Ein weiterer Grundsatz, dem ich bei der Erziehung meiner Kinder, solange sie noch klein waren, gefolgt bin, besagt, daß Eltern dem Kinde nicht seinen Willen lassen und nicht erlauben dürfen, daß das Kind ihnen widerspricht. Dem Kind muß klargemacht werden, daß die Eltern es sehr lieben und daß alles, was sie von ihm verlangen, zu seinem Besten geschieht.

Das gelang mir so gut, daß ich mich nur an einen einzigen Fall erinnern kann, in dem ein Kind mir direkt widersprochen hat. Natürlich wußte ich, daß die Kinder meine Anordnungen manchmal innerlich ablehnten und mir nicht immer gehorcht haben.

> Eunice berichtet: »Wir waren regelrecht organisiert. Es war erstaunlich, wie es unsere Mutter fertigbrachte, uns zu disziplinieren – das ist wahrscheinlich der richtige Ausdruck. Und sie hat uns zur Pünktlichkeit erzogen. Einmal wöchentlich hatten wir Tanzstunde, die uns langweilte, aber wir sind doch alle gute Tänzer geworden. Das gleiche galt für den Sport. Sie verlangte gute Leistungen im Schwimmen, im Tennis, im Golf usw. So wurde ein Stundenplan aufgestellt, der uns gelegentlich lästig war, aber wir haben diese Dinge gelernt, und das ist uns später nützlich gewesen. Wenn Jack nicht ein so guter Schwimmer gewesen wäre, dann wäre er wahrscheinlich nicht am Leben geblieben, als sein PT-Boot im Pazifik versenkt wurde, und er hätte auch die anderen Besatzungsmitglieder nicht retten können. Vieles, was unsere Mutter uns beibrachte, hat sich später

im allgemeinen oder im besonderen bewährt. Dahin gehört auch das bekannte ›breite Lächeln der Kennedys‹, das zu einer Art Familienschutzmarke wurde, nachdem wir erwachsen geworden und einige von uns in die Politik gegangen waren. Man lächelt nicht so, wenn man schlechte Zähne hat. Mutter sorgte dafür, daß die Zähne gesund blieben, vor allem durch das Verbot, zu viele Süßigkeiten zu essen. In ihrem Schlafzimmer hatte sie eine Dose mit den verschiedensten Bonbons, und nach dem Essen durfte sich jeder eines aussuchen, aber nur eines. Daran gewöhnten wir uns so, daß niemand es gewagt hätte, um ein zweites zu bitten. Dann achtete sie strengstens darauf, daß wir uns regelmäßig die Zähne putzten. Wir mußten es nach jeder Mahlzeit tun. Die Zahnärzte empfehlen es zwar, aber wir haben es wirklich getan, weil Mutter es zur Regel machte und durchsetzte. Es gehörte zur allmorgendlichen Routine: Mutter kam jeden Tag im Morgenrock zum Frühstück herunter, um dafür zu sorgen, daß wir genug aßen und uns dann die Zähne putzten. Wir hatten ein Badezimmer im Erdgeschoß, das wir, einer nach dem anderen, benutzen mußten. Dann wurden wir inspiziert, und Mutter sah nach, ob wir und unsere Kleider sauber und ordentlich waren. Man gewöhnt sich an so etwas, und wenn man so erzogen wird, glaubt man, es sei selbstverständlich. Sie achtete darauf, daß bei uns allen die Stellung der Zähne korrigiert wurde. Wir mußten Zahnspangen tragen. Wir hätten in Bronxville zum Zahnarzt gehen können, aber Mutter ist eine Perfektionistin, und deshalb mußten jeweils fünf oder sechs von uns alle drei Wochen im Auto etwa eine Stunde nach New York zu einem Superzahnarzt fahren. Dort wurden jedem einzelnen von uns die Klammern neu angepaßt. Ich habe das fünf Jahre über mich ergehen lassen. Ich glaube, bei der großen Kinderschar in unserer Familie müssen die Zahnkorrekturen im ganzen etwa zwanzig Jahre gedauert haben, und Mutter hat sie ständig überwacht. Eine erstaunliche Statistik!«

Da Eunice die schlechten und guten Gewohnheiten erwähnt, denke ich daran, welche Gewohnheiten wir den Kindern beizubringen und von welchen wir sie abzuhalten versucht haben. Zu den letzteren gehören das Rauchen und der Alkohol. Joe war Nichtraucher. Da er auf der Schule und im College viel Sport getrieben hatte, und das bis zu dem Schlaganfall, der zu seinem Tode führte, auch weiter getan hat, wußte er, daß das Rauchen gesundheitsschädlich ist. Als ehrgeiziger junger Geschäftsmann hielt er es für eine unnötige und törichte Geldausgabe. Außerdem war ihm der Gedanke zuwider, daß er von irgend etwas abhängig werden könnte. Hin und wieder trank er einen Schluck, aber nur bei festlichen Gelegenheiten oder auf Gesellschaften, und niemals vor einer wichtigen Besprechung. Er wollte einen klaren Kopf behalten.

Ich selbst hätte nie daran gedacht, zu rauchen. Als ich ein junges Mädchen und junge Frau war, betrachtete man jede Frau, die eine Zigarette rauchte, als leichtfertig. Wir wußten in meiner Jugend natürlich auch, daß einige Männer ab und zu etwas tranken. Sie hätten sich uns aber nicht nähern dürfen, wenn sie nach Alkohol rochen. Ein angeheiterter oder betrunkener Mann wäre von uns als Beleidigung aufgefaßt worden, und wir hätten jeden Verkehr mit ihm abgebrochen. (Übrigens hat mein Vater, der wahrscheinlich gelegentlich im Kreise seiner Freunde etwas getrunken hat, dies nie an der Öffentlichkeit getan, denn das hätte, wie er meinte, das Zerrbild von dem »betrunkenen irischen Politiker, ein Glas Whisky in der einen, die Pfeife in der anderen Hand« beschworen. Diese Vorstellung der »Bostoner Brahmanen« war ihm zuwider, und er wollte etwas dagegen tun.) Die Zeiten und Sitten ändern sich. Aus den Tanztees wurden die Cocktail-Parties, und irgendwann Anfang der 1930er Jahre habe ich in Florida den ersten Cocktail probiert. Er bestand in der Hauptsache aus Orangensaft und hieß »Orange Blossom«. Mir hat er ganz angenehm geschmeckt, doch das einzige alkoholische Getränk, das mir wirklich zusagt, ist Champagner. So war ich in der ersten Hälfte meines Lebens vollkommen abstinent und habe auch in der zweiten nur aus zwingenden Gründen gelegentlich ein Glas Alkohol getrunken.

Kurz gesagt, hatten Joe und ich unsere Gründe dafür, zu wünschen, daß die heranwachsenden Kinder den Tabak und den Alkohol vermieden oder sich wenigstens nicht daran gewöhnten. Und da wir es immer für richtig gehalten haben, gutes Benehmen zu belohnen und schlechtes zu bestrafen, setzten wir den Kindern für den Fall, daß sie bis zu ihrem einundzwanzigsten Geburtstag nicht rauchten oder tranken, als Belohnung jeweils die Summe von tausend Dollar aus. Damit folgten wir einem Beispiel der Familie Rockefeller. Mit einundzwanzig waren sie erwachsen und selbst für sich verantwortlich.

Ich kann nicht sagen, ob die Kinder nicht doch dann und wann heimlich geraucht haben. Ich glaube aber, unsere Maßnahmen hatten einen gewissen Erfolg. Joe jr. erhielt mit einundzwanzig Jahren seine Belohnung. Einige der Mädchen fingen an zu rauchen, weil sie behaupteten, sie äßen dann weniger Süßigkeiten, und sie wollten schlank bleiben. Mir war das nicht recht, aber ich konnte es verstehen. Die Nichtraucherbelohnung wurde häufiger vergeben als die Belohnung für die alkoholische Enthaltsamkeit. Das lag an den äußeren Umständen. Alle Kinder waren irgendwann eine Zeitlang im Ausland, und Bier und Wein gehören in England und im übrigen Europa als Standardgetränke zum Leben und werden zu den Mahlzeiten serviert. (In Blumenthal hatten wir die Auswahl zwischen Bier oder Wein – und das an einer Klosterschule!) Es gibt »Landesbräuche«, die man akzeptieren muß. Als Teddy im Alter von neunzehn und zwanzig Jahren zwei Jahre in der Armee diente und in Deutschland und Frankreich stationiert war, erlaubte ihm sein Vater, in dieser Zeit Bier und Wein zu trinken, ohne daß es ihm angerechnet wurde. Als er aber 21 Jahre alt geworden war, wollte Teddy das Geld nicht annehmen, weil er es nicht für fair hielt. Er habe nicht durchgehalten und sei der Auffassung, hier handele es sich um ein Prinzip.

So eigenartig das heute manchen Menschen vorkommen mag, das Lieblingsgetränk in unserem Hause war immer und ist bis heute Milch. Manchmal trinken wir sie mit Kakao, meist aber ist es reine Milch.

Joe liebte seine Kinder von ganzem Herzen und ließ sie das wissen. Sie haben seine Zuneigung von frühester Kindheit an deutlich zu spüren bekommen. Im Geschäft und in der Politik haben ihn viele für unerbittlich und hart gehalten. Aber sie hätten es erleben sollen, wie zärtlich er zu Hause mit seinen kleinen Kindern umging. Er nahm sie in die Arme, drückte sie an sich, lächelte sie an, sprach mit ihnen und trug sie im Zimmer herum. Als die Kinder zu sprechen anfingen und man mit ihnen eine einfache Unterhaltung führen konnte – etwa im Alter von zweieinhalb oder drei Jahren –, nahm er sie morgens gern für eine Weile zu sich ins Bett. So lag er dann mit dem Kleinen neben sich, das ihm den Kopf auf die Schulter gelegt hatte, las ihm etwas vor oder unterhielt sich mit ihm. Das Gespräch drehte sich um irgendein Thema, für welches das Kind sich gerade interessierte. Er ging verständnisvoll, amüsiert oder mit gespieltem Entsetzen auf alles ein, war immer freundlich, aber wenn es nötig war, korrigierte er auch falsche Vorstellungen und sagte klar, was falsch und was richtig sei. Auch als sie noch ganz klein waren, behandelte er sie in gewissem Sinne als Gleichberechtigte, respektierte jedes einzelne als ein wunderbares und interessantes Einzelwesen und versuchte, gerade diese Individualität zu fördern. Er wählte seine Worte so, daß sie ihn verstehen konnten, sprach nie »von oben herab« zu ihnen; nie gab er vor, unfehlbar zu sein, wie ich es bei manchen Eltern beobachtet habe, sondern was er zu sagen hatte, kam ihm aus dem Herzen. Es war eine wunderbare Kombination von Ernst und Wärme, Strenge und Humor, hohen Erwartungen und Verständnis für menschliche Schwächen, verbunden mit einem tiefen Gerechtigkeitssinn. Ich glaube, Kinder verstehen sehr gut, welche Qualitäten ihre Eltern haben und wie sie sich zu ihnen einstellen. Sie nehmen das alles begierig in sich auf. Die Gefühle unserer Kinder, die sie dem Vater entgegenbrachten, waren bestimmt von Achtung, Freundschaft, Kameradschaft, Liebe und Pflichtbewußtsein.

Körperliche Strafen lagen ihm nicht. (Auch ich habe sie nicht mehr angewendet, sobald die Kinder alt genug waren, um mit vernünftigen Argumenten überzeugt zu werden.) Er hat vielleicht hin und wieder einen Klaps ausgeteilt, aber ich kann mich nicht erinnern, daß er eines der Kinder geschlagen hätte. Er setzte sich mit der Kraft seiner Persönlichkeit durch. Man spürte seine Energie, seine geistige Beweglichkeit und Aufrichtigkeit geradezu physisch. Er hat sich mit Torheiten nicht gutmütig abgefunden, und wenn eines der Kinder eine Dummheit gemacht hatte, dann wußte es der Schuldige, und ein Blick des Vaters genügte als Zurechtweisung. Joe hatte leuchtend blaue, ausdrucksvolle Augen. Dieser Ausdruck konnte sich im Augenblick verändern; von einem Blick, der nur Liebe und Frohsinn ausstrahlte, zu einem Ausdruck, der – wie ein junger Hausgast, der es ein paarmal erlebt hatte, später beschrieb – »eiskalt und stahlblau war. Dieser Blick ging einem durch und durch und stellte einen bis ins Innere bloß. Man fühlte sich nackt und fröstelte.« Das ist vielleicht etwas übertrieben. Die Kinder nannten es »Daddys Blick«.

> Joey berichtet: »Er brauchte dir nichts zu sagen. Er mußte dich nur quer über den Tisch streng über die Brillengläser hinweg ansehen, und das genügte, um dir zu sagen, daß dieses oder jenes sich nicht wiederholen dürfte. Das geschah dann auch kaum. Sobald er gesagt hatte, irgend etwas sei ihm nicht recht, und er hoffe, es werde nicht noch einmal vorkommen, wurde die Angelegenheit nie wieder erwähnt. Die Sache war vergessen, man hatte etwas Wichtiges gelernt, und das Leben ging weiter.«

Wann immer eines der Kinder in Schwierigkeiten geraten war, wollte er zunächst alle Tatsachen wissen. Er sagte dann: »Sag mir

die Wahrheit. Sag mir alles, die ganze Wahrheit. Dann werde ich alles tun, um dir zu helfen. Aber wenn du mir nicht die ganze Wahrheit sagst, dann bin ich ›geschlagen‹.« Wie peinlich es in manchen Situationen auch sein mag, die Wahrheit zu sagen, alle Kinder verstanden, was er meinte, und haben ihm wohl fast immer die Wahrheit gesagt, wie sie sie sahen. (Dabei haben sie vielleicht gelegentlich behauptet, etwas nicht genau zu wissen. Aber wer tut das nicht?) Wenn er dann auf Grund der Tatsachen zu dem Schluß kam, daß sie unrecht hatten, sagte er es ihnen geradeheraus mit einer logischen Begründung und mit großer Bestimmtheit. Dabei erklärte er ihnen ausführlich, warum sie unrecht hatten und wie sie sich davor hüten könnten, noch einmal in eine ähnlich schwierige Lage zu geraten. Wenn er glaubte, sie brauchten eine eindringlichere Ermahnung, dann gab er sie ihnen, und wenn eine ernste Verfehlung vorlag, gab es ein Donnerwetter. Aber dann war es, wie Joey berichtet, erledigt, und zwar ein für allemal. Er hatte sich ganz klar ausgedrückt und setzte voraus, daß die Kinder es verstanden und sich vorgenommen hatten, solche Dummheiten nicht zu wiederholen.
Nachdem Ted 1964 einen fast tödlich verlaufenen Flugzeugunfall gehabt hatte und im Krankenhaus seine Verletzungen ausheilte, sammelte er eine Reihe von Aufsätzen über seinen Vater von Mitgliedern der Familie und von Freunden. Sie kamen als Privatdruck in einem Buch mit dem Titel *The Fruitful Bough* heraus. Ich werde im folgenden aus einigen dieser Aufsätze zitieren, die Teddy selbst für dieses Buch geschrieben hat.

> »Wie wichtig Dad mir war, wurde mir zum erstenmal bewußt, als ich morgens zu ihm ins Bett kommen durfte und er mir aus ›Donald Duck‹ vorlas.
> Von frühester Kindheit an haben wir es wohl alle empfunden, daß das Hauptinteresse im Leben meines Vaters seiner Familie galt. Als Jüngster hatte ich den Eindruck, die Familie sei sein einziges Interesse.

Das größte Geschenk, das Dad einem jeden von uns gemacht hat, war seine uneingeschränkte Hilfsbereitschaft. Ihm lag daran, uns zu ermutigen und das Wichtige vom Unwichtigen zu trennen. Seine Kritik war immer positiv, konstruktiv und sinnvoll. Dabei hatte er unser Bestes und das Beste für die Familie im Sinn. Vielleicht waren wir mit seinen Schlußfolgerungen nicht immer einverstanden, aber die endgültige Entscheidung brachte vernünftigere Resultate, weil wir mit ihm darüber gesprochen hatten.

Auch wenn er nicht zu Hause war, ließ er sich über unser Verhalten berichten. Sehr früh schon lernte jeder von uns, offen und aufrichtig mit Dad zu sprechen. Ausreden ließ er nicht gelten und duldete keine Nachlässigkeiten in der Schule oder zu Hause.

Wenn Dad nicht zu Hause war, hielt er sich über alles, was in der Familie vorkam, auf dem laufenden. Die Kinder, die irgendwo auf dem Internat waren, berichteten ihm regelmäßig brieflich und telefonisch. So viel er auch beruflich zu tun haben mochte, er hatte augenscheinlich immer Zeit, uns anzuhören und uns zu ermutigen.

Dad verlangte von uns, daß wir natürlich waren und lächelten, ganz gleich, wie schwierig die Lage war, in der wir uns befanden. Er duldete kein Selbstmitleid. ›Ich möchte keine sauren Mienen sehen‹, pflegte er zu sagen. Aber ein Kind, das zu bereitwillig lächelte oder versuchte, sich nur durch seinen Charme durchs Leben zu bringen, wurde von ihm zurechtgewiesen. Er sagte: ›Denke daran, ein Lächeln und ein Zehncentstück reichen nur für eine Straßenbahnfahrt. Du wirst viel mehr brauchen als das, um es im Leben zu etwas zu bringen.‹

Klarheit, Offenheit und Ehrlichkeit waren die Grundzüge seines Charakters. Er scheute sich nie, offen seine Meinung zu sagen. Für ihn typische Redewendungen waren: ›Er besitzt nicht einmal den Verstand eines Esels‹, oder ›genug Verstand, um aus einem Telefonhäuschen herauszufinden‹. Jemand, dem es an Ehrlichkeit oder moralischen Qualitäten mangelte, war für ihn ein Mensch, der auch einen ›glühend heißen Ofen stehlen würde‹.

Wir liebten ihn als Vater, aber wir bewunderten ihn auch als einen sehr erfolgreichen, ungewöhnlich intelligenten und sympathischen Menschen. Sein Händedruck war stark und fest, und er sah einem dabei gerade in die Augen. Sein breites Lächeln und herzhaftes Lachen waren ansteckend. Er begrüßte einen warm und herzlich, und zwar jeden von uns in besonderer Weise.

Fehlern gegenüber war er nachsichtig, aber wehe wenn einer den Fehler beging, das ausnutzen zu wollen. Dad verlangte viel von seinen Kindern und war rasch bei der Hand, unsere Fehler zu korrigieren. Er duldete ein Versagen einmal, aber nie ein zweites Mal. Weil er sich für uns interessierte, weil er uns gern hatte und weil er uns helfen wollte, regte er in jedem die besten Leistungen an. Wir schämten uns, weniger als unser Bestes zu geben, weil wir ihn achteten und liebten.«

Teds letzter Satz erinnert mich an eine Frage, die man mir oft gestellt hat: »Was hat die Kennedy-Kinder veranlaßt, sich so sehr um hervorragende Leistungen zu bemühen?« Die Antwort ist eine Kombination vieler Elemente.

Überragende Leistungen sind, obwohl es dabei gewisse Unterschiede geben kann – denn man kann darunter auch relativ gute Leistungen verstehen, bei denen der Betreffende das seinen Fähigkeiten entsprechend Beste gibt –, weitgehend eine Frage der Gewöhnung. Das war der Grund, weshalb Joe den Kindern immer wieder sagte: »Wir wollen keine Verlierer unter uns haben. In dieser Familie wollen wir nur Gewinner.« Sie wurden dazu erzogen, Gewinner, Führer und Sieger auf jedem Gebiet zu werden, auf dem sie sich betätigten, und diese Gewohnheit in sich zu entwickeln. »Werdet nicht Zweite oder Dritte. Das zählt nicht. Ihr müßt gewinnen!« Wenn sie in einem sportlichen Wettkampf verloren, in der Schule oder auf irgendeinem anderen Gebiet versagten, dann wurden die Gründe analysiert. Stellte es sich heraus, daß sie nachlässig gewesen waren, sich nicht genug bemüht hatten, oder nur versucht hatten, zu blenden, dann wurde das festgestellt und deutlich ausgesprochen.

Man hat viel über diese Haltung von Joe und seine Methode der Kindererziehung geschrieben, besonders als einige unserer Kinder ins öffentliche Leben gingen und dort so auffallende Erfolge hatten. Journalisten und andere haben darüber nachgedacht, welche Ursachen das »Kennedy-Phänomen« hätte. Leider blieb ein wesentliches Element viel zu sehr im verborgenen oder wurde sogar gänzlich übersehen. Das ist ein Jammer, weil es der wichtigste Punkt der ganzen Sache ist. Es war nicht das »Gewinnen« als solches, auf das es uns ankam (und ich sollte sagen, niemals auf Kosten der fairen sportlichen Haltung). Wir verlangten vielmehr von ihnen, daß sie ihr absolut Bestes gaben. Sie sollten die denkbar größten Anstrengungen machen. Man könnte auch sagen, »jeder nach seinen Fähigkeiten und jeder nach seinen Bedürfnissen«, oder »Gott verlangt von jedem etwas anderes... was nur dieser eine Mensch tun kann und wofür er geschaffen wurde«. Joe und ich wußten, die Kinder waren nicht vollkommen; wir wußten, sie waren alle verschieden, wir wollten, daß sie Einzelpersönlichkeiten blieben und ihre individuellen Fähigkeiten entwickelten, um das Beste zu leisten, was in ihnen steckte.

In seinem Buch über seinen Vater hat Teddy dieses Problem der Individualität sehr gut erläutert:

> »Seine Maßstäbe, die er an jeden seiner Söhne anlegte, waren die denkbar höchsten, aber es waren verschiedene Maßstäbe, die unsere individuellen Stärken und Schwächen berücksichtigten. Oft verglich er uns miteinander, aber nur so, daß sich unsere Erwartungen auf das, was wir zu leisten hofften, erhöhten. Kinder miteinander zu vergleichen ist eine delikate Angelegenheit, aber Dad kannte die natürlichen Veranlagungen

eines jeden von uns und tat es, ohne daß es zwischen uns zur geringsten Verstimmung gekommen wäre.«

Bobby schreibt in einem Aufsatz in diesem Buch:

> »Er appellierte an das Beste, das in uns steckte. So etwas wie halbherzige Versuche gab es nicht. Ob es nun ein Wettlauf, das Fangen eines Fußballs oder die Leistungen in der Schule waren, wir mußten es versuchen, und zwar sollten wir uns dabei größere Mühe geben als alle anderen. Vielleicht waren wir nicht die besten. Keiner von uns war es, aber wir sollten uns darum bemühen, die besten zu sein. Er pflegte zu sagen, ›wenn du dein Bestes gegeben hast, zum Teufel damit‹.
> Das Wichtigste war, er war immer da, wenn etwas schiefging. Unsere Gegner wurden zu seinen Gegnern, unsere Probleme zu seinen Problemen, und er war da, um uns zu helfen. In schwierigen Zeiten ist er es mehr als sonst jemand gewesen, der die positive Seite der Dinge sah. ›Sprich mit Dad, er wird dich aufmuntern‹, pflegten meine älteren Brüder zu sagen. Je größer die Katastrophe, desto positiver wurde seine Haltung, und desto mehr half er einem.
> Es war diese interessante Kombination, daß er von allen seinen Kindern verlangte, nach hervorragenden Leistungen zu streben, sich darum zu bemühen, das Ziel vielleicht nicht zu erreichen, aber in seinem Bemühen nicht nachzulassen. Was diese Forderung erträglich machte, ja uns sogar dazu brachte, daß wir es gern taten, waren das Interesse und die Hilfe, die wir immer von ihm erwarten durften.«

Das Wichtigste, was Bobby hier gesagt hat, ist, glaube ich, der Satz: »Wenn du dein Bestes getan hast, zum Teufel damit!« Ich habe den Kindern in einer etwas ruhigeren Form das gleiche gesagt. Wichtig war, es zu *versuchen;* wenn es nicht gelang, dann war es schade, aber es lohnte die Reue nicht. Es gab immer eine zweite Gelegenheit oder ein neues Vorhaben, und man konnte es wieder *versuchen.* Denn es gibt keine Möglichkeit, Hervorragendes zu leisten und an führender Stelle zu stehen, ohne alle Kräfte anzuspannen.

Die zweitwichtigste Feststellung ist die, daß der Vater den Kindern in schwierigen Zeiten immer mit Rat und Tat zur Seite gestanden und sie mit seinem nie versagenden Optimismus ermutigt hat. Wie oft habe ich ihn sagen hören: »Das ist vielleicht das Beste, was dir hätte passieren können!« Manchmal hatte er sogar recht damit, und bis sich das herausstellte, war den Kindern geholfen.

Ein anderer Satz, den jeder von uns oft von Joe zu hören bekam, lautete: »In unserem Hause darf niemand weinen.« Auch das ist mißverstanden worden, und man hat damit beweisen wollen, Joe sei hartherzig gewesen und habe versucht, die Kinder zu Spartanern und Stoikern zu erziehen. In Wirklichkeit wendete er sich nur gegen das Selbstmitleid und wollte sagen, daß wir andere nicht mit unseren persönlichen Kümmernissen belasten sollten, indem wir sie zu ernst nahmen. Er wußte, daß jeder irgendwie vom Leben herumgestoßen wird und Schicksalsschläge zu erwarten hat, und er wollte, daß sich die Kinder schon früh an diese Tatsache gewöhnen.

Dag Hammarskjöld schreibt in seinen *Markings,* und mir gefällt dieser Ausspruch sehr gut:

> »Erhalte dir den inneren Drang, der dich vorwärts treibt, jenes schmerzliche Gefühl in der Seele, das uns über uns selbst hinaushebt.«

In meiner Zitatensammlung steht noch ein anderer Satz, dessen Verfasser ich mir leider nicht notiert habe:

> »Eine gesunde Einstellung kann aus einer Last einen Segen und aus einer Prüfung einen Triumph werden lassen.«

Ein typisches Beispiel dafür war es, wie Jack dazu kam, sein Buch *Zivilcourage* zu schreiben. Nach dem Kriege und nach seiner Verwundung auf dem PT-Boot 109 hatte er große Schwierigkeiten mit seinem Rücken. Er war nur selten oder niemals frei von Schmerzen, ließ sich das aber so wenig anmerken, daß außer den Ärzten, den Familienangehörigen und wenigen guten Freunden niemand wußte, was ihm fehlte. In dieser Zeit hat er viel über das Problem der Tapferkeit nachgedacht. 1954 verschlimmerte sich sein Zustand so sehr, daß er auf Krücken gehen mußte. Um nicht das ganze Leben ein Krüppel zu bleiben, erklärte er sich mit einer Rückgratoperation einverstanden. Diese Operation mißlang nicht nur, sondern es kam auch noch eine Infektion hinzu, an der er fast gestorben wäre. Er bekam sogar die Letzte Ölung. Aber er überstand es, und als die Gefahr vorüber war, wurde er auf einer Bahre nach Palm Beach geflogen, um sich hier in unserem Hause im warmen Klima zu erholen. In wenigen Monaten war er wieder so weit hergestellt, daß die Ärzte die Operation wiederholen konnten, wenn er es wünschte. Er erklärte sich einverstanden. Wieder wurde er in die Klinik nach New York gebracht, und die zweite Operation gelang (es war allerdings nur ein relativer Erfolg, denn er hatte auch jetzt dauernde Beschwerden, die er aber nicht beachtete). Dann kam er für eine viele Monate dauernde Genesungszeit nach Palm Beach zurück. Während dieses Aufenthalts schrieb er den größten Teil seines Buches *Zivilcourage.* Wie gesagt, hatten ihn seit seiner Kindheit historische und biographische Themen fasziniert. Aus eigener Erfahrung und aus dem Leben unserer Familie kannte er die Bedeutung der Tapferkeit. Das Thema des Buches war ihm deshalb vertraut. Während der langen Zeit der Prüfungen, Risiken und des Leidens arbeitete er fast ohne Unterbrechung daran – in seinem Krankenhausbett mit einem Schreibbrett auf dem Schoß, in seinem Bett in unserem Haus in Palm Beach und an anderen Orten –, aber am deutlichsten sehe ich ihn, zuerst im Rollstuhl und später in einem bequemen Liegestuhl draußen vor der Grundstücksmauer auf der

Seeseite sitzen. An dieser Stelle befindet sich ein Mauervorsprung von der Größe eines geräumigen Erkerfensters, und man hat nach drei Seiten den Ausblick auf den Strand und das Meer. An windstillen, sonnigen Tagen war dies sein Büro und Atelier. Einmal war es Büro, denn hier bearbeitete er seine Post und alle wichtigen Mitteilungen, die er über die Arbeit des Senats aus Washington erhielt. Es war aber auch Atelier, weil Jackie ihn für das Malen interessiert hatte, denn sie hielt es für eine gute Freizeitbeschäftigung, und manchmal saß er hier mit der Palette vor seiner Staffelei und versuchte, Seestücke und Strandszenen zu malen. Zur Übung kopierte er hin und wieder ein Gemälde, das er irgendwo im Hause von der Wand genommen hatte. (Er hat mich nur selten darum gefragt, und wir besitzen auch keine besonders wertvollen Gemälde, aber dennoch . . .! Er sagte dann wohl, »ach ja, Mutter, entschuldige bitte«, und bald mußte ich feststellen, daß wieder ein Bild verschwunden war.) Der Erker war zugleich Büro, Atelier und Bibliothek oder wie man das Arbeitszimmer eines Schriftstellers sonst nennen will. Ich erinnere mich, daß ich oft aus dem Fenster hinausgesehen habe, über den grünen Rasen zu den hohen, weißen Königspalmen auf die tropische See, den aquamarinblauen Ozean mit den weißen Schaumkronen, auf den blauen Himmel, die vorüberziehenden Wolken und die Schiffe am Horizont. Und dort saß auch Jack in seiner Mauerecke mit dem Schreibbrett, einem dicken, daran befestigten Notizblock und daneben ein oder zwei Klapptische mit Büchern, Notizen und Ordnern. Briefbeschwerer oder große Steine waren auf die Papiere gelegt, damit sie nicht in der Seebrise davonflatterten. Er saß da mit gebeugtem Kopf und schrieb an seinem Buch, ganz in seine Arbeit versunken.

Es wurde ein gutes Buch, mit dem er aus verschiedenen Gründen zufrieden sein konnte; erstens weil es Gedanken und Ideale zum Ausdruck brachte, an die er glaubte und von denen er annahm, daß sie für das Leben dieser Nation wichtig seien; aber nicht zuletzt, weil er wußte, daß er sie gut dargestellt hatte – und wie

gesagt war es, bevor er dann in die Politik ging, sein Ehrgeiz gewesen, sich als Schriftsteller, Journalist und Lehrer zu betätigen.
Seine Leistung wurde aber auch anerkannt und belohnt. Er wurde mit dem Pulitzerpreis ausgezeichnet. Historiker und einflußreiche Persönlichkeiten in Regierung und Presse sowie andere »Meinungsmacher« des sogenannten intellektuellen Establishments, deren Zustimmung im politischen Leben dieses Landes gewöhnlich viel bedeutet und auch hoffentlich immer bedeuten wird, waren davon begeistert. Nach der Veröffentlichung des Buches war Jack nicht mehr nur ein interessanter, attraktiver, aber relativ unerfahrener und unbekannter junger Senator aus Massachusetts, sondern man sprach im ganzen Lande über ihn und begann, ihn nach verschiedenen Gesichtspunkten zu beurteilen. Er wurde dazu ausersehen, 1956 auf dem demokratischen Parteikonvent die Einführungsrede zur Nominierung von Adlai Stevenson zu halten, und er selbst wurde beinahe zum Kandidaten für das Amt des Vizepräsidenten nominiert. Das gab seiner politischen Karriere einen solchen Schwung, daß er 1960 zum Präsidentschaftskandidaten gemacht und zum Präsidenten gewählt wurde. Was zu diesem Sieg führte, waren natürlich zahlreiche komplexe, ja höchst komplexe Elemente, und es haben viele Menschen hart dafür gearbeitet. Ich will nur sagen, daß Jacks Reaktion auf sein Unglück und seine Leiden in den Jahren 1954/55 wahrscheinlich wichtig, wenn nicht sogar entscheidend gewesen ist. Das war eine positive, affirmative und konstruktive Reaktion, die in einem Ausmaß, das er sich damals sicher nicht hat vorstellen können, »eine Last in einen Segen und eine Prüfung in einen Triumph verwandelt hat«.

Dieses Beispiel ist nur eines von vielen. Es hat andere gegeben, sowohl in seinem Leben als auch im Leben anderer Familienangehöriger.
Ich sollte aber auch zugeben, daß ich der Meinung bin, Ausdauer

und positive Einstellung könnten gelegentlich übertrieben werden, und hier denke ich besonders an einen Vorfall mit Bobby, von dem Kenneth O'Donnell berichtet. Er war ein Klassenkamerad und später ein guter Freund von Bobby. Er hat Jack als Wahlhelfer unterstützt und wurde dann einer seiner Sekretäre im Weißen Haus. Da diese Geschichte etwas mit (amerikanischem) Fußball zu tun hat, sollte ich erwähnen, daß er als Student eine Zeitlang Kapitän der Fußballmannschaft von Harvard gewesen ist.

In dem von Ted herausgegebenen Buch über Bobby, *That Shining Hour,* berichtet Kenny O'Donnell aus der Zeit, als Bobby im Herbst 1946 nach Harvard zurückkam, nachdem er als einfacher Matrose in der Kriegsmarine gedient hatte:

> »Damals erlaubte es das Wehrgesetz auch dem ärmsten jungen Mann, an unseren besten Universitäten zu studieren, und in Harvard gab es eine große Zahl hervorragender Sportler, die aus allen Teilen der Vereinigten Staaten kamen. Die meisten von ihnen hatten bereits ein oder zwei Jahre in anderen Fußballvereinen gespielt. So hatte der Trainer, wegen der Körpergröße von Bobby, kaum Interesse für ihn und teilte ihn für die sechste oder siebente Mannschaft ein. Doch schon im Herbst kam er in die Universitätsmannschaft, und am Ende der Saison gehörte er als bewundertes und geachtetes Mitglied dem Klub dieser Mannschaft an. 1947 eröffnete er das Spiel gegen Western Maryland. Wir gewannen mit 47:0, und Bobby zeichnete sich besonders dabei aus. Eine Woche später spielten wir Seite an Seite und machten einen Fehler nach dem anderen. Der Trainer schäumte vor Wut, und ich ließ meine Wut an meinem Nebenmann aus. Nachdem fast eine halbe Stunde vergangen war, brach Bob auf dem Spielfeld zusammen. Er hatte die ganze Zeit mit einem gebrochenen Bein gespielt...«

Das war mehr Mut und Einsatzbereitschaft, als Joe und ich den Kindern hatten beibringen wollen. Es brachte Bobby aber doch eine unerwartete letzte Belohnung, denn wie Kenny weiter berichtet, endete damit zwar seine Laufbahn als Fußballspieler, aber bei dem Spiel gegen Yale verdiente er sich die höchste Anerkennung des Trainers für seine Tapferkeit und Härte. Ich freute mich darüber, würde aber nicht empfehlen, auf diese Weise danach zu streben.

Wenn wir die Kinder dazu erzogen, hervorragende Leistungen zu zeigen, verfolgten Joe und ich im wesentlichen das gleiche Ziel, wenn auch nicht immer mit den gleichen Methoden.

Eunice erinnert sich:

> »Mutter interessierte sich für alles, was ihre Kinder taten, ob sie lasen oder Schlittschuhunterricht nahmen, und sie war immer sehr energisch und erwartete von uns das gleiche. Wir haben stets begriffen, daß sie es nicht für sich, sondern für uns tat. Man wußte, sie war überzeugt, man habe mehr in sich als man glaubte. Sie bemühte sich immer darum, uns neue Möglichkeiten zu eröffnen.«

Das hat bei Eunice offenbar einen dauernden Eindruck hinterlassen, denn ich kenne nur wenige Menschen, die so viel Initiative, Energie und Tatendrang besitzen wie sie. Ich habe mir ihren Terminkalender für den Wahlkampf 1972 angesehen, bei dem sie Sarge geholfen hat, als er sich um das Amt des Vizepräsidenten bewarb. An einem typischen Tag flog sie von New York nach Utica, hatte hier eine Unterredung mit den örtlichen Führern der Demokratischen Partei, sprach vor einer Versammlung in einer Schule, nahm an einer Veranstaltung für Funktionäre und Kandidaten im staatlichen Büro der Demokraten teil, ging zu einem Essen, das veranstaltet wurde, um Geld zu sammeln, und hielt dort eine Rede, verbrachte eine Stunde in einem Tageszentrum für ältere Bürger, wurde im Radio interviewt, beteiligte sich an einer Fernsehdiskussion, flog nach New York zurück und kam dort rechtzeitig zum Abendessen an, um anschließend noch an weiteren Veranstaltungen teilzunehmen. In dem drei Monate dauernden Wahlkampf reiste sie allein oder mit Sarge herum, nahm an zahlreichen Konferenzen, Versammlungen und politischen Essen teil, hielt Reden, ließ sich ungezählte Male interviewen, besuchte Schulen und andere Einrichtungen und lernte Hunderte von Menschen kennen. Außerdem beschäftigte sie sich mit einer Reihe anderer Vorhaben und Pflichten, die zu ihrem normalen Leben gehören, und kümmerte sich um die Gesundheit und das Wohlergehen von Sarge und ihren fünf lebhaften Kindern sowie um den Haushalt in einem großen Haus mit vielen Angestellten in Maryland. Sie glaubt, ich sei sehr energisch, aber ihre Leistungen versetzen mich in Erstaunen.

Jack hat einmal gesagt, ich sei der Leim, der die Familie zusammenhält. Ich weiß nicht, ob mir dieser Vergleich gefallen soll, aber was er ausdrücken wollte, ist richtig. Bobby hat einmal geschrieben, daß ich »der stabilisierende Einfluß war und alle Aufgaben erfüllte, die eine Mutter für ihre Kinder übernehmen kann«. Eunice schreibt in sentimentaler Stimmung von »Mutters Mitgefühl und allgegenwärtiger, nie ermüdender Liebe, ihrer beispielhaften Güte und ihrem Glauben«. Als Teddy in einem Interview über mich befragt wurde, sprach er von »Sanftheit und Verständnis, von Hilfsbereitschaft und Ermutigungen, die es ermöglichten, im Familienleben ein so hohes Niveau zu erreichen«.

Ich bringe diese Zitate und stelle sie zu einem kleinen Mosaik zusammen, weil sie vielleicht eine Frage beleuchten, die sich natürlich stellt nach allem, was über unser Ziel gesagt worden ist, die besten Anlagen in unseren Kindern zu fördern. Es ist wahr, daß es, wie Eunice einmal gesagt hat, in dieser Richtung »durchaus etwas Druck gegeben hat«.

Wer meinen Bericht bis hierher gelesen hat, mag sich Gedanken darüber machen, wie Rosemary als ein zurückgebliebenes Kind in das geschilderte Bild paßte, und welche Beziehungen sie zu ihren Geschwistern hatte, und man mag sich überlegen, wie Joe und ich unsere Ziele mit unseren Anforderungen in Einklang gebracht haben.

Ich bin überzeugt, man wird verstehen, daß es für mich nicht leicht ist, darüber etwas zu schreiben. Ich will mich aber darum bemühen und dabei auch auf die Erinnerungen anderer Mitglieder unserer Familie zurückgreifen. Für Joe und mich war es natürlich eine besondere Freude, nach Joe jr. und Jack als drittes Kind ein Mädchen zu bekommen, eine Tochter für uns und eine kleine Schwester für die Brüder. Sie war ein niedliches Baby, freundlich und friedlich, sie schrie weniger als die beiden ältesten Kinder, was, wie wir glaubten, daran lag, daß sie ein Mädchen war. Ich war entzückt von ihr, und weil sich das Kindermädchen so viel mit den beiden Jungen beschäftigen mußte, die noch sehr klein waren und aufmerksame Pflege brauchten, habe ich sie meist selbst versorgt. Körperlich war sie gut entwickelt, und ich konnte keine Anzeichen dafür entdecken, daß irgend etwas nicht in Ordnung war. Erst spät konnte sie krabbeln, stehen, die ersten Schritte tun und die ersten Worte sprechen. Es fiel ihr schwer, mit dem Babylöffel und -napf umzugehen, aber wie jeder weiß, wachsen die Kinder verschieden rasch, und es gibt Unterschiede darin, wie bald sie bestimmte Fähigkeiten erwerben. Deshalb war ich geduldig, aufmerksam und etwas besorgt, aber ich machte mir noch keine ernsten Sorgen, und zwar zum Teil wahrscheinlich deshalb, weil ich mich einem gewissen Wunschdenken hingab.

Doch die Anzeichen mehrten sich, und es gab Anlaß zur Beunruhigung. Ihre Entwicklung ging in jeder Hinsicht langsam voran, und es hatte den Anschein, als werde sie gewisse Dinge nie lernen oder behalten. Als sie alt genug war, für Kinder geeignete Sportarten zu betreiben, stellte ich zum Beispiel fest, daß sie ihren Schlitten nicht lenken konnte. Als sie in das Alter kam, in dem ein Kind die Anfangsgründe des Lesens und Schreibens lernt, fiel es ihr außerordentlich schwer, Buchstaben und Worte aufzuschreiben und zu verstehen. Statt von links nach rechts schrieb sie in umgekehrter Richtung. Sie kam zur richtigen Zeit in den Kindergarten, aber auch hier war ihre Langsamkeit auffallend, und ich erkannte, daß sie mit den anderen Kindern nicht Schritt halten konnte. In Brookline wurden im Rahmen des dortigen Schulsystems mit den Kindern schon sehr früh Intelligenztests angestellt. Man teilte mir mit, der Intelligenzquotient von Rosemary sei niedrig, aber das war das einzig Konkrete, was man mir sagte, und das nützte nicht viel. Das war Anfang der 1920er Jahre. Das Testsystem war relativ neu und noch nicht so verfeinert wie heute, und weder seine Erfinder noch diejenigen, die es anwendeten, konnten genau sagen, wieweit es zutraf. Über die Ergebnisse ließen sich nur ganz allgemeine Aussagen machen. Joe und ich sahen uns sowohl in Harvard als auch in Krankenhäusern nach Fachleuten für Geisteskrankheiten um, und ich sprach mit einigen von ihnen. Sie konnten uns nicht viel helfen, sondern nur Vermutungen äußern. Sie entwickelten gewisse Theorien zur Diagnose des Zustandes von Rosemary – »genetische Ursachen, ein Versagen in der Gebärmutter, Geburtsfehler usw.« Wenn ich aber fragte, »was kann ich tun, um ihr zu helfen«, gab es augenscheinlich kaum eine Antwort. Ich war enttäuscht und traurig.

Wenn die Wissenschaft keine Antwort hatte, dann mußten wir selbst versuchen, die bestmögliche Lösung zu finden. Wir mußten sie lieben, sie annehmen, sie ermutigen und ihr auf jede Weise helfen.

Es gab damals einige Privatschulen, die Kinder mit neurologischen Defekten aufnahmen und sie heranbildeten. Man schlug uns vor, wir sollten Rosemary einer von ihnen anvertrauen. Sosehr es mir inzwischen klargeworden war, wie schwierig es werden könnte, wenn wir sie zu Hause behielten, sträubte sich alles in mir gegen diesen Gedanken, und ich lehnte den Vorschlag ab. Ich betrachtete ihn nur als eine Möglichkeit für den schlimmsten Fall. In einer solchen Schule, wo sie unter geistig behinderten Kindern hätte leben müssen und sich ihnen anpassen sollte, herrschte natürlich eine Atmosphäre, in der sie bald verstehen und im Innersten fühlen würde, wie sehr sie sich von ihren Geschwistern unterschied, und das könnte ihr den Willen nehmen, sich Mühe zu geben und so gut wie möglich zu lernen. Wir kamen zu der Überzeugung, wenn wir mit Verständnis vorgingen, sie ermutigten, uns genug um sie kümmerten, ihr halfen und sie anregten, so werde es uns gelingen, ihre Fähigkeiten zu entwickeln, welche Anlagen sie auch immer haben mochte.

> Eunice schreibt: »Meine Mutter trug die Hauptverantwortung für Rosemary und ging mit ihr zu Ärzten, Erziehern und Psychologen. Mein Vater stand ihr dabei zur Seite, aber er ließ sich viel mehr von seinen Gefühlen leiten und regte sich leichter darüber auf, daß Rosemary so geringe Fortschritte machte und daß sie nicht in der Lage war, die ihr gebotenen Möglichkeiten zu nutzen.
> Sein Glaube an den inneren Zusammenhalt in der Familie hat aber auch diese Situation beeinflußt. Als die Psychologen empfahlen, Rosemary in eine Anstalt zu bringen, sagte er: ›Was kann man in einer Anstalt tun, was wir zu Hause im Familienkreise nicht besser tun könnten?‹ So blieb meine Schwester zu Hause. Er glaubte, Rosemary müsse die gleichen Chancen haben wie jeder von uns, auch wenn sie sie nicht ebensogut wahrnehmen konnte.«

Das kostete natürlich viel Zeit. Je geringere Fortschritte Rosemary zu machen schien, desto mehr Zeit verbrachte ich damit, sie zu fördern, Zeit, die mir im Umgang mit den anderen Kindern verlorenging. Unsere nächste Tochter Kathleen war ein so hübsches, lebhaftes und offenes Kind, daß ich überzeugt bin, sie hat sich nie vernachlässigt gefühlt. Im Hinblick auf Jack war ich mir dessen nicht so sicher. Er war der Nächstältere, und wie gesagt war er zart und bedurfte deshalb der besonderen Pflege. Vielleicht hätte ich mehr auf ihn achten sollen, als ich es in meiner Sorge um Rosemary getan habe. Später habe ich mir manchmal überlegt, ob er sich von mir zurückgesetzt gefühlt hat. Kürzlich fragte ich

Jackie, ob er ihr gegenüber diesen Gedanken erwähnt habe. Sie versicherte mir, er habe es nicht getan und es auch in keiner Weise angedeutet, aber der Gedanke läßt mich doch nicht los, daß er es vielleicht als kleiner Junge so empfunden hat und erst später erkannte, warum ich Rosemary so viel Zeit gewidmet habe.

Da Joe und ich sie möglichst normal aufziehen und behandeln wollten, beherrschten wir uns so gut es ging und ließen uns weder innerhalb der Familie (außer wenn es unbedingt notwendig war, und dann auch nur nebenbei und indirekt) noch gegenüber Fremden anmerken, daß mit ihr irgend etwas nicht in Ordnung war. Ich glaube, es gab nur sehr wenige Menschen außerhalb des Familienkreises, denen sie viel »anders« vorkam als unsere übrigen oder als fremde Kinder.

Ich glaubte, wenn wir ihr einigermaßen gute Manieren anerzögen und sie sich die wichtigsten Kenntnisse im Lesen, Schreiben, Rechnen, in der Geschichte und der Geographie aneignen würde, wenn sie im Sport und im Tanzen genug lernte, um an gemeinsamen Unternehmungen teilzunehmen und sich daran zu freuen, und wenn sie schließlich attraktiv und gepflegt war, so würde das genügen, um ihr ein einigermaßen befriedigendes Leben zu ermöglichen. Wir sorgten dafür, daß man sich auf den Schulen, die sie besuchte, besonders um sie kümmerte, daß sie zu Hause Privatunterricht und Sonderunterweisungen bekam; und da sie sich sehr anstrengte, waren ihre Leistungen auf allen Gebieten gar nicht so schlecht. Aber der Erfolg als solcher brachte von Zeit zu Zeit seine eigenen Probleme. Da wir sie möglichst als ganz normales Kind behandelten, konnte sie zum Beispiel nicht verstehen, weshalb sie nicht allein in den Hafen hinausrudern durfte wie die anderen Kinder. Sie konnte nämlich mit den Rudern gar nicht umgehen. Es gefiel ihr nicht, daß sie jeden Tag zum Bahnhof begleitet wurde, wenn sie mit dem Zug zur Schule fuhr, denn sie sagte, die anderen Mädchen gehen allein zum Bahnhof. Manchmal lief sie ihrer Begleitung sogar fort.

Die anderen Kinder müssen gemerkt haben, daß sie anders war

als sie und als die Kinder ihres Alters, aber Joe und ich versuchten, solche Gedanken gar nicht erst aufkommen zu lassen. Wir sagten ihnen nur, Rosemary sei »etwas langsam«, und sie sollten ihr helfen und sie ermutigen. Wenn ihr etwas gut gelang, sollten sie sie loben. Wenn sie einen Scherz machte, sollten sie mit ihr lachen und sie nicht barsch zurückweisen. Trug sie eine hübsche Haarschleife oder eine neue Bluse, dann war es richtig, das zu bemerken. Aber niemand sollte über ihre Ungeschicklichkeit im Tennis sprechen. Wenn irgend etwas unternommen wurde, dann sollte sie teilnehmen. Die Geschwister sollten sie dazu einladen. Die Kinder waren verständnisvoll und zur Mitarbeit bereit. Eunice konnte besonders gut mit Rosemary umgehen. Sie ist drei Jahre jünger, war aber immer sehr sportlich und hilfsbereit, und das ist bis heute so geblieben. Zwischen ihr und Rosemary entwickelte sich ein enges Verhältnis, sie war viel mit ihr zusammen und ermutigte sie auf alle mögliche Weise.

> Eunice schreibt: »Rosemary wurde nie versteckt. Sie gehörte immer dazu. Obwohl bei ihr alles langsamer ging, bekam sie alles, was auch wir anderen hatten. Einmal unternahmen wir gemeinsam eine Reise durch die Schweiz. Ich war sechzehn und sie neunzehn. Es entstand ihretwegen keine Spannung in der Familie, und sie machte keine Szenen. Nie brach sie in Tränen aus oder lief in ihr Zimmer. Sie lachte und war immer fröhlich. Wir alle hatten das Gefühl, sie sei nur etwas langsam, deshalb müßten wir sie mit Humor zu fördern suchen. Aber meine Mutter verbrachte viel Zeit mit ihr, bemühte und sorgte sich sehr um sie. Wenn man durch die Halle kam, um zum Schwimmen zu gehen, dann fragte sie einen, ›willst du Rosemary nicht mitnehmen?‹ oder ›willst du mit Rosemary Tennis spielen?‹ Rosemary war keine gute Tennisspielerin, aber ich spielte mit ihr. Oder Mutter fragte, ›willst du sie zum Segeln mitnehmen?‹ Ich war in dieser Sportart recht gut und konnte auch allein mit einem Boot zurechtkommen, deshalb nahm ich

sie mit. Ich erzählte dann meiner Mutter, sie hätte sich auf dem Boot recht gut bewährt, und Mutter freute sich. Für sie bedeutete das sehr viel. Aber sie war niemals niedergeschlagen. Auch die Jungen waren sehr freundlich zu ihr. Jack nahm sie zum Beispiel zu einem Tanzabend im Klub mit, tanzte mit ihr, scherzte mit ihr und sorgte dafür, daß auch einige seiner guten Freunde sie aufforderten, damit sie glaubte, sie sei beliebt. Um Mitternacht brachte er sie nach Hause, um dann noch einmal zurückzugehen.«

Ich bin sicher, daß alle Kinder, die alt genug waren, gespürt haben, was notwendig war (Teddy, der um so viele Jahre jünger war, sagt, sie sei für ihn nur »eine sehr liebe, viel ältere große Schwester« gewesen), und daß Menschen wie Agnes und das Ehepaar Moore, die zum inneren Familienkreis gehörten und deshalb das Problem kannten oder ahnten, immer alles getan haben, um ihr zu helfen, ohne darüber zu sprechen oder sogar nachzudenken. Es war eine Verschwörung des Wohlwollens.
Um diese Zeit veränderte ich meine Handschrift. Ich hatte gelernt, so zu schreiben, daß alle Buchstaben eines Wortes elegant miteinander verbunden waren. Ich glaube, man nannte das die Palmer-Methode. Es war jedenfalls die altmodische Art der »Schönschrift«. Wegen der Schwierigkeiten, die Rosemary dabei hatte, die auf diese Art geschriebenen Buchstaben des Alphabets zu erkennen, sie selbst mit Feder oder Bleistift zu schreiben oder zu lesen, lehrte man sie den Gebrauch von Druckbuchstaben. Damit sahen für sie die Worte in einem Buch ebenso aus wie diejenigen, die sie selbst schrieb, und es wurde leichter für sie, das Geschriebene zu lesen. Als sie daher alt genug war, Postkarten oder kurze Briefe von mir zu empfangen, wenn ich verreist war, übernahm ich die gleiche Schreibweise, damit sie meine Briefe lesen konnte und nicht das Gefühl hatte, ich schriebe anders als sie. Das wurde mir zur Gewohnheit. Meine Handschrift gleicht seit jener Zeit eher einer Druckschrift als einer normalen Handschrift.

Als Kind war Rosemary ein liebevolles, warmherziges und zutrauliches Mädchen. Sie gab sich so große Mühe, ihr Bestes zu tun, war so dankbar für jede Aufmerksamkeit und jedes Kompliment und hoffte so sehr, daß sie diese Aufmerksamkeiten verdiente. Ich habe die Briefe durchgesehen, die sie geschrieben, erhalten und die man über sie geschrieben hat, und vielleicht sagen wenige Abschnitte daraus eine ganze Menge.
Im Oktober 1934 schrieb sie aus dem Klosterinternat Sacred Heart in Providence, Rhode Island, wo sie das Schuljahr 1934/35 verbrachte, im Alter von sechzehn Jahren nach einem Besuch von Joe:

»Lieber Daddy
am Samstag war es wunderschön. Ich danke Dir ganz herzlich für Deinen Besuch. Am Sonntag ging es mir auch gut.
Ich würde alles tun, um Dich sehr glücklich zu machen. Es wäre mir schrecklich, Dich zu enttäuschen . . .«

Im gleichen Jahr schrieb sie kurz vor einem Examen an Joe und mich:

»Betet sehr stark für mich, daß ich es schaffe. Ich habe mir so große Mühe gegeben, wie ich nur konnte.«

Im Winter 1936, als sie siebzehn Jahre alt geworden war, schrieb sie an uns:

». . . Am Donnerstag ging ich zu den Pfadfinderinnen. Jetzt habe ich auch Naturkunde. Am Sonntag gingen Joe und Jack, ich, Großmama, Großpapa zum Mittagessen zu Tante Agnes. Dann nahm Jack Großpapa, Großmama und mich zum St.-Josephs-Friedhof mit. Großmama nahm mich auch ins Kino mit. Jack wird mich zur nächsten Tanzparty mitnehmen. Er nimmt mich in seinem neuen Wagen mit. Ich habe Jack $ 1 geschenkt. Er hatte mich nicht darum gebeten. Ich habe zwei Cents für sein Papier bezahlt . . . Vielen Dank für Euren Anruf.

Ich vermisse Euch so. Ich versuche die ganze Zeit fröhlich zu sein. Viele liebe Küsse von Eurer lieben Tochter.«

Sie vergötterte ihren Vater, und er hatte eine wunderbare Art, mit ihr umzugehen. Er scherzte mit ihr, lobte ihre Leistungen und wies sie ebenso wie all die anderen zurecht, wenn sie sich gehenließ oder nicht auf ihre äußere Erscheinung achtete. Nach dem Kriegsausbruch im September 1939 blieb Joe selbstverständlich auf seinem Posten als Botschafter in London, schickte aber seine Familie mit Ausnahme von Rosemary nach Hause. Wir hatten sie in einer kleinen Schule auf dem Lande in Hertfordshire untergebracht, weit abseits aller militärischen Ziele, und sie hatte so gute Fortschritte gemacht, daß wir uns entschlossen, sie für ein weiteres Semester dort zu lassen.

Der Glaube an Gott, an seine Weisheit, Gnade und Güte und an die Lehren der Kirche sind mir seit frühester Jugend nahegebracht worden. Einer meiner Neffen wurde Priester. Meine Nichte Ann Gargan, die jüngste Tochter von Agnes, bereitete sich auf den Eintritt in ein Nonnenkloster vor, aber ihr Gesundheitszustand erlaubte ihr nicht, dieser Berufung zu folgen. Wir waren also eine religiöse Familie.

Ich habe mich nie für besonders »religiös« gehalten. Ich war ein lebenslustiges junges Mädchen, habe mich manches Mal über die strengen Ordensregeln geärgert und fand gewisse Vorschriften sinnlos und ermüdend. Ich habe gewiß niemals, wie es mir später gelegentlich nachgesagt wurde, »religiöser« sein wollen als meine Mitmenschen, ich war lediglich eine überzeugte irisch-römische Katholikin.

Das bedeutete allerdings auch, daß mein Glaube und meine Kirche mir sehr wichtig waren. Ich erkannte ihre Werte. Als ich selbst Kinder hatte, wollte ich diese Werte und meinen Glauben an sie weitergeben, wie auch ich sie von meiner Mutter empfangen hatte.

Das tragische Schicksal von Rosemary hat keine Zweifel in mir geweckt, sondern vielmehr meinen Glauben gestärkt und meinen Geist in verzweifelten Situationen gefestigt. Ich habe mich wieder und wieder gefragt, warum ihr das hatte geschehen müssen. Ich hielt es für ungerecht, daß sie es so schwer hatte, während die anderen mit so reichen Gaben gesegnet waren. Je mehr ich darüber nachdachte, desto klarer wurde es mir, daß Gott in seiner unendlichen Weisheit einen Grund hatte, auch wenn dieser Grund mir zur Zeit noch verborgen blieb. Eines Tages, so glaubte ich, würde ich alles verstehen. »Gott will von jedem von uns etwas anderes.«

In unserem Hause war die Religiosität nie besonders augenfällig, und sie hat nie bedrückend gewirkt. Sie gehörte jedoch zu unserem Leben. Wir befolgten die Lehren der Kirche und ihre Bräuche. Wir gingen sonntags, feiertags und an den ersten Freitagen zur Messe. Wir beteten zu Tisch. Bei jeder Mahlzeit sprach eines der Kinder das Tischgebet. Beim Mittagessen am Sonntag nach der Messe führten wir meist ein kurzes Gespräch über den Inhalt der Predigt und die Bedeutung des Evangelientextes, damit die Kinder bei der Messe aufmerksam zuhörten. An besonderen Feiertagen oder am Namenstag eines unserer Lieblingsheiligen sprachen wir über die Bedeutung des Tages und überlegten, was wir aus dem Leben dieses Heiligen lernen könnten. Zu Ostern sprachen wir natürlich über die Bedeutung der Auferstehung und des ewigen Lebens. Warum hat Jesus die Kreuzigung und das Leiden auf sich genommen, und warum ist er für uns gestorben? Was hat er für uns getan, und was sagt sein Beispiel uns allen? Ich erklärte den Kindern, der Glaube sei eine große Gabe Gottes, er sei eine lebendige Gabe, durch die unser Leben auf der Erde einen Sinn bekommt, die uns in allem leitet, was wir tun, und die uns zur Quelle des Trostes wird. Wir sollten daher alles tun, um die Wurzeln des Glaubens zu festigen, ihn zu nähren, ihn wachsen und blühen zu lassen, und sollten danach streben, ihn nie zu verlieren. Viele Einrichtungen der Kirche sollen uns dabei helfen

– und sie tun es auch. Allwöchentlich vor der Sonntagsschule fragte ich die Kinder ihre Aufgaben aus dem Katechismus ab. Ich ermutigte sie dazu, als Jugendliche und als Erwachsene jedes Jahr an Exerzitien teilzunehmen und dabei ein Wochenende oder vierzehn Tage abgeschlossen von der Welt in einer religiösen Atmosphäre in der Stille Belehrungen zu empfangen und sich in der geistigen Besinnung zu üben.
In der frühen Kindheit nahmen sie religiöse Belehrungen ohne viele Fragen an, und auch das waren nur die normalen, unschuldigen und neugierigen Fragen. Als sie älter und erwachsen wurden, reagierte jedes Kind auf seine eigene Weise, stellte Fragen oder erklärte sich mit dem Gesagten einverstanden.
Es war mein Wunsch, daß alle Kinder wenigstens einige Jahre gute katholische Schulen besuchten. Denn dort erhielten sie nicht nur eine ausgezeichnete weltliche, sondern auch eine gründliche religiöse Erziehung und vernünftige Antworten auf alle Fragen und Zweifel. Ich glaubte, ein so erzogenes Kind werde im späteren Leben eine größere innere Sicherheit, mehr inneren Frieden und Selbstvertrauen haben und eher mit den Problemen des täglichen Lebens fertig werden können. Dazu werde es sich seiner Pflichten gegenüber Gott, dem Nächsten und sich selbst besser erinnern. Dies war einer der wenigen Punkte, in denen Joe und ich nicht übereinstimmten. Er sagte, ein Kind lerne seinen Glauben und seine moralischen Grundsätze zu Hause. Wenn es hier religiös erzogen, unterrichtet und im Glauben gestärkt würde, dann sei das genug. Im Hinblick auf die Jungen meinte er, besonders sie würden als Erwachsene mit Menschen aller Glaubensrichtungen oder auch mit Ungläubigen zusammenkommen, und er wollte, daß sie diese Menschen nach ihrem persönlichen Wert beurteilten, ohne dabei die religiösen Gesichtspunkte zu berücksichtigen, die eine Angelegenheit der persönlichen Überzeugung seien. Deshalb haben die Jungen fast nur weltliche Schulen besucht, während alle Mädchen einige Jahre auf einer Klosterschule verbracht haben.

Rückblickend muß ich aber sagen, daß es nicht notwendig gewesen wäre, sich darum Sorgen zu machen. Ich habe den Eindruck, daß sowohl die Jungen als auch die Mädchen tief religiös sind, obwohl jedes einzelne Kind ganz individuell auf die religiöse Erziehung reagiert hat.
Ich hielt es für richtig, daß jedes der Kinder wenigstens einen Sommer in einem Sommerlager verbrachte, damit sie das Leben in der freien Natur in Wald und Feld kennenlernten. Ich muß ganz offen sagen, daß mir dieser Gedanke nach der Geburt des sechsten und siebenten Kindes, Pat und Bobby, noch besser gefiel, denn dadurch hatte ich im Sommer nicht so viele Kinder zu beaufsichtigen. Mit diesem Unternehmen hatte ich jedoch die geringsten Erfolge. Die meisten älteren Kinder sind zwar in Sommerlagern gewesen, aber es hat ihnen nicht gefallen, und sie sagten laut und deutlich, sie wären viel lieber zu Hause in Hyannis Port geblieben. Mit Pat und Bobby kam es fast zu einer Katastrophe; damals war Bobby zwölf und Pat knapp vierzehn Jahre alt. Beide gingen in ein Sommerlager und wurden schwer krank. Pat zog sich eine Blinddarmentzündung zu und wurde sofort operiert. Einen oder zwei Tage später kam Bobby in dasselbe Krankenhaus mit einer akuten Lungenentzündung.
In dieser schweren Zeit – Joe und ich machten uns natürlich große Sorgen – hatten wir das Glück, Luella Hennessy kennenzulernen. Sie arbeitete als Krankenschwester in der Klinik und pflegte Pat. Da sie wußte, daß Pats Bruder am anderen Ende des Ganges lag, besuchte sie auch ihn. Die Kinder faßten eine große Zuneigung zu ihr, und so wurde sie im Lauf der Zeit ganz in unsere Familie aufgenommen. Heute habe ich achtundzwanzig Enkelkinder, und siebenundzwanzig von ihnen hat sie als Säuglingsschwester versorgt.
In einem Beitrag zu Pats Buch über Bobby schreibt Luella:

»Schon als Zwölfjähriger interessierte sich Bobby für die Menschen und ihre Probleme. Er konnte die Dinge nicht nur mit wachen Augen erfassen, sondern auch sein Herz und sein Geist waren sofort beteiligt. Im Brompton Oratory (das war unser Gemeindehaus in London) stellte Bobby fest, daß jeder Priester für das Heizmaterial seines Kamins selber sorgen mußte. Er bemerkte auch, daß dem Priester, mit dem er befreundet war, das Holz ausging, wenn er knapp bei Kasse war. Das erzählte er seinem Vater, und Mr. Kennedy besorgte ihm den Holzvorrat für ein ganzes Jahr. Ich habe geglaubt, daß Bobby wegen seiner besonderen Menschenfreundlichkeit das Mitglied der Familie Kennedy sein könnte, das eines Tages in ein Seminar eintreten und ein geistliches Leben führen würde. Aber das geschah nicht; er war ein Laienapostel.«

Wie stand es um Jack, den ersten katholischen Präsidenten der Vereinigten Staaten?

Eunice schreibt: »Er neigte dazu, das kirchliche Zeremoniell und die religiösen Vorschriften ebenso wie vieles andere nicht besonders ernst zu nehmen. Mir selbst waren diese Dinge so wichtig, daß ich ihn, als ich in Manhattanville das College besuchte, mehrmals deswegen anrief. Er muß mich für verrückt gehalten haben, weil ich, das neunzehnjährige junge Mädchen ihn fragte, weshalb er an den ersten Freitagen nicht zur Kirche ginge. Aber er besuchte die Sonntagsmesse. Als er Kongreßabgeordneter in Washington war, habe ich lange mit ihm zusammengelebt, und dort ist er regelmäßig zur Messe gegangen. Die Leute, die ihn beim Wahlkampf und auf seinen Reisen begleitet haben, berichten, er habe es überall so gehalten. In seiner großen Wißbegier ist er vielleicht von manchem nicht so überzeugt gewesen wie wir anderen. Deswegen war er aber nicht weniger aufrichtig religiös. Er betete. Lem Billings, der in der Schule das Zimmer mit ihm geteilt hat, erzählt: ›Ich kann mich nicht erinnern, daß Jack es je versäumt hätte, abends vor dem Zubettgehen niederzuknien und zu beten.‹ Diese Gewohnheit

hat er beibehalten. Eines Abends, als Dad ihn im Weißen Haus besuchte – es war schon spät, aber er wollte Jack noch etwas sagen –, trat er in das Schlafzimmer, blieb an der Tür stehen und kehrte um, ohne daß Jack ihn bemerkt hätte – denn vor seinem Bett kniete der Präsident und sprach sein Gebet.
So haben die konsequente Erziehung unserer Mutter und ihr starker Glaube einen dauernden Einfluß auf unsere Haltung gehabt. Ihr war es gelungen, allen Kindern eine tiefe religiöse Überzeugung zu vermitteln.«

Nach meiner Überzeugung soll die Kindererziehung möglichst kontinuierlich verlaufen. Ein Schulwechsel wirkt zumindest immer beunruhigend. Da bei uns die Lehrpläne und Schulbücher nicht in allen Schulen die gleichen sind wie etwa in der Sowjetunion, können für einen Schüler, der in eine andere Schule überwechselt, erhebliche Lernschwierigkeiten entstehen. Deshalb blieb ich mit den Kindern noch für zwei Jahre in Brookline, nachdem Joe bereits sein großes Unternehmen in der Filmindustrie begonnen hatte und die Woche über in New York City arbeiten mußte. Erst als er davon überzeugt war, in diesem Geschäft einen soliden Erfolg zu haben und auf absehbare Zeit ganz damit beschäftigt zu sein, erklärte ich mich bereit, aus unserer Bostoner Vorstadt in einen Vorort von New York umzuziehen; aber nur unter der Bedingung, daß es dort ausgezeichnete Schulen gab, die möglichst zu Fuß zu erreichen wären. Eddie Moore erhielt den Auftrag, sich mit diesem Problem zu beschäftigen, und fand eine ideale Gegend für uns in Bronxville. Das ist ein sehr hübscher Ort mit nur wenigen tausend Einwohnern, deren Durchschnittseinkommen jedoch zum höchsten in den Vereinigten Staaten gehört. Deshalb konnten sie hervorragende öffentliche Schulen finanzieren. Außerdem gab es dort noch eine Privatschule für Mädchen und einen privaten Kindergarten. Der ganze Ort war nur etwa zwei Quadratkilometer groß, und so waren die Schulen, Kirchen und alles andere bequem zu Fuß zu erreichen.

Wir kauften ein großes, auf einem Grundstück von acht Morgen gelegenes Haus, das den Bedürfnissen unserer zahlreichen, tatkräftigen Familie entsprach.
Solange die Kinder noch klein waren, glaubte ich, mit den Jungen, ihren Streichen, den schulischen und anderen Problemen allein fertig werden zu können. Als sie aber älter wurden, wuchs meine Unsicherheit. Zu dieser Zeit war ich besonders dankbar dafür, daß mein Mann mir mit seinen Erfahrungen, seinem Verständnis und seinem Urteilsvermögen zur Seite stand. Joe war bei der Erziehung seiner heranwachsenden Söhne der ideale Vater, und zwar nicht nur, weil sie ihn liebten und achteten, sondern auch, weil er sich unter allen Umständen und immer die notwendige Zeit nahm, über sie nachzudenken und zu überlegen, was sie brauchten und was das Beste für sie wäre. Als Vorbereitung für die Zeit auf dem College hielt er es für richtig, sie auf Internate zu schicken, die den individuellen Bedürfnissen des einzelnen Sohnes entsprachen.
Joe jr. wollte in Harvard studieren und wurde dort aufgenommen. Sein Vater, der selbst diese Universität besucht hatte, war sehr glücklich darüber. Aber Joe und ich – und besonders ich, weil mir meine Auslandserfahrungen so viel gegeben hatten – wollten unbedingt, daß die Kinder jeweils ein Jahr im Ausland studierten. In der Frage, ob das vor oder nach der Zeit im College sein sollte, entschieden wir uns im Falle von Joe jr. für die Zeit vor dem Studium. Nach langem Hin und Her beschloß Joe, unseren ältesten Sohn auf die London School of Economics zu schicken, wo Professor Harold Laski sein Lehrer sein würde.
Professor Laski war einer der bekanntesten Theoretiker und führenden Köpfe des britischen Sozialismus, ein bedeutender Kenner und Interpret des Marxismus in seinen verschiedenen Formen.
Ich muß sagen, daß mich diese Wahl überraschte. Ich fragte Joe, weshalb unser Sohn ausgerechnet dort unter diesem Professor und nicht in Oxford oder Cambridge unter einem der angesehenen Professoren jener großen und berühmten Universitäten stu-

dieren sollte. Schließlich war Joe ein »Kapitalist« und zu jener Zeit – 1933 – ein sehr bekannter. Seine Begründung, die man damals vielleicht nicht ganz verstanden haben wird, ist heute durchaus einleuchtend. Für die Vereinigten Staaten und die meisten westlichen Länder war es eine Zeit der wirtschaftlichen Depression, und in der politischen Atmosphäre gab es zahlreiche revolutionäre Strömungen und Ideen – marxistische und vom Marximus beeinflußte. Roosevelt war Präsident geworden, und die Ära des New Deal hatte begonnen. Der New Deal stand aber erst an seinem Anfang, war noch nicht klar formuliert, und niemand wußte, ob es der neuen Regierung gelingen werde, die Stabilität wieder herzustellen und das Vertrauen der Öffentlichkeit für ein System des freien Unternehmertums zu gewinnen. Joe wollte daher, daß unser Sohn die Herausforderungen verstand, denen er sich gegenübersehen würde, und zwar formuliert von einem so glänzenden Herausforderer wie Professor Laski. Für Jack hatte er den gleichen Plan. Er sagte, schließlich »werden diese Jungen, wenn sie älter sind, etwas Geld besitzen, und sie sollten wissen, was die Besitzlosen denken und planen«. Später sagte er in einem Interview über Professor Laski: »Ich lehne alles ab, was er geschrieben hat ... aber ich habe die Jungen nie gelehrt, jemanden nur deshalb abzulehnen, weil ich ihn nicht mochte. Sie kannten meine Ansichten, und ich beschloß nun, sie dem Einfluß eines intelligenten und vitalen Mannes auszusetzen, der auf der anderen Seite stand.«

Ich kann mir kaum vorstellen, daß jemand anderes als mein Mann in dieser Situation und zu jener Zeit es auf sich genommen hätte, diesen berühmten jüdischen Professor aus London mit dem jungen Studenten irischer Abstammung aus Boston zu konfrontieren, einen gelehrten Wissenschaftler und einen wißbegierigen jungen Mann, die beide ein tiefes und mitfühlendes Interesse an der Wohlfahrt der Menschen hatten und wünschten, etwas Wesentliches dafür zu leisten – um selbst abseits zu stehen und abzuwarten, welche Folgen das haben würde. Wenn nötig, war

Joe bereit, seinem Sohn gegenüber den eigenen Standpunkt zu vertreten und seine Überzeugung auf seine eigene Weise zu verteidigen. Für mich bedeutete das ein Höchstmaß an intellektueller Ehrlichkeit und Mut.

Doch nach der Rückkehr von Joe jr. vom Studium bei Professor Laski und dem Sommeraufenthalt mit der Familie Laski in Rußland ist es zwischen ihm und seinem Vater nie zu hitzigen Debatten über die Vorzüge des Kapitalismus bzw. des Kommunismus gekommen, jedenfalls nicht in meiner Gegenwart. Es war jedoch in unserer Familie üblich, daß, wenn ein Familienmitglied von einer längeren Reise zurückkehrte, die anderen etwas darüber hören wollten. Man diskutierte, stellte Fragen und ging näher auf die Fragen ein. Wenn irgend etwas nicht der Überzeugung eines der Anwesenden entsprach, dann kam es zu einer Aussprache. Das war unsere Art und Ausdruck unserer geistigen Haltung.

In diesem Zusammenhang erinnere ich mich an zwei Vorkommnisse. Als Joe jr. nach Hause kam, war er erfüllt von den Ideen und Idealen des Sozialismus und erklärte zum Beispiel, er sei dafür, daß alle Menschen gleichmäßig am Reichtum der Welt beteiligt würden. Ich meinte, in diesem Falle sollte er auf sein Boot verzichten und nur vom Pier aus angeln, Baseball spielen oder die Dinge tun, die andere Menschen in ihrer Freizeit täten. Joe jr. widersprach leidenschaftlich, denn, wie er meinte, könne man damit, daß ein einzelner auf sein Boot verzichtete, das gesellschaftliche Ziel, den Reichtum gleichmäßig zu verteilen, nicht erreichen. Joe hat oft gesagt: »Wenn ich in ihrem Alter wäre, dann würde ich wahrscheinlich dasselbe glauben wie sie. Aber ich gehöre einer anderen Generation an und muß meine eigene Überzeugung vertreten.«

Nach einem dieser Gespräche zwischen Joe sen. und jr. sagte der damals sechzehn- oder siebzehnjährige Jack: »Joe scheint die Angelegenheit etwas besser zu verstehen als Dad.« Ich sprach später mit meinem Mann darüber, der sagte:

»Es ist mir gleichgültig, was die Jungen von meinen Ideen halten.

Ich kann allein fertig werden. Wichtig ist, daß sie zusammenhalten.« Dieser Gedanke beherrschte ihn und war auch für sie während ihres ganzen Lebens maßgebend. Bob und Ted waren der gleichen Meinung.

Ich bin oft gefragt worden, wie Jack in den Entwicklungsjahren gewesen sei. Man wollte wissen, ob er gern zur Schule ging, dort etwas leistete, welches seine Lieblingsfächer waren, welche Fächer er nicht mochte, ob er »Pubertätsprobleme« gehabt hätte usw.

Diese Fragen lassen sich am besten durch eine Reihe von Briefen beantworten, die ich hier und da kommentieren werde, um den Zusammenhang herzustellen.

Von der vierten bis zur sechsten Klasse kam Jack recht gut voran. Er war ein Durchschnittsschüler. Joe jr. war zu dieser Zeit auf einem Internat in Choate und zeigte dort so gute Leistungen, daß wir zu der Überzeugung kamen, diese Schule sei auch für Jack geeignet. Wir meldeten ihn im Frühjahr 1929 für den Eintritt im Herbst 1931 an, wie das für die Aufnahme in solchen Internaten notwendig war. Man sagte uns, es wäre gut, wenn er vorher für ein Jahr auf ein anderes Internat käme, um etwas reifer zu werden und sich bereits an das Internatsleben zu gewöhnen. Wie gesagt, hatte ich den Wunsch, jedes der Kinder eine Zeitlang in einer katholischen Schule unterzubringen, und so entschlossen wir uns, ihn auf die Canterbury School in Connecticut zu schicken.

Das war für ihn kein besonders günstiges Jahr. Wenn ich seine Briefe aus jener Zeit ansehe, dann fällt mir auf, daß seine Orthographie doch noch sehr zu wünschen übrigließ. In den Osterferien 1931 erkrankte Jack, der immer wieder Schwierigkeiten mit seiner Gesundheit hatte, an einer Blinddarmentzündung und mußte operiert werden. Nach seiner Genesung war das Schuljahr schon fast zu Ende, und es hatte keinen Sinn mehr, ihn zurückzuschikken. Wir stellten daher einen Hauslehrer an und hofften, Jack könnte nach intensiver Vorbereitung im Sommer die Aufnahmeprüfung für Choate bestehen und im Herbst gemeinsam mit seinem älteren Bruder dieses Internat besuchen. Nach gründlicher Vorarbeit im Spätsommer bestand er das Examen und trat im Herbst in Choate ein.

Ich sorgte mich um seinen Gesundheitszustand, da er seit frühester Kindheit sehr oft krank und bettlägerig war, und aus meinen Briefen entnehme ich, daß ich mit der Schule viel über dieses Thema korrespondiert habe. Sein Vater und ich hatten uns damals jedoch schon an den Gedanken gewöhnt, bei ihm mit häufigen Krankheiten und gelegentlichen Unfällen rechnen zu müssen. Was uns aber noch mehr beunruhigte, war sein Mangel an Fleiß in der Schule – oder besser gesagt, der Mangel an gutem Willen. Er machte nicht einmal den Versuch, in den Fächern, die ihn nicht interessierten, Gutes zu leisten. Wie in allen alten, etablierten Internaten, die es damals im amerikanischen Osten gab, galten auch in Choate eine Reihe von Traditionen und Vorschriften, und es wurden Anforderungen gestellt, denen ein Schüler entsprechen mußte, und wer sich nicht fügte, konnte kaum mit Nachsicht rechnen. Joe jr. hatte keine Schwierigkeiten, sich anzupassen. Die Regeln entsprachen seinem Temperament. Aber Jack konnte oder wollte sich nicht fügen. Er tat mehr oder weniger, was ihm gefiel, und nicht, was die Schule von ihm erwartete. Wie ich schon erzählt habe, neigte er in seiner Kindheit und Jugend zur Geistesabwesenheit, Unpünktlichkeit, Unachtsamkeit gegenüber seiner äußeren Erscheinung und seinen Sachen und war ganz allgemein gleichgültig gegenüber den Erfordernissen des praktischen Lebens.

Am Ende seines zweiten Jahres in Choate schrieb sein Hausvater, Mr. Maher, an Mr. St. John, den Direktor, einen verzweifelten Bericht:

»Für den ständigen Mangel an Ordnungssinn und Sauberkeit in seinem Zimmer und an sich selbst muß ich leider die Verantwortung für Jack übernehmen, denn er lebt jetzt schon zwei

Jahre unter meiner Aufsicht. Doch trotz ehrlicher Bemühungen auf seiten von Jack muß ich bekennen, daß es mir nicht gelungen ist, ihn zur Ordnungsliebe zu erziehen.

Gelegentlich ist es uns gelungen, die Ordnung wieder herzustellen, aber dazu war es notwendig, daß ich alle seine Sachen mitten im Zimmer auf den Fußboden warf. Das Zimmer von Jack ist während des ganzen Jahres immer wieder überraschend und genau inspiziert worden. Das war die einzige Methode, um es einigermaßen in Ordnung zu halten, denn es diente als Klubraum für seine Freunde.

Ich betrachte die Frage der Ordnungsliebe bzw. des Mangels an Ordnungsliebe bei Jack als symptomatisch – ganz abgesehen von dem Wert, den sie an sich hat – denn er ist fast überall dort gleichgültig und unordentlich, wo es um organisatorische Dinge geht. Jack macht seine Hausaufgaben erst in letzter Minute, kommt zu spät zu Verabredungen, hat keinen Sinn für materielle Werte und kann oft seine Sachen nicht finden ...«

Zum Schluß greift Mr. Maher nach einem letzten Strohhalm und gibt seinen letzten Hoffnungen wie folgt Ausdruck:

»Jack hat sich ehrlich bemüht, seinen Maßstäben entsprechend ordentlich zu sein, und er ist im (letzten) Quartal fast immer pünktlich gewesen. Ich glaube, Jack versucht es, sich der Gemeinschaft anzupassen und hat das auch bisher getan.«

Der besondere Charakterzug, durch den sich Jack bis dahin an der Schule ausgezeichnet hatte, war, wie Mr. Maher berichtete, seine Gabe, Freunde zu gewinnen und Freundschaften zu pflegen. Ich hatte den Eindruck, er habe zahllose Freunde. In den Ferien und an den Wochenenden, zu denen er nach Hause kam, brachte er immer wenigstens einen, meist aber zwei, drei, vier oder noch mehr Schulfreunde mit. Wir wußten nie, wen oder wie viele wir zu erwarten hatten. In der Familie sprachen wir in diesem Zusammenhang von »Jacks Überraschungen«. Nach einiger Zeit waren wir aber nicht mehr überrascht, wenn LeMoyne (»Lem«) Billings mitkam, der beste Freund von Jack, mit dem er dann auch das Zimmer teilte. Sie verstanden sich ausgezeichnet und regten sich gegenseitig zu den verschiedensten Späßen an. Einmal ging das auf Kosten des geplagten Hausvaters, Mr. Maher, der sicher etwas Besseres verdient hatte, als von diesen beiden übermütigen Jungen geärgert zu werden.

»Es war kurz nach der Rückkehr von Jack aus den Sommerferien«, berichtet Lem. »Wir zogen seinen Koffer die Treppe hinunter, um ihn zur Aufbewahrung in den Keller zu bringen. Dabei machten wir ziemlichen Lärm. Unser Hausvater Mr. Maher kam aus seinem Zimmer. Er erinnerte uns daran, daß die anderen Jungen Arbeitsstunde hatten und wir sie bei ihren Hausarbeiten störten. Er befahl uns, den Koffer wieder hinaufzuschaffen und erst am folgenden Morgen in den Keller zu bringen. Also standen Jack und ich um 6.00 Uhr früh auf. Wir schleppten den Koffer heraus, zogen ihn die Treppe hinunter und ließen ihn laut von Stufe zu Stufe poltern. Mit wutverzerrtem Gesicht stürzte der nur mit dem Bademantel bekleidete Mr. Maher aus seinem Zimmer und wollte wissen, was hier los sei. ›Aber Mr. Maher‹, sagte Jack unschuldig, ›Sie haben uns doch gesagt, wir sollten ihn am *Morgen* hinunterbringen‹.«

Jacks Vater sprach nicht nur mit seinem Sohn über diese Dinge, sondern schrieb auch an Mr. St. John, den Direktor. Ich habe den Eindruck, er war sehr nachsichtig und verständnisvoll. Als Jack noch in der Vorstufe war, schrieb er:

»Ich mache mir in der Tat keine großen Sorgen um Jack. Je länger ich ihn kenne und seine Arbeiten verfolge, und je mehr ich mit ihm rede, desto größeres Vertrauen gewinne ich zu ihm. Ich bin sicher, daß Sie nach zwei Jahren auf Jack ebenso stolz sein werden, wie Sie es heute auf Joe sind.
Jack ist intelligent und eine eigenständige Persönlichkeit. Es ist schwieriger, ihm einen Zaum anzulegen, als Joe, und es fällt Jack schwerer, sich zu beherrschen. Eine konventionellere Hal-

tung, mehr Fleiß, größere Reife würden ihm im Augenblick viel nützen, aber, mein lieber Mr. Kennedy, wir müssen Jungen wie Jack eine Zeit der Anpassung zugestehen. Jack besitzt eine natürliche Klugheit und muß lernen, sie im Leben und in der Arbeit zu verwenden, ja sogar sie gelegentlich zu verdecken und anderen Dingen unterzuordnen. Ich habe noch nie einen intelligenten und scharfsinnigen Jungen erlebt, der irgendwann in einem frühen Entwicklungsstadium nicht den Eindruck erweckt hat, er begehre auf... Das Endprodukt ist oft interessanter und leistungsfähiger als ein Junge, der sich besser anpaßt und uns Eltern und Lehrern weniger Sorgen bereitet.

... Im Lauf der Zeit, wenn Jack auf das College gehen wird, und besonders wenn er sich seine Fächer selbst aussuchen kann, werden seine akademischen Leistungen eher seinem hohen Intelligenzquotienten entsprechen.«

Wenn man bedenkt, wieviel Joe für unsere Söhne erhoffte und wie sehr er wünschte, daß sie ihre Chancen nützten, dann war seine Reaktion auf die Ungebührlichkeiten von Jack nach meinem Gefühl außergewöhnlich vernünftig. In einem seiner Briefe an Jack heißt es:

»... Nun, Jack, ich möchte nicht den Eindruck erwecken, ein Nörgler zu sein, denn das ist, weiß Gott, das Schlimmste, was Eltern sein könnten. Nach meinen langen Erfahrungen in der Beurteilung von Menschen weiß ich genau, daß Du alle guten Anlagen besitzt und viel leisten kannst, doch ist es töricht, daß Du nicht alle Gaben nützt, die Gott Dir gegeben hat.

Schließlich würde ich doch meine Freundespflicht vernachlässigen, wenn ich Dich nicht ermahnte, Deine Gaben zu nutzen. Es ist sehr schwierig, Grundlegendes nachzuholen, das man in der Jugend versäumt hat, und deshalb bitte ich Dich dringend, Dein Bestes zu tun. Ich erwarte nichts Ungebührliches, und ich werde nicht enttäuscht sein, wenn Du Dich nicht zu einem

Genie entwickelst. Aber ich glaube, Du kannst ein wirklich guter Bürger mit gesunder Urteilsfähigkeit und viel Verständnis werden.«

Am Ende des ersten Quartals in der Oberstufe gelangte Jack offenbar selbst zur Einsicht, denn er schrieb an seinen Vater:

»Lieber Dad,
ich denke, es ist an der Zeit, Dir zu schreiben, denn LeMoyne und ich haben darüber gesprochen, wie schlecht ich in diesem Quartal abgeschnitten habe. Wir haben uns fest vorgenommen, die Albernheiten endgültig sein zu lassen. Ich weiß ja, wie wichtig es ist, daß ich in diesem Jahr etwas leiste, wenn ich nach England gehen will.« (Um wie Joe jr. bei Professor Laski zu studieren.) »Wenn ich es richtig bedenke, dann muß ich wirklich sagen, daß ich mich selbst über meine Arbeitsleistung getäuscht habe... Ich bin sicher, daß wir in diesem Quartal etwas leisten werden, und LeMoyne ist der gleichen Ansicht.
Herzlichst Jack.«

Aber trotz aller guten Vorsätze kam es zu dieser Zeit oder etwas später dazu, daß die beiden Freunde etwas ausheckten, was den Direktor so ärgerte, daß ihnen fast das Dach über dem Kopf zusammengefallen wäre.
Mr. St. John hielt den versammelten Schülern häufig Ansprachen bei Appellen oder in der Kirche. Damit wollte er die Jungen anregen, anleiten und wenn nötig zurechtweisen. Er wollte ihnen die Ideale der Schule nahebringen und sie auf die Verantwortlichkeiten hinweisen, die sie im Zusammenleben hatten. Jeder Junge, der sich diese Ideale nicht zu eigen machte, sich verantwortungslos verhielt und die Ziele und Regeln der Schule mißachtete, gehörte nicht nach Choate, und Mr. St. John hatte einen bestimmten Ausdruck, mit dem er einen Schüler bezeichnete, der sich in diesem Sinne nicht bewährte. Der Ausdruck war »Mucker«*, und ein Mucker gehörte nicht nach Choate.

* Mucker = Schlammschaufler, d. Übers.

Lem Billings hat mir auf meine Bitte kürzlich einen Brief geschrieben und nach fast vierzig Jahren geschildert, wie es dazu kam, daß er und Jack einen »Muckerklub« gründeten.

»Nur die älteren Schüler hatten damals in Choate die Erlaubnis, Radios und Plattenspieler zu besitzen, und Jack und ich hatten einen sehr guten Apparat. Unser Zimmer lag genau über dem Eßsaal, und da die Treppe in der Nähe war, war es für uns sehr bequem, in den Speisesaal und zurück zu gelangen – und natürlich war es auch nicht weniger bequem für andere Jungen, aus dem Speisesaal in unser Zimmer zu kommen. In der zwanzig Minuten dauernden Pause zwischen Abendbrot und Abendandacht kamen sie zu Dutzenden zu uns hinauf, um Platten zu hören. Das Zimmer wurde so voll, daß sogar Jack und ich manchmal nicht mehr hineinkamen. Wir entschlossen uns deshalb, einen Klub zu gründen und in der Pause nur Klubmitglieder einzulassen. Also ernannten wir dreizehn unserer besten Freunde zu Klubmitgliedern. Sie alle gehörten zu den besten Sportlern der Schule, aber keiner von ihnen gehörte zur Schülerselbstverwaltung.
Dagegen war soweit nichts einzuwenden. Mißlich daran war nur der Name, den wir für den Klub gewählt hatten. In unserem jugendlichen Übermut fanden wir es komisch, unseren Klub den ›Muckerklub‹ zu nennen. Wir hatten sogar kleine goldene Abzeichen in der Form von Schaufeln, auf denen ›Choate Muckers Club‹ eingraviert war. Ich weiß nicht, was aus Jacks Abzeichen geworden ist. Meines habe ich vor zwei Jahren Caroline zu Weihnachten geschenkt.
Ich glaube, es war ganz natürlich, daß nach unserer Klubgründung Gerüchte entstanden. Jacks und mein ständiges Vergehen in Choate war, daß wir unser Zimmer nicht aufräumten und zu spät zum Unterricht kamen; außerdem haben vielleicht einige Klubmitglieder auch gegen die Verhaltensregeln der Schule

verstoßen, indem sie in die Stadt gingen, rauchten und tranken. Die Gerüchte konzentrierten sich jedenfalls auf unser Zimmer, weil sich die Klubmitglieder jeden Abend hier versammelten. Der Schulklatsch kam Mr. St. John zu Ohren, und als er den Namen des Klubs hörte, sah er rot. Er war außer sich.
Sein Zorn richtete sich zuerst gegen Jack und mich. Er rief meine Mutter an – mein Vater war vor zwei Jahren gestorben –, und sie mußte den weiten Weg von Pittsburg bis nach Choate kommen, um sich mit Mr. St. John und mir über meine Rolle im ›Muckers Club‹ auszusprechen. Und auch Mr. Kennedy wurde aus Washington zu einem ernsten Gespräch nach Choate gebeten.«

Mr. St. John schrieb für das Buch *John Fitzgerald Kennedy – As We Remember Him* über diese Episode:

»Jack war der Hauptanführer dieser Gruppe. Es waren keine bösartigen Jungen, aber Plagegeister. Schließlich kam es so weit, daß ich mir sagte, ›ich habe jetzt zwei Aufgaben; erstens die Leitung der Schule und zweitens, mit Jack Kennedy und seinen Freunden fertig zu werden‹. Wissen Sie, sie waren nicht schlecht, aber sie brauchten strenge Aufsicht. Mit anderen Worten, sie waren unreif. Ich schrieb deshalb an Mr. Kennedy, um ihm zu sagen, ›ich glaube, Sie, Jack und ich sollten uns zu dritt aussprechen; könnten Sie bitte herkommen ...‹ Wir schonten uns nicht. Ich war sehr verärgert ... Psychologisch interessierte mich die Sache ungeheuer. Ich konnte nicht begreifen, wie zwei Jungen aus der gleichen Familie so verschieden sein konnten.
In unserem Dreiergespräch gelang es uns, den Hochmut von Jack – wenn es Hochmut war – und seine kindische Haltung in aufrichtiges Bedauern zu verwandeln. Wir sagten nur, was wir dachten, hielten nichts zurück, und Mr. Kennedy stellte sich ganz auf die Seite der Schule. Ich bin ihm dafür sehr dankbar gewesen.

Es gibt viele Jungen, die eine solche Phase durchmachen, und oft ist es am besten, mit Strenge darauf zu reagieren. Jacks Vater wich dem Problem nicht aus. Im Gegenteil, er sagte sehr deutlich seine Meinung, und das mit irischem Humor. Wissen Sie, wenn man es mit Jack zu tun hatte, brauchte man sowohl etwas Humor als auch ein wenig Ernst. Jack gefiel es nicht, wenn man zu ernst war. Er hatte immer einen köstlichen Sinn für Humor. Er lächelte wie ein kleiner Junge, als er zu uns in die Schule kam – in jeder Schule hätte man ihm allein wegen seines Lächelns allerhand verziehen. Er war einfach eine sehr sympathische und liebenswerte Persönlichkeit.«

Trotz der »Mucker-Eskapade« wurden beide Jungen 1935 in allen Ehren versetzt. Jack hatte seine Noten so weit verbessert, daß er etwas über dem Durchschnitt lag, und im Zeugnis stand, er werde »höchstwahrscheinlich Erfolg haben«.

Lem ging später nach Princeton, bewährte sich dort und war dann auch im Berufsleben erfolgreich. Er blieb, solange Jack lebte, dessen enger Freund und Vertrauter und teilte mit ihm alte Erinnerungen und neue Erfahrungen. Bis heute ist er ein lieber Freund unserer ganzen Familie, der sich immer und bei allen Gelegenheiten bewährt hat. Wir können jederzeit mit seiner Hilfe rechnen. Seit der Zeit, als er zum erstenmal als eine von »Jacks Überraschungen« zu uns kam, gehört er zu unserer Familie.

Für Jack war die dumme Episode mit den Muckern vielleicht ein Wendepunkt. Ich bin sicher, die Gegenüberstellung mit dem Direktor und seinem Vater, diese »Aussprache zu dritt«, war ihm unangenehm. Sie hat einen bleibenden Eindruck hinterlassen. Jedenfalls erhielt sein Leben seit jener Zeit einen neuen Anstoß.

11. KAPITEL

Die repräsentativen Pflichten, die ich als Joes Frau an seiner Seite übernehmen mußte, während er auf so vielen Gebieten im Geschäftsleben und im Staatsdienst tätig war, brachten es mit sich, daß ich mich nur selten gelangweilt habe. Ich erlebte aus unmittelbarer Nähe jene goldene Ära des Films, weil ich mit Joe verheiratet war und er sehr bald eine führende Stellung in der Filmindustrie einnahm. Nachdem er begonnen hatte, sich mit der Filmproduktion zu beschäftigen, dauerte es keine drei Jahre, bis er drei Filmateliers leitete beziehungsweise finanziell kontrollierte und sie an die Radio Corporation of America anschloß, um ein großes neues Atelier – RKO – aufzubauen, das mit Paramount, Metro Goldwyn Mayer, Fox, Warners, Universal und anderen großen Filmgesellschaften jener Zeit in Konkurrenz trat. Im Jahre 1929 liquidierte Joe dann seine Anteile am Filmgeschäft mit Ausnahme einer Kette von Filmtheatern und einiger kleinerer Anteile und erzielte dabei einen guten Gewinn.

Die folgenden zwei Jahre lebte er mit uns in Bronxville. Das heißt, er fuhr an fünf Tagen der Woche in sein Büro nach New York City. Für mich und die Kinder war das eine goldene Zeit. Wir spielten viel Golf miteinander und nahmen die weiten Spaziergänge wieder auf, bei denen wir lange Gespräche führten und die so sehr ein Teil unseres Lebens in Boston, Dorchester und Brookline gewesen waren.

Während seiner Tätigkeit in der Filmindustrie war er auch weiter am Börsengeschäft beteiligt gewesen. Ein Teil seiner Genialität bestand in einem ausgeprägten Sinn für das Erkennen des richtigen Zeitpunktes – seine Fähigkeit, eine bestimmte Lage klar zu analysieren, wobei er sich weigerte, sich der allgemeinen Meinung anzuschließen, um schließlich zur rechten Zeit zu der richtigen, klaren und vernünftigen Antwort zu kommen. Dafür gab es kein besseres Beispiel als sein Verhalten in dem Jahr des plötzlichen Aufschwungs und der anschließenden wirtschaftlichen Katastrophe von 1929.

Während die Kurse an der Börse in die Höhe schnellten und die Zeitungen Erklärungen bekannter Politiker und Wirtschaftler über eine »grenzenlose Prosperität« in einer »neuen Ära« brachten, betrachtete Joe die Szene nüchtern und kritisch und kam zu dem Schluß, der ganze Aufschwung sei eine Seifenblase, die über kurz oder lang platzen werde. Er begann, sein Geld aus dem Markt zu ziehen. Zur Zeit des berühmten Börsenkrachs von 1929 befand sich der Hauptteil seines Vermögens (ich habe das nur gelesen, denn er hat es mir nicht erzählt) in sicherem Bargeld auf zuverlässigen Banken. So hatte er nicht nur seinen Reichtum vor der Katastrophe bewahrt, sondern war auch in der Lage, »in Baisse zu spekulieren«. Deshalb strich er, als die Kurse an der Börse fielen, große Gewinne ein.

Während Joe recht befriedigt darüber war, daß seine Beurteilung sich bestätigt hatte, sorgte er sich doch immer mehr um die allgemeine Wirtschaftslage im Lande. Der Zusammenbruch auf dem Markt verursachte die folgende Wirtschaftsdepression nicht unmittelbar, sondern löste in der Geschäftswelt zunächst Furcht und Unsicherheit aus. Die weiteren Folgen dieser Entwicklung waren Konkurse, Arbeitslosigkeit und Kündigungen von Hypotheken, und aus der »Rezession« wurde eine »Depression«, die sich schließlich zu der »großen Depression« ausweitete. Als die Schwierigkeiten immer größer wurden und kein Ende abzusehen war, begannen die Menschen das Vertrauen zur gesamten Struktur des amerikanischen Regierungs- und Wirtschaftssystems zu verlieren. Es wurden Stimmen laut, die radikale Veränderungen verlangten. Zu diesen Leuten gehörten der Sozialist Norman Thomas, Pfarrer Charles E. Coughlin, der »Radio-Priester«, der mit seiner Botschaft von der »sozialen Gerechtigkeit« jeden Sonntag eine Zuhörerschaft von vielen Millionen Menschen hatte, und

andere noch weiter links stehende Leute, die auf revolutionäre Veränderungen hinarbeiteten.
Joe hatte sich bisher nie direkt mit Politik beschäftigt und interessierte sich nicht besonders für die innenpolitischen Vorgänge, es sei denn, sie hatten direkten Einfluß auf seine persönlichen Interessen. Aber mit der gleichen analysierenden Intelligenz, mit der er die Voraussagen für eine »neue Ära der Prosperität« durchschaut hatte, sah er jetzt, daß das Land auf eine mögliche Explosion zusteuerte, die nicht nur das Währungssystem vernichten, sondern – was viel entscheidender war – die Grundlagen zerstören konnte, die das Fundament der amerikanischen Demokratie bildeten.
Joe bewunderte und schätzte den Präsidenten Hoover. Beide Männer arbeiteten im »Hoover-Ausschuß« zur Verbesserung der Leistungsfähigkeit des Regierungsapparats eng zusammen. Aber zu seinem Bedauern mußte Joe feststellen, daß Hoover seinem Temperament nach nicht den Anforderungen gewachsen war, die in dieser Ausnahmesituation an ihn gestellt wurden. Die Zeit erforderte kühne Entschlüsse von einem Mann, der einfach kraft seiner Persönlichkeit und seines klaren Verstandes das Vertrauen des Landes gewinnen, den Optimismus wieder herstellen und einander entgegengesetzte Elemente zur gemeinsamen Anstrengung zum Besten der Nation vereinigen konnte.
Doch wer könnte das sein? Und wo ließe er sich finden? Ich erinnere mich noch, wie Joe sich über diese Frage Gedanken machte und zu Hause bei Tisch oder in New York mit erfahrenen Politikern, zu denen auch mein Vater gehörte, sowie mit einflußreichen Wirtschaftlern und Journalisten darüber sprach.
Joe war während des Ersten Weltkrieges, als Franklin D. Roosevelt stellvertretender Marineminister war und als solcher die Verantwortung für den Schiffsbau trug, Direktor bei den Werften der Bethlehem Steel Company in Fall River, Massachusetts, gewesen. Beide hatten ihre Aufgaben mit großer Energie betrieben, und im Verlauf der Zusammenarbeit kam es zu Gegensätzlichkeiten und Mißverständnissen, aber sie achteten einander. Im Verlauf der

folgenden zehn Jahre kam Joe nur selten mit Roosevelt zusammen, aber beide hatten große Erfolge. Roosevelt war Gouverneur des Staates New York geworden, der bei allen Wahlen eine Schlüsselrolle spielte. Deshalb wurde der Name Roosevelt bei jedem Gespräch über die Nominierung des demokratischen Präsidentschaftskandidaten für die Neuwahlen im Jahre 1932 erwähnt. Ich glaube, es war Henry Morgenthau, der die beiden wieder zusammenbrachte, damit sie die Lage im vertraulichen Gespräch erörterten und ihre Ideen austauschten. Joe und Morgenthau fuhren gemeinsam zu dem Gespräch mit Gouverneur Roosevelt nach Albany. Als Joe wieder nach Hause kam, war er zu der Auffassung gelangt, Roosevelt sei der Mann, der das Land retten könne.

Als Joe nun sein Ziel – die Nominierung und Wahl von Franklin D. Roosevelt im Jahre 1932 – klar vor Augen sah, arbeitete er unermüdlich an dessen Verwirklichung. Ich will nicht auf die Einzelheiten dieses Wahlkampfes eingehen, aber ich weiß, daß Joe einer der ersten, entschlossensten und tatkräftigsten Anhänger und Wahlhelfer Roosevelts gewesen ist.

Während des ganzen Wahlkampfes arbeitete er, unermüdlich, für seinen Kandidaten, auch wenn die Öffentlichkeit davon kaum etwas wahrnahm. Er hat es immer vorgezogen, »hinter den Kulissen zu wirken«. (Vielleicht hatte er diese Methode von seinem Vater, J. P. Kennedy, übernommen, der zwar einer der einflußreichsten politischen Köpfe in Boston und Massachusetts gewesen, aber nur selten ins Rampenlicht getreten war – ganz anders als *mein* Vater.) Aus diesem Grunde hat Joe es wahrscheinlich auch abgelehnt, der Einladung von Roosevelt zu folgen und dem Exekutivausschuß für diese Wahlen beizutreten.

Joe war begeistert, als Roosevelt gewählt wurde. Denn für dieses Ziel hatte er sich immerhin fast drei Jahre lang mit aller Energie und Hingabe eingesetzt. Nun erwartete er, in die neue Regierung aufgenommen zu werden, und zwar an einem Posten, der seinen Leistungen und Fähigkeiten entsprach. Das wäre das Amt des

Finanzministers gewesen. Er war der Auffassung, er könne es auf diesem Gebiet mit jedem anderen Bewerber aufnehmen. Er rechnete fest mit seiner Ernennung und ließ das die Leute wissen. Zur allgemeinen Überraschung ernannte Roosevelt jedoch William H. Woodin, einen tüchtigen Wirtschaftler, der den Präsidenten schon lange unterstützt hatte, jedoch eine recht farblose Persönlichkeit war und sich den Wünschen des Weißen Hauses mit Sicherheit eher beugen würde als Joe.

Joes Enttäuschung war groß. Die zweite und vielleicht noch größere Enttäuschung kam, als Präsident Roosevelt zwei Jahre später, als Mr. Woodin aus Gesundheitsgründen zurücktrat, Joe überging und Henry Morgenthau in das Finanzministerium berief, einen ihm auf Gedeih und Verderb restlos ergebenen Freund und Nachbarn aus Duchess County. Zwischen Joe und dem Präsidenten bestanden während dieser Zeit freundliche, aber nicht besonders enge Beziehungen. Man tauschte Grüße und gute Wünsche aus, wir wurden in das Weiße Haus eingeladen, wenn wir in Washington waren, und der Präsident und Mrs. Roosevelt besuchten uns, wenn sie auf ihren Reisen in die Nähe eines unserer Häuser kamen. Dazu gehörte ab Mitte 1933 auch das Haus, das wir in Palm Beach gekauft hatten.

In Hyannis Port, Bronxville und New York empfingen wir den Besuch einer Reihe alter Freunde Joes, wie zum Beispiel Professor Raymond Moley, Gründungsmitglied des berühmten »Gehirntrust«, und angesehene Leitartikler oder Kritiker wie Arthur Krock. Auf diese Weise war Joe über alles, was im Rahmen des New Deal geschah, immer gut unterrichtet.

Das für mich wichtigste persönliche Erlebnis während dieser Zeit war die Europareise 1933, die ich mit Joe in Begleitung von Jimmy und Betsy Roosevelt unternahm. Der Anlaß für diese Reise war ein weiteres Beispiel für Joes Initiative und seinen besonderen Sinn für das Erfassen des richtigen Zeitpunktes. Da er voraussah, daß die Gesetzesnovelle über das Alkoholverbot demnächst aufgehoben werden würde, und daß jeder, der sich dann an der Einfuhr der guten britischen und schottischen Spirituosen beteiligte, viel Geld verdienen konnte, entschloß er sich, die Erzeuger persönlich zu besuchen und Verträge mit den Direktoren und Besitzern der großen Brennereien vorzubereiten. Das waren vor allem Familienfirmen, und die meisten dieser Familien gehörten dem alten Adel an, besaßen Burgen, Jagdschlösser und große Landhäuser und nahmen uns auf, als seien auch wir Angehörige des Hochadels. Da Joe wußte, daß wir in den Häusern einiger dieser Leute eingeladen werden würden und es peinlich werden könnte, wenn ich etwa fragte, wodurch sich schottischer Whisky von spanischem Sherry unterschiede, gab er mir auf der Überfahrt Unterricht über die elementare Terminologie und Genealogie dieser Getränke. Es war, wenn ich das so sagen darf, wie ein täglicher Katechismusunterricht. Ich behielt so viel davon, daß ich mich vor unseren Gastgebern nicht blamierte.

Die Reise wurde für Joe zu einem großen geschäftlichen Erfolg. Er sicherte sich das Alleinverkaufsrecht für die Erzeugnisse von »Haig and Haig Ltd.« und »John Dewar and Sons Ltd.«, zwei der bekanntesten Hersteller von schottischem Whisky. Einen ähnlichen Vertrag schloß er mit der »Gordon's Dry Gin Company, Ltd.« Ich erwähne das, weil ich in diesem Zusammenhang auf einen besonderen Umstand hinweisen will: Später hat man Joe vorgeworfen, er habe seine offizielle Stellung als amerikanischer Botschafter in Großbritannien mißbraucht, um diese Beziehungen anzuknüpfen. In Wirklichkeit hat er sie jedoch als privater Bürger, als unabhängiger und geschickter Geschäftsmann aufgenommen, viele Jahre ehe er überhaupt daran gedacht hat, Botschafter zu werden.

Joe kehrte schon nach kurzer Zeit wieder nach New York zurück, weil seine Anwesenheit dort dringend erforderlich war. Wir anderen setzten die Reise fort und fuhren nach Rom. Ich kannte diese Stadt noch nicht und war, wie jeder Tourist mit Sinn für Schönheit und historische Zusammenhänge, von ihrer vergangenen und gegenwärtigen Großartigkeit einigermaßen überwältigt. Papst

Pius XI. gewährte uns eine Audienz, und für mich als gläubige Katholikin war das ein höchst bedeutsames Erlebnis. Später haben mir auch andere Päpste Audienzen gewährt, und ich wurde in den Stand einer päpstlichen Gräfin erhoben. Aber dies war mein erster Aufenthalt in Rom. Ich hatte die Gelegenheit, den Petersdom, den Vatikan, die päpstlichen Gemächer, die Schweizergarde, die päpstlichen Kämmerer, das Gefolge und den Papst zu sehen, und ich glaube, die ganze Pracht muß mich irgendwie betäubt haben, denn heute kann ich mich nur noch ganz allgemein an die Schönheit und Majestät des Eindrucks, meine Ehrfurcht und Ergriffenheit erinnern.

Im Sommer 1934, als schon mehr als die Hälfte der ersten Amtszeit des Präsidenten Roosevelt vergangen war, fand Joe endlich eine Aufgabe im Rahmen des New Deal, die ihn herausforderte und reizte.

Schon zur Zeit des Wahlfeldzuges hatte er der Partei zahlreiche Reformideen vorgetragen, die zur Gesundung und Stärkung des Landes beitragen konnten. Nur wenige dieser Gedanken waren so spezifiziert und vollständig wie diejenigen für eine Erneuerung der Bestimmungen (oder Ergänzung fehlender Bestimmungen), nach denen Finanzgesellschaften organisiert sein sollten. Dabei handelte es sich besonders um »Holdinggesellschaften«, große Vermögensgesellschaften und das Börsenwesen. Joe übergab seine Vorschläge Ray Moley, dem ersten und wichtigsten Mitglied des Gehirntrusts. Sie wurden zur Grundlage für eine der überzeugendsten Reden Roosevelts und deshalb zum Ausgangspunkt für die Gesetzgebung des New Deal, die darauf hinauslief, daß eine neue Regierungsbehörde, die S.E.C., *Securities and Exchange Commission* (Effekten- und Börsenausschuß), geschaffen wurde. Moley schlug Joe als Ausschußvorsitzenden vor und schrieb an den Präsidenten, er gebe diese Empfehlung wegen Joes »... Führereigenschaften, seiner Kenntnisse auf dem Gebiet der Wirtschaft und der dort herrschenden Gepflogenheiten, die gelenkt werden müßten, und wegen seiner Fähigkeit, die im Ausschuß auftreten-

den verschiedenen Meinungen einander anzugleichen.« Und sein Vorschlag wurde angenommen.
Wieder mußten wir uns entscheiden, wo wir mit der Familie bleiben würden. Sollten wir nach Washington ziehen? Das würde für die jüngeren Kinder eine Umschulung bedeuten. Wir beschlossen nicht umzuziehen. Erstens würde Joe einen Teil seiner Zeit in New York City zubringen müssen, denn New York war die Finanzmetropole des Landes, und die dortigen Börsen beherrschten die Börsen in allen anderen amerikanischen Städten. Zweitens hoffte und glaubte Joe, er könnte die ganze Behörde innerhalb eines Jahres aufbauen und so gut organisieren, daß sie voll funktionsfähig wurde; denn anschließend wollte er von diesem Posten zurücktreten. Die Arbeit dauerte zwar 66 Tage länger, aber dann trat er zurück und hinterließ als sichtbares Zeichen einer großartigen Leistung eine Behörde, die bis heute ein immer noch lebendiges Erinnerungsmal des New Deal geblieben ist.
Im September 1935 fuhren Joe und ich in Begleitung von Jack und Kathleen mit dem Schiff nach Großbritannien und Europa. Jack hatte sein Abschlußexamen in Choate mit recht guten Noten bestanden, und jetzt sollte er ein Jahr bei Professor Laski in London studieren. Kick war fünfzehn Jahre und alt genug, um mit Gewinn ein Jahr im Ausland zur Schule zu gehen. Ich wollte, daß sie eine Klosterschule in Frankreich besuchte, damit sie sich mit der Kultur dieses Landes vertraut machte und die französische Sprache lernte. Joe brauchte Ruhe und Entspannung, und wir wollten eine gewisse Zeit ohne besondere Verpflichtungen zusammen verbringen, nachdem ihn seine Aufgaben bei der S.E.C. so stark beansprucht hatten. So hatte die Reise durchaus ihren Sinn.
Aber wie der Dichter Burns so treffend sagt, »führen die am besten durchdachten Pläne oft in die Irre«. Die Vorschriften und Regeln in der Klosterschule, die Kick besuchen sollte, waren so streng, und sie mußte in einer so großen Abgeschlossenheit leben, daß sie sich dort bedrückt und verloren vorkam. So mußte ich

dieses Vorhaben aufgeben und sie in einer anderen moderneren Klosterschule im Pariser Vorort Neuilly unterbringen, wo sie ein Jahr blieb und eine recht angenehme Zeit verbrachte.

Das zweite Vorhaben verunglückte vollkommen. Jack zog sich eine Gelbsucht zu und mußte die Schule in London schon nach einem Monat verlassen. Joe und ich befanden uns gerade auf der Rückreise und nahmen Jack auf dem Schiff mit nach Hause.

Als wir im November dort eintrafen, fühlte er sich wieder so weit hergestellt, daß er glaubte, in eine amerikanische Universität eintreten zu können. Er wollte nach Princeton gehen, weil sein Freund aus Choate und andere ehemalige Schulkameraden auch dort studierten. Joe, der in Harvard studiert hatte, war nicht sehr glücklich über diese Wahl, aber nach einer ausführlichen Aussprache zwischen ihm und Jack, bei der jeder seine Argumente vorbrachte, überließ er seinem Sohn die Entscheidung, ohne ihm irgendwelche Vorwürfe zu machen.

Jack wurde in Princeton aufgenommen, obwohl der Unterricht bereits vor einigen Wochen begonnen hatte. Er war begabt genug, um das Versäumte nachzuholen, wenn es notwendig war und er es wollte. Seine Leistungen waren gut, und die Universität gefiel ihm.

Aber bereits im Februar, zwei Monate nach seinem Eintritt, bekam er einen Rückfall, und die Gelbsucht zwang ihn, sein Studium zu unterbrechen. Ich glaube, es muß um diese Zeit gewesen sein, daß irgend jemand – wahrscheinlich Bobby, der damals zehn oder elf Jahre alt war – ein *bon mot* prägte, das die anderen Kinder übernahmen. Er sagte: »Wenn Jack Kennedy von einer Mücke gestochen wird, muß die Mücke sterben.« Jack ertrug solche Neckereien ganz gelassen. Selbst wenn er krank zu Bett lag und die Sommersprossen in seinem mageren, blassen Gesicht besonders deutlich hervortraten, konnte er über sein Pech immer lächeln, als wäre er wieder einmal das Opfer eines absurden, unsinnigen Scherzes, gegen den er sich eigentlich hätte wehren können. Er sprach nie über seine Beschwerden und erwähnte sie erst, wenn es sich gar nicht mehr vermeiden ließ. Aber auch dann fand er sich nicht damit ab. Viele Jahre versuchte er, sich einzureden oder wenigstens die anderen glauben zu machen, er sei ein starker, robuster, ganz gesunder Mensch, der nur zufällig häufiger krank würde als andere.

Man hat von Joe gelegentlich behauptet, er sei ein rücksichtslos fordernder, spartanischer Vater gewesen. Das ist Unsinn. Er sorgte sich um Jack und war zärtlich zu ihm – sehr zärtlich – in seiner besonderen männlichen, »bärenhaft« väterlichen Art, und das zeigt sich, glaube ich, sehr deutlich in einem Brief, den er an Jack schrieb, bevor er sich in Princeton immatrikulieren ließ:

»Lieber Jack,
Ich hatte ein erfreuliches Gespräch mit Dr. Raycourt... und wir haben beschlossen, den Anregungen von Dr. Murphy zu folgen und abzuwarten, wie es Dir bis Thanksgiving gehen wird. Wenn Du bis dahin keine entscheidenden Fortschritte gemacht hast, werden wir uns darüber aussprechen, ob es nicht für Dich das Beste wäre, ein Jahr auszusetzen, damit sich Dein Gesundheitszustand festigt.

Schließlich kommt es mir bei der ganzen Angelegenheit einzig und allein auf Dein Glück an, und ich möchte nicht, daß Du ein Studienjahr verlierst (das einem jungen Mann ja gewöhnlich viel Freude bereitet), weil Du mit Deinem schwachen Gesundheitszustand kämpfen mußt und deshalb im Studium nicht vorankommst. Ein Jahr ist zwar wichtig, aber doch nicht so wichtig, daß Du Dir deswegen einen Schaden für den Rest des Lebens zuziehen sollst. Wollen wir es deshalb bis Thanksgiving versuchen und sehen, ob Dein Zustand sich wirklich bessert. Dann werden wir uns darüber unterhalten, was man am besten unternehmen könnte.

Weißt Du, ich bin wirklich davon überzeugt, daß Du ein guter Junge bist, und mein Interesse ist einzig und allein darauf gerichtet, das für Dich Beste zu tun. Herzlichst Dad.«

Ein paar Wochen nach Thanksgiving mußte Jack Princeton verlassen. Wir schickten ihn zur Genesung in den Westen. Im Schuljahr 1935/36 erholte er sich lange Zeit in Arizona, denn angeblich war das sonnige und trockene Klima dort gut für die Gesundheit und besonders für das Asthma, denn er litt auch darunter.

Das Jahr 1936 brachte viel Arbeit für Joe. In diesem Jahr fanden wieder Präsidentschaftswahlen statt, und Roosevelt kandidierte zur Wiederwahl für eine zweite Amtsperiode gegen den Gouverneur Alfred M. Landon von Kansas. Im Verlauf seiner ersten vier Jahre hatte der Präsident die näheren Beziehungen zu zahlreichen einflußreichen Persönlichkeiten und Gruppen im Lande aufgegeben. Er hatte den direkten Kontakt verloren, und besonders einige führende Männer aus Wirtschaft und Finanz waren entschieden gegen ihn eingestellt. Obwohl Joe mit diesen Leuten oft nicht einer Meinung war, achteten sie ihn offensichtlich und akzeptierten ihn. Er wußte, daß Roosevelt ihn brauchte, und schrieb deshalb ein Buch mit dem Titel *I'm For Roosevelt,* in dem er zeigte, daß der New Deal nicht gegen die Wirtschaft gerichtet war, sondern durch seine Reformen sogar den Kapitalismus und das System des freien Unternehmertums in Amerika gerettet hatte. Am Wahlkampf für die Präsidentschaftswahlen beteiligte er sich im Spätsommer und Herbst bis zum Wahltag sehr aktiv. Er war glücklich, als die Ergebnisse den gewaltigsten Wahlsieg in der Geschichte der amerikanischen Innenpolitik anzeigten, weil er wußte, daß er mit Wort und Tat dazu beigetragen hatte.
Unmittelbar nach den Wahlen hatte ich ein entscheidendes Erlebnis. Der Kardinal Eugenio Pacelli, damals Staatssekretär des Vatikans, der spätere Papst Pius XII., besuchte unser Land und wollte sich vor seiner Rückkehr nach Rom mit Präsident Roosevelt beraten. Der Bischof und spätere Kardinal Spellman, ein guter Freund des Kardinals Pacelli, und Joe arrangierten eine inoffizielle Zusammenkunft in Hyde Park, denn die Vereinigten Staaten hatten den Vatikan nicht als selbständigen Staat aner-

kannt, und es bestanden keine diplomatischen Beziehungen zu ihm.
Der Präsident lud Joe als führenden amerikanischen katholischen Laien und mich ein, Kardinal Pacelli und sein Gefolge von New York aus zu begleiten und in einem reservierten Eisenbahnwagen mit ihm nach Hyde Park zu fahren. In dem Salonwagen wurden wir Seiner Eminenz vorgestellt. Er machte einen tiefen Eindruck auf mich. Er war hochgewachsen, hager, hatte eine bräunliche Hautfarbe, und seine dunklen Augen blickten durch umrandete Brillengläser, während die leicht gebogene Nase im Verhältnis zu den sonst gleichmäßigen Gesichtszügen etwas zu groß erschien. Er war durchaus kein schöner Mann, aber in seinen Augen spürte man lebhaftes Interesse und große Güte. Sein Lächeln und seine Haltung zeigten Charme und Mitgefühl, und in seinen Bewegungen spürte man eine überirdische Vitalität und Hingabe an eine große Saehe. Ich fühlte ganz deutlich, daß ich mich in der Gegenwart eines Sterblichen befand, der Gott sehr nahe war.
In Hyde Park warteten mehrere Autos, die uns die wenigen Meilen zum Hause des Präsidenten brachten. Es war Anfang November und einer jener makellos klaren Herbsttage, kühl, hell und sonnig mit blauem Himmel, und die Bäume standen noch im vollen Schmuck des farbigen Herbstlaubs. Auf halbem Wege standen ganz unerwartet Hunderte von Kindern aus den in der Nachbarschaft gelegenen kirchlichen Schulen an der Straße Spalier. Sie hatten rosige Wangen und winkten aufgeregt mit ihren kleinen amerikanischen und päpstlichen Fähnchen. Der Kardinal hätte zurückwinken, lächeln und vorbeifahren können, doch statt dessen ließ der so geistvolle und menschliche Mann Gottes die Autokolonne halten, stieg aus und trat zu den Kindern, während seine rote Kardinalsrobe im Herbstwind flatterte. Er lächelte, legte den Kindern die rechte Hand auf, machte das Zeichen des Kreuzes oder hob die Hand zum Segen. So wird mir der künftige Papst, wie er an einer Landstraße am Ufer des Hudson im Staat New York, im Land der Obstgärten und Fichtenwälder, in seiner

Robe zwischen diesen Kindern hin und her ging, für immer in Erinnerung bleiben. Es war eine so frohe und spontane Geste!
Auf dem Rückweg nach New York City verließ der Kardinal den Salonwagen und kam zum Tee zu uns nach Bronxville. Das war etwas ganz Ungewöhnliches. Ich sehe noch deutlich Seine Eminenz auf dem Sofa in unserem Wohnzimmer sitzen und den damals vierjährigen Teddy, der sich sehr für unseren Gast interessierte und ihn gern zu haben schien, zu ihm gehen und sich auf seinen Schoß setzen. Dabei sah Teddy natürlich das Kruzifix, das der Kardinal an einer langen Kette trug. Er nahm es in die Hand und betrachtete es genau von allen Seiten. Der Kardinal ließ es lächelnd geschehen und hatte volles Verständnis. Er hatte eine wunderbare Art, mit kleinen Kindern umzugehen, und liebte sie wahrscheinlich in der gleichen Weise wie Jesus. Mir tat es leid, daß wir damals keinen Photoapparat im Hause hatten, um diese Szene festzuhalten. Ich habe aber das Sofa bis heute durch alle Umzüge gerettet, und es steht, gemeinsam mit vielen anderen Erinnerungsstücken, noch immer in unserem Haus in Hyannis Port.

So stark Joe auch im Jahre 1936 mit zahlreichen geschäftlichen Unternehmungen beschäftigt war und ein Leben führte, das mancher talentierte Geschäftsmann als den Höhepunkt seiner beruflichen Laufbahn angesehen hätte, empfand er es doch sehr bald als unangenehm, nicht mehr im Mittelpunkt der Geschehnisse in Washington zu stehen. Während er nur große Firmen umorganisierte, gaben Roosevelt, andere Freunde und ehemalige Kollegen dem Leben und den Einrichtungen der Nation eine neue Form. Es wurde zunehmend schwieriger für Joe, hier beiseite stehen zu müssen.
Wie gesagt, es war seit jeher Joes Wunsch gewesen, Finanzminister zu werden, aber dafür bestand jetzt keine Aussicht mehr, denn Roosevelt hatte Henry Morgenthau dazu ernannt. Die anderen Kabinettsposten interessierten Joe kaum oder gar nicht. Ein

wichtiger Botschafterposten wäre natürlich eine weitere attraktive Möglichkeit. Aber Joe sprach keine fremden Sprachen, hatte kein Ohr dafür, oder es fehlte ihm die natürliche Sprachbegabung. Es gab deshalb eigentlich nur eine Botschafterstelle, die für ihn in Frage kam, und zwar diejenige in Großbritannien. Sie war von Robert Worth Bingham, einem tüchtigen und geachteten Mann, besetzt. Es ging jedoch das Gerücht, das sich sehr bald bestätigte, daß Botschafter Bingham schwer krank sei und bald würde zurücktreten müssen.

Wenn Joe am Wochenende nach Hause kam, stellte ich ihm Fragen: »Was hat der Präsident gesagt? Was hast du in dieser Angelegenheit unternommen? Weshalb solltest du mit deiner Begabung mich und die Kinder die ganze Zeit allein lassen, nur um zweitrangige Aufgaben für den Präsidenten zu übernehmen, ohne am Ende mit einem interessanten Posten belohnt zu werden? Warum bittest du nicht um das, was dich interessiert?«

Schließlich sagte Joe: »Ich kann doch nicht einfach in das Arbeitszimmer des Präsidenten der Vereinigten Staaten gehen und sagen, ›ich will Botschafter in England werden‹.«

Auf andere Weise wurde es jedoch dann hinter den Kulissen so arrangiert, daß Joe, nachdem er seine Aufgaben im Flottenausschuß glänzend erfüllt hatte, zum Botschafter ernannt wurde. Anfang 1938 bestätigte der Präsident offiziell die Ernennung von Joe zum Botschafter am Hof von St. James.

12. KAPITEL

Unsere Familie scheint sich auf wichtige Ereignisse immer genau zu dem Zeitpunkt eingestellt zu haben, zu dem sie eintrafen. Das lag zum Teil an Joes Weitblick und an seinem Tatendrang, zum Teil aber auch an den äußeren Umständen. So war es wieder im Falle seiner Ernennung zum Botschafter. Da sie 1938 ausgesprochen wurde, gerieten wir mitten in jene dramatischen, eigenartigen und bis heute fast unverständlichen Ereignisse und Entwicklungen, die zum Zweiten Weltkrieg führten.

Über die politische und diplomatische Geschichte jener Zeit ist von allen möglichen nationalen und persönlichen Gesichtspunkten aus unendlich viel geschrieben worden. Joe hat keine Memoiren hinterlassen. Er hat seine Eindrücke von den Menschen, von seinen Gedanken, Vermutungen, Hoffnungen und Befürchtungen aus der Zeit, in der die Ereignisse von einer Krise in die andere führten, nicht niedergeschrieben. So hoffe ich, daß ich – ohne mir anmaßen zu wollen, für ihn sprechen zu können – wenigstens einige Fußnoten zur allgemeinen Geschichte jener Zeit anfügen kann.

Erstens möchte ich aus der Perspektive der Frau des Botschafters, die ihn überall begleitete und seine Gäste bewirtete, und als die Mutter seiner zahlreichen Kinder sprechen, die aus einer mehr oder weniger »normalen« amerikanischen Umwelt plötzlich in die vornehme Welt der Diplomatie in London versetzt wurde. Ich wußte, daß dies eine wesentliche »erzieherische Erfahrung« für mich sein würde, und das traf sowohl für meine Person als auch für alle Mitglieder unserer Familie zu. Rückblickend hat diese Ernennung – wie ich später noch berichten werde – Jack wahrscheinlich auf die erste Sprosse der Leiter gestellt, die ihn zum Amt des Präsidenten hinaufführte.

Zum erstenmal seit meiner Reise mit Agnes nach Kalifornien im Jahre 1923 begann ich wieder, tägliche Eintragungen in meinem Tagebuch zu machen. Ich werde daraus zitieren, um das Leben, das wir nun führten, lebendiger zu schildern.

Zunächst hatte ich eine Reihe ganz praktischer Dinge zu regeln.

Ich wußte, daß wir sofort nach der offiziellen Bekanntgabe der Ernennung mit einer ganzen Flut von Anfragen der verschiedensten Pressevertreter aus Amerika, England, Irland und anderen Ländern rechnen mußten, die uns würden interviewen und fotografieren wollen. Joe war ein bekannter Vertreter des New Deal, und die Redakteure wußten, daß er eine große und ansehnliche Familie hatte. Darüber hinaus war er ein Katholik irischer Abstammung aus Boston. Präsident Roosevelt hatte eine recht spektakuläre Ernennung vorgenommen. Ich hatte nicht umsonst an der Seite meines Vaters und meines Mannes so lange in unmittelbarer Nähe der politischen Entwicklungen gelebt. Ich wußte, daß ich mich auf alles genau vorbereiten mußte.

Mit den unvermeidlichen Interviews konnte man ohne Schwierigkeiten fertig werden, aber bei den Fotografen war das eine andere Sache. Ich hatte es zu oft erlebt, daß in den Zeitungen ungeschickt aufgenommene und wenig schmeichelhafte Fotos erschienen, und durfte das nicht dem Zufall überlassen. Der Spruch, die Kamera könne nicht lügen, trifft keineswegs zu. Ich glaube, es ist richtig, wenn man versucht, auf einem Foto, das für die Veröffentlichung bestimmt ist, so vorteilhaft wie möglich auszusehen. Das ist keine Eitelkeit, sondern nur vernünftig.

Wir mußten auch an die Schulen denken. Wir beschlossen, den dreizehnjährigen Bobby und den sechsjährigen Teddy bei uns in der Botschaft wohnen zu lassen, denn von hier aus konnten sie eine Tagesschule in London besuchen.

Eunice, Pat und Jean würden in einem Internat des Sacred Heart bei London untergebracht werden, das einer solchen Einrichtung zu Hause entsprach. Kick, die das Abschlußexamen auf der

Klosterschule bestanden hatte und bei Parsons in New York Zeichnen und Innenarchitektur studierte, würde diese Studien für eine Zeit unterbrechen, mit uns in der Botschaft wohnen und mir bei meinen Pflichten als Gastgeberin zur Seite stehen. In London wollten wir außerdem ihr gesellschaftliches Debüt arrangieren. Rosemary sollte eine Spezialschule besuchen. Joe jr., der gerade sein letztes Jahr auf der Universität Harvard absolvierte, sollte dort bleiben, um seine Prüfung zu machen und dann zu uns zu kommen, wo er als jüngster Sekretär von Joe seine ersten diplomatischen Erfahrungen sammeln konnte. Dabei hatte er die Möglichkeit, den Kontinent als inoffizieller, aber aufmerksamer Beobachter zu bereisen und seinem Vater über die besorgniserregende Entwicklung der Lage zu berichten.

Auch Jack, der wegen seiner Gelbsucht und seines Asthmas Princeton für das akademische Jahr 1935/36 verlassen hatte, sollte bis zum Ende des Semesters in Harvard bleiben. Er hatte sich so weit erholt, daß er wieder das College besuchen konnte, und hatte sich diesmal zur kaum verhohlenen Freude und zum Stolze seines Vaters für Harvard entschieden. Im Herbst 1936 war er für das akademische Jahr 1936/37 dort aufgenommen worden. Er hatte bisher gute Leistungen gezeigt. Pünktlichkeit gehörte allerdings immer noch nicht zu seinen größten Tugenden, aber darauf kam es wahrscheinlich nicht so sehr an.

Jack hatte sich im ersten Jahr um das Amt des Klassenpräsidenten beworben, war aber nicht gewählt worden. Im folgenden Jahr 1937/38 wurde er als Kandidat für den Studentenausschuß aufgestellt, unterlag aber auch diesmal. Das war, glaube ich, sein letzter Versuch, sich an der studentischen Selbstverwaltung zu beteiligen. Während dieser Jahre zeigte er mehr Interesse für das gesellschaftliche Leben und für Sport als für besondere akademische Leistungen. Er schwamm, spielte Fußball und Golf.

Er bewarb sich um die Teilnahme beim Wettkampf im Rückenschwimmen, aber als die entscheidende Begegnung mit Yale heranrückte, erkrankte er schwer an Gripppe und mußte sich zu

Bett legen. Mit seinem Zimmergenossen, Thorbert Macdonald, schloß er ein geheimes Abkommen. Macdonald schreibt:

»Er hatte wirklich Schneid. Trotz seiner Grippe war er entschlossen, an dem Wettkampf teilzunehmen. So schlich ich mich täglich in die Ambulanz und brachte ihm etwas zu essen – Steaks und Milch mit Malzextrakt, damit er nicht an Gewicht verlor. Sobald er gegessen hatte, drückten wir uns durch die Hintertür hinaus, ich fuhr ihn zur Sporthalle, und er übte sich verbissen im Rückenschwimmen. Dann fuhr ich ihn wieder in die Klinik zurück.«

Doch trotz dieser unvernünftigen und eigensinnigen Bemühungen mußte er schon nach den ersten Ausscheidungen auf die Teilnahme verzichten. Auch im Fußball versuchte er, in die Universitätsmannschaft aufgenommen zu werden, obwohl er nur 135 Pfund wog. Das war wieder ein Zeichen seines Mutes, aber doch auch recht unvernünftig. Er wurde der zweiten Mannschaft zugeteilt, was ihn sicher betrübt hat. Doch bewährte er sich auch dort, bis er eines Tages beim Training so hart im Rücken getroffen wurde, daß er sich einen Wirbel brach. Diese Verletzung beendete seine Laufbahn als Fußballspieler, und damit begannen auch seine Rückenbeschwerden, an denen er bis ans Ende seines Lebens litt und die ihn später fast das Leben gekostet hätten.

Während des ersten Jahres in Harvard hatte er in bemerkenswerter Weise damit begonnen, von seinen »großen Möglichkeiten Gebrauch zu machen«, wie sein Vater das ausdrückte, und seine Lehrer hatten einen guten Eindruck von ihm. Im Sommer 1937 in den Ferien zwischen dem ersten und zweiten Studienjahr in Harvard reiste er mit Lem Billings durch Europa. Lem erinnert sich:

»Ich nahm auf diese Reise nur sehr wenig Geld mit, denn mein Vater lebte nicht mehr. Es war bezeichnend für Jack, daß es ihm völlig genügte, wenn wir irgendwo für 40 Cents übernachteten. Wir aßen sehr bescheiden, aber er machte mit, und nur so war es mir möglich, mit ihm unterwegs zu sein. Es war eine herrliche Zeit.«

Die beiden jungen Leute lernten Frankreich, Deutschland, Holland, Italien, Spanien und Teile von England kennen. Als er im Herbst nach Harvard zurückkehrte, entschloß er sich, sein Abschlußexamen in den politischen Wissenschaften zu machen. Er hatte noch keine festen beruflichen Vorstellungen und wußte nicht, ob er die politische Laufbahn ergreifen oder in den Staatsdienst gehen wollte. Er neigte eher zum Journalismus, und seine Studien in den politischen Wissenschaften konnten ihm in diesem Beruf viel nützen. Seine Wißbegier und sein Interesse schlugen sich jedenfalls in besseren Noten nieder und halfen ihm außerdem, die politischen Vorgänge mit Verständnis zu beobachten, als er eine Zeitlang für seinen Vater an der Botschaft arbeitete.
Joe fuhr nach London voraus. Meine Reisevorbereitungen wurden durch eine unangenehme Blinddarmentzündung unterbrochen. Es ließ sich nichts anderes tun, als den Blinddarm herausnehmen zu lassen. Aber meine Abreise verzögerte sich dadurch nicht lange. Anfang Mai konnte ich mit Kick, Pat, Bobby, Jean und Teddy auf das Schiff gehen. Es war ein etwas aufregender und hektischer Abschied im Hafen, denn es kamen viele Freunde, um uns eine gute Reise und eine glückliche Zeit in England zu wünschen, gar nicht zu reden von den ungezählten Journalisten.
Der erste europäische Hafen, den wir anliefen, war Cobh in Irland, und hier wurden manche alten Erinnerungen in mir wach. Ich war 1908 im Alter von achtzehn Jahren – so alt war Kick jetzt – mit meinem Vater in Irland gewesen, und zwar in Queenstown, und ich erinnerte mich an die jungen Männer und Frauen auf dem Kai, die sich gefühlvoll von Verwandten und Freunden verabschiedeten, bevor sie sich nach Amerika, ja wahrscheinlich sogar

nach Boston einschifften. Auf ähnliche Weise, aber unter viel ungünstigeren Voraussetzungen hatten auch meine und Joes Vorfahren Abschied von der Heimat genommen. Nun kehrte unsere Familie für eine Zeit hierher zurück, und zwar unter äußeren Umständen, die kaum gegensätzlicher hätten sein können. Mir gingen an diesem Tage sehr viele Gedanken durch den Kopf.

Wenn ich an London dachte, an die Botschaft und den Hof von St. James, wo ich als die Frau des amerikanischen Botschafters auftreten sollte, um an der Seite meines Mannes die Pflichten der Gastgeberin zu übernehmen, dann wurde mir klar, daß man mich hier sehr kritisch prüfen werde, und wenn ich irgendwelche Fehler beginge oder ungefragt meine Meinung zu irgendeiner delikaten Angelegenheit sagte – und das womöglich noch gegenüber den falschen Leuten –, das zu katastrophalen Folgen führen könnte. Und ich gebe offen zu, daß mich dieser Gedanke irritierte und nervös machte. Meine erste Aufgabe war es, unsere Wohnung in dem sechsstöckigen Gebäude einzurichten, das dem Botschafter als offizielle Residenz zur Verfügung stand.

Im Mai gaben wir zum Debüt von Kick eine Gesellschaft. Sie galt zugleich auch für Rosemary, die ebenfalls dieses Alter erreicht hatte. Wie ich schon erzählt habe, wollten wir, daß Rosemary möglichst an allen Familienveranstaltungen, die ihrem Alter angemessen waren, teilnahm. Bei einer Gelegenheit wie dieser – in verhältnismäßig großem Rahmen mit Tanz, Musik und vielen Menschen, die sie nicht kannte – machten wir uns natürlich gewisse Sorgen. Aber sie sah sehr niedlich aus, war glücklich, und alles ging gut.

Im gleichen Monat wurden Kick, Rosemary und ich bei Hof vorgestellt. Es war eine jener anachronistischen Zeremonien des britischen Königshofes, die man inzwischen abgeschafft hat, aber damals war alles noch unglaublich glanzvoll. Die Vorstellung war zugleich eine höchst simple und ungeheuer komplizierte Angelegenheit.

Die Einfachheit lag in dem Vorgang selbst. Man begab sich in den Buckinghampalast, saß eine Zeitlang in einem Empfangszimmer und betrat auf das Zeichen eines Hofbeamten einen großen Ballsaal, an dessen einem Ende der König, die Königin und einige Mitglieder der königlichen Familie auf einer erhöhten Plattform saßen. Man trat vor sie hin, verbeugte sich vor jedem einzelnen, ging wieder zur Seite und blieb dort stehen oder setzte sich auf einen bereitstehenden Sessel mit vergoldeten Lehnen. Andere hatten das schon vor einem getan, und wieder andere würden es nach einem tun; in jeder Saison kamen Hunderte von jungen Mädchen mit ihren Müttern, und der Hof gab jedes Jahr vier solcher Empfänge. Unserer war der erste. Ein paar kurze Verbeugungen vor den auf ihren Thronsesseln sitzenden Majestäten – das war eigentlich alles.
Bei diesen Gelegenheiten wurden nicht nur die ausgewählten Debütantinnen vorgestellt, sondern auch die Frauen und Töchter der Diplomaten und anderer Würdenträger aus den weit entfernt liegenden Teilen des britischen Weltreichs. Dazu kam jeder, der es sich leisten konnte, nach London zu reisen, und dem es gelang, irgendwie eine Einladung zu bekommen.
Nach einigen Aufregungen war es schließlich soweit und das prächtige Schauspiel ging über die Bühne. Der Palast war hell erleuchtet. Die Wachen präsentierten sich in ihren schönen Uniformen. Die Beafeaters standen mit funkelnden Hellebarden Spalier an der großen Freitreppe. Wir kamen durch eine lange Reihe von Vorzimmern, begleitet von livrierten Lakaien. Endlich öffnete sich die Tür zum Ballsaal, und wir sahen am anderen Ende die erhöhte Plattform mit den Thronsesseln. Dann wies man uns unsere Plätze im diplomatischen Korps an, wo wir, einem strengen Zeremoniell folgend, der Dauer unseres Aufenthaltes entsprechend zwischen den Chinesen und Deutschen Aufstellung nahmen. Wir betrachteten den uns umgebenden Glanz des Raumes, die gewölbten, mit Fresken bemalten Decken, die Wandgemälde, die vergoldeten Säulen und die zahllosen künstlerischen

Details. Auch die Menschen, die den Raum füllten, fesselten das Auge: die Männer im großen Gesellschaftsanzug mit allen Orden und die Frauen in prächtigen Kleidern und reich mit Juwelen geschmückt. Die Herzogin von Buccleuch hatte den berühmten Smaragdschmuck der Familie angelegt. Die Herzogin von Devonshire trug ein glitzerndes Brillantdiadem. Madame Patino, die dunkeläugige, lebenslustige Frau des Botschafters von Bolivien, war mit Ohrringen und einem Halsband aus leuchtend roten Rubinen geschmückt.

Es ist ein besonderes Merkmal der menschlichen Natur, daß wir fast alle dazu neigen, das Beste zu erwarten und die Möglichkeit von uns zu weisen, daß auch das Schlimmste geschehen könnte, obwohl die Erfahrung lehrt, daß das Schlimmste oft genug geschieht und geschehen kann. Die Menschen sind, wie ich glaube, nach einem göttlichen Plan optimistisch veranlagt. Wie könnte sonst irgend jemand Kinder haben, sich darum bemühen, das Beste für sie zu tun und für ihre Zukunft zu planen, während er erkennen muß, daß jede Stunde und jeder Tag seine Probleme hat und daß für uns alle als einzelne, als Familien, als Gemeinschaften oder sogar als Völker die Zukunft auf dieser Erde durchaus zweifelhaft ist?
Diese Gedanken kommen mir, weil ich es erlebt habe, daß einerseits der eben geschilderte prächtige Empfang mit all seinem romantischen Glanz ohne Störungen ablief, während auf der anderen Seite die Entwicklung auf die allgemeine Katastrophe des Zweiten Weltkrieges zusteuerte (und auf ein großes Unglück, das uns ganz persönlich betraf).
Ich zitiere im folgenden aus meinem Tagebuch, um einen Eindruck von der Parallelität der banalen wie wichtigen Ereignisse zu vermitteln:

28. August bis 13. September: »Lunch im Hause Avenue de Jena 2 mit Bill Bullitt zu Ehren von Senator Barkley (Führer der Mehrheit im Senat) und Mrs. Barkley sowie einiger anderer Amerikaner... Lese von der Krise... Paris ist recht kühl. Treffe mich hier täglich mit Joe jr. Ich werde froh sein, morgen in das sonnige Cannes zurückzukehren... wie üblich, viele Amerikaner in den Läden. Doch niemand scheint sich hier wirklich zu vergnügen... Joe jr. und ich stimmten darin überein, daß es schwierig sei, zu beurteilen, welche Vorteile sein Aufenthalt in Europa ihm gebracht habe und welche Erfahrungen er hier sammeln konnte. In diesem Jahr werden wir zahlreiche Männer kennenlernen, in deren Händen das Schicksal der Welt liegt.

Ankunft in Cannes, regnerischer Tag... Margaret hat ein Dutzend gelbe Pfirsiche für mich aufgehoben, die so köstlich schmecken wie nirgends sonst und die hier in reicher Fülle gedeihen... Ted ist stark erkältet, und es ist so feucht, daß wir ihn für den ganzen Tag ins Bett gesteckt haben...

Ted ist froh, daß seine Mandeln herausgenommen werden sollen, denn er glaubt, dann werde er soviel Coca-Cola trinken dürfen, wie er mag.

Als Joe mich heute abend anrief, sagte er, die Erregung in London sei sehr groß, und ich würde vielleicht am folgenden Vormittag abreisen müssen.«

14. September: »Kein Platz im Flugzeug, deshalb fahre ich heute abend im Schlafwagen nach Paris. Ich glaube, ich sollte nach London gehen, da Joe sich Sorgen um Teddy macht und sich eine Krise in der Weltpolitik zusammenbraut. Jeder fürchtet den Kriegsausbruch. Die Franzosen haben alle am letzten Krieg teilgenommen und sind außer sich bei dem Gedanken an einen nächsten.«

Als ich diese Zeilen niederschrieb, dachte ich an ein erschütterndes Gespräch, das ich etwa zwei Wochen vorher mit einer Französin geführt hatte. Sie sagte: »Mein Großvater ist 1870 im Krieg gegen die Deutschen gefallen. Mein Mann und mein Bruder sind im Krieg 1914 gefallen, und mein Vetter verlor das Augenlicht. Jetzt im Jahre 1938 verlangt man von mir, ich solle meinen Sohn in den Krieg schicken. Das kann und will ich nicht.« Sie tat mir furchtbar leid, und doch wußte ich noch nicht, welche tragischen Schicksalsschläge mich erwarteten.

15. September: »Traf gegen 9.30 Uhr in Paris ein. Man sagte mir, Chamberlain befände sich auf dem Fluge nach Berchtesgaden, um mit Hitler zu sprechen.
Hörte von mehreren Seiten, Joe habe ihm ständig zur Verfügung gestanden, und seine Gegenwart sei sehr nützlich gewesen. Ich glaube, er hat die Engländer moralisch stark unterstützt. Dies ist der erste Flug des nun schon fast siebzigjährigen Premierministers. Die Lage ist viel gefährlicher und kritischer, als der Premierminister geglaubt hatte. Hitler ist entschlossen, einzumarschieren und einen Weltkrieg zu riskieren, wenn die Sudetendeutschen nicht das Selbstbestimmungsrecht erhalten.«
22. September: »Der Premierminister ist noch einmal nach Deutschland gefahren, diesmal nach Godesberg am Rhein, das bequemer zu erreichen ist als das abgelegene Berchtesgaden. Der Premier war erschüttert, als man ihm sagte, die ursprünglichen Vorschläge seien nicht annehmbar und müßten durch neue ersetzt werden... Er erhielt eine Denkschrift mit einer Karte, die eher ein Ultimatum als eine Denkschrift war. Der Premierminister meinte, der Inhalt werde der Öffentlichkeit einen Schock versetzen. Hitler will am 1. Oktober die Tschechoslowakei besetzen. Deshalb ist es so dringend notwendig, alles vorzubereiten.
Bobby und Teddy gehen jetzt wieder auf die Gibbs School, eine Tagesschule...«
24. September: »Der Premierminister ist nach London zurückgekehrt und hat eine Denkschrift mitgebracht, die der tschechischen Regierung übergeben worden ist...

Präsident Roosevelt hat zwei Botschaften an Hitler abgeschickt und sich in einer weiteren Botschaft an die ganze Welt gewendet, um alle Völker zu veranlassen, ihren moralischen Einfluß gegen die Aggression fühlbar zu machen ...«
25. September: »Die Tschechen sagen, die Forderungen seien völlig unannehmbar ... Chamberlain scheint gewisse Hoffnungen zu haben. Mike Scanlon rief von London aus an und erzählte, im Hyde Park würden Splittergräben ausgehoben, und um das Gebäude des Luftfahrtministeriums errichte man Sandsackbarrieren.«
26. September: »Hier gibt es augenscheinlich keine ruhigen Spazierwege in den Wäldern oder der Umgebung, wie wir sie zu Hause kennen. Man findet auch kein ruhiges Plätzchen, um sich im Freien hinzusetzen ...
Mitglieder der französischen Botschaft teilten uns mit, wenn die Tschechen angegriffen würden, werde Frankreich ihnen zu Hilfe kommen ...
Rede des Premierministers im Rundfunk. Seine Stimme klang sehr traurig. Er verabscheut den Krieg, und das läßt daran zweifeln, ob er Erfolg haben wird. Aber immer noch fordert er die Menschen auf, ruhig zu bleiben, in aller Ruhe und vertrauensvoll mit der Regierung zusammenzuarbeiten und nicht die letzte Hoffnung aufzugeben.«
27. September: »Heute herrscht überall eisiges Schweigen. Keiner lächelt oder zeigt irgendwelche Gefühle. Jeder ist unglaublich schockiert und deprimiert, weil man der Rede des Premierministers entnommen hat, seine Hoffnungen auf die Erhaltung des Friedens hätten sich zerschlagen, und der Krieg sei unvermeidlich ... Ging zum Stapellauf der *Queen Elizabeth.* Die Königin kam ohne den König, weil die Lage so unsicher ist.«
28. September: »Joe rief mich heute morgen an. Er sagte, ich sollte heute abend zurückkommen, denn wir müßten uns wegen der Kinder unterhalten, da der Krieg kurz bevorstünde. Hier sind alle Menschen deprimiert und nüchtern ...

Die Stimmung beim Mittagessen war gedrückt. Nur wenige Gäste sind im Hotel, obwohl in Perth die Rennen stattfinden. Ich fuhr nach Perth und besuchte das Tweedgeschäft von Frazer, das angeblich das beste seiner Art ist. Der Besitzer erzählte uns, die vier Großmächte würden in München zusammenkommen, um über die friedliche Beilegung der Kontroverse zu verhandeln...

Überall spürte man große Erleichterung und Ergriffenheit. Nach tiefer Verzweiflung dürfen wir jetzt neue Hoffnungen schöpfen... Ich beschloß, wenigstens noch über das Wochenende zu bleiben.«

29. September: »Joe rief mich an. Er sagte, alles sei gepackt. Keines der Kinder möchte abreisen – nur Teddy, der glaubt, wenn ihm zu Hause die Mandeln herausgenommen werden, könne er soviel Coca-Cola und Eiskrem haben, wie er will...

Man erwartet allgemein, daß der Besuch des Premierministers von Erfolg gekrönt sein wird, obwohl die Kriegsvorbereitungen weitergehen. Man hebt Splittergräben aus und verteilt Gasmasken...«

30. September: »Alles ist erleichtert und glücklich. Chamberlain kam gestern abend zurück und wurde von der Bevölkerung begeistert empfangen. Als er sich mit dem König und der Königin zeigte, brachte man ihm eine große Ovation dar...

Wir alle meinen, daß man für die Beilegung von Konflikten zwischen einzelnen Ländern eine neue Philosophie gefunden hat und daß aus diesem Grunde die Möglichkeit von Kriegen für die Zukunft ausgeschlossen sein könnte...

Chamberlain zitierte Shakespeare aus Heinrich IV.: ›Aus den Gefahren, die wie Nesseln wuchern, pflücken wir die Blume Sicherheit.‹ Er verkündete, das Ergebnis des Münchener Abkommens werde ›Frieden in unserer Zeit‹ sein.«

Das erwies sich am Ende als Illusion; allerdings war es eine Illusion, an die sich jeder klammerte, bis die Nazis sechs Monate später wortbrüchig wurden und den Rest der Tschechoslowakei besetzten. Jack schreibt in seinem Buch *Why England Slept:*

»Als Hitler im März in Prag einmarschierte, erreichte die Lage den kritischen Punkt. Jetzt wurde es jedem klar, daß die Hoffnung auf einen dauerhaften Frieden in Europa vergeblich war. Die Besetzung von Prag bedeutete das Ende der Chamberlainschen Beschwichtigungspolitik, und sie bedeutete außerdem die Abwendung von der traditionellen Politik, keine Verpflichtungen in Osteuropa zu übernehmen. Die Regierung erkannte, daß etwas getan werden mußte, um das britische Prestige wieder herzustellen, um der Welt deutlich zu zeigen, daß von jetzt an der Gedanke der Beschwichtigung offiziell tot und England entschlossen sei, sich den deutschen Expansionsbestrebungen zu widersetzen.
Daraufhin erfolgte, wie wir wissen, Englands offizielle Garantie der Grenzen Polens – das nächste wahrscheinliche Angriffsziel der Deutschen –, und im September 1939, als die nationalsozialistischen Armeen dieses Land überfielen, erklärte Großbritannien den Deutschen den Krieg.«

Jack beobachtete nicht nur die Ereignisse, die schließlich zum Kriege führten, aus unmittelbarer Nähe, sondern nahm in einem gewissen Grade auch selbst daran teil. Als der Sommer und Frühherbst 1938 mit den von mir oben geschilderten Szenen vergangen war, kehrte er zu seinen Studien nach Harvard zurück. Da sein Vater jedoch erkannte, daß zum gegenwärtigen Zeitpunkt in London, Paris und den anderen Hauptstädten Weltgeschichte gemacht wurde und daß es für Jack unendlich viel lehrreicher sein würde, an Ort und Stelle zu sein, als in den Hörsälen nur darüber zu lesen, schlug er ihm vor, das zweite Semester auf einen späteren Zeitpunkt zu verschieben und wieder zu uns zu kommen.

Er konnte an der Londoner Botschaft mitarbeiten und, nach Absprache mit Bill Bullitt, auch an der amerikanischen Botschaft in Paris. Außerdem würde er Gelegenheit bekommen, andere europäische Länder zu bereisen.
Deshalb kam er im Februar 1939 nach London und blieb dort, um die Entwicklungen mit eigenen Augen zu verfolgen. Das gleiche tat, wie ich schon berichtet habe, auch Joe jr. Die beiden halfen ihrem Vater auf alle mögliche Weise, vor allem auch durch ihre Berichte, die sie für ihn über ihre Eindrücke verfaßten, denn sie kamen bei ihrer Arbeit und auf ihren Reisen mit allen möglichen Schichten der Bevölkerung zusammen.

Im folgenden zitiere ich aus meinen in London gemachten Tagebuchaufzeichnungen und werde sie, wo nötig, kommentieren.

Am Trafalgartag – einem Jahrestag von großer symbolischer Bedeutung, an diesem Datum feiert man den entscheidenden Seesieg von Lord Nelson – hielt Joe vor der Navy League die Hauptansprache, aus der ich kurz zitiere:

> »Es ist wahr, daß es in demokratischen und diktatorischen Ländern bedeutende und grundsätzliche Unterschiede in den Auffassungen gibt, die auf gewissen Gebieten über rein politische Fragen hinausgehen. Aber es hat einfach keinen Sinn – ob man nun vom gesunden Menschenverstand oder von anderen Voraussetzungen ausgeht –, zuzulassen, daß sich diese Gegensätze zu einer unversöhnlichen Feindschaft auswachsen. Schließlich müssen wir alle in derselben Welt leben, ob uns das gefällt oder nicht.«

Im November und Dezember begannen die Hoffnungen auf Frieden bereits zu schwinden, obwohl die offiziellen Stellen wie auch die Öffentlichkeit immer noch recht optimistisch waren. Joe, der ein feines Gefühl für solche Dinge hatte, wurde immer pessimistischer, und im Dezember fuhr er zu Beratungen in die Vereinigten Staaten. Er sagte dem Präsidenten, seiner Meinung nach müsse man im Frühjahr 1939 mit dem Ausbruch eines größeren Krieges in Europa rechnen. In seinen Aussagen vor Kongreßausschüssen forderte er, daß Amerika sein Rüstungsprogramm beschleunigte, um, wenn es zum Schlimmsten käme, eine »Insel der Freiheit« bleiben zu können und bis dahin den Demokratien Waffen für ihre Verteidigung zu liefern. Das konnte in absehbarer Zeit nicht sehr viel sein, und zwar erstens weil vorher das »Neutralitätsgesetz« geändert werden müßte, zweitens weil er als ehemaliger Vorsitzender des Flottenausschusses wußte, wie wenig geeignet die amerikanische Handelsflotte dafür war, größere Materialmengen schnell über den Ozean zu befördern. Das teilte er auch der britischen Regierung mit.

Der Nebel, der graue Himmel und die Kälte des englischen Winters waren mir sehr unangenehm. Deshalb reiste ich bald nach der Rückkehr von Joe sen. und Jack in den Süden an die Riviera, nach Genua, Neapel, Athen, auf die griechischen Inseln, in die Türkei, nach Palästina und Ägypten. Dann kehrte ich nach Italien zurück, weil Papst Pius XI. gestorben war und man mir mitgeteilt hatte, daß Präsident Roosevelt wünschte, Joe (und daher inoffiziell auch ich und die Kinder) sollte ihn bei den Krönungsfeierlichkeiten für den Papst vertreten. Es war das erste Mal, daß ein amerikanischer Präsident einen offiziellen Vertreter zu dieser Gelegenheit entsandte. Der neue Papst, Pius XII., war unser wohlwollender Freund, Kardinal Eugenio Pacelli.
Um dieses Treffen zustande zu bringen, mußten wir einiges organisieren, denn die Familie war weit verstreut. Doch mit Ausnahme von Joe jr., der gerade in Madrid war, kamen wir alle am 12. März, dem Tage der Krönung, zusammen.
Joe und ich hatten vor der Feier Zeit, uns etwas in Rom umzusehen und andere offizielle Würdenträger zu besuchen, die aus der ganzen Welt hier zusammengekommen waren.

Am nächsten Vormittag empfing uns Seine Heiligkeit in Privataudienz. Zuerst blieben er und Joe eine Zeitlang allein und sprachen wahrscheinlich über die Weltlage und die Aussichten auf Krieg oder Frieden. Später kamen die Kinder und ich hinzu, und wir frischten unsere Erinnerungen an den Besuch in Hyde Park und Bronxville auf. Der Papst erinnerte sich freundlich an den kleinen Teddy, der auf seinem Schoß gesessen und sein Kruzifix mit solcher Neugier betrachtet hatte.
Zwei Tage später, am 16. März, machte ich einen Eintrag in meinem Tagebuch über ein Ereignis, das für mich mehr bedeutete, als ich ausdrücken kann: »Teddy erhielt die Erstkommunion von Papst Pius XII.« Dann kehrten wir nach London zurück.

4. April: »Lunch in Downing Street Nr. 10 mit Premierminister und Mrs. Chamberlain sowie deren verheirateter Tochter. Joe und der Premier bestritten das Gespräch. Mr. Chamberlain sieht, verglichen mit seinem Aussehen im letzten Frühjahr, sehr abgespannt aus, aber trotzdem sieht man ihm seine siebzig Jahre nicht an. Er ist nicht sehr optimistisch, denn er weiß nicht, was Hitler vorhat. Ich fragte ihn, ob er, wenn Hitler sterben sollte, die Friedensaussichten günstiger beurteilen würde, und er bejahte das...
Ich sagte, ich sei besorgt darum, daß die britische Regierung so schlecht über die Vorbereitungen in Deutschland orientiert sei. Er sagte, er bekäme laufend Berichte. Sie müßten analysiert werden...«
7. April: »Alles ist zum langen Wochenende bis einschließlich Montag fort. Ich spielte Golf mit Joe, und als wir gegen 1.00 Uhr nach Hause kamen, sah er besorgt aus, denn er hatte eben erfahren, daß die Italiener in Albanien einmarschiert waren und das zum Kriege führen könnte. Dann ging er ins Außenministerium. Chamberlain ist in Schottland, um etwas auszuspannen, was er dringend nötig hat... Der Premierminister tut mir leid, denn Mrs. Chamberlain sagte mir, er habe sich so auf

die Feiertage gefreut. Jetzt wartet schon wieder ein Flugzeug auf ihn, das ihn zurückholen soll...«

4. Mai: »Hatte viel mit den Vorbereitungen für das Essen zu tun, das wir dem König und der Königin geben werden...

Heute kamen Leute von Scotland Yard zu uns, um mit dem Butler zu sprechen. Er hatte nur Lohndiener engagiert, die auch schon im Buckinghampalast bedient haben. Das beruhigte die Beamten von Scotland Yard. Ich glaube, sie sind jetzt wegen der irischen Terroristen von der I.R.A. besonders vorsichtig...«

3. Juli: »Alle Zeitungen schreiben über den Krieg. Viele Artikel beschäftigen sich mit Plänen für die Evakuierung und bringen Listen von Vorräten, die man im Hause anlegen soll. Die Herzogin von Marlborough und Lady Astor treffen Vorbereitungen, um ihre Häuser samt Angestellten im Kriegsfall für Notlazarette und Kinderheime zur Verfügung zu stellen...«

13. Juli: »Wir haben ein Essen im kleinen Kreis für den Premierminister gegeben. Wir hatten absichtlich nur wenige Gäste geladen, um Mr. Chamberlain die Gelegenheit zu geben, unsere New Yorker Gäste von seinen Auffassungen zu überzeugen.

Alle Amerikaner glauben, sie sähen einige ihrer englischen Freunde jetzt zum letztenmal, denn man hat das Gefühl, der Krieg sei fast unvermeidlich. Zwar glauben viele, man habe noch eine Chance, weil dic Sache sich schon so lange hinausgezögert hat, oder es ließe sich noch ein Ausweg finden.«

1. August: »Man scheint jetzt etwas zuversichtlicher zu sein, aber niemand weiß etwas Genaues. Überall im Lande hofft man leidenschaftlich, der Krieg werde sich noch vermeiden lassen.«

16. August: »Es häufen sich die Meldungen, der Krieg stünde kurz bevor, und der Tag des Kriegsbeginns werde wahrscheinlich der 29. August sein, weil dann die Deutschen ihre Ernte eingebracht und alle Reserven eingezogen haben.«

Das ist der letzte Eintrag in meinem Tagebuch. Anschließend gab es zu viel zu bedenken und vorzubereiten. Der Krieg brach nicht am 29. August aus, sondern drei Tage später. Am 1. September fielen die nationalsozialistischen Armeen in Polen ein. Zwei Tage darauf, am 3. September, kam Großbritannien seinen Verpflichtungen nach und erklärte Deutschland den Krieg.
Joe jr., Jack, Kick und ich waren im Parlament und hörten die erschütternde, zu Herzen gehende Rede von Mr. Chamberlain. Er hatte Joe wenige Stunden zuvor den Text gezeigt. Darin hieß es: »Alles, wofür ich gearbeitet habe, alles, worauf ich gehofft habe, alles, woran ich während meiner Zeit im Staatsdienst geglaubt habe, ist in Trümmer gegangen.«
Auf dem Weg vom Parlament nach Hause begannen die Luftschutzsirenen zu heulen, und wir liefen rasch in den nächsten Luftschutzkeller. Das war kein offizieller Schutzraum, sondern nur der Keller bei Molyneux. Welch ironischer Zufall war es für eine Frau, ausgerechnet hier die ersten Kriegserfahrungen zu machen! Ich hatte damals ganz einfach Angst um uns alle. Soweit ich mich erinnere, fielen an diesem Tage keine Bomben auf London. Die angreifenden Flugzeuge wurden abgewehrt. Aber es war ein eindrucksvolles Erlebnis und ein Vorgeschmack auf das, was bald darauf in tödlichem Ernst geschah.
Es wurde Zeit, die Kinder nach Hause zu schicken. Das war nicht gerade leicht. Die amerikanischen und neutralen Schiffe waren ausgebucht, und jede Seereise auf einem Schiff der kriegführenden Nationen war ein gefährliches Unternehmen. Am vierten Kriegstage wurde das britische Schiff *Athenia* mit 1400 Passagieren, zu denen auch 300 Amerikaner gehörten, von einem Torpedo getroffen und versenkt. Die Überlebenden landeten in Schottland und wurden nach Glasgow gebracht. Joe schickte Jack hin, um mit den Amerikanern zu sprechen. Die meisten von ihnen hatten überlebt. Er sollte für die Botschaft einen Bericht über die äußeren Umstände der Versenkung anfertigen und alles für diese Menschen tun, was mit den Mitteln der Botschaft getan werden

konnte, um sie mit Lebensmitteln, Bekleidung, Unterkunft, Geld und neuen Transportmöglichkeiten zu versehen. Joe war überzeugt, Jack werde, obwohl er erst 21 Jahre alt war, gründliche und verständige Arbeit leisten. Das hat er auch getan.

Ende September war die ganze Familie bis auf Joe sen. und Rosemary wieder in den Vereinigten Staaten. Wir hatten beschlossen, Rosemary noch eine Zeitlang in England zu lassen, weil sie auf der Sonderschule gute Fortschritte machte und die Schule so abgelegen war, daß für sie dort keine Gefahr bestand. Und Joe mußte natürlich auf seinem Posten bleiben, und zwar noch für ein weiteres Jahr. Nur gelegentlich kam er nach Amerika, um sich auszuruhen, um politische Gespräche zu führen und um dem Präsidenten Roosevelt im Wahlkampf für die dritte Amtsperiode zu helfen.

Joe jr. begann in Harvard mit dem Jurastudium. Jack setzte sein begonnenes Studium in Harvard fort und konnte, da er an Sonderkursen teilnahm, schon 1940 sein erstes Examen bestehen. In seiner Abschlußarbeit untersuchte er die Gründe, die die britischen Regierungen unter Stanley Baldwin und Neville Chamberlain dazu veranlaßt hatten, nicht genügend aufzurüsten, um gegen das immer stärker werdende militärische Potential Deutschlands unter Hitler ein Gegengewicht zu schaffen, und die damit das Münchner Abkommen notwendig gemacht hatten. Dieser Arbeit gab er den Titel »Appeasement at Munich« (Beschwichtigung in München). Er führte in diesem Zusammenhang eine ausführliche Korrespondenz mit seinem Vater. Für die Arbeit erhielt Jack die Note *magna cum laude,* und so konnte er trotz der vielen Unterbrechungen seines Studiums das Schlußexamen *cum laude* bestehen.

13. KAPITEL

Nach Kriegsausbruch wurde die transatlantische Telefonverbindung zwischen den Vereinigten Staaten und England für wichtige politische Gespräche reserviert. Zunächst teilte man Joe mit, er könne uns überhaupt nicht mehr anrufen. Dann bekam er die Erlaubnis, jeden Sonntag zehn Minuten mit uns zu sprechen. Da wir zehn Familienmitglieder waren, mußte die Gesprächszeit für die neun Kinder und mich genau nach Minuten eingeteilt werden. Alles mußte wie am Schnürchen klappen. Ich erwartete das Gespräch im Wohnzimmer. Zwei der älteren Kinder saßen bei mir und führten dann ihre im Nebenzimmer versammelten jüngeren Geschwister herein. Wenn eines der Kinder die erlaubte Zeit gesprochen hatte, ging es hinaus, während das nächste Kind hereinkam. So konnte jeder Joes Stimme und er die Stimmen seiner Kinder hören.

Natürlich war die Zeit zu knapp, als daß wir uns wichtige Neuigkeiten hätten mitteilen oder Ansichten austauschen können. Wir griffen deshalb alle auf die altmodische Kommunikationsmethode des Briefeschreibens zurück.

Viele dieser Briefe sind erhalten. Wenn ich sie nach all diesen Jahren lese, dann erzählen sie mir die Geschichte des Lebens unserer ganzen so lebendigen Familie aus jener Zeit. In der Welt war es eine verrückte Zeit – zuerst ungeheuerlich und furchterregend, dann, in der Phase des sogenannten »Sitzkrieges«, ging sie uns an die Nerven. Es folgte der plötzliche und erschütternde Einmarsch der Deutschen in Dänemark, Norwegen, den Niederlanden und Frankreich, und es begann die Luftschlacht über Großbritannien mit massiven Tages- und Nachtangriffen gegen London.

Zu unserer Freude konnte Joe im Dezember nach Hause

kommen, und zwar zu Besprechungen mit Präsident Roosevelt, amerikanischen Beamten und anderen, die sich besonders für die Kriegslage interessierten. Anschließend fand er Zeit, nach Palm Beach zu kommen und sich während der sonnigen Weihnachtsfeiertage in Florida zu erholen. Rosemary war nicht mitgekommen. Das damals beste Transportmittel war ein viermotoriges Flugboot der Pan American, das von England über Portugal, die Azoren und andere Zwischenlandeplätze in die Vereinigten Staaten flog. Für sie wäre der Flug anstrengend gewesen und für Joe wahrscheinlich zu kompliziert.

Seit Joe 1933 das Haus in Palm Beach gekauft hatte, verbrachten wir hier jedes Jahr die Tage zwischen Weihnachten und Neujahr. Das Familientreffen zu arrangieren war eine Generalstabsaufgabe. Wir waren elf Personen, und jeder sollte jedem etwas schenken. Das waren $11 \times 11 = 121$ Geschenke. Außerdem gab es Geschenke von den Großeltern, Tanten, Onkeln, Vettern, Kusinen, Freunden und guten Bekannten. Die kleineren Kinder wurden außerdem vom Nikolaus beschert. Einen großen Teil des Schmucks für den Weihnachtsbaum hatten die Kinder selbst angefertigt, vieles hatten wir gekauft und im Lauf der Jahre gesammelt, anderes hatten wir von unseren Reisen mitgebracht. Mit den Geschenken, die sich unter dem Baum häuften, bot das Zimmer einen frohen, weihnachtlichen Anblick.

Joe wäre am liebsten nicht mehr nach London zurückgegangen, aber der Präsident wünschte, daß er auf seinen Posten zurückkehrte, und so reiste er Anfang 1940 wieder nach London, und auch die Familienkorrespondenz ging weiter.

Teddy an seinen Vater:

Januar 1940

»Weihnachtsmann J. P. Kennedy.
Bronxville
Lieber Weihnachtsmann,
vielen Dank für die Spielsachen, die Du mir geschenkt hast.

Wenn Du willst, kannst Du mir jederzeit noch mehr bringen. Die Uhr gefällt mir am besten. Nochmals vielen Dank. Herzliche Grüße und ein glückliches Neues Jahr.«

Jack an seinen Vater:

Harvard, im Februar

»... Mutter sieht sehr wohl aus und hat akademische Ambitionen, denn sie beteiligt sich an einigen College-Kursen.
... Als Thema für meine Prüfungsarbeit habe ich die englische Außenpolitik nach 1931 gewählt und werde dabei auch die Klasseneinflüsse behandeln. Ich werde mich mit Jim Seymour (enger persönlicher Mitarbeiter von Joe an der Botschaft) in Verbindung setzen, wenn ich Material brauche, das er besorgen kann. Ich nehme an einem von Professor Friedrich geleiteten, sehr interessanten Kursus teil. Noch habe ich ihn nicht persönlich kennengelernt, werde aber zu ihm gehen, ihm die Hand schütteln und ihm sagen, welchen großen Eindruck er auf Dich gemacht hat, sobald meine Arbeiten zensiert werden.
Man ist hier jetzt mehr und mehr überzeugt davon, daß wir uns aus dem Krieg heraushalten werden – das liegt aber wahrscheinlich auch daran, daß jetzt eine Flaute eingetreten ist...
Es geht mir recht gut, und ich habe fleißig gearbeitet, denn in diesem Jahr sind die Kurse, an denen ich mich beteilige, wirklich interessant. Dieses Jahr nützt mir tatsächlich eine ganze Menge, und ich kann mich hier recht genau umsehen.«

Joe jr. an seinen Vater:

Palm Beach, 5. April

»... Die Vorwahlen werden am 30. April beginnen... Man kritisierte mich, weil ich nicht auf der Wahlliste stand, aber das wurde in Ordnung gebracht, und der Kritiker brüstete sich damit, er habe behauptet, man mute einem Kind die Aufgaben eines Mannes zu...

(Joe jr. war damals 24 Jahre alt. Es handelte sich um die Wahlen der Delegierten zum nationalen Parteitag der Demokratischen Partei. Die Frage der »dritten Amtsperiode« war noch nicht entschieden, denn Präsident Roosevelt sagte weder ja noch nein. Jim Farley war grundsätzlich gegen jede dritte Amtsperiode, auch wenn es sich um seinen guten Freund Roosevelt handelte, und erklärte, er wolle selbst kandidieren. Joe jr. war für die Wahl als Delegierter aus dem Lager von Farley aufgestellt worden.)

Es sieht aus, als werde Dewey für die Republikaner nominiert werden, aber es ist noch immer ein Geheimnis, wer der demokratische Kandidat sein wird. Gegenwärtig scheint niemand außer Roosevelt für die Wahl in Frage zu kommen. Die Republikaner fürchten, Hull könnte aufgestellt werden, denn das würde ihnen viel Wind aus den Segeln nehmen. Farley hat offen erklärt, man würde ihn in Chicago vorschlagen, gleichgültig was geschieht. Das sind die neuesten Nachrichten ...«

Jack an seinen Vater:

Harvard, Mitte April

»... Bin eben aus dem Süden zurückgekehrt. Dort war es großartig – das schönste Wetter, das man sich vorstellen kann. Es waren sehr viele Menschen da. Auf jeden Mann kamen drei Mädchen. Es ging mir also besser als sonst. Die Schwestern waren sich zunächst nicht ganz einig, vertrugen sich am Schluß aber glänzend.

Ich schicke meine Arbeit ab ... Arthur Krock hat sie gelesen und meint, sie sollte veröffentlicht werden. Er glaubt, ein guter Titel wäre *Why England Slept,* gewissermaßen als Gegenstück zu Churchills *While England Slept.* Krock meint, das Buch sollte im Frühjahr – im Mai oder Juni – herauskommen, aber dazu müßten zunächst folgende Fragen geklärt werden:

1. wann wirst Du von Deinem Posten zurücktreten,

2. Du müßtest überzeugt sein, daß es sich lohnt,
3. wenn Du noch den ganzen Sommer im Amt bleibst, könnte das Buch noch während Deiner Amtszeit veröffentlicht werden. Du kannst Dir selbst ein Urteil bilden, wenn Du die Arbeit gelesen hast... Ich glaube, ich könnte das Manuskript noch einmal überarbeiten, es vervollständigen und für den Durchschnittsleser interessanter machen. Jetzt ist die Arbeit noch nicht genügend ausgefeilt, auch wenn die Grundgedanken so in Ordnung sind...

Aber was ich tun werde, hängt davon ab, was Du für das Beste hältst...

Die Baseballmannschaft von Harvard macht keinen besonders guten Eindruck, aber Torb hat sich in den ersten acht Spielen bewährt... Ich will die Boote bald zu Wasser lassen... Das ist wohl alles.

Bitte laß mich so bald wie möglich wissen, was Du über meine Arbeit denkst – ich werde sie an einen Agenten schicken, den Krock mir empfohlen hat, und abwarten, was er denkt – die Hauptfragen sind:
1. ob es sich lohnt, sie zu veröffentlichen, wenn ich das Manuskript noch einmal überarbeitet habe;
2. ob sie veröffentlicht werden kann, solange Du noch im Amt bist.

Herzliche Grüße an alle
Dein Jack.«

Joe jr. an seinen Vater:

Harvard, den 4. Mai

»... Das einzige wirklich aufregende Ereignis hier waren die Wahlen, und Großpapa fand, ich hätte mich gut gehalten. Ich glaube also, man kann mit dem Namen Kennedy eine Menge Stimmen gewinnen. Ich kam auf den zweiten Platz mit nur 100 Stimmen weniger als der erste Bewerber...« Damit war Joe als

Delegierter gewählt. »Es sieht fast so aus, als werde sich Roosevelt noch einmal aufstellen lassen ... Die Stimmung hier (im Hinblick auf den Krieg) ist immer noch etwa die gleiche. Aber man hört doch schon ab und zu die Meinung, wir sollten uns bald einschalten und nicht warten, bis es zu spät ist ... Wir haben hier drei oder vier Professoren, die so denken ... Jack geht heute in die Zwischenprüfung und hat es dann für dieses Jahr geschafft.

Großpapa hält immer noch Reden und ist frisch und munter. Neulich behauptete er, Curley habe versucht, die Gemeinde von Boston zu verkaufen, aber er habe das verhindert ...«

Joe jr. an seinen Vater:

Harvard, 12. Juni

»... Nun ist alles vorüber bis auf das Geschrei. Ich glaube, ich habe mich ganz tapfer gehalten, doch ich wünschte, man würde das auch anerkennen, denn ich habe wirklich viel Zeit dafür geopfert ...

Das viele Gerede über Prüfungen erscheint einem so nebensächlich, wenn es aussieht, als sollte die ganze Welt zum Teufel gehen. Hierzulande hat sich ein erstaunlicher Meinungsumschwung vollzogen. (Das war nach der Vernichtung der französischen Armeen durch die Deutschen und zwei Tage vor dem deutschen Einmarsch in Paris. Die Regierung Pétain hatte am 22. Juni kapituliert.)

Alle Professoren sind verrückt vor Angst, Amerika werde nicht rasch genug aufrüsten ... Man hat allgemein das Gefühl, wir würden uns recht bald am Krieg beteiligen. Niemand kann dieses Gefühl begründen, aber man ist der Überzeugung, es sei unvermeidlich.

Ich werde mich nach Möglichkeiten umsehen, um als Reserveoffizier bei der Marine oder den Luftstreitkräften aufgenommen zu werden, damit ich, wenn etwas geschieht, nicht als ein-

facher Soldat dienen muß. Ich glaube, wir werden die allgemeine Wehrpflicht einführen ...
Am 15. Juli werde ich zum Parteikonvent gehen ...«

Jean an ihren Vater:

Hyannis Port, 24. Juni

»... Das Wetter war in den letzten Tagen sehr schlecht. Heute gingen wir zum Schwimmen, und das Wasser war so kalt, wie ich es hier noch nie erlebt habe. Rose wollte ins Kino gehen, und so begleitete ich sie. Bald wird sie ins Sommerlager fahren. Pat ist zum zweitenmal ins Wasser gefallen, und so bestand ihre Hauptbeschäftigung in diesen Ferien darin, ins Wasser zu fallen ... Mutter fuhr nach New Hampshire, um sich das Sommerlager von Rose anzusehen ...«

Joe jr. an seinen Vater:

Oshkosh, Wisconsin, 22. Juni

»... Und nun möchte ich Dir meine Eindrücke vom Parteikonvent schildern. Schon bevor die Delegation von Massachusetts Boston verließ, war man sich nicht einig, welchen Kandidaten man unterstützen sollte, Farley oder Roosevelt ... Am ersten Abend hatten wir eine Besprechung, und es war die stürmischste Sitzung, die ich je erlebt habe. Die Delegierten beschimpften einander als Lügner und Diebe ... Andererseits gab es Leute, die meinten, sie hätten sich schon festgelegt und müßten ihren Verpflichtungen treu bleiben. (Die Delegation hatte sich verpflichtet, für Farley zu stimmen.) ... Vorher hatte ich mit Krock gesprochen, und er meinte, auch ich sollte Farley die Treue halten ... Irgend jemand verlangte eine Abstimmung, und ich gab meine Stimme mündlich ab. Viele kamen anschließend zu mir und sagten, sie glaubten, ich hätte das Richtige getan. Heute bin ich mehr denn je davon überzeugt, daß es richtig war ...«

Joe hielt es zwar nicht für richtig, den Präsidenten für eine dritte Amtsperiode zu wählen. Aber nachdem er als Anhänger von Farley Delegierter geworden war, glaubte er, es sei moralisch nicht vertretbar, für einen anderen Kandidaten zu stimmen, es sei denn, Farley zöge seine Kandidatur zurück, was er nicht tat. Die Wahlhelfer von Roosevelt bedrängten ihn sehr und übten auch telefonisch Druck auf seinen Vater in London aus. Darauf antwortete Joe sen., obwohl er für die dritte Amtsperiode war, bezeichnenderweise, daß Joe jr. selbst entscheiden müsse. »Ich denke nicht daran, ihm zu sagen, was er zu tun hat.« Und Joe jr. hat Farley während des ganzen Wahlkampfes die Treue gehalten. An dieser Stelle möchte ich einen Brief einfügen, den Joseph M. Patterson, der Herausgeber der *New Yorker Daily News,* am gleichen Tage an Joe sen. nach London geschrieben hat:

»Lieber Joe:
Ich war auf dem demokratischen Parteikonvent in Chicago und möchte Ihnen sagen, einen wie ausgezeichneten Eindruck Ihr Sohn Joe jr. auf die Delegierten und die Zuschauer gemacht hat. Als die Delegation aus Massachusetts abstimmte, war er, wie jeder wußte, in einer peinlichen Lage. Aber er stand auf und sagte mit fester Stimme: ›Ich habe mich für Farley verpflichtet, und ich stimme für Farley.‹ Ich glaube, jeder von uns hat diese Haltung respektiert. Ich bin sicher, daß er, wenn er will, eine politische Zukunft hat. Mit den besten Wünschen
Ihr aufrichtiger J. M. P.«

Aus der Antwort von Joe an Patterson möchte ich ausführlich zitieren, weil hier nicht nur der Stolz auf die Haltung seines ältesten Sohnes zum Ausdruck kommt, sondern weil sie auch besagt, was er über die Kriegslage dachte und welche Haltung Amerika seiner Meinung nach einnehmen sollte – Angelegenheiten, die oft mißverstanden und falsch dargestellt worden sind:

»... Ich war erstaunt und überrascht – wenn ich es auch wahrscheinlich nicht sein sollte –, daß Sie als vielbeschäftigter Mann, der an vieles zu denken hat, von der Tatsache Kenntnis nehmen, daß das Verhalten von Joe jr. auf dem Parteikonvent es wert gewesen ist, bemerkt zu werden. Und es hat mich ganz besonders gefreut, daß Sie sich die Zeit genommen haben, mir etwas darüber zu schreiben. Natürlich habe ich gesagt, Joe jr. müsse seine Entscheidung selbst treffen. Ich hielt es für unfair, mich da einzumischen. Wenn er die Absicht hat, in den Staatsdienst zu gehen, dann sollte er jetzt feststellen, ob es ihm Schwierigkeiten bereiten wird, an diesem Spiel, wie er es jüngst kennengelernt hat, teilzunehmen. Ich habe ihm, als alles vorbei war, geschrieben und seine Haltung anerkannt. Jim Farley hat mir aus dem hektischen Gewühl in Chicago ein Telegramm geschickt und Joe für seinen Mut gelobt. Das hat mich sehr glücklich gemacht...

Ich erinnere mich sehr genau an unser letztes Zusammensein vor meiner Abreise aus Amerika. Der unmittelbare Anlaß für die Meinungsverschiedenheit, die an diesem Tage zwischen Bullitt und mir entstand, war die Frage, ob die Vereinigten Staaten auch weiterhin Kredite gewähren sollten. Ich sagte, das wäre so, als schütte man das Geld in ein Sieb. Ich denke auch heute noch so, ja ich glaube sogar, daß alles, was wir den Südamerikanern geben, in diesem Sinne zu beurteilen ist. Wenn es sich unser reiches Land jedoch leisten kann, dieses Geld zu verschenken – im Interesse unserer Außenpolitik –, dann ist das etwas anderes. Nur glaube ich nicht, daß es Sinn hat... Das heißt jedoch nicht, daß wir nicht aufrüsten und daß wir uns nicht vorbereiten sollten. Doch während wir das tun, brauchen wir eine klar formulierte Politik im Hinblick auf unsere wirtschaftliche Zukunft...

Die Lage in England ist so, wie sie nach meiner Ansicht schon einige Zeit gewesen ist. Wenn Deutschland die britischen Luftstreitkräfte zerschlagen und die Luftüberlegenheit erringen kann, dann glaube ich nicht, daß alle für die Verteidigung Englands aufgestellten Pläne auch nur das geringste nützen werden. Ich glaube, die Deutschen werden auf der Insel landen, wann es ihnen gefällt, vorausgesetzt, sie erringen die Luftüberlegenheit... Wenn ihre Luftwaffe nicht stark genug ist... dann wird sich die Insel so lange halten, wie es möglich ist, Schiffe heranzubringen, und solange es der britische Kredit in den Vereinigten Staaten erlaubt, Versorgungsgüter zu kaufen...

Wie ich es sehe, werden wir immer mehr mit dem Argument rechnen müssen, daß unsere Verteidigungslinie in England liegt, und dieser Umstand wird all unseren künftigen Maßnahmen zur Begründung dienen, sogar einer Kriegserklärung... Ich bin mit allem einverstanden, was unser Land freiwillig tun will. Wenn wir jedoch in diesen Krieg eintreten, dann unterschreiben wir einen Blankoscheck, und zwar nicht nur für unsere materiellen Hilfsmaßnahmen, sondern auch für unsere Menschen und für unser gesellschaftliches und politisches Leben.

Verstehen Sie mich bitte nicht falsch. Niemand in der Welt wünscht die Niederlage der Deutschen sehnlicher als ich, aber ich bin davon überzeugt, daß es meine Pflicht ist, so realistisch wie möglich zu bleiben und die Gesamtlage so darzustellen, wie ich sie sehe, und das tue ich in meinen täglichen Telegrammen nach Washington.

Für mich persönlich ist die Situation hier recht traurig, da meine ganze Familie in den Vereinigten Staaten ist, und ich sehe es nicht gern, daß meine Frau allein die Verantwortung für sie trägt. Aber... ich habe geglaubt, ich dürfte meinen Posten nicht verlassen, bevor die Bombenangriffe aufgehört haben. Dann werden wir weitersehen.«

Zum Schluß zitiere ich noch ein Telegramm über den demokratischen Parteikonvent des Jahres 1940, denn es beleuchtet die Einstellung unserer Familie zu dem Begriff »Innenpolitik«.

Joe sen. an Jean:

London, 2. August

»Dein letzter Brief, der gestern hier eintraf, war sehr inhaltsreich, und ich habe mich gefreut zu hören, womit Ihr Euch beschäftigt.

Ich bin jetzt wieder für fünf Tage in der Woche in die Botschaft umgezogen, weil es so viel zu tun gibt, daß ich es mir nicht leisten kann, draußen in Windsor zu bleiben. Ich benutze aber nur mein Schlafzimmer und das Arbeitszimmer. Das Haus macht also einen recht verlassenen Eindruck... Es geht uns gut, aber ich vermisse Euch alle sehr. Solange die Verhältnisse günstiger waren, haben wir hier ja viel Freude miteinander gehabt, und man kann einen Posten nicht einfach verlassen, weil einem gerade so zumute ist. Verpflichtungen muß man einhalten. Jedenfalls hoffe ich auf die Gelegenheit, noch ein paarmal mit Dir zum Schwimmen zu gehen, ehe Du wieder in die Schule mußt. Grüße alle herzlich von mir und sei selbst umarmt und geküßt...«

Eunice an ihren Vater:

Hyannis Port, 5. September

»Herzlichen Glückwunsch zum Geburtstag, denn morgen hast Du Geburtstag. Ich hoffe nur, unser Geburtstagsgeschenk hat Dich nicht zu sehr verwirrt. Uns hat es ganz durcheinandergebracht. Was sind das nur für Stimmen! Nur ein Vater könnte es ertragen, diese Platte anzuhören!! Jack hat das Rennen am 1. Mai gewonnen. Bob, Pat und ich wurden im Juli und August Zweite und siegten am 1. Mai und am 4. Juli. Ehrlich, Dad, wir vermissen Dich ganz schrecklich. Wir werden alle noch für

Wilkie (sic) stimmen, damit Du bald nach Hause kommen kannst. Mutter hat sogar gesagt, sie führt das Leben einer Witwe. Genieße also jetzt noch Deine Freiheit, denn wenn Du einmal zu Hause bist, lassen wir Dich so bald nicht mehr los.
Wie Du weißt, war Jacks Buch ein großer Erfolg, er bekommt täglich Zuschriften und fühlt sich dadurch sehr geschmeichelt.
Bob hat in den letzten drei Wochen sehr viele gesellschaftliche Verpflichtungen gehabt, ist ständig eingeladen und geht fast jeden zweiten Tag mit seiner sehr niedlichen Freundin ins Kino. Am vergangenen Samstag hat er ein Essen für etwa fünfzehn Personen gegeben, was ihm offenbar nicht viel Spaß zu machen schien. Er ist ein ansehnlicher junger Mann geworden und hat sich enorm herausgemacht.
... Ich hoffe, Dich sehr bald wiederzusehen, Dad. Achte ebenso wie wir auf Deine Figur.
Ich gehe jetzt zum Wasserski. Du siehst also, mir geht es nicht sehr schlecht. Herzliche Grüße von uns allen.«

Joe sen. an Eunice:

London, 11. September

»Am Sonntag habe ich Deine Aufsätze erhalten und mich gleich auf die Veranda gesetzt, um sie zu lesen. Weißt Du, ich finde, sie sind wirklich gut. Ich wußte, daß Du Sinn für Humor hast, aber ich wußte nicht, daß Du Dich auch so gut ausdrücken kannst... Wir haben viele Bombenangriffe erlebt, und es fallen immer noch Bomben in der Umgebung von Princes Gate 14. In der vergangenen Nacht fiel eine Bombe in den Teich am Buckinghampalast... Die dauernden Bombenangriffe machen die Menschen nervös. Ich weiß nicht, wo das enden soll. Aber alles, was ich sehe, bestätigt, was ich schon immer geglaubt habe. Es hätte nie anfangen dürfen. Das Schlimme an diesem Krieg ist, daß unglückliche Frauen und

Kinder am meisten leiden müssen. Die Soldaten haben es lange nicht so schwer... Ich kann Dir gar nicht sagen, wie mir zumute wäre, wenn einer von Euch hier wäre. Ich glaube, ich würde verrückt werden... Die Deutschen gehen, wie ich glaube, in ihrer Art ganz methodisch vor. Ich gehöre nicht zu denen, die annehmen, sie bombardierten mit Absicht Entbindungsheime und Krankenhäuser. Sie greifen die militärischen Ziele an. Aber wenn man das in der Nacht aus einer Höhe von etwa 3000 bis 4000 Metern tut, dann trifft man natürlich auch etwas anderes...

Nun, mein Liebling, bete weiter für die Erhaltung der Zivilisation, denn der Himmel weiß, wie notwendig das ist...«

Joe sen. an Teddy:

London, 11. September

»Ich bekomme bestimmt nicht alle Briefe, die Du mir angeblich schreibst... Deine Schwestern sind recht fleißige Briefschreiberinnen, aber Du und Bobby, Ihr seid die schlechtesten Korrespondenten, die ich in der Familie habe. Das Schreiben ist eine gute Übung für Dich, und deshalb hoffe ich, Du wirst Dir vornehmen, mir, solange ich hier bin, regelmäßig zu schreiben. Im übrigen hat es mir viel Freude gemacht, Eure Stimmen zu hören... (Das war die Geburtstagsaufnahme, die Jean und Eunice erwähnt haben.) Du bist ein großartiger kleiner Anführer. Dein ›hipp hipp hurrah‹ hätte nicht besser klingen können...

Es hat mir schrecklich leid getan, diesen Sommer nicht mit Euch auf Cape Cod schwimmen zu können. Du weißt bestimmt, daß ich es gern getan hätte, aber nicht kommen konnte, weil ich zu viel Arbeit hatte... Vielleicht wird es Dich interessieren – und erzähle das auch Deinen Geschwistern –, daß ich neulich ins Konzert gehen und anschließend mit dem Informationsminister Duff Cooper essen wollte. Dabei fuhr ich in aller Eile nach Hause in die Princes Gate 14, zog meinen Smoking an und machte mich auf den Weg in das Konzert. Als ich zur Queens Hall kam, stellte ich fest, daß man das Konzert abgesagt hatte. Dann ging ich in mein Büro, und nachdem ich dort dreiviertel Stunden gesessen hatte, stellte ich fest, daß ich mich zwei Tage nicht rasiert hatte. Nun mußte ich unrasiert zu einem offiziellen Essen gehen. Du kannst also sehen, wieviel ich zu tun habe. Sicher werdet Ihr alle über diese Geschichte lachen.

Ich weiß nicht, ob Du die Luftangriffe sehr aufregend finden würdest. Ich bin natürlich überzeugt, Du hättest keine Angst. Wenn Du aber all die Geschütze in der Nacht schießen und die Bomben detonieren hörtest, würdest Du vielleicht doch etwas ängstlich werden ... Es ist wirklich schrecklich, an all die armen Frauen und Kinder und an die Menschen zu denken, die im Londoner East End obdachlos werden und zusehen müssen, wie ihre Häuser zerstört werden.

Ich hoffe, wenn Du erwachsen bist, wirst Du Dein Leben der Aufgabe widmen, die Menschen glücklicher und nicht unglücklicher zu machen, wie es der Krieg tut ...«

Im folgenden Monat kehrte Joe auf eigenen Wunsch nach Amerika zurück, um mit dem Präsidenten Roosevelt über die Kriegslage und die amerikanische Politik zu sprechen. Bis zu den Präsidentschaftswahlen waren es nur noch zwei Wochen, und es sah aus, als könnte es ein totes Rennen geben. Man debattierte sehr hitzig über die Frage der »dritten Amtsperiode«, und die Republikaner hatten in Wendell Willkie einen energischen und attraktiven Kandidaten aufgestellt. Der Präsident bat Joe an diesem Abend um seine Unterstützung und eine öffentliche Erklärung. Joe war einverstanden, sprach wenige Tage später abends über 114 Sender (er bezahlte das aus eigener Tasche als persönliche Spende an die Partei), behandelte dabei die im Wahlkampf zur Diskussion stehenden Fragen und setzte sich für die Wiederwahl Roosevelts ein. Am stärksten betonte er, daß er glaubte, F. D. R. könne und werde uns aus dem Kriege heraushalten. Am Schluß sagte er:

> »Meine Frau und ich haben dem Schicksal neun Geiseln anvertraut. Unsere Kinder und Ihre Kinder sind wichtiger als alles andere in der Welt. Das Amerika, das sie und ihre Kinder erben werden, liegt uns allen am Herzen. Im Lichte dieser Überlegungen glaube ich, daß Franklin D. Roosevelt wieder zum Präsidenten der Vereinigten Staaten gewählt werden sollte.«

Auf Bitten von Betsy Cushing Roosevelt hielt auch ich eine Ansprache im Rundfunk und sagte, ich sei überzeugt, der Präsident werde uns nicht in den Krieg führen.

Wir hatten allerdings bohrende Zweifel im Hinblick auf die Frage, wie weit seine Politik unser Land an den Rand des Krieges heranführen könnte, ohne es ernstlich zu gefährden. Joe konnte jedoch auf jede Weise und aus zahlreichen Gründen – vor allen Dingen nach seinem langen und ausführlichen Gespräch im Weißen Haus am Abend nach seiner Rückkehr – unter den damals bestehenden Voraussetzungen dieser politischen Linie aufrichtig zustimmen. Man sollte England jede mögliche Hilfe gewähren und dabei die Vereinigten Staaten so weit aufrüsten, daß sie, wenn England unterliegen sollte, einem Angriff Hitlers standhalten konnten. Bis dahin sollten wir, solange wir nicht direkt angegriffen würden, uns nicht am Kriege beteiligen.

Der Frieden war das Zentralthema Roosevelts im Wahlkampf. Einen oder zwei Tage nach der Rundfunkrede von Joe war Roosevelt abends in Boston. Auf dem Bahnhof wurde er von Bostoner Honoratioren begrüßt, zu denen auch mein Vater gehörte, der Jack mitgenommen hatte. Vor einer großen Zuhörerschaft im Boston Garden hielt der Präsident eine seiner überzeugendsten Reden, die auch die folgenden denkwürdigen Zeilen enthielt:

»Da ich nun zu Ihnen als zu Müttern und Vätern spreche, gebe ich Ihnen noch einmal diese Versicherung: Ich habe es schon gesagt, ich werde es aber wieder und wieder und immer wieder sagen; Ihre Söhne werden nicht in fremde Kriege geschickt werden.«

Ich muß bekennen, daß ich für Roosevelts Charme und seine Schmeicheleien ebenso empfänglich war wie die meisten anderen. Im persönlichen Umgang war er zweifellos ein Genie. Er wußte, fühlte und verstand, daß er mich am besten gewinnen – und damit veranlassen konnte, auch Joe ein wenig zu seinen Gunsten zu beeinflussen – wenn er mir Komplimente über meinen Vater machte. (Ich wußte genau, was er damit bezweckte, außerdem bestätigte auch einer der Söhne Roosevelts, daß es so sei, und Jack sagte es mir. Trotzdem konnte man sich dieser Wirkung kaum entziehen, auch wenn man merkte, daß er einen mit seinem Charme gewinnen wollte.)
Am Tage nach der Wiederwahl des Präsidenten Roosevelt reichte Joe seinen Rücktritt ein. Der Präsident wollte, daß er an seinem Posten blieb, und überredete ihn sogar, nominell Botschafter zu bleiben, bis sein Nachfolger ernannt wäre. Sein Rücktrittsgesuch wurde deshalb erst im Februar 1941 offiziell angenommen.
Joe ist danach nicht mehr in den Staatsdienst gegangen außer als Berater und viele Jahre später als Mitglied des »Hoover-Ausschusses« (unter seinem alten Freund, dem ehemaligen Präsidenten), um hier die Regierungsexekutive zu reorganisieren.
Dennoch haben ihn innen- und außenpolitische Fragen auch später noch genauso interessiert wie in den zehn Jahren, in denen er an mancher wichtigen Entscheidung selbst mitgewirkt hat.

14. KAPITEL

Während des größten Teils des ersten Jahres nach seinem Ausscheiden aus dem Amt benutzte Joe die Freiheit, die er nun genoß, da er nicht mehr durch offizielle Rücksichtnahmen behindert wurde, dazu, gegen den Eintritt der Vereinigten Staaten in den Krieg und gegen eine Politik, die dazu führen könnte, zu wirken. Er sagte vor Kongreßausschüssen aus, schrieb Zeitungsartikel, gab Interviews, hielt Reden und sprach mit einflußreichen Freunden. Doch die Zeit verging, und eine direkte Beteiligung Amerikas wurde immer wahrscheinlicher.

Angesichts des drohenden Krieges und aus dem Gefühl, daß man vielleicht schon bald für Vergnügen keine Zeit mehr haben werde, unternahm ich eine Reise nach Südamerika. Ich war noch nie über Panama nach Süden hinausgekommen und hatte nur vor Jahren mit meinem Vater einmal kurz den Panamakanal besichtigt. Nachdem Joe nach Hause zurückgekehrt war und mir notfalls alle Probleme im Haushalt und mit den Kindern abnehmen konnte, durfte ich mit ruhigem Gewissen reisen. Ich lud Eunice ein, mitzukommen. Nach Beendigung ihres Frühjahrssemesters in Manhattanville brachen wir auf und fuhren zunächst mit dem Schiff zu den karibischen Inseln und nach Rio de Janeiro. Von dort aus benutzten wir meist das Flugzeug.

Eine Zeitlang schloß sich uns auch Jack an. Es fiel ihm immer noch schwer, die richtige Berufswahl zu treffen. Er hatte an ein Jurastudium gedacht, wollte aber dann, weil Joe jr. schon die juristische Laufbahn ergriffen hatte, in die Wirtschaft gehen. Er liebte und bewunderte seinen Vater, der auf diesem Gebiet so große Erfolge gehabt hatte. Jack glaubte offenbar, wenn das Leben eines Unternehmers und Finanziers für seinen Vater interessant genug gewesen sei, dann müsse es auch für ihn interessant werden. Deshalb ging er im Herbst 1940 auf die Stanford University und schrieb sich dort für Kurse in Volkswirtschaft, Finanzwesen und Betriebswirtschaft ein. Er mußte jedoch feststellen, daß dieses Fach seinen Neigungen nicht entsprach, und gab dieses Studium nach dem ersten Semester wieder auf. Angetrieben von der gleichen Reiselust und ebenso begierig wie ich, Südamerika kennenzulernen, war er zwei Wochen nach Eunice und mir ins Flugzeug gestiegen, und wir trafen uns in Rio.

Nach einiger Zeit reiste er allein weiter, beobachtete, was ihn interessierte, und verschaffte sich einen Eindruck von den verschiedenen Ländern und ihren Bewohnern. Ich glaube, diese Reise hat sich zwanzig Jahre später ausgewirkt, als er Präsident war und die *Alliance for Progress* schuf.

Für Eunice und mich war es ein faszinierendes Unternehmen. Wir lernten viel Neues, amüsierten uns gut und erlebten auch einige Aufregungen. Wir reisten nach Argentinien, überquerten die Anden, sahen uns Chile an; von dort ging es weiter nach Peru, Ecuador, Panama und Kuba. Am 20. Juni trafen wir wieder in Hyannis Port ein. Natürlich hatten wir viel Aufregendes von unseren Abenteuern zu erzählen, waren aber auch gerade rechtzeitig gekommen, um den Sommer auf Cape Cod noch in vollen Zügen genießen zu können.

Der Sommer brachte eine ganz besondere Atmosphäre in unser Haus. Um sie mir wieder lebendig vor Augen zu führen, habe ich an Charles Spaulding, einen Freund von Joe jr. und Jack, geschrieben. In seinem Antwortbrief beschreibt er den Sommer 1940 unmittelbar nach der Veröffentlichung von Jacks Buch, aber die Szene gleicht im wesentlichen dem, was in früheren Sommern und dann wieder 1941 hier geschah.

»Liebe Mrs. Kennedy,

Zur Beantwortung ihres Briefes wird es vielleicht am besten sein, wenn ich mich daran erinnere, wie ich Ihre Familie kennengelernt habe.

George Means brachte mich am späten Nachmittag eines Sommertages 1940 zu Ihrem Haus auf dem Cape. Während wir auf die Veranda zugingen, hörten wir Stimmen, Gelächter und Schimpfworte, die uns aus jedem Zimmer entgegenklangen. Billings' Töne ließen sich deutlich aus dem Gesamtorchester heraushören. Irgend jemand übertönte den Lärm und rief uns zu, wir sollten zum Abendessen bleiben.

Wir gingen ins Haus, und ich war überrascht, so viele junge Menschen zu sehen – es waren damals noch Kinder –, die alle gleich aussahen, wenn sie ihr Gesicht zu einem breiten Lachen verzogen und es irgendwie fertigbrachten, die Stimmung im Hause auch dann noch auf höchsten Touren zu halten, wenn sie sich zivilisiert anziehen und zum Abendbrot fertigmachen mußten.

George ging in Jacks Zimmer, das im Erdgeschoß lag. Auf dem Fußboden stapelten sich die Belegexemplare des Buches *Why England Slept.* Nach der Vorstellung sagte der Verfasser, ›die Pfannkuchen werden Ihnen schmecken‹. Ich bemerkte den Brief eines in Europa sehr berühmten Mannes, der Jack seine Anerkennung aussprach. Der Brief lag, halb von einem Badeanzug verdeckt, auf dem Boden, und als ich ihn aufheben wollte, kam der ehemalige Bürgermeister von Boston herein. Er hatte einen Ausschnitt aus einer Bostoner Zeitung in der Hand, in dem etwas Schmeichelhaftes über ihn gesagt wurde, und bemühte sich darum, seinem Enkel klarzumachen, daß dies durchaus berechtigt sei.

Bald ging es zum Essen, an dem sich die ganze Familie und vier Gäste beteiligten. Ein Supermarkt muß leergekauft worden sein, um all das Gemüse und die Beeren zu beschaffen, die bei dieser Sitzung vertilgt wurden. Das Gespräch drehte sich um das System für die Einberufung der Reservisten auf Bundesebene, und die Diskussion darüber dauerte bis zum Ende der Mahlzeit. Der Hausherr leitete sie und examinierte die Gesprächsteilnehmer streng.

Nach dem Essen wurde ein Film vorgeführt. Als George und ich uns am späten Abend verabschiedeten, bereitete es einige Schwierigkeiten, Ruhe eintreten zu lassen. Diejenigen, die früher zu Bett gegangen waren, schlugen mit ihren Schuhen auf den Fußboden und verlangten, man solle endlich still sein, und die anderen gehorchten nur widerwillig. An diesem Tage war viel geschehen, und er wollte nicht zu Ende gehen. Unter anderem hatte man eine Segelregatta veranstaltet, ungezählte Partien Tennis gespielt, darüber debattiert, welche Streitkräfte an der spanischen Revolution teilgenommen hätten, der fürstliche Hausherr hatte Geschichten über wilde Spekulanten in den zwanziger Jahren zum besten gegeben, die jungen Damen hatten eine Liste über die Qualitäten zusammengestellt, die der ideale Ehemann aufweisen müsse, man hatte das tägliche Fußballspiel absolviert, und am Schluß war nach der Filmvorführung ein interner Krieg um die Frage ausgebrochen, ob Ingrid Bergman dick werden würde.
Auf dem Heimweg mit George überdachte ich den Abend noch einmal und überlegte mir, weshalb er so erfreulich gewesen war. In diesem Hause erlebte man das Erregende der ungewöhnlichen Leistung, doch fehlte dabei jede Anmaßung. Es war ein ständiger Wettbewerb, bei dem nur hervorragende Leistungen etwas galten. Alle teilten das Gefühl, daß alles möglich sei, und das einzige Problem bestand darin, daß man nie genügend Zeit haben werde. So entstand eine denkbar intensiv lebende Gruppe von Menschen – weniger eine Familie. Ich dachte, das ist das Beste, was ich je gesehen habe.
Darüber sind viele Jahre vergangen, und ich habe seither immer wieder an diesem Leben teilgenommen. Noch heute ist es das Beste, was ich kenne. Es hört nie auf, mich zu faszinieren oder zu inspirieren. Wenn man einen Mißerfolg erlebt, sich davon erholt hat und der scharfen Kritik dieses Kreises ausgesetzt wird, dann fühlt man sich stark genug, es noch einmal zu versuchen. Hat man einen kleinen Erfolg errungen

und ist zurückgekehrt, dann erkennt man sehr bald, wie gering die eigene Leistung gewesen ist, und fühlt sich sofort dazu getrieben, etwas Neues zu unternehmen, was mehr von einem verlangt. Das alles übt einen starken Einfluß auf einen aus – ich glaube, den stärksten, den ich kenne.

Besser kann ich das, was mir in Ihrem Hause wertvoll erscheint, nicht mit wenigen Worten beschreiben.

Chuck Spaulding.«

Im Sommer 1941 war unsere Familie zum letztenmal vollzählig versammelt. Eigentlich hätte Joe jr. im Herbst zu seinem letzten Studienjahr auf die juristische Fakultät von Harvard zurückkehren sollen. Aber so sehr er es auch bedauerte, nahm er mit Sicherheit an, daß die Vereinigten Staaten in den Krieg hineingezogen werden würden. Er glaubte, er müsse sich jetzt auf den aktiven Dienst in den Streitkräften vorbereiten. Er meldete sich deshalb freiwillig zur Pilotenausbildung bei den Marinefliegern. Im Juli, wenige Tage vor seinem sechsundzwanzigsten Geburtstag, meldete er sich zur Grundausbildung auf dem Marinefliegerstützpunkt Squantum bei Boston. Diese Garnison lag so günstig in unserer Nähe, daß er im Sommer immer wieder zu den Wochenenden nach Hause kommen konnte. Später ging er zur Spezialausbildung auf den Marineflugplatz Jacksonville, Florida. In dem Buch *As We Remember Joe* schreibt Jack:

»Nach bestandener Offiziersprüfung in Jacksonville wurde Joe mit den ›Cutler Wings‹ ausgezeichnet, die jeweils der Kadett erhielt, der nach dem Urteil seiner Kameraden die beste Eignung für die Offizierslaufbahn in der Marineluftwaffe der Vereinigten Staaten besaß.

Nachdem er im Mai 1942 bei der Beförderungsfeier von seinem Vater das Pilotenabzeichen angesteckt bekommen hatte, flog er ein Aufklärungsflugzeug über der karibischen See. Im September 1943 packte ihn dann der Ehrgeiz, und er ließ sich mit der Ersten Naval Squadron nach England versetzen, um beim britischen Küstenkommando eine B24 zu fliegen...«

Jack war etwa zur selben Zeit zu dem gleichen Entschluß gekommen wie Joe jr. Nach der Rückkehr von seiner Südamerikareise im Frühsommer (kurz nach seinem vierundzwanzigsten Geburtstag) meldete er sich freiwillig bei der Offiziersanwärterschule der Armee. Aber er wurde wegen der Rückenverletzung, die er sich in Harvard zugezogen hatte, nicht angenommen. Daraufhin versuchte er es bei der Marine, wurde aber aus dem gleichen Grunde abgewiesen. Er ließ sich jedoch nicht unterkriegen und wollte, wie üblich, nicht zugeben, daß ihm etwas fehlte. Deshalb brachte er den Rest des Sommers damit zu, durch gymnastische Übungen seinen Rücken zu stärken. Im September meldete er sich noch einmal bei der Marine, und diesmal wurde er angenommen. Er machte die Offiziersausbildung durch und wurde Anfang des Winters zum Leutnant befördert. Zunächst erhielt er ein Schreibtischkommando in Washington. Dort mußte er für den Stabschef der Marine Nachrichten und militärische Informationen zusammenstellen, was ihn sehr langweilte. Nach Pearl Harbor meldete er sich zum aktiven Dienst auf See. Eine ganze Weile geschah nichts. Er wurde nur als Rekrutenausbilder in eine Marinegarnison nach South Carolina versetzt. Sein Freund Lem Billings erlebte ihn dort und hat in dem von Geschwistern und Freunden verfaßten Erinnerungsbuch *John Fitzgerald Kennedy – As We Remember Him* so amüsant davon berichtet, daß ich mit der Erlaubnis von Lem und dem Herausgeber daraus zitiere:

»Eine Zeitlang war er in Charleston, South Carolina, stationiert. Hier hielt er seine, soweit mir bekannt ist, erste öffentliche Rede. Ich war dabei – das Thema: Brandbomben. Er wußte sehr wenig darüber, aber was er zu sagen hatte, war ausgezeichnet. Ich war tief beeindruckt, denn ich hatte ihn, wie gesagt, noch nie öffentlich reden hören. Als wir noch in Choate waren, vermieden wir es beide, öffentlich aufzutreten. Der beste Weg das zu vermeiden war, sich dem Schauspielklub anzuschließen. Wir waren beide keine guten Schauspieler, aber um andere öffentliche Auftritte zu umgehen, wurden wir Mitglieder. Nachdem er nun diese Rede gehalten hatte, war er selbst so beeindruckt davon, daß er die Gruppe fragte: ›Hat noch irgend jemand eine Frage?‹ Der erste Frager wollte wissen: ›Sie haben gesagt, es gäbe zwei Arten von Bomben. Können Sie mir bitte sagen, wie man feststellen kann, wenn eine Bombe fällt, was das dann für eine ist?‹ Jack erwiderte daraufhin: ›Ich freue mich, daß Sie gerade diese Frage gestellt haben, denn in vierzehn Tagen wird ein Fachmann zu uns kommen, der über genau diese Probleme sprechen wird.‹«

In den ersten anderthalb Jahren seiner Zugehörigkeit zur Marine wurde er an ähnlichen Stellen eingesetzt, und das gefiel ihm gar nicht. Im Sommer 1942 kam er zum Urlaub nach Hyannis Port. Im Spätsommer des gleichen Jahres wurde er auf ein Schnellboot versetzt. Die dafür erforderliche Ausbildung dauerte etwa sechs Monate, und Anfang 1943 schickte man ihn in den Südpazifik, wo er im März Kommandant des Schnellboots 109 wurde.

Obwohl Jack zwei Monate später in die Marine eintrat als Joe jr., befand er sich schon etwa ein halbes Jahr vor der Versetzung von Joe jr. nach England in der Kriegszone und mußte hier jeden Tag damit rechnen, mit dem Gegner in Berührung zu kommen. Wie die meisten jungen Männer im Krieg – oder vielleicht sollte ich sagen, in einem ausgesprochen nationalen und patriotischen Krieg, wie dieser es für uns alle nach Pearl Harbor wurde – hatten sie beide aus dem Etappendienst hinausgewollt, um so bald wie möglich an die Front zu kommen. Im Verlauf der langjährigen freundschaftlichen Rivalität zwischen den beiden Brüdern ist es hier wohl zum ersten Mal geschehen, daß Jack einen so deutlichen Vorsprung gewann. Wahrscheinlich hat er sich sehr darüber gefreut, während es Joe jr. ein wenig gewurmt haben mag.

Was mich anbelangt, so war ich über diese Entwicklung alles andere als glücklich. Vielleicht gibt es anderswo Mütter, die ihre Söhne mit Stolz und Freude in den Krieg schicken können, um dort zu töten oder vielleicht getötet zu werden. Sie mögen stolz darauf sein, daß sie ihrem Stamm oder ihrem Volk Krieger geboren haben, die das verteidigen, was für sie wertvoll ist. Doch ich dachte nur: weshalb sollten meine Söhne die Söhne jener Frauen umbringen, die ich als junges Mädchen in Blumenthal gekannt hatte? Der Krieg ist für mich immer »der letzte Wahnsinn« gewesen. Gewaltanwendung – und Krieg als die deutlichste Demonstration der Fähigkeit des Menschen, gegenüber dem Menschen unmenschlich zu sein – widersprach meiner religiösen Überzeugung, meinen moralischen Grundsätzen und meinem gesunden Menschenverstand. Die Folgezeit hat mich in meinen Überzeugungen auf eine Art und Weise bestärkt, die ich mir damals kaum hätte vorstellen können.
Wie fast alle Mütter in aller Welt sah ich mich durch die Ereignisse und Kräfte jener Zeit in eine Zwangslage gebracht. Ich konnte nichts anderes tun als gute Miene zum bösen Spiel zu machen, zu hoffen und zu beten.

Der Sommer 1941 war auch der letzte, den Rosemary bei uns bleiben konnte. Eine Zeitlang hatte sie gute Fortschritte gemacht, und Joe und ich hatten jeden Grund, im Hinblick auf ihre Zukunft optimistisch zu sein. Allerdings war es unmöglich, aus ihr einen »normalen« Menschen zu machen. Das wäre eine unrealistische Hoffnung gewesen. Es gibt viele Millionen Menschen in der Welt, deren Intelligenzquotient unter 100 liegt, die ein zufriedenes Leben führen und einer Arbeit nachgehen, die sie befriedigt und die anderen hilft. Das hatten wir auch für Rosemary erreichen wollen, und es sah aus, als ließe sich dieser Wunsch erfüllen.
Aber etwa ein Jahr nach ihrer Rückkehr aus England begannen

sich beunruhigende Symptome zu zeigen. Wir stellten nicht nur fest, daß ihre geistigen Fähigkeiten, die zu entwickeln solche Mühe gekostet hatte, nachließen, sondern auch ihr bisher so freundlicher und gutmütiger Charakter veränderte sich, und sie geriet zunehmend in Spannungen und wurde reizbar. Sie regte sich leicht auf und wurde unberechenbar. Manchmal hatte sie Wutanfälle, bei denen sie Gegenstände zerbrach oder nach Menschen schlug. Da sie recht stark war, schlug sie auch kräftig zu. Schließlich bekam sie sogar krampfartige Anfälle. Offenbar spielten hier neben der allgemeinen Zurückgebliebenheit auch andere Faktoren mit. Augenscheinlich litt sie an einer neurologischen Störung oder Krankheit, und das schien mit der Zeit immer schlimmer zu werden. Joe und ich konsultierten die bedeutendsten Spezialärzte, die uns alle rieten, Rosemary von einem Neurochirurgen behandeln zu lassen. Die Operation war, glaube ich, nur ein Teilerfolg insofern, als daß dadurch die Wutanfälle und Krämpfe wohl ausgeschaltet wurden. Sie hatte aber auch zur Folge, daß Rosemary auf die Dauer geistig behindert blieb. Vieles von dem, was sie im Lauf der Jahre durch ihre eigenen tapferen Anstrengungen und unsere liebevolle Behandlung gelernt hatte, ging wieder verloren. Bald wurde deutlich, daß sie nicht mehr in der Lage sein würde, sich in der Welt zurechtzufinden, und deshalb mußte sie unter ständige Aufsicht gestellt werden. Wir sahen uns nach einem geeigneten Ort um und fanden ihn in einem Kloster in Wisconsin, wo die Nonnen das notwendige Verständnis für sie hatten und so liebevoll für sie sorgten, wie Rosemary es in ihrem Unglück und mit ihrem an sich so freundlichen Charakter verdient hatte. Dort lebt sie nun schon über dreißig Jahre. Körperlich ist sie ganz gesund und fühlt sich im allgemeinen wohl. Ich besuche sie etwa alle zwei Monate. Eunice ist alle sechs Wochen bei ihr, und die anderen Familienmitglieder besuchen sie wenigstens ein paarmal im Jahr. Sie lebt auf der geistigen Ebene eines Kindes, kann jedoch kleine Ausfahrten in ihrem Auto unternehmen, ein wenig für sich selbst einkaufen – allerdings immer in

Begleitung – und sich des Lebens soweit freuen, wie sie es begreift. Sie hat sich ganz an ihre Umgebung gewöhnt, und es würde sie verwirren, wenn man sie dort fortnähme. Sie freut sich immer, uns zu sehen und zu spüren, daß sie geliebt wird und zur Familie gehört. Das nimmt sie auch ganz bewußt wahr.
Das Schicksal von Rosemary war die erste Tragödie, die wir erlebten. Bisher habe ich noch mit niemandem außer mit den Mitgliedern unserer Familie und den wenigen Außenstehenden, die es wissen mußten, darüber gesprochen. Als ich diese Zeilen niederschrieb, habe ich festgestellt, daß sich mein Kummer und mein Schmerz in all den Jahren nicht verringert haben. Es sind aber so viele falsche Gerüchte in Umlauf gebracht worden (wie z. B. die Geschichte, daß Rosemary unerkannt bei Jacks Amtseinführung dabeigewesen sei), daß ich mich verpflichtet fühle, alles so zu erzählen, wie es wirklich gewesen ist. Wie schon am Anfang dieses Buches gesagt, schreibe ich es vor allem auch deshalb, um bestimmten falschen Vorstellungen entgegenzutreten. Ich bin jetzt dreiundachtzig Jahre alt und stehe im vierundachtzigsten Jahr. Die Zeit ist gekommen, offen zu sein.

Im Sommer 1941 waren wir auch zum letzten Mal längere Zeit mit Kick zusammen. Sie war damals einundzwanzig Jahre alt, und da sie im Frühjahr das zweite Jahr auf der Finch School in New York abgeschlossen hatte, verbrachte sie den größten Teil des Sommers bei uns in Hyannis Port. Sie wußte noch nicht genau, was sie anschließend tun wollte, interessierte sich aber für Journalismus. Das war offenbar eine Familienveranlagung. Sie nahm deshalb im Herbst, ermutigt und unterstützt von ihrem Vater, der mit den Eigentümern der *Washington Times-Herald,* den McCormicks und Pattersons, befreundet war, eine Anstellung bei dieser Zeitung an. Joe meinte, dort werde sie in der wichtigsten Hauptstadt der Welt, in einer historisch entscheidenden Periode, die Möglichkeit haben, die Ereignisse aus nächster Nähe zu verfolgen.

Sie hat dort mindestens ebenso hart gearbeitet wie ihre Kollegen, wahrscheinlich härter, denn sie wollte sich bewähren. Sie wurde von Kollegen und Vorgesetzten als ausgezeichnete Berichterstatterin geachtet und wollte es unter allen Umständen vermeiden, daß man ihr aufgrund der Tatsache, daß ihr Vater reich und eine bekannte Persönlichkeit war, besondere Privilegien einräumte. Sie bemühte sich nach Kräften, im Kreise ihrer Mitarbeiter nichts anderes zu sein als eine junge Journalistin mit Namen Kathleen Kennedy (einem Namen, der so normal war, daß sie deswegen nicht aufzufallen brauchte.)
Von Kindheit an hatte Kick wegen des Zustands von Rosemary die Rolle der ältesten Tochter übernehmen müssen. Als wollte die Natur einen Irrtum gutmachen und die Dinge wieder ins Lot bringen, war Kick klein, schnell, strahlend, witzig, ausnehmend intelligent und charmant, ein bezauberndes Kind, ein reizendes junges Mädchen und eine entzückende junge Frau. Sie bewunderte ihre beiden großen Brüder, die sie wiederum aufrichtig liebten. Da Joe jr. und Jack nur fünf bzw. drei Jahre älter waren als Kick, entstand eine sehr enge Beziehung zwischen diesen drei Geschwistern, als Kick zum Teenager herangewachsen war. Sie hatten gemeinsame Freunde, machten die gleichen Erfahrungen und entwickelten ähnliche Ansichten. Als sich Joe jr. und Jack, während wir in London an der Botschaft waren, zu beliebten jungen Kavalieren entwickelten, hatte Kick als Debütantin im gleichen Kreis große gesellschaftliche Erfolge. Sie kannten die gleichen Leute, gingen oft zu den gleichen Veranstaltungen, hörten die modernsten Schlager, lernten die neuesten Tänze, erzählten sich die letzten Neuigkeiten und Scherze, die junge Menschen interessieren, und konnten über alles miteinander reden.
Als Joe jr. und Jack sich dann zum Waffendienst meldeten und damit rechneten, an die Front geschickt zu werden, ist sich Kick wahrscheinlich etwas verlassen vorgekommen. Auch sie wollte sich direkt an den Kriegsanstrengungen beteiligen und einen konstruktiven Beitrag leisten. Anfang 1943 gab sie ihre Stellung bei

der Zeitung auf und nahm an einem Ausbildungslehrgang des Roten Kreuzes teil. Sie wollte auf einem der Kriegsschauplätze eingesetzt werden, möglichst in England.
Während unseres Aufenthaltes dort hatte sie das Land und seine Bewohner liebgewonnen und wollte ihnen jetzt helfen. Sie hatte viele englische Freunde, denen sie in der schweren Kriegszeit zur Seite stehen wollte. Es gab auch einen jungen Mann, der ihr mehr bedeutete, als ich damals wußte. Das war William John Robert »Billy« Cavendish.
Ihr Wunsch ging in Erfüllung. Ende 1943, nur wenige Monate nachdem Jack in den Südpazifik versetzt worden war und das Kommando auf dem Schnellboot 109 übernommen hatte, und knapp drei Monate, bevor Joe jr. mit seiner Staffel in England eintraf, um hier im Rahmen des britischen Küstenkommandos eingesetzt zu werden, reiste sie nach England ab.
Einer Heirat von Kick und Billy Cavendish standen große Schwierigkeiten im Wege. Kick hatte eine katholische Erziehung genossen und als junges Mädchen einige Jahre eine Klosterschule besucht. Das ist im Leben eines jeden Mädchens eine wichtige und entscheidende Zeit. Hier hatte sich nicht nur ihre religiöse Überzeugung gefestigt, sondern sie hatte auch jene »Gabe des Glaubens«, von der ich schon gesprochen habe und über die ich im folgenden noch mehr sagen will. Sie wußte außerdem, wieviel mir und den meisten ihrer nahen Verwandten die Kirche bedeutete und was sie ihren Vorfahren bedeutet hatte. Der katholische Glaube war, was wahrscheinlich jeder Historiker bestätigen wird, die einigende Kraft gewesen, die es mehr als Sprache, Sitten und Gebräuche oder irgendein anderer Umstand ermöglicht hatte, daß das irische Volk überlebte und sich im Lauf der jahrhundertelangen englischen Herrschaft seine Eigenständigkeit bewahrte.
Die Vorfahren von Billy hatten seit vielen Generationen bei der englischen Verwaltung als »Lord Lieutenants« oder als Generalgouverneure hohe Ämter innegehabt und dabei meist alles getan,

um die irischen Bestrebungen, sich selbst zu verwalten und unabhängig zu werden, zu unterdrücken. Billy stammte von den Cavendishes (Grafen, Marquis und Herzögen von Devonshire) und den Cecils (Grafen und Marquis von Salisbury) ab, die zu den konservativsten und, in den Augen der Iren, herrschsüchtigsten Mitgliedern des englischen Hochadels gehört hatten. Ich glaube, man darf sagen, daß die Familien Cecil und Cavendish der irischen Bevölkerung nicht trauten und von dieser verachtet wurden. Ein Teil der Iren rebellierte schon seit der Eroberung Irlands durch die Normannen und Engländer vor ein paar Jahrhunderten gegen diese Herren. Billys Großvater, der Marquis von Hartington und achte Herzog von Devonshire, war in den 1870er Jahren Staatssekretär von Irland und als solcher der Vertreter der britischen Krone oder Vizekönig gewesen. Er hatte dieses Amt nicht übernehmen wollen, hat es aber dann mit solcher Parteilichkeit verwaltet, daß er später mit der liberalen Partei brach, sich gegen seinen Premierminister Gladstone stellte und eine eigene Partei gründete, um mit ihr gegen die irischen Selbstverwaltungsbestrebungen zu kämpfen. Zu dieser Zeit wurde sein jüngerer Bruder, Lord Frederick Cavendish, Staatssekretär für Irland. Doch kaum hatte er seinen Posten übernommen, als ein Heckenschütze der irischen Unabhängigkeitsbewegung ihn 1882 im Phoenix Park in Dublin erschoß.

Auf Grund dieser Zusammenhänge gab es in der Geschichte unserer Familien kaum etwas, das eine Verbindung zwischen Billy Cavendish, der den Titel des Marquis von Hartington geerbt hatte und später Herzog von Devonshire werden würde, und Kick empfahl, die aus einer Familie stammte, deren Vorfahren noch vor vier Generationen auf der Gegenseite gestanden hatten.

Das war aber nicht alles. Die Familien Cavendish und Cecil hatten seit jeher zu den stärksten Säulen der englischen Hochkirche gehört. Außerdem war Billys Vater, der zehnte Herzog, zugleich regierender Großmeister der englischen Freimaurer. Vor mehr als zweihundert Jahren hatte die katholische Kirche die

Freimaurer mit dem Bann belegt. In einem Brief an uns hatte Kick ausdrücklich erklärt, sie werde »nicht nachgeben« und den katholischen Glauben nicht aufgeben. Ebenso undenkbar wäre es gewesen, daß Billy konvertiert hätte und katholisch geworden wäre.

Die beiden befanden sich also in einem furchtbaren Dilemma. Wie der folgende Brief an ihren Bruder Jack zeigt, war Kick in dieser Angelegenheit ausgesprochen realistisch:

An Jack:

London, 29. Juli

»Ich bin eben von einem anderthalbtägigen Landaufenthalt mit Billy in Eastbourne zurückgekehrt. Eastbourne liegt an der Ostküste, ist recht stark bombardiert worden, aber die Familie geht in den Sommermonaten immer noch dorthin. Für vierundzwanzig Stunden habe ich den Krieg ganz und gar vergessen. Billy ist ganz der gleiche – etwas älter geworden, etwas herzöglicher, aber wir verstehen uns so gut wie eh und je. Das ist eigenartig, denn er ist so ganz anders als die Menschen, die ich zu Hause oder sonstwo kennengelernt habe. Ich wußte natürlich, daß er in der religiösen Frage nicht nachgeben wird, und er weiß, daß ich es nicht tun werde. Das ist alles recht schwierig, denn er hat mich sehr lieb, und solange ich da bin, wird er kein anderes Mädchen heiraten. Aber sosehr er mich auch liebt, kann ich seine Haltung doch gut verstehen. Das ist alles sehr schade, denn ich bin überzeugt, ich würde nach dem Kriege eine tüchtige Herzogin von Devonshire abgeben, und da ich dann ein Schloß in Irland, eines in Schottland, eines in Yorkshire und eines in Sussex hätte, könnte ich auch meine seefahrenden Brüder, wenn sie alt geworden sind, versorgen. Aber so ist es nun einmal. In London laufen die wildesten Gerüchte um, und gleichgültig was geschieht, wir versorgen die Leute mit Gesprächsstoff. Eigentlich kann ich gar nicht verstehen, warum ich die Engländer so mag, denn sie behandeln

einen recht ungezwungen und sind längst nicht so nett zu ihren Frauen wie die Amerikaner. Aber vielleicht gefällt es den Frauen gerade, so behandelt zu werden. Ist das nicht auch Deine Methode? ...
Sei bitte vorsichtig, Johnny. Wenn Du diesen Brief bekommst, wird vieles geschehen sein. Das Ende scheint jetzt näher gerückt zu sein als je. Schreib mir ... Gott segne Dich ... Viele liebe Grüße ...«

»Sei nur vorsichtig ... Wenn Du diesen Brief bekommst, wird vieles geschehen sein ... Gott segne Dich ...« Kathleens Brief war prophetisch. Vier Tage später wurde Jacks Schnellboot 109 am 1. August von einem japanischen Zerstörer getroffen.
Ich selbst habe davon erst erfahren, als alles vorüber war und er sich wieder in Sicherheit befand. Joe hatte vom Marineministerium eine Vermißtenmeldung erhalten, sie mir aber nicht gezeigt. Er wollte mir die Qualen der Ungewißheit ersparen und mir die schlechten Nachrichten erst mitteilen, wenn es unbedingt notwendig wäre. Eines Tages, als Joe wie üblich um 8.00 Uhr morgens ausreiten wollte, stellte ich das Radio ein, ohne es besonders zu beachten. Doch plötzlich hörte ich die Ansage, man habe den Leutnant John F. Kennedy, der vorher als vermißt gemeldet worden sei, wiedergefunden. Ich wartete auf genauere Nachrichten über ihn, aber vergeblich. Dann rief ich Joe an, der nur zwanzig Minuten vom Hause entfernt eben ausreiten wollte. Er kam sofort zu mir, bestätigte die Einzelheiten und sagte, was er wußte und daß er mich so lange hätte schonen wollen, bis er genauere Einzelheiten hätte erfahren können.

Die Beziehungen zwischen Kick und Billy vertieften sich während dieser Zeit und in den folgenden Monaten. Aber auch das schmerzliche Dilemma wurde deutlicher fühlbar, in das die Eltern ebenso gerieten wie ihre Kinder.
Zahlreiche Telegramme und Telefongespräche gingen über den

Atlantik hin und her, und es wurden viele Briefe geschrieben. Ich glaube, das Ganze würde genügend Stoff für einen langen Roman liefern. Doch alles lief schließlich darauf hinaus, daß man – wenn man es so sagen kann – einen Ausweg aus zahllosen Komplikationen finden mußte, um eine Heirat zu ermöglichen, für die alles sprach, wenn es nach den Gefühlen der Beteiligten ging. Die beiden jungen Leute waren leidenschaftlich ineinander verliebt. Joe und ich waren mit dem Herzog und der Herzogin befreundet. Wir mochten Billy sehr gern, und auch sie hatten Kick ins Herz geschlossen. Es wäre eine Verbindung unter idealen Voraussetzungen gewesen, wenn sich nicht die besonderen und ironischen Umstände der verschiedenen Religionszugehörigkeit dagegengestellt hätten.

Im Winter und Frühjahr 1944 versuchten wir alle; Joe, ich, der Herzog und die Herzogin, aber natürlich auch Kick und Billy, einen Ausweg zu finden, damit die Ehe von der römisch-katholischen und der anglikanischen Kirche bei toleranter Auslegung der Bestimmungen sanktioniert oder wenigstens zugelassen würde.

Einer unserer besten und engsten Freunde im katholischen Klerus in Amerika, Francis Spellman, der ehemalige Bischof in der Erzdiözese Boston, wurde unser Ratgeber und gewissermaßen freundschaftlicher Fürsprecher am päpstlichen Hof Pius XII., des ehemaligen Kardinals Pacelli. Da im Krieg alle Briefe, Telegramme und Telefongespräche gelesen oder abgehört und zensiert wurden, mußten wir uns für unseren Meinungsaustausch mit Kick eine bestimmte Geheimsprache ausdenken. Seine Eminenz, der Kardinalerzbischof Spellman erhielt den Decknamen »Archie Spell«. So war es dann Archie Spell, der dieses oder jenes vorschlug oder wissen wollte, welche Schwierigkeiten es bei der geplanten Heirat von Kick und Billy noch gäbe.

Aber am Schluß ließ sich doch keine Lösung finden. Kick durfte Billy mit Genehmigung der katholischen Kirche nur heiraten, wenn Billy sich bereit erklärte, die Kinder katholisch zu erziehen. Das konnte er natürlich nicht tun.

Schließlich beschlossen sie, sich am 6. Mai 1944 im Chelsea Registry Office zivil trauen zu lassen. Es war eine sehr kurze, kleine Feier. Für Billy nahmen der Herzog und die Herzogin und wenige andere nahe Verwandte teil, und als Vertreter unserer Familie war Joe jr. erschienen.
In dem Buch *As We Remember Joe* schreibt Kathleen:

> »Noch nie hat jemand in einem anderen Menschen eine solche Stütze gehabt, wie ich sie in der schwierigen Zeit vor meiner Heirat in Joe gefunden habe. Von Anfang an gab er mir kluge und nützliche Ratschläge. Als er das Gefühl hatte, mein Entschluß sei gefaßt, hielt er bedingungslos zu mir. Er sprach mir Mut zu und bestätigte mich von neuem in meiner Entscheidung. Er besaß viel moralischen Mut, und sobald er glaubte, ein bestimmter Schritt sei der richtige für mich, wich er von seinem Standpunkt nicht mehr ab, auch wenn er den größten Teil der Verantwortung für meinen Entschluß tragen mußte. Er hätte mir keine größere Hilfe sein können und war in jeder Weise der vollkommene Bruder, der für seine Schwester tat, was er für das Beste hielt, und der hoffte, daß es schließlich auch für die Familie das Beste sein werde.«

Das junge Paar verbrachte die Flitterwochen in Compton Place, einem Haus der Familie Devonshire in Eastbourne. Die drei Wochen, dic sie hier zusammen sein durften, vergingen natürlich viel zu rasch. Billy mußte wieder zu seinem Regiment. Er war Offizier bei den Coldstream Guards, die zu dieser Zeit für die alliierte Invasion in Europa ausgebildet wurden, die einen Monat später erfolgte.

Jack war inzwischen zur Ausheilung seiner auf dem Schnellboot erlittenen Verwundungen in einem Marinelazarett im Südpazifik gewesen und schließlich zur Behandlung in das Marinelazarett von Chelsea und dann in das New England Baptist Hospital in

Boston verlegt worden. In den ersten sieben Monaten des Jahres 1944 machte seine Genesung nur ganz allmähliche Fortschritte, er verbrachte diese Zeit zum Teil in Lazaretten und zum Teil bei uns in Palm Beach und Hyannis Port. Es war klar, daß er seinen aktiven Dienst so bald nicht wieder würde aufnehmen können. Bobby war inzwischen alt genug geworden, um sich freiwillig zur Marine zu melden, und war in die Offiziersanwärterschule der Marine aufgenommen worden. Jack schrieb ihm nach der Vereidigung einen brüderlichen Brief:

»... Die Familie hat mir einen Zeitungsausschnitt geschickt, der Dich bei der Vereidigung zeigt. Dich da oben zu sehen, war wirklich bewegend, besonders als ich beim näheren Hinschauen feststellte, daß Du meinen karierten Londoner Mantel anhattest. Ich würde gern wissen, was zum Teufel ich hier tue, während Du in meinem besten Mantel herumläufst. Aber dazu sind wir wahrscheinlich hier draußen – damit sich unsere Schwestern und jüngeren Brüder sicher fühlen können – offen gesagt sehe ich die Dinge nicht ganz so. Wenn Du Dich sicher fühlen willst, dann ist mir das ganz recht, aber nicht in meinem Mantel, Brüderchen, nicht in meinem Mantel!«

In seiner Einführung zu dem Buch *As We Remember Joe* – es wurde 1945 noch vor Kriegsende und deshalb gemäß den für die militärische Sicherheit erlassenen einschränkenden Bestimmungen veröffentlicht – gab Jack einen kurzen Überblick über den von Joe geleisteten Kriegsdienst nach dem Eintreffen seiner Staffel in England im September 1943.

»Die Staffel, die in dem bitterkalten Winter über dem Golf von Biscaya eingesetzt wurde, hatte schwere Verluste, und nachdem Joe im Mai die geforderte Zahl von Feindflügen hinter sich hatte (im gleichen Monat fand auch Kicks Hochzeit statt), hatte er seinen ehemaligen Copiloten und eine Reihe guter Freunde verloren.

Joe weigerte sich, den ihm zustehenden Urlaub zu nehmen und überredete seine Besatzung, bis zum Tage der Invasion zu bleiben. Im Juni und Juli nahmen sie an einer Reihe von Feindflügen teil, und Ende Juli bot man ihnen ihren Heimaturlaub noch einmal an. Er hielt es für unfair, seiner Besatzung einen noch längeren Verzicht zuzumuten, und so kehrte sie in die Vereinigten Staaten zurück. Er blieb jedoch, denn er hatte gehört, man suchte Freiwillige für eine Sonderaufgabe, die einen Monat dauern sollte und sehr gefährliche Flüge verlangte.
Welcher Art diese Aufgabe war, bei der Joe gefallen ist, ist bis heute ein militärisches Geheimnis... Vielleicht hätte Joe das Schicksal nicht so herausfordern dürfen, sondern seinen Urlaub nehmen und nach Hause kommen sollen. Doch sind dabei zwei Dinge zu bedenken. Erstens hatte er, als er fiel, wahrscheinlich mehr Feindflüge mit schweren Bombenflugzeugen hinter sich als irgendein anderer Pilot seines Ranges in der Marine und war deshalb für diese Aufgabe besonders geeignet; zweitens schätzte er seine Überlebenschancen, wie er Anfang August einem Freunde sagte, etwa fünfzig zu fünfzig ein, und bessere Chancen hat Joe nie haben wollen.«

Erst mehrere Jahre nach dem Kriege haben wir etwas über die äußeren Umstände jenes Feindfluges erfahren. Der genaueste Bericht darüber ist wahrscheinlich der von einem Freund zum zehnten Jahrestag der Collegklasse Joes verfaßte; er schrieb in einem ausführlichen Gedenkartikel:

»... Joe, der als erfahrener Aufklärungspilot galt, und ein anderer Offizier, ein Experte der Funkpeilung, sollten ein ›unbemanntes‹ Bombenflugzeug des Typs *Liberator* mit einer Sprengstoffladung von 21 170 Pfund in den Luftraum bringen und so lange in dem Flugzeug bleiben, bis zwei ›Mutterflugzeuge‹ das ›unbemannte‹ Flugzeug über Funk ans Ziel lenken konnten. Dann sollten sie mit dem Fallschirm über England abspringen. Das unbemannte Flugzeug sollte nun, gelenkt von den ›Mutterflugzeugen‹, gegen das Ziel fliegen und im Sturzflug eine V2-Abschußrampe in der Normandie vernichten. Das Flugzeug ... befand sich in der Luft, und die Überprüfung des Flugleitsystems über Funk zeigte an, daß alles in Ordnung war, als die Maschine am 12. August um 18.20 Uhr durch zwei Explosionen zerrissen wurde, wobei beide Piloten ums Leben kamen. Die Ursache der Detonationen konnte man nicht mehr feststellen.

Joe wurde posthum mit dem Navy Cross und der Air Medal ausgezeichnet ... 1946 wurde der von der Fore River Werft gebaute Zerstörer 850 auf den Namen Joseph P. Kennedy jr. getauft. Das war die letzte Ehrung der Marine für einen tapferen Offizier, der heldenhaft seine Pflicht erfüllt hatte ...«

Wir erhielten Nachricht davon an einem Sonntagmittag, die ganze Familie hatte auf der großen Veranda unseres Hauses in Hyannis Port an einem Picknicklunch teilgenommen. Es war ungefähr 2.00 Uhr, und Joe sen. war nach oben gegangen, um einen Mittagsschlaf zu halten. Die jüngeren Kinder unterhielten sich leise im Wohnzimmer, um den Vater nicht zu stören. Ich hatte mich hingesetzt, um die Samstagszeitung zu lesen. Da klopfte es an der Haustür. Als ich öffnete, stellten sich mir zwei Priester vor und sagten, sie würden gern mit Mr. Kennedy sprechen.

Das war nichts Ungewöhnliches. Wir erhielten recht oft Besuch von Geistlichen, die mit Joe über karitative Vorhaben oder kirchliche Angelegenheiten sprechen und seine Hilfe erbitten wollten. Ich forderte sie auf, in das Wohnzimmer zu kommen und sich zu uns zu setzen, bis Joe seinen Mittagsschlaf beendet hätte. Der eine von ihnen sagte jedoch, es sei sehr dringend, und er müsse uns sofort eine Mitteilung machen, die Joe und mich anginge. Unser Sohn sei vermißt und wahrscheinlich gefallen.

Ich lief hinauf und weckte Joe. Wenige Augenblicke blieb ich halb bewußtlos stehen. Ich versuchte, zu sprechen, bekam aber kein Wort heraus. Schließlich gelang es mir irgendwie, ihm zu sagen, daß zwei Priester mit dieser Botschaft gekommen seien. Er sprang sofort auf und lief hinunter. Ich folgte ihm. Wir setzten uns mit den Priestern in ein neben dem Wohnzimmer gelegenes kleineres Zimmer, und aus dem, was wir erfuhren, mußten wir schließen, daß keine Hoffnung mehr bestünde und unser Sohn nicht mehr am Leben sei.

Joe ging hinaus auf die Veranda und sagte es den Kindern. Sie waren starr vor Schrecken. Er sagte, sie müßten tapfer sein. Das hätte auch ihr Bruder von ihnen erwartet. Sie sollten die für diesen Tag vorgesehene Segelregatta nicht absagen, und die meisten befolgten den Rat des Vaters, aber Jack war dazu nicht in der Lage. Statt dessen ging er stundenlang am Strand vor unserem Hause auf und ab. Joe und ich konnten in diesem Augenblick keine Träne vergießen, obwohl uns das Wasser in den Augen stand. Wir saßen eine Weile eng umschlungen nebeneinander und weinten schweigend nach innen.

Dann sagte Joe: »Das Leben muß weitergehen. Dafür müssen wir sorgen. Es gibt viel Arbeit.«

Kick bat, als sie die Nachricht erhielt, um Urlaub und kam nach Hause, um uns in unserem Kummer beizustehen. Die Invasion an der französischen Kanalküste hatte im Juni begonnen, und Billy war mit seinem Regiment, wie es die Tradition der Garde erforderte, mit den ersten gelandet. Dann nahm er an den Kämpfen in Belgien und Frankreich teil.

Mitte September, als Kick noch bei uns war, kam die Nachricht, daß Billy Cavendish in Belgien gefallen war. Er starb am 12. September, genau einen Monat nach dem Tode von Joe jr. Wir konnten es kaum fassen. Es erschien uns zu grausam, so bald eine neue Tragödie erleben zu müssen. Dann wurde die Nachricht von der Familie Cavendish bestätigt.

Kick verließ uns, um ihren Schwiegereltern beizustehen und ihre

Pflichten beim Roten Kreuz wieder aufzunehmen. Wir haben sie erst wiedergesehen, als der Krieg in Europa vorüber war.
Der Tag des Sieges kam am 8. Mai 1945, nur wenige Monate nach dem Tode dieser beiden tapferen jungen Männer, die so geliebt wurden und die der Welt so viel gegeben hatten.
Unser Freund Arthur Krock schreibt in seinen Memoiren über unsere Familie, und ich zitiere ihn hier ohne Kommentar:

> »Mit dem Tode von Joe jr. wurde der Kreis der neun Kinder zum erstenmal zerrissen. Sie waren, jedes in seiner Weise, etwas Besonderes. Sie sahen gut aus, waren intelligent und hatten Eltern, die sie liebten und von denen sie geliebt wurden. Das war einer der schwersten Schläge für den Vater, und ich habe nie erlebt, daß ein Mensch so sehr unter einem Schicksalsschlag gelitten hat...
> Er ist, davon bin ich überzeugt, ein religiöser Mensch. Wir sind jedenfalls überall und immer, wenn ich ihn besuchte, gemeinsam zur Sonntagsmesse gegangen. Aber seine Frau besuchte die Messe... fast jeden Morgen. Sie hat es besser ertragen als er, und zwar in dem Sinne, daß er zutiefst erschüttert war, während ihr die religiöse Überzeugung offenbar geholfen hat. Joe Kennedy war durch den Tod seines ältesten Sohnes so tief getroffen und verletzt, daß, als wir uns zusammentaten, um Beiträge für ein kleines Buch mit dem Titel *As We Remember Joe* zu schreiben, die ganz persönliche Erinnerungen enthielten, Kennedy das Buch in die Hand nahm, aufschlug, wieder zuklappte und, wie man mir berichtet hat, nie fähig gewesen ist, eine Zeile darin zu lesen.«

Joe befolgte seinen eigenen Rat, nämlich das Leben weiterzuleben und hart zu arbeiten.
Aber eine der besten Methoden, über einen Kummer hinwegzukommen, die ich bei dieser Gelegenheit zum erstenmal ganz begriffen habe –, und die uns helfen sollte, auch die noch

kommenden Tragödien zu überleben – liegt darin, einen Teil des Verlustes und des Schmerzes in eine positive, lebensbejahende Aktivität umzumünzen, um anderen Menschen zu helfen. Ich glaube sicher, daß Gott uns dann segnet und unsere Bürde leichter wird.

In Teddys Sammlung von Aufsätzen, *The Fruitful Bough*, schreibt Eunice:

> »... Alle Vorzüge meines Vaters kamen mir besonders lebendig zum Bewußtsein, wenn ich ihn bei seiner Arbeit für die Kennedystiftung beobachtete. Wieder war es die große Liebe zu seinen Kindern, die ihn dazu anregte. Nach dem Tode meines Bruders Joe im Jahre 1944 beschloß mein noch tief bekümmerter Vater, seinem Sohn ein Denkmal zu setzen. Er war nie ein Freund steinerner Denkmäler gewesen. Er wollte etwas für lebendige Menschen tun. Eines Tages, als wir alle zu Tisch saßen, fragte er uns, auf welche Weise wir das Andenken von Joe am besten ehren könnten.
>
> Wir hatten die verschiedensten Ideen: eine Sportanlage für die Schule, die Joe besucht hatte, ein Waisenhaus (Joe hatte auf dem College viel Zeit damit zugebracht, für unterprivilegierte Kinder zu arbeiten). Wir alle glaubten, da Joe uns als unser ältester Bruder so vieles gelehrt hatte, man sollte versuchen, in seinem Namen etwas für kleine Kinder zu tun.
>
> Dann bat Dad Sargent (Sargent Shriver war damals ein enger und vertrauter Mitarbeiter von Joe, nur wenige Monate jünger als Joe jr., und wir betrachteten ihn schon fast als Mitglied unserer Familie – was er dann auch wurde, als er Eunice heiratete), sich im Lande umzusehen und festzustellen, welche Vorhaben für Kinder durch private Stiftungen und die Bundesregierung am meisten vernachlässigt würden. Sarge berichtete, Stiftungen und der Staat täten praktisch nichts für geistig Behinderte.
>
> Nun beschloß mein Vater, sofort auf diesem Gebiet tätig zu

werden. Er begeisterte sich dafür besonders auch deshalb, weil er größtes Mitgefühl für all jene Eltern empfand, die ähnliche Sorgen um ihre Kinder hatten wie meine Eltern um meine Schwester Rosemary ...

Es überraschte uns nicht, daß Dad von uns erwartete, wir sollten an der Stiftung für geistig behinderte Kinder mitarbeiten. Er glaubte, gemeinsam seien wir fast unbesiegbar. Jede größere Stadt in Amerika brauchte eine Schule für geistig Behinderte. Da jedes seiner Kinder (später) in einer Großstadt lebte – Pat in Los Angeles, Jean in New York, ich in Chicago, die Brüder in Massachusetts –, gründete Dad im Zeitraum von fünfzehn Jahren in jeder dieser Städte eine solche Schule und forderte jeden von uns auf, am Aufbau der Schulen mitzuarbeiten.

Wir alle wurden Mitglieder der Schulausschüsse. Pat arrangierte die größte Wohltätigkeitsveranstaltung für geistig behinderte Kinder, die je in Los Angeles abgehalten wurde. Meine Schwester Jean und meine Schwägerin Ethel taten das gleiche in New York und Washington, um Geld für diesen Zweck zu sammeln.

Ich erklärte Dad, das Problem der geistigen Behinderung fände auf Bundesebene keine Beachtung. Es gäbe zu diesem Thema kaum irgendwelche Gesetze, und die Not sei unermeßlich groß. Er hörte mich an und sagte dann: ›Geh' zu Jack. Diese Bewegung braucht die unmittelbare Unterstützung der Bundesregierung. Der Präsident kann die Bewegung in einem Maße fördern, wie wir es nie könnten, und wenn wir hundert Jahre dafür arbeiteten und hundertmal soviel Geld hineinsteckten.‹

Jack war sich des Problems, seiner Möglichkeiten und der Dringlichkeit dieser Angelegenheit absolut bewußt und veranlaßte sofort die Gründung für den Sonderausschuß des Präsidenten zur Bekämpfung von Geisteskrankheiten. Das war der erste derartige Ausschuß in der Geschichte. Das Ergebnis waren die ersten amerikanischen Bundesgesetze zu dem Problem geistig Behinderter ...«

Man sagt, die Zeit heile alle Wunden. Ich kann dem nicht zustimmen. Die Wunden bleiben. Die Zeit – und der Geist, der sich vor dem Wahnsinn schützen muß – lassen die Wunden vernarben, der Schmerz verringert sich, aber er verschwindet nie.
Man hat mich gefragt, wie man angesichts so tragischer Ereignisse weiterleben könne, und oft genug habe auch ich Grund gehabt, mich das zu fragen.
Joe hatte recht, wenn er sagte: »... Das Leben geht weiter ... sorgt für die Lebenden ... Es muß noch viel getan werden.« Und er hatte recht, wenn er instinktiv und sofort erkannte, daß es im Zusammenhang mit dem Schicksal von Joe jr. und Rosemary eine Möglichkeit gab, im weitesten Sinne für die Menschheit und in gewissem Ausmaß auch für uns selbst etwas zu tun, wodurch diese tragischen Ereignisse dazu beitragen konnten, daß etwas Wertvolles geleistet wurde und Geist und Seele Frieden fanden.

15. KAPITEL

Als Jack im Frühjahr 1945 von der Marine entlassen wurde, arbeitete er als Sonderkorrespondent für die Hearstzeitungen, berichtete über die britischen Wahlen, die Potsdamer Konferenz und die Gründung der Vereinten Nationen in San Franzisko. Diese Arbeit gefiel ihm, und er hatte Erfolg. Arthur Krock, sicher einer der bestinformierten Journalisten der Welt, sagt sogar in seinen Erinnerungen, Jack sei »... die einzige Nachrichtenquelle gewesen, auf die ich meine Erwartung gründete, Churchill werde aus seinem Amt verdrängt werden. In seinen Berichten gab er gewichtige Hinweise auf diese Entwicklung und sprach sich in einem persönlichen Brief noch deutlicher darüber aus.«

Es wurde gelegentlich behauptet, sein Vater habe für ihn die Entscheidung getroffen, in die Politik zu gehen, ja Joe habe ihn praktisch dazu gezwungen. Das ist eine ganz absurde Vorstellung. Es hätte der Charakterveranlagung von Vater und Sohn absolut widersprochen. Joe hätte so etwas niemals verlangt, denn es war einfach nicht seine Art, den Kindern Befehle zu geben, außerdem hätte Jack einen solchen väterlichen Befehl nicht befolgt. (Ich kann mir vorstellen, wie er freundlich gelächelt und gesagt hätte, »ja, Dad«, wie er auch freundlich lächelte und sagte, »ja, Mutter«, wenn ich ihm sagte, er solle einen Pullover anziehen, und er dann doch ohne Pullover hinausging.)

Gewiß, er hätte sich wahrscheinlich eine andere Rolle ausgesucht und wäre vielleicht erst später auf diesen Gedanken gekommen, wenn Joe jr. am Leben geblieben wäre. Doch als Jack sich mit der Tatsache abfinden mußte, daß sein älterer Bruder uns verlassen hatte – wir alle brauchten eine gewisse Zeit, um das Gefühl der Unwirklichkeit, als sei dies alles nur ein böser Traum, zu überwinden –, vollzog sich eine Wende, und zwar im Leben von Jack, im Leben unserer Familie und, durch eine seltsame Fügung des Schicksals, auch im Leben der Nation. Niemand hätte damals ahnen können, welche Folgen seine Entscheidung haben werde.

James Michael Curley, der Nachfolger meines Vaters als Kongreßabgeordneter und als Bürgermeister von Boston, der im Verlauf von drei Jahrzehnten immer wieder diese beiden Ämter bekleidet hatte und auch Gouverneur des Staates gewesen war, hatte sich 1945 erneut um das Amt des Bürgermeisters beworben und war gewählt worden. Damit wurde der Sitz frei, den er im Kongreß innegehabt hatte. Da Mr. Curley augenscheinlich niemanden hatte, den er als seinen Nachfolger unterstützen wollte, war der Weg für ein offenes Rennen geebnet, und der beste Mann hatte die Chance, von der Demokratischen Partei nominiert zu werden, was praktisch auch schon seine Wahl sicherstellte. Außerdem war dieser Wahlbezirk im wesentlichen der gleiche wie zur Zeit meines Vaters. Dazu gehörten sowohl das Bostoner North End als auch das East End.

Das Zusammentreffen von Zeit, Ort, äußeren Umständen, Personen und Stimmungen ließen den Gedanken, daß Jack sich um die Nominierung bewarb, aussichtsreich und vernünftig erscheinen, auch wenn er in der Wahlpolitik noch keine Erfahrungen hatte. Mit Sicherheit bedeutete es sehr viel für meinen Vater, der damals im Alter von 83 Jahren noch ebenso rüstig, gesund und interessiert war wie eh und je. Der Gedanke, sein Enkel könnte nach Washington gehen, um dort die gleiche Stellung einzunehmen, die er innegehabt hatte, und für denselben Wahlbezirk sprechen, begeisterte meinen Vater. Dem Himmel sei Dank dafür, daß er das noch erlebt hat.

Hätte er sich jedoch direkt an diesem Wahlkampf beteiligt, dann hätten viele in Jack den Erben überkommener Auffassungen und Methoden erblickt, die nicht mehr in seine Zeit paßten. In der Liebe und Zuneigung, die mein Vater für Jack empfand, und weil er ihn als Fackelträger des Namens, des Rufs und der Leistungen der Familie Fitzgerald betrachtete, hätte er darüber hinaus in Jack eine Inkarnation seiner selbst gesehen und versucht, ihn nach seinen Vorstellungen zu formen. Das wäre, offen gesagt, eine Katastrophe gewesen. Die beiden liebten sich aufrichtig, aber nur selten sind zwei Menschen einander so unähnlich gewesen. Die Entscheidung meines Mannes war richtig.

Obwohl wir meinen Vater nicht aufforderten, für seinen Enkel im Wahlkampf Reden zu halten – was er liebend gern getan hätte –, hielt ihn das nicht davon ab, mit seinen ungezählten Freunden über diesen prächtigen jungen Mann zu sprechen. Er ließ es sich nicht nehmen, persönlich im Wahlkampfbüro zu erscheinen und immer wieder von den Wahlkämpfen zu erzählen, die er selbst einmal ausgefochten hatte. Auch gab er Jack manchen guten Rat. Meine Eltern waren damals aus dem großen Haus in Dorchester in ein Appartement des Bellevue Hotels in Boston übergesiedelt. Hier fanden oft politische Versammlungen statt, und deshalb fühlte sich mein Vater in dieser Umgebung wohl. Jack richtete sein Wahlkampfbüro auf dem gleichen Korridor ein. Joe und ich bezogen ein Appartement in der Nähe. Auch andere Familienmitglieder waren in der Stadt. Deshalb kamen wir in jenem arbeitsreichen Wahlkampfsommer häufig in Boston und gelegentlich auch in Hyannis Port zusammen. »Grampa« hatte oft Gelegenheit, seine Geschichten aus vergangenen Tagen zu erzählen und Jack zu sagen, was und wie er es tun sollte. Andere Familienangehörige fanden die Geschichten meines Vaters allmählich etwas langweilig, nicht aber Jack. Er hörte immer interessiert und respektvoll zu, und die Zuneigung, die er gegenüber seinem »Grampa« empfand, leuchtete ihm aus den Augen.

Er war guten Ratschlägen zugänglich, verwendete sie aber auf seine eigene Weise, sofern er sie verwenden wollte.

Doch in Wirklichkeit sah sich Jack einer äußerst komplexen Situation gegenüber, deren zahlreiche Elemente er so miteinander in Einklang bringen mußte, daß sie zu einem befriedigenden

Ergebnis führten. Während er sich gern beraten ließ und jeden Rat anhörte, mußte er alle Vorschläge doch genau abwägen und eine eigene Lösung finden, die gewöhnlich aus einer Kombination der besten ihm vorgetragenen Ideen bestand. Er war aufnahmebereit und wißbegierig und versuchte, alle Aspekte eines Problems kennenzulernen und es von allen Seiten zu betrachten.

Im Alter von 29 Jahren besaß Jack ein solides Wissen über politische Wissenschaften, Regierungsgeschäfte, Diplomatie und Innen- und Außenpolitik, denn er hatte diese Gebiete nicht nur beim Studium auf der Universität theoretisch kennengelernt; er hatte auch dadurch, daß sein Vater in der praktischen Politik tätig gewesen war, vieles gelernt und hatte sich darüber hinaus auch als Journalist und Schriftsteller damit beschäftigt. Auf innenpolitischem Gebiet hatte er aus den Erzählungen von und über seinen Großvater Fitzgerald manches gelernt. Er bewunderte seinen »Grampa«, wurde nie müde, ihm zuzuhören, und nahm alles, was der alte Herr zu sagen hatte, begierig in sich auf.

Er war deshalb kein naiver junger Mann mehr. (Bis zum Schluß sah er jünger aus als seine Jahre, aber damals besonders, weil er wegen seiner Kriegsverwundungen und – was ich bisher nicht erwähnt habe – wegen einer Malaria, viel Gewicht verloren hatte. Er sah jetzt aus wie ein Neunzehnjähriger, der ordentlich aufgepäppelt werden müßte.) Er war sich des Umstandes bewußt, daß die Namen Fitzgerald und Kennedy in diesem Wahlkreis genügten, ihm einen guten Start zu geben. In den Bezirken eines Wahlkreises, in denen das irische Element nach wie vor vorherrschte, wurden die beiden Namen noch respektiert.

Daß unsere Familien hier bekannt waren, kam Jack auch insofern zustatten, als die Menschen darüber lachten, wenn man ihn als »carpetbagger« bezeichnete, wie es einige seiner Rivalen taten, weil er seit seinem elften Lebensjahr nicht in seinem Wahlkreis gewohnt, nie dort gewählt hatte und die Probleme und Wünsche der Bevölkerung nicht aus eigener Anschauung kannte. Das traf natürlich durchaus zu. Aber es gibt kein Gesetz in unserem Staat, das besagt, ein Kandidat müsse in dem Wahlkreis beheimatet sein, den er vertritt. Aber es gibt ein Gesetz, nach dem ein Kandidat seiner Partei zwanzig Tage angehören muß, wenn er seine Kandidatur bei den Vorwahlen dieser Partei anmeldet. Jack wußte das nicht, und bis wenige Tage vor Verstreichen des Termins hatte auch sonst niemand daran gedacht. Jack fuhr deshalb in aller Eile zum Rathaus und ließ sich, ohne Aufsehen zu erregen, in die Demokratische Partei aufnehmen.

Jack verstand etwas von Politik, aber nur sehr wenig von der organisatorischen Arbeit in einem Wahlfeldzug. Auch mein Mann verstand nichts davon. Er war ein kluger Innen- und Außenpolitiker, aber sein Interesse verringerte sich, sobald der politische Rahmen enger wurde; und Ereignisse auf der Ebene des Wahlbezirks, der Stadt sowie lokale Parteiprobleme langweilten ihn besonders in Boston mit der Zeit immer mehr. Das war ein Milieu, das er ohne das geringste Bedauern schon lange hinter sich gelassen hatte. Er erkannte aber jetzt, wie wichtig die organisatorischen Angelegenheiten, die Personalfrage, die Wahlstrategie, der Zeitplan, das Händeschütteln und Redenhalten für Jack in diesem Wahlkampf sein würden. Deshalb nahm er sich als persönlichen Ratgeber und Jacks Lehrer seinen geschätzten und kampferfahrenen, politisch realistischen Vetter Joe Kane.

Vetter Joe Kane war ein ungehobelter Bursche und hatte im Denken und Reden einen rauhen Stil. Mein Mann war nicht sicher, wie er und Jack miteinander auskommen würden. Aber sie vertrugen sich recht gut. Jack war über diese Wahl überrascht, fand aber die Zusammenarbeit unterhaltend und lehrreich. Nachdem er sich für dieses Rennen hatte aufstellen lassen, war er auch entschlossen, es zu gewinnen, und Vetter Joe konnte ihm alles über Wind und Gezeiten, Taue und Segel, die Untiefen und Fahrtrinnen sagen. Er trug auch einige gute Ideen bei, wie etwa das Schlagwort für den Wahlfeldzug: »Die junge Generation bietet einen Führer an.« In der Rede, die Jack zu seiner Amtseinführung als Präsident gehalten hat, findet sich dieses Thema wieder.

Für meinen Vater, den Vetter Joe Kane, nahe Verwandte und enge Freunde der Familie war Jack natürlich ein vielversprechender junger Mann, aber was hielten andere Leute von ihm, mit denen wir keine persönlichen Verbindungen hatten?
Dave Powers, der Jack zu Beginn des Wahlkampfes kennenlernte und zunächst nicht die Absicht hatte, sich ihm anzuschließen, es dann aber doch tat und bis 1963 mit ihm zusammenarbeitete, hat aus seiner unmittelbaren Erfahrung einige interessante Antworten auf diese Frage gegeben:

»Ich war eben aus der Air Force entlassen worden – ich war als Sergeant vor allem in China stationiert gewesen – und begann, mich umzusehen und festzustellen, was inzwischen geschehen war. Ich war noch arbeitslos und erhielt als Kriegsteilnehmer eine Unterstützung von $ 20 in der Woche. Dabei lebte ich mit meiner verwitweten Schwester und ihren acht Kindern im obersten Stockwerk eines dreistöckigen Mietshauses in Charlestown.
An jenem Tage hatte ich gerade mit John Cotter gesprochen. Er wohnte zwei Straßen weiter – ein großartiger Bursche. Ich trank ein Bier mit ihm, und er erzählte mir von dem Wahlkampf... Er sagte, er habe sich um die Kandidatur beworben und fragte, ›willst du mich unterstützen?‹ Ich war einverstanden.
Ich wußte damals nicht einmal, daß Jack Kennedy daran dachte, sich zu bewerben, bis ich den Anruf von Bill Sutton erhielt. Ich sagte ihm, ich hätte mich schon für Cotter entschieden. Wenige Tage später – es war der 21. Januar 1946 – klopfte es abends an die Haustür.
Ich ging hinaus und sah dort diesen hochgewachsenen, schlanken, gut aussehenden Burschen. Er stellte sich vor und sagte, er sei Jack Kennedy; ob er wohl ein paar Minuten mit mir sprechen könnte. Ich bat ihn herein. Wir kamen ins Gespräch, und er erzählte, er wolle sich als Kandidat für den Kongreß

aufstellen lassen. Ich sagte, ›ja, aber John Cotter bewirbt sich schon um dieses Mandat. Ich werde für ihn arbeiten. Wir sind zusammen aufgewachsen, und wir halten auch zusammen.‹

In der nächsten halben Stunde versuchte er, mich auszufragen. Er war etwas schüchtern, aber ›aggressiv schüchtern‹. Er sagte, ›was würden Sie tun, wenn Sie an meiner Stelle wären und sich für die Wahlen zum Kongreß aufstellen lassen wollten?‹

So saß mir nun dieser Millionärssohn und ehemalige Harvardstudent gegenüber und versuchte, in einen Wahlbezirk hineinzukommen, dessen Bewohner Hafenarbeiter, Kellnerinnen und Lastwagenfahrer waren. Ich sagte: ›Zunächst würde ich einen Mann aus dem Hafenviertel für mich gewinnen, jemanden, der zum Beispiel Verbindungen zu den Gewerkschaften hat.‹ Er notierte sich das alles, und ich dachte mir, ›das wird ihm wenig nützen. Ein Millionärssohn und Harvardstudent, um Himmels willen – die werden ihn dort auslachen.‹

Aber er fragte weiter, wie er auch in seinem ganzen Leben immer wieder Fragen gestellt hat. Er wollte alles über jeden und jedes wissen. Wenn jemand Zeitungen verkaufte, fragte er, wie hoch der Umsatz sei, und wieviel man dabei verdiente. Er interessierte sich für Schuhputzer und fragte, wieviele Schuhe sie am Tage putzten. Dieser Bursche war unglaublich.

Als er aus der Tür ging, sagte er: ›Dave, wollen Sie mir einen Gefallen tun? Ich spreche am nächsten Dienstag in der American Legion Hall zu einer Gruppe von Gold-Star-Müttern. Ich kenne niemanden in Charlestown. Wollen Sie mit mir dort hingehen?‹

Nun, das würde ich für *jeden* tun. Aber wer kann sich vorstellen – daß man mit dem Sohn eines Millionärs Mitleid hat? Und das hatte ich. Also sagte ich: ›In Ordnung, ich werde dort sein.‹

Am Dienstag traf ich mich mit ihm im Bellevue, und er sagte, ›wollen wir ein Taxi nehmen?‹ Ich kannte ihn damals noch nicht so gut, aber Gott sei Dank sagte ich, wir sollten lieber die

Stadtbahn nehmen. Wenn wir das Taxi genommen hätten, dann hätte ich es bezahlen müssen.«

Dazu möchte ich sagen: Wie ich schon erzählt habe, war Jack in Geldsachen sehr vergeßlich. Er vergaß einfach, sich Geld einzustecken. So geriet er oft in Schwierigkeiten, wenn es galt, ein Mittagessen oder ein Taxi zu bezahlen. Ich erinnere mich an eine Episode, die ich einige Jahre später erlebte. Ich war in New York und fuhr mit dem Taxi in das Plaza Hotel. Im Lauf des Gesprächs mit dem Fahrer hörte dieser von mir, daß ich Jacks Mutter sei. Er sagte: »Das ist wirklich ein Zufall. Ihr Sohn ist vor etwa einem Monat mit mir gefahren. Dann stellte sich heraus, daß er kein Geld bei sich hatte, und er sagte, er werde es das nächstemal gutmachen, wenn er mich wiedersähe. Ich habe ihn nicht mehr gesehen. Er schuldet mir $ 2.45.« Ich bezahlte natürlich die längst fällige Taxirechnung von Jack.
Dave Powers fährt fort:

»Wir fahren also in der Stadtbahn hin, und er sieht sich um. Es ist eine lange Fahrt, und er blickt aus dem Fenster und sieht, wie die Hafenarbeiter die Schiffe beladen. Ich sage zu ihm: ›Das ist typisch für den ganzen Bezirk.‹ Und er antwortete todernst: ›Wissen Sie, einen solchen Bezirk möchte ich vertreten.‹
Wir kommen nun an, und er spricht zu diesen Gold-Star-Müttern von Charlestown. Aus unserem Bezirk sind sehr viele junge Leute im Kriege gefallen. In dem Saal saßen einige hundert Frauen. Er spricht nun davon, wie notwendig es sei, den Frieden zu bewahren, und er redet von den Kriegsopfern. Aber er ist kein guter Redner, und ich werde immer nervöser. Ich bin neben ihm der einzige Mann, sonst sind nur Frauen da. Schließlich sieht er all diese tapferen Frauen an und sagt in seiner etwas ungeschickten, aber direkt von innen kommenden Art: ›Ich glaube, ich weiß, wie Ihnen zumute ist, weil auch meine Mutter eine Gold-Star-Mutter ist.‹

Während ich da am Rande saß, konnte ich hören, wie sie sagten, ›er erinnert mich an meinen eigenen Sohn‹ – an den John, den Joe und den Peter, die sie verloren hatten. Als er nach zehn Minuten seine kleine Ansprache beendet hatte, drängten sich diese Mütter aus Charlestown um ihn. In all den Jahren, die ich im politischen Leben stehe, habe ich eine solche Reaktion noch nicht erlebt.

Als wir hinausgingen, setzte er eine verdammt ernste Miene auf. Ich meinte, wir sollten zu Fuß zurückgehen. Wir machten uns auf den Weg, und er sah stumm vor sich hin. Dann sagte er, ›was glauben Sie, welchen Eindruck habe ich gemacht?‹ und ich sagte, ›Sie waren großartig.‹

Dann fragte er, ›werden Sie mir helfen?‹ und streckte mir die Hand entgegen. Und in der Aufregung des Augenblicks schüttelte ich ihm die Hand und sagte, ›ja, werde ich‹.

Als ich über die Brücke zurückging, dachte ich, ›was werde ich Cotter jetzt sagen?‹ Zum Glück lief die Wahl auf einen Zweikampf zwischen Kennedy und Mike Neville hinaus, nicht aber zwischen Kennedy und Cotter. – Neville war der ›starke Mann‹ und ehemalige Bürgermeister von Cambridge, der dort eine große Anhängerschaft hatte, und in Cambridge wohnen 30 Prozent der Wähler des Wahlkreises. Viele gute Freunde in Charlestown machten mir jetzt heftige Vorwürfe. Jack spürte das und versuchte, mich mit einer seiner klassischen Geschichten aufzuheitern: ›Denken Sie nur, Dave, eines Tages werden Sie sagen können, Sie hätten mich vom ersten Tage an unterstützt. – *Uns Wenige, uns beglücktes Häuflein Brüder, denn welcher heut' sein Blut mit mir vergießt, der wird mein Bruder, sei er noch so niedrig. Der heut'ge Tag wird adeln seinen Stand, und Edelleut' in England, jetzt im Bett, verfluchen einst, was sie nicht hier gewesen und werden kleinlaut, wenn nur jemand spricht, der mit uns focht am Sankt Christinustag.*‹« (Shakespeare, Heinrich V., vierter Aufzug, 3. Szene.)

Mit Joe Kane, Bill Sutton und anderen Eingeweihten wie Dave Powers wurde Jacks Wahlfeldzug von vielen »Kennern« unterstützt. Aber er gewann auch die Herzen zahlreicher »Amateure«. Es war eine großartige und sehr wirkungsvolle Kombination, die Jack in seiner politischen Laufbahn immer wieder geholfen hat. Als Bobby und Teddy sich später um öffentliche Ämter bewarben, war das auch typisch für ihre Wahlfeldzüge.

Es zeigte sich, daß Jack in seinem ganzen Wahlkreis Freunde hatte, und nicht nur dort, sondern im ganzen Lande. Einer der ersten war natürlich sein alter Schulfreund Lem Billings. Er schreibt:

> »Als ich von Jack erfuhr, womit er sich jetzt beschäftigte, kam ich nach Boston; vor allem aus Neugier, aber auch weil ich glaubte, ich könnte ihm bei seinem erstaunlichen Vorhaben freundschaftlich zur Seite stehen. Ich hätte nie geglaubt, er werde in die Politik gehen, und wahrscheinlich war auch er jetzt ebenso überrascht wie ich.
>
> Er hatte ein Schlafzimmer und ein Wohnzimmer im Hotel Bellevue genommen, und so unglaublich das klingt, jeder konnte zu ihm gehen. In den Zimmern drängten sich die alten Freunde seines Großvaters und rauchten dicke Zigarren. Er schickte niemanden fort, sondern bemühte sich um jede Stimme und nahm jede Hilfe an. Allmählich interessierten sich auch die jungen Leute für ihn. Er brauchte jemanden, der ihm drüben in Cambridge half, wo er ein Wahlbüro hatte. Ich dachte, ich könnte diese Aufgabe für ein oder zwei Wochen übernehmen, bis er den geeigneten Mann dafür gefunden hätte, aber schließlich blieb ich doch bis zum Ende des Wahlkampfes bei ihm.«

Torbert Macdonald, mit dem er in Harvard ein Zimmer geteilt hatte, war jetzt, nachdem er wie Jack in einer Schnellbooteinheit gedient hatte, wieder auf die Universität zurückgekehrt, um für sein juristisches Abschlußexamen zu arbeiten. Er beteiligte sich aktiv an der Arbeit für Jack in dem Wahlbüro in Cambridge und in einem zweiten bei Somerville, das ein ehemaliger Klassenkamerad von Jack und Zimmergenosse von Joe jr. aus Harvard leitete. Auch Paul »Red« Fay, der mit ihm bei der Marine gedient hatte und an der Westküste zu Hause war, kam nach Boston, um ihm zu helfen. Es gab viele andere Freunde aus der Marine, aus der Schule (unter ihnen auch einige der »Überraschungsgäste«, die Jack zu den Ferien nach Hause gebracht hatte). Sie alle beteiligten sich für längere oder kürzere Zeit an der Arbeit für Jack und freuten sich, etwas für ihn tun zu können. Sie gehörten mehr oder weniger seiner Altersklasse an, und durch ihre Anwesenheit bekam der Wahlkampf einen Stil, der zu dem Schlagwort »Die junge Generation bietet einen Führer an« paßte.

Natürlich wollten ihm auch seine Eltern und Geschwister helfen. Im Wahljahr 1946 war auch der vierzehnjährige Teddy schon alt genug, um sich nützlich zu machen. Er betätigte sich als Laufbursche, half im Büro und brachte Kaffee und belegte Brote. Die fünfundzwanzigjährige Eunice besetzte das Telefon und leitete das Büro im Hotel Bellevue. Bobby, der im November 21 Jahre alt wurde, hatte nach dem Tod von Joe jr. seine Offiziersausbildung aufgegeben und den Militärdienst als Matrose auf dem Zerstörer *Joseph P. Kennedy jr.* beendet. Nach seiner Entlassung in diesem Sommer stellte er sich ganz für den Wahlkampf zur Verfügung und übernahm den Unterbezirk East Cambridge. Die dreiundzwanzigjährige Pat und die achtzehnjährige Jean übernahmen die vielfältigen Büroarbeiten, die zu einem gut organisierten Wahlkampf gehören, machten Vorschläge, legten Tabellen an, gingen mit auf die Wahlversammlungen und besuchten Tausende von Wählern, um ihnen zu sagen, sie seien die Schwestern von Jack Kennedy, und er werde ein ausgezeichneter Kongreßabgeordneter werden. Dabei verteilten sie Flugblätter, in denen diese Empfehlung begründet wurde.

Ich brauche nicht zu sagen, daß sich auch Joe lebhaft für den

Wahlkampf interessierte und täglich für seinen Sohn arbeitete, auch wenn er darauf achtete, hinter den Kulissen zu bleiben. Da er sich vor Pearl Harbor gegen den Eintritt Amerikas in den Krieg gestellt hatte und seine Gegner deshalb aus ihm einen »Isolationisten« machten, der er allerdings nicht war, galt er in der Öffentlichkeit als umstrittene politische Persönlichkeit und wollte nicht, daß sich dies auf die Kandidatur von Jack auswirkte. Wie Dave Powers meinte, gab es außerdem immer Leute, die sich allzu leicht gegen Jack als den Sohn eines Millionärs und einen »verwöhnten jungen Mann« beeinflussen lassen könnten. So machte sich Joe klugerweise möglichst unsichtbar, hielt sich aber doch auf dem laufenden und wußte, wo, warum und wie die Dinge geschahen, um, wenn notwendig, die Entwicklung zu analysieren und Vorschläge zu machen. Auch in den späteren Wahlkämpfen spielte er im allgemeinen etwa die gleiche Rolle.
Was meinen Beitrag zum Wahlkampf betrifft, so hat Dave Powers auch darüber etwas zu erzählen. Mit allem bin ich nicht ganz einverstanden, denn wie alle Fachleute auf seinem Gebiet neigt er dazu, um der Wirkung willen manchmal etwas zu übertreiben:

»1946 spielte sie auch politisch für Jack eine wichtige Rolle, denn sie stellte sich zur Verfügung, um dort aufzutreten, wo es gewünscht wurde. Da sie die beiden Namen Kennedy und Fitzgerald trug, war sie in jenem elften Wahlkreis eine der bekanntesten Persönlichkeiten. Sie hatte ihren Vater während seiner Amtszeit, aber auch bei seinen Wahlkämpfen oft begleitet, und überall, in Charlestown und East Boston, im North End, im Süden und im Westen begegneten uns Menschen, die von Honey Fitz begeistert waren und sich daran erinnerten, wie er seine Tochter als junges Mädchen mitgenommen hatte. Sie stellten sich besonders freundlich zu Rose Fitzgerald Kennedy ein.

Man muß in der Politik großgeworden sein, um sie wirklich zu verstehen. Sie war zwar keine aktive Politikerin, und weder kandidierte sie noch bemühte sie sich um eine Kandidatur, aber sie hielt Augen und Ohren offen. Ich erinnere mich an eine Wahlversammlung, auf der sie sprach, und sie war entsetzt, als ich feststellte, daß niemand da war, der sich die Namen der Teilnehmer notierte, denn das hatte ihr Vater immer getan. Sie war ständig damit beschäftigt, sich Notizen zu machen. 1946 verstand sie mehr von der Lokalpolitik als sonst jemand in unserer Organisation. Ich meine, man weiß erst, was Lokalpolitik ist, wenn man sich daran beteiligt oder, wie in ihrem Falle, die Ereignisse aus nächster Nähe erlebt und in sich aufnimmt. Es bereitete ihr nicht nur Vergnügen, mit Menschen zusammenzukommen, sondern sie interessierte sich auch wirklich für jeden, den sie kennenlernte. Das ist der Schlüssel.

Sie hat nicht sehr viele Reden gehalten. Wir ließen sie nur bei besonderen Gelegenheiten sprechen, wenn wir etwas Bestimmtes damit erreichen wollten wie etwa bei einer Versammlung von Kriegsteilnehmern. Es war das Jahr 1946, in dem die Veteranen noch eine große Rolle spielten. Für diese Leute war sie ein Star. Sie muß damals etwa 56 Jahre alt gewesen sein, aber sie sah bei Gott eher aus wie 35. Einmal sprach sie zu Kriegsteilnehmern in Brighton im Unterbezirk 22, und jeder wußte natürlich, daß sie eine Gold-Star-Mutter war und daß Jack fast mit seinem Schnellboot untergegangen wäre. Sie erwähnte aber weder den Verlust ihres Sohnes Joe jr. noch die Gefahren, in denen sich Jack befunden hatte. Sie sprach über Kindererziehung, erzählte von ihren Karteikarten, von dem Leben in England und flocht ein paar Anekdoten aus dem Leben an der Botschaft ein. Daran erkannte ich, daß sie wirklich etwas von der Sache verstand. Die Menschen wollen einmal etwas anderes hören, und gerade das konnte sie ihnen geben. Am Schluß ihrer Ansprache bekam sie rauschenden Beifall. Dann stellte sie ihren Sohn vor, den Kandidaten für die Nominierung zu den Kongreßwahlen im 11. Wahlkreis.

Jack fühlte sich etwas in den Hintergrund gedrängt, denn er

konnte damals noch nicht so gut reden wie seine Mutter. Ich kam mit ihm nach vorn, während sie die Schlußworte sprach, und er stand dort und hörte ihr zu, ehe er auf die Bühne ging, und war irgendwie überwältigt davon, daß seine Mutter vor einer großen Zuhörerschaft so gut sprechen konnte. Als sie abtrat und er hinaufging, blieb er einen Augenblick bei ihr stehen und sagte, ›Mutter, sie finden dich großartig.‹

Er sagte nicht etwa, ›danke, Mutter‹. Die Kennedys sind komische Leute in der Art, wie sie miteinander verkehren. Sie halten fest zusammen und setzen voraus, ja sie *wissen,* daß jeder versuchen wird, dem anderen zu helfen. Für diesen Versuch wollen sie keinen Dank. Sie wollen wissen, ob sie es gut gemacht haben. Hätte er gesagt, ›Mutter, ich danke dir für diese Rede‹, dann wäre das in ihren Augen ganz unmöglich gewesen. Was er sagte, bedeutete vielmehr, ›Mutter, das hast du gut gemacht; dafür bewundere ich dich‹. Einem Kennedy kommt es mehr auf den Beifall eines anderen Kennedy an als auf den Applaus von zehntausend Fremden.«

In Wirklichkeit handelte es sich bei dieser Episode nur um eine kleine, recht unzusammenhängende Ansprache; ich war wirklich keine gute Rednerin. Aber ich hatte wenigstens einige Erfahrung bei öffentlichen Auftritten. Zunächst sprach ich vor einer kleinen Zahl von Zuhörern, von denen ich wußte, daß sie meine Worte wohlwollend aufnehmen würden. Erst später habe ich vor mehr Menschen gesprochen, die mich kritischer beurteilten. Allmählich gewann ich das Selbstvertrauen, das mit der Praxis und Erfahrung kommt. Damals, in dieser freundlichen Umgebung, fühlte ich mich ganz ungezwungen und sprach recht gut. Wie wir wissen, entwickelte sich Jack zu einem der besten Redner seiner Generation, doch zu jener Zeit stimmte es wirklich, wenn er mit dem langweiligen Satz begann: »So ungewohnt es mir auch ist, öffentlich zu sprechen ...« Er bedurfte noch der Erfahrung und der guten Ratschläge, die von allen Seiten und auch von mir kamen.

Er sprach, ebenso wie ich bei meinen ersten Versuchen, zu schnell. Wenn der Lehrer zu meiner Schulzeit wollte, daß jemand etwas schnell vortrug – etwa kurz vor dem Läuten zur Pause –, dann rief er mich auf, weil ich so schnell reden konnte. Ich glaube, ich habe das meinen Kindern vererbt. Aber im Wahlkampf ist das Stakkato ein Handikap. Ich erinnerte Jack deshalb immer wieder an Churchill und Roosevelt, die ich beide hatte sprechen hören, und daran, wie gemessen und ruhig sie es taten. Noch Jahre später, als er sich um die Präsidentschaft bewarb, hörte ich manchmal, daß er zu rasch redete. Im Fernsehen sah ich ihn dann mit einer Hand in der Jackentasche. Aber diese Eigenarten gehörten jetzt ebenso wie gewisse Gesten, die er sich angeeignet hatte – etwa kurz mit dem Zeigefinger in die Luft zu stoßen, um etwas zu unterstreichen –, zu seinem persönlichen Stil, der den Leuten gefiel und seine Wirkung hatte.
Bei diesem Wahlkampf wurde ich wieder an bestimmte Eigenschaften erinnert, die er als Knabe gezeigt hatte; so auch an seine Unpünktlichkeit. Er war früher so oft nicht rechtzeitig erschienen, wenn wir vom Strand nach Hause fahren wollten. Obwohl er Humor hatte und auf seine Weise bescheiden war, zeigte er Kampfgeist und setzte alles ein, um bei einem Wettspiel zu gewinnen. Dann hatte er die seltsame Abneigung dagegen, Hüte zu tragen. Er tat es nur, wenn man ihn daran erinnerte, und setzte dann jeden beliebigen Hut auf, ohne sich darum zu kümmern, ob er ihm paßte und wie er aussah. Später trug er fast nie einen Hut, wenn es der offizielle Anlaß nicht gebot oder ein Platzregen ihn dazu zwang. Das war zu einer Zeit, als ich ihm nichts mehr befehlen konnte.
Aber als er sich um einen Sitz im Kongreß bewarb – ohne bei winterlichem Wetter im Januar in Neu-England einen Hut aufzusetzen –, war Joe Kane an der Reihe, sich Sorgen zu machen. Er erklärte ihm, alle Politiker im Wahlbezirk Boston trügen Hüte. Ohne Hut sähe Jack aus wie ein Collegestudent, und niemand würde ihn als Bewerber für einen Sitz im Kongreß ernst nehmen.

Mit Hut würde er eher den Vorstellungen seiner Wähler entsprechen und viele Stimmen gewinnen. Jack hörte sich diese Ermahnungen freundlich an, setzte aber dennoch keinen Hut auf. Joe Kane wollte sich aber nicht geschlagen geben, sprach immer wieder mit Jack über das Hutproblem und gewann Verbündete. Kampfgeist, Unpünktlichkeit und die Abneigung gegen Hüte, das alles paßt auch zu dem folgenden Bericht von Dave Powers:

»Von allen Kandidaten, die ich je kennengelernt habe, war Jack der tatkräftigste. Keine Anstrengung war ihm zu groß, wenn er glaubte, er könne damit etwas erreichen. Wenn er hörte, ein anderer Kandidat sei auf einer Veranstaltung gewesen und habe dort einen guten Eindruck gemacht, dann sagte er, ›Dave‹, – und das konnte am Abend eines Tages sein, an dem wir schon zwölf oder vierzehn Stunden für den Wahlkampf unterwegs gewesen waren – ›Dave, was denken Sie, sollen wir nicht hingehen und den Leuten zeigen, wer der richtige Kandidat ist?‹ Und so müde man auch sein mochte, man sagte natürlich, ›gut, gehen wir‹, selbst wenn man dazu eine halbe Stunde durch dichten Verkehr fahren mußte; denn weil er sich so bemühte, seine ganze Kraft einsetzte und ein so großartiger Bursche war, fühlte man sich verpflichtet, alles für ihn zu tun, auch wenn man sich eigentlich danach sehnte, zu Bett zu gehen und endlich auszuschlafen. Wohin er auch kam, er konnte die Wähler für sich gewinnen. Die Leute erwärmten sich für ihn. Oft ging ich schon gegen 6.30 Uhr zum Hotel Bellevue, um ihn zu wecken. Dann hatten wir Zeit, in eine Werft oder eine Fabrik zu gehen, die Frühschicht abzufangen und ein paar hundert oder tausend Hände zu schütteln. Anschließend frühstückten wir und machten uns dann auf den Weg, um die Leute in den Etagenhäusern der Nachbarschaft zu besuchen. Wir gingen von Haus zu Haus, von Stockwerk zu Stockwerk und klopften an alle Türen. Die Mütter sahen ihn an, er sagte ihnen seinen Namen und nannte den Grund seines

Besuchs, und nach ein paar Worten waren sie auf seiner Seite. Dann aßen wir irgendwo Mittag. Er bestellte sich immer das gleiche, ein »Hamburger« und ein Mixgetränk aus Milch und Eiskrem. Nachmittags ging es weiter. Wir gingen in die Billardstuben, die Lebensmittelgeschäfte und in die Kneipen, wir besuchten die verschiedenen Klubs. Wir gingen überall hin, wo wir Wähler antreffen konnten.

Schließlich landeten wir wieder im Hotel Bellevue, er nahm ein heißes Bad, ruhte sich ein wenig aus, um den Rücken zu entspannen, und zog sich um. Und abends ging es dann weiter. Wieder wurden Versammlungen besucht, gewöhnlich sogenannte ›Wahlparties‹. Ich oder ein anderes Mitglied unseres Wahlkampfausschusses hatte eine Reihe junger Damen in der Nachbarschaft veranlaßt, eine Gruppe von Freunden einzuladen, um ihnen J. F. Kennedy vorzustellen. Wir gingen hin, er schüttelte jedem einzelnen Gast die Hand, trank eine Coca-Cola, unterhielt sich mit den Leuten und sagte auf ein verabredetes Zeichen ein paar Worte darüber, weshalb er in den Kongreß gewählt werden wollte und daß er hoffe, sie würden ihm ihre Stimmen geben. Dann dankte er ihnen und verabschiedete sich. An einem Abend besuchten wir im Schnitt fünf oder sechs solcher Parties.

Wenn man für einen Kandidaten arbeitet, der so aktiv ist und die Leute überall für sich gewinnt, hat man natürlich ein sehr gedrängtes Tagesprogramm. Es kam aber noch etwas anderes hinzu. Jack hatte ein eigenartiges Gefühl für Zeit und für Entfernungen. Wenn er sich für die Leute interessierte, mit denen er gerade zusammen war, vergaß er die Zeit, und es war schwer, ihn loszueisen. Außerdem glaubte er immer, wir könnten unser nächstes Ziel in einer Viertelstunde erreichen. Mein Himmel, es kam vor, daß ich mit ihm im Hotel in Boston war und er um dreiviertel acht noch in der Badewanne lag. Aber wir sollten um 8.00 Uhr in Worcester sein! Dann sagte er, ›Dave, wie weit ist es nach Worcester?‹ Ich sagte ›wenn wir jetzt schon im Wagen säßen, kämen wir zu spät.‹ Natürlich kamen wir so auch immer wieder zu spät.

An einem Abend veranstalteten die Veteranen ein großes Treffen in unserem Wahlbezirk, und seine Mutter war auf unsere Bitte hingegangen, um ein paar Worte zu sprechen und ihn als Kandidaten vorzustellen. Auch hier verspäteten wir uns.

Anschließend standen Jack, seine Mutter und einige Mitglieder des Wahlkampfausschusses zusammen und unterhielten sich. Offenbar hatte Joe Kane an diesem Tage wieder versucht, Jack davon zu überzeugen, daß es notwendig sei, einen Hut zu tragen. Jack sagte: ›Mutter, alle behaupten, ich müßte einen Hut aufsetzen, weil ich dann älter aussähe.‹

Aber sie sah ihn nur an und meinte, ›ich glaube, es ist wichtiger, pünktlich zu sein‹.

Das war ihre Art, wenn sie bei einem Essen im Kreis der Familie oder in Gegenwart von Freunden etwas Bestimmtes sagen wollte. Man unterhielt sich lebhaft über irgendein Thema, und sie sagte kaum etwas dazu. Aber dann äußerte sie vielleicht nur ein oder zwei Worte oder sagte einen Satz, und jeder fühlte, daß sie recht hatte.

Auch was sie an diesem Abend gesagt hatte, verfehlte nicht seine Wirkung. Jack überlegte sich die Sache einen Augenblick, wendete sich dann um und sagte denen, die für seinen Terminkalender zuständig waren: ›Zum Teufel, wie könnt ihr mich auch um 8.00 Uhr in Somerville, um 8.30 Uhr in Charlestown und um 9.00 Uhr in Brighton anmelden? Das ist unmöglich.‹ Durch ihre Bemerkung hatte sie also auch diese Leute aufgeschreckt, und die Termine wurden, wenigstens eine Zeitlang, nicht mehr so kurz hintereinander geplant. Jack arbeitete täglich vierzehn Stunden. Er verlangte immer nach mehr Zeit, als ihm zur Verfügung stehen konnte. Auf der einen Seite war er so ungezwungen, so wenig förmlich und so sehr am Menschen interessiert, aber andererseits arbeitete er hart. Alles, was er brauchte, war ein Tag mit sechsunddreißig Stunden.«

Wählerinnen geben ihre Stimmen nach meiner Meinung keineswegs einheitlich ab. Ebenso wie die Männer überlegt es sich jede einzelne Frau, wem sie ihre Stimme geben soll, und dabei spielen verschiedene Gesichtspunkte eine Rolle. Es gibt aber offenbar bestimmte Dinge, die für das eine Geschlecht wichtiger sind als für das andere. Männer interessierten sich offenbar mehr für die militärische Laufbahn von Jack während des Krieges und ließen sich von seinen Leistungen dort mehr beeindrucken als Frauen. Er wollte das nicht ausnutzen, ja es war ihm sogar peinlich, daß diese Frage im Wahlkampf eine Rolle spielen sollte. Als er eines Tages gefragt wurde, wie es dazu gekommen sei, daß er ein »Kriegsheld« wurde, antwortete er: »Das geschah ganz unbeabsichtigt. Mein Boot wurde versenkt.« Dieses Ereignis war jedoch allgemein bekannt und wirkte sich bei den männlichen Wählern günstig für ihn aus.

Eunice und ich sowie die anderen Frauen, die ihm beim Wahlkampf halfen, überlegten uns, was wir tun könnten, um sein Ansehen auch bei den weiblichen Wählern zu fördern. Frauen fühlten sich ohnedies schon von ihm angezogen. Man hat behauptet, die älteren brächten ihm mütterliche Gefühle entgegen, während die jüngeren ihn heiraten wollten. Für mich war das durchaus verständlich. Um jedoch seinen jugendlichen und männlichen Charme zur Wirkung zu bringen, mußten die Frauen ihn kennenlernen. Irgend jemand – ich glaube, es war Eunice, aber sie ist sich dessen nicht so sicher – machte den Vorschlag, ich sollte ihm zu Ehren einen Empfang zum Nachmittagstee veranstalten, viele Frauen dazu einladen und ihnen meinen Sohn als Kandidaten vorstellen. Man glaubte, es würde die Frauen interessieren, mich kennenzulernen.

Wir erinnerten uns, daß wir an der Botschaft in London den Empfang zur Feier des 4. Juli in ähnlichem Sinne arrangiert hatten. Bei dieser Gelegenheit hatten wir ein offenes Haus, es wurden Erfrischungen gereicht, und nachdem die Gäste dem Botschafter und den Mitgliedern seiner Familie vorgestellt worden waren, wurde das Ganze zu einem zwanglosen und unterhaltsamen Zusammensein.

Wo sollten wir unsere Idee zum erstenmal verwirklichen? Wie Dave Powers schon gesagt hat, war Cambridge der größte Unterbezirk, und der aus Cambridge stammende Mike Neville war Jacks stärkster Rivale. Wir mieteten deshalb dort einen großen Saal im ersten Haus am Platze, dem Hotel Commander, und schickten an alle in die Listen eingetragenen Wähler von Cambridge gedruckte Einladungskarten.

Das Empfangskomitee bestand an jenem Abend aus mir als Gastgeberin, Eunice als meiner Stellvertreterin und Jack. Jack hatte seine Zweifel, denn einige erfahrene Politiker seines Wahlkampfausschusses waren hinsichtlich dieses Experiments sehr skeptisch gewesen und hatten ihn entmutigt. So waren Jack, Eunice und ich sehr neugierig zu erfahren, was nun geschehen würde.

Es kamen etwa 1500 Leute; zeitweilig bildete sich eine Schlange, die durch die Hotelhalle, den Eingang und bis weit auf die Straße hinausreichte. Jeder Gast wurde von jedem von uns mit einem Händedruck, Lächeln und ein paar freundlichen Worten begrüßt. Es erschienen zwar auch einige Männer, vor allem aber Frauen, die sich festlich angezogen hatten und für diese Gelegenheit beim Frisör gewesen waren. Jack verstand es glänzend, mit ihnen umzugehen. Die älteren Damen schmolzen dahin, und einige der jüngeren machten den Eindruck, sie könnten jeden Augenblick in Ohnmacht fallen.

Nach den Vorwahlen soll der Wahlkampfleiter von Mike Neville gesagt haben, »dieser Empfang hat den Ausschlag gegeben«. Soweit würde ich nicht gehen, aber er muß sich positiv ausgewirkt haben. Man glaubte, Neville werde in Cambridge einen so großen Erfolg haben, daß er damit die Erfolge von Jack im North End (dem »dear old North End« meines Vaters) und im East End (der Domäne von P. J. Kennedy) und anderen Unterbezirken würde ausgleichen können. Aber es gelang Neville in Cambridge nur, mit einem sehr geringen Vorsprung zu gewinnen.

Im gesamten Wahlkreis, in dem sich neben Jack Kennedy, Mike Neville und John Cotter noch sieben Kandidaten, also im ganzen zehn, um die Nominierung bewarben, siegte Jack mit 42 Prozent aller Stimmen und vereinigte damit etwa doppelt so viele auf sich wie Neville und mehr als dreimal so viele wie Cotter.
Jack gewann bei den allgemeinen Wahlen im Herbst und besiegte dabei den republikanischen Kandidaten im Verhältnis von drei zu eins. Im Alter von 29 Jahren zog er in den Kongreß ein und war damit etwa ein Jahr älter als mein Vater zu der Zeit der Übernahme des Mandats für den gleichen elften Wahlkreis.
Es war ein überzeugender Sieg, und die Leistungen von Jack als Abgeordneter im Kongreß können wohl von niemandem bezweifelt werden. Als er sich nach zwei Jahren 1948 wieder um dieses Mandat bewarb, machte sich kein Politiker in den beiden großen Parteien ernstlich die Mühe, mit ihm in Konkurrenz zu treten, und die Wiederwahl erfolgte gewissermaßen durch Akklamation. 1950 bewarben sich bei den Vorwahlen der Demokratischen Partei neben ihm noch fünf Kandidaten, aber er wurde nominiert und erhielt fünfmal so viele Stimmen wie die anderen Bewerber zusammen. Anschließend schlug er den republikanischen Kandidaten ebenfalls mit der fünffachen Stimmenzahl.
Wahrscheinlich hätte das so weitergehen können. Er hätte dreißig oder vierzig Jahre sein »sicheres Mandat« behalten können, um auf dem Wege über den Vorsitz in den verschiedensten Ausschüssen und durch gute Beziehungen Einfluß zu gewinnen und vielleicht Sprecher des Hauses zu werden. Aber die Aussicht, ein solches Leben zu führen, langweilte Jack.
Gleichzeitig mit der Beendigung seiner dritten Amtsperiode im Parlament sollte sich Senator Henry Cabot Lodge jr. zur Wiederwahl stellen. Kaum jemand konnte sich vorstellen, daß Jack eine Chance hätte, ihn zu schlagen. Lodge hatte offenbar die gleichen Vorteile auf seiner Seite wie Jack und dazu noch manchen anderen. Wenn es deshalb je einen »unschlagbaren« Kandidaten gegeben hatte, dann war es Senator Henry Cabot Lodge jr.

Mein Mann glaubte jedoch, Jack könnte ihn schlagen, und ermutigte ihn, sich aufstellen zu lassen. Ich muß gestehen, daß mich dieser Gedanke zunächst befremdete. Hätte man mich gefragt, so hätte ich entschieden davon abgeraten. Aber in unserer achtunddreißigjährigen Ehe hatte ich es so oft erlebt, daß er die Dinge richtig beurteilte, so daß ich auch diesmal nicht daran zweifelte. Wenn Joe etwas sagte, dann war es auch für mich richtig. Jack ließ sich Zeit, um das Für und Wider sorgfältig gegeneinander abzuwägen und um sich einen Eindruck von der allgemeinen Stimmung in Massachusetts zu verschaffen. Dann traf er – wie immer – selbst die Entscheidung. Er beschloß, sich zu bewerben.

Bei den Vorwahlen der Demokratischen Partei stellte sich niemand gegen ihn. Kein anderer Kandidat wollte sich gegen den unbesiegbaren Lodge aufstellen lassen, der natürlich auch in den Reihen seiner eigenen Partei keinen Rivalen hatte.

Der Wahlkampf zwischen Kennedy und Lodge entwickelte sich zu einem der berühmtesten in der Geschichte der Innenpolitik der Vereinigten Staaten. Jeder, der sich darüber informieren will, findet in vielen anderen Büchern genaue Berichte.

Hier mag es genügen, wenn ich sage, daß Jack die gleiche Wahlkampftaktik verwendete, wie er sie bei seinen ersten Wahlen 1946 entwickelt hatte. Alle Beteiligten waren jedoch inzwischen älter und erfahrener geworden, und das Ganze fand in einem größeren Rahmen statt, denn diesmal handelte es sich nicht mehr nur um einen Wahlkreis, sondern um ganz Massachusetts. Joe und ich mieteten eine bequeme Wohnung in der Stadtmitte von Boston, in der Beacon Street 81, und beobachteten von hier aus die Vorgänge sehr aufmerksam, um Jack in mancher Weise die Wege zu ebnen. Seine Wahlhelfer waren eine Sekretärin, sein guter Freund und Mitarbeiter Arthur Houghton und der viel jüngere, aber ebenso zuverlässige Sargent Shriver.

Der inzwischen 26 Jahre alte Bobby, der kürzlich sein Abschlußexamen an der juristischen Fakultät der University of Virginia bestanden hatte, übernahm eine interessante Aufgabe im amerikanischen Justizministerium, und es lag ihm viel daran, voranzukommen. Er und Ethel hatten sich gerade in Washington niedergelassen, und er wollte sich eigentlich nicht am Wahlfeldzug beteiligen. Als jedoch Probleme entstanden und er gebraucht wurde, und als sein Vater und Jack ihn darum baten, legte er – zwar nicht gern, aber bereitwillig – seine persönlichen Sorgen beiseite und übernahm die Leitung des Wahlkampfbüros. Einige ältere Politiker, die sich ebenfalls zur Verfügung gestellt hatten, waren nicht damit einverstanden, denn sie hielten Bobby für politisch unerfahren und glaubten, dieser junge Mann könne noch keine rechte Männerarbeit leisten. Aber Bobby hatte schon 1946 einige Erfahrungen gesammelt. Außerdem war Lawrence O'Brien sein Organisationsleiter, er war ein Mann in Jacks Alter und ein Kriegsteilnehmer, der bereits über vierzehn Jahre Erfahrungen in der Lokal-, Bezirks-, Staats- und Bundespolitik gesammelt hatte. Er verfügte über die organisatorischen Kenntnisse, die Bobby noch fehlten. Bobby brachte außerdem noch einige seiner Freunde mit, besonders den begabten, energischen, treuen und unermüdlichen Kenneth O'Donnell, der während des nächsten Jahrzehnts ebenso wie Larry politisch eng mit Jack, Bobby und schließlich auch mit Teddy zusammengearbeitet hat.

Jack arbeitete härter als alle anderen. Er hatte den Staat Massachusetts schon seit einigen Jahren intensiv bereist und lange Wochenenden dazu verwendet, Menschen kennenzulernen, Freundschaften zu schließen, sich die am besten geeigneten Verbündeten auszusuchen und, was am wichtigsten war, sich den Wählern bekannt zu machen und die persönlichen Beziehungen zu ihnen zu pflegen.

Bald begannen sich Jacks Rückenbeschwerden sehr unangenehm bemerkbar zu machen. Ich zitiere aus dem Bericht von Kenny O'Donnell:

»Er reiste mit seinen Krücken, die er im Wagen versteckte, wenn er vor dem Lokal angekommen war, in dem die Zuhörer

auf ihn warteten. Dave sah, wie er die Zähne zusammenbiß, wenn er ausstieg und vom Wagen zum Eingang ging, wo der Vorsitzende oder die Mitglieder des Empfangskomitees warteten, um ihn zu begrüßen. Wenn er aber den Versammlungsraum betrat, ging er aufrecht, lächelte und sah so kräftig und gesund aus wie der Weltmeister im Halbschwergewicht.
Hatte er seine Rede beendet, die Fragen der Zuhörer beantwortet und jedem die Hand geschüttelt, dann halfen wir ihm in den Wagen. Dort lehnte er sich zurück und schloß die Augen, weil er so starke Schmerzen hatte. Dave erzählt: ›Wenn wir ins Hotel zurückkamen, holten wir die Krücken unter dem Rücksitz hervor, und er nahm sie, um die Treppen hinaufzukommen. Sofort ließ ich heißes Wasser in die Wanne laufen, und er badete eine halbe Stunde, bevor er zu Bett ging.‹«

Daß wir eine so große Familie waren und so viele Verwandte hatten, erwies sich auch diesmal als vorteilhaft, denn jeder einzelne von uns verfügte über bestimmte Erfahrungen, Kenntnisse und Fähigkeiten, die sinnvoll eingesetzt werden konnten. Immer wieder überlegten wir, wer in einer bestimmten Situation das Beste für Jack erreichen könnte, und dann erhielt der Betreffende diesen Auftrag. Zu den vielen Volksgruppen, die im Lauf der Jahre als Einwanderer nach Massachusetts gekommen waren, gehörte zum Beispiel auch eine ansehnliche Zahl von Libanesen, und sie hatten natürlich ihre eigenen Klubs und Vereine. Nun war Eunice auf einer ihrer Reisen zufällig auch im Libanon gewesen und hatte von dort einen schönen Schal mitgebracht. Wenn daher die Libanesen eine Zusammenkunft hatten, legte Eunice diesen Schal an, ging hin und erzählte ihnen, wie sehr ihr der Libanon gefallen habe, und weshalb sie Jack ihre Stimmen geben sollten. Ich war früher einmal in Portugal gewesen, deshalb übernahm ich den Auftrag, in New Bedford zu sprechen, wo zahlreiche Nachkommen portugiesischer Einwanderer lebten.
Daneben hatte ich noch andere Möglichkeiten. Erstens sprach ich

Französisch. Als ich im Kloster Blumenthal als junges Mädchen Französisch lernte und in späteren Jahren versuchte, mich darin zu vervollkommnen, habe ich es mir nicht träumen lassen, daß diese Kenntnisse mir eines Tages dabei helfen würden, meinen Sohn im Wahlkampf um einen Sitz im amerikanischen Senat zu unterstützen. Mein Französisch war zwar längst nicht so gut wie das von Senator Lodge, aber ich sprach es auch recht gut. Außerdem interessierte ich mich für die französische und französisch-kanadische Geschichte und Kultur und hatte manches darüber gelesen. Bisher hatten die Demokraten sich viel zu wenig um diese Volksgruppe gekümmert und nichts getan, um ihre Stimmen zu gewinnen. Diese Situation war für mich wie geschaffen.
Ich besorgte mir französische Zeitungen, orientierte mich über die darin verbreiteten Nachrichten, Meinungen und Aktivitäten, die gerade diese Wählergruppe interessierten, nahm an ihren Versammlungen und kirchlichen Veranstaltungen teil und sprach dort über die Erlebnisse, die ich auf meinen Reisen in Frankreich gehabt hatte. Ich sagte, auch Jack habe Frankreich bereist, habe dort gearbeitet und sei ein großer Bewunderer der Franzosen. Er werde deshalb sowohl den Staat Massachusetts als auch das Interesse des französischen Erbes gut vertreten können.
Wir erinnerten uns an den überraschenden Erfolg des Empfangs, den wir 1946 in Cambridge gegeben hatten, und beschlossen, jetzt etwas Ähnliches zu veranstalten. Ich wollte die Rolle der Gastgeberin übernehmen. Hier unterstützten mich jedesmal einige weibliche Mitglieder der Familie. Damit kam der Zweck dieser Veranstaltung besser zum Ausdruck, denn hier sollten die Wähler den Kandidaten und seine Familie kennenlernen. In einem geeigneten Augenblick sagte ich ein paar Worte zur Begrüßung und stellte Jack vor, der dann in einer kurzen, formlosen Ansprache zu bestimmten Wahlthemen Stellung nehmen und vor allem den Gästen die Gelegenheit geben sollte, ihn zu sehen und die Ausstrahlung seiner Persönlichkeit zu spüren.
Diese Teegesellschaften waren in der Tat ein großer Erfolg. Als

alles vorüber war und Jack die Wahlen gewonnen hatte, sagte Lodge: »Es waren diese verdammten Tees, die mich geschlagen haben.«

Es hat Jack später irritiert, daß man diesen Tees so großen Wert beimaß, und irgend jemand behauptete, er sei »auf einem Meer von Tee in den Senat geschwommen«.

Man hat mich gelegentlich gefragt, ob Jack ein emotionaler Mensch gewesen sei. Ich glaube, der Anlaß für diese Frage war, daß er immer einen so selbstbeherrschten, ruhigen und ausgeglichenen Eindruck machte und von allem einen gewissen Abstand zu wahren schien, als befände er sich zwar auf der Bühne des Lebens und spiele auch die richtige Rolle, beobachte jedoch die Szene und sich selbst darin ganz objektiv. Ich nehme an, dieser Eindruck war im großen und ganzen richtig. Er hatte ein ausgeglichenes Temperament, und das war vor allem seiner immer wieder durch Unfälle beeinträchtigten Gesundheit zuzuschreiben. Mancher andere hätte sich nur selbst bemitleidet, aber Jack wappnete sich gegen Schmerzen und Unglück und lebte sein Leben voll aus in dem Bewußtsein, daß er in jedem Augenblick von einem neuen Unglück überrascht werden könnte. Er war entschlossen, optimistisch zu bleiben. Wenn er zu einer Reise aufbrach oder eine Regatta gewonnen hatte, konnte er erregt und glücklich sein. War er an das Bett gefesselt oder hatte eine Regatta verloren, dann war er nicht auffallend deprimiert, sondern seine Stimmung war nur etwas gedrückt. Wirklich nervös habe ich ihn nur selten erlebt – am lebhaftesten ist mir in dieser Beziehung die Wahlnacht des Jahres 1952 in Erinnerung.

O'Donnell und Powers berichten aus dem Wahlkampfbüro:

> »Der Ausgang der Wahlen war so ungewiß, daß die Rundfunk- und Fernsehkommentatoren gegen Mitternacht immer noch Lodge als den Sieger bezeichneten. Aber Kennedy war sich seines Sieges so gewiß ... daß er seinen Freund aus Harvard Torbert Mcdonald fragte: ›Wer weiß, welchen Posten Eisenhower jetzt Lodge anbieten wird?‹«

Als er jedoch zu uns in die Beacon Street zurückkam und die Ergebnisse der Stimmenauszählung durchgesagt wurden, wobei sich das Stimmenverhältnis von Minute zu Minute veränderte und einmal Lodge und dann wieder Jack führte, ging er unruhig von einem Zimmer in das andere. Dabei zog er ständig seine Jacke an und wieder aus und tat das mit so heftigen, nervösen Bewegungen, daß er manchmal die Ärmel umkrempelte, um sie dann mit dem Futter nach außen wieder anzuziehen. Mein Mann ermahnte ihn, sich zu beruhigen, was ihm allmählich auch gelang.

1956, vier Jahre später, wurde Jack aufgefordert, die Einführungsrede für Adlai Stevenson zu halten, als dieser sich zum zweitenmal gegen Eisenhower um die Präsidentschaft bewarb. Die Rede war so gut, und er machte dabei einen so vorzüglichen Eindruck auf die Delegierten und auf das Publikum an den Fernsehschirmen, daß eine spontane Bewegung entstand, die ihm die Kandidatur für die Vizepräsidentschaft anbot. Ein wirklich erstaunliches Angebot. Wenn man bedenkt, daß er – wie Dave Powers berichtet – noch zehn Jahre zuvor ein recht mäßiger Redner war, den sogar meine öffentlichen Auftritte beeindruckten, dann ist das wirklich bemerkenswert.

Diese Reaktion überraschte jeden, Jack selbst aber wahrscheinlich am meisten. Als er jedoch erkannt hatte, was geschehen war, und feststellte, daß er eine gute Chance hatte, nominiert zu werden, wurde sein Ehrgeiz geweckt, und er beschloß, sich zu bewerben. Bobby, Teddy, Kenny O'Donnell und andere treue Gehilfen, die zum Parteikonvent gekommen waren, ohne im entferntesten daran zu denken, daß Jack als Kandidat aufgestellt werden könnte, und die deshalb ebenso überrascht waren, machten sich ans Werk und arbeiteten während der jetzt nur noch zur Verfügung stehenden vierundzwanzig Stunden unermüdlich.

Meinen Mann und mich überraschte diese Entwicklung nicht weniger. Wir verbrachten den größten Teil jenes Sommers in einem Haus, das wir an der Riviera gemietet hatten. Wir hatten Jacks Rede in unserem Kurzwellenempfänger gehört und fanden sie ungewöhnlich gut. Joe hatte sich über die Vorgänge auf dem Konvent mehr oder weniger auf dem laufenden gehalten. Daß Jack für die Kandidatur zum Vizepräsidenten nominiert werden sollte, war für uns jedoch nicht mehr als ein Gerücht, und solche Gerüchte gibt es in der Innenpolitik immer. O'Donnell und Powers berichten darüber wie folgt:

> »Kennedy wartete und wollte sich zunächst vergewissern, mit welcher Unterstützung er besonders in den protestantischen Südstaaten würde rechnen können, bevor er eine Entscheidung traf. Er wartete noch immer, neigte zwar dazu, die Kandidatur anzunehmen, hatte sich aber noch nicht endgültig entschieden, als ein Delegierter aus Louisiana zu ihm kam und ihn bat, sich aufstellen zu lassen. Die Delegation aus Louisiana hatte zugunsten von Kennedy gegen ihren eigenen Gouverneur gestimmt. Der Mann aus Louisiana sagte: ›Wir haben uns so sehr für Sie exponiert, daß Sie uns jetzt nicht hängenlassen dürfen. Sie müssen sich um die Kandidatur bewerben.‹ Das gab Jack den letzten Anstoß. Er wendete sich an Bobby und sagte: ›Rufe Dad an und sag ihm, ich werde mich bewerben.‹
>
> Bobby ließ die telefonische Verbindung zu unserem Haus an der französischen Riviera herstellen, eine keineswegs beneidenswerte Aufgabe. Jack verschwand ... und als die Verbindung hergestellt war, hörte man die harten Worte des Vaters im ganzen Zimmer. Dann wurde die Verbindung unterbrochen, ehe er zu Ende gesprochen hatte ... Bobby hängte ein und versuchte nicht, seinen Vater wieder an den Apparat zu bekommen. Er sagte nur: Mensch, ist der wütend!«

Was Joe gesagt hatte, war nicht hart, wohl aber sehr bestimmt. Er war überzeugt, daß Präsident Eisenhower seinen Gegner Stevenson besiegen und wiedergewählt werden würde und daß es Jacks politischer Zukunft schaden werde, wenn er hinter dem Verlierer an zweiter Stelle rangierte. Er meinte, Jack sei kurzsichtig und gab dem sehr deutlich Ausdruck.

1
Mein Vater, John
Francis Fitzgerald

(Wide World Photos)
Sofern keine besonderen
Angaben gemacht sind
entstammen die
Bilder der Kennedy
Family Collection

2
Meine Mutter, 1900

3
Joe (Joseph) Kennedys
Vater, Patrick J. Kennedy
(Associated Press)

4
Joes Mutter, Mary
Hickey Kennedy

5
Joe mit seiner Schwester
Loretta, 1892

6
Mein Vater, Bürgermeister
von Boston, überreicht mir mein
High-School Diplom

7 Joe und ich beim Schlittschuhlaufen in Poland Springs, Maine

8 Rosemary, Jack (John F.), Joe jr. und ich, 1919

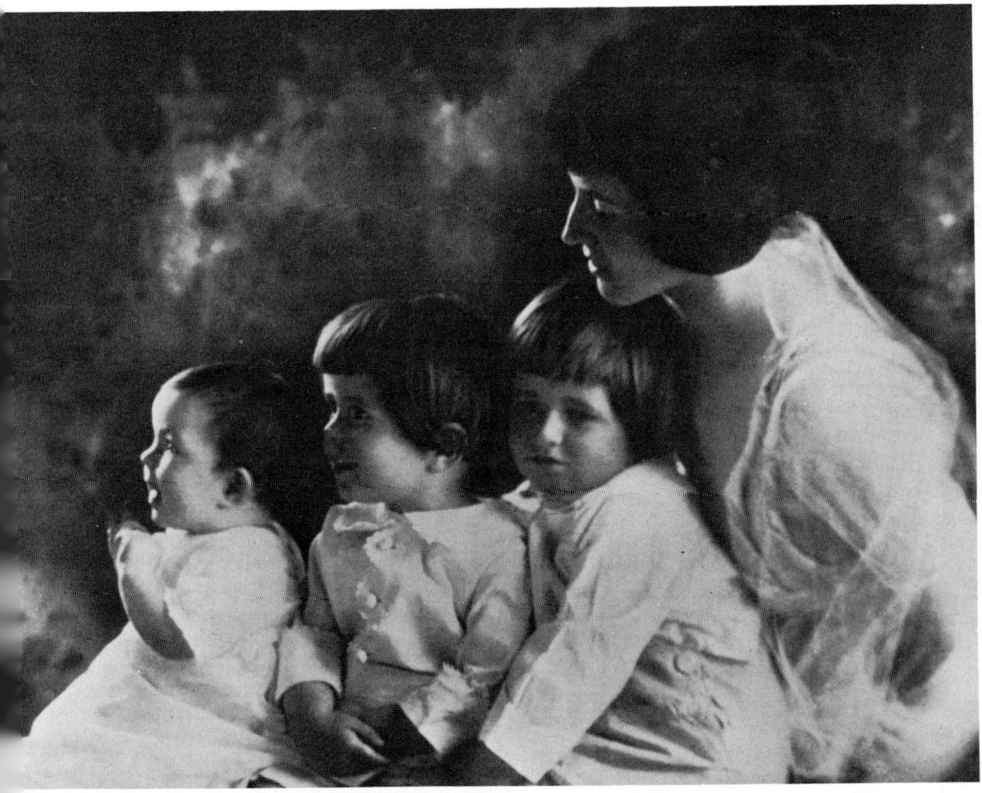

9 Mcine Mutter und ich, 1938

10 Meine Eltern besuchten uns oft in Palm Beach, hier feiern wir den 77. Geburtstag meines Vate
(Bert und Richard Morgan)

11
Joe und ich – Palm Beach, 1925

12 Unsere Weihnachtskarte aus dem Jahr 1927

13 Bobby, John F., Eunice, Jean, Pat, Kathleen, Joe jr. und Rosemary am Strand von Hyannis Po
mit unserem Hund Buddy

14
Rosemary im Alter von fünfzehn

15
Ankunft auf der S. S. Aquitania
zusammen mit Lady Ascot, 1932
(Associated Press)

16
Vereidigung als Botschafter;
Joe, Justice Reed
und Präsident Theodore Roosevelt
(Acme Newspictures, Inc.)

17 Kathleen, Bobby, Ted, Pat und Jean bei unserer Abreise nach England, 1938

18 Teddy vor dem Buckingham Palast (Wide World Photos)

Schlittenfahrt in St. Moritz; Eunice, Bobby und Rosemary sitzen Jean, Teddy und mir gegenüber

Krönung Papst Pius' XII. Kathleen, Pat, Bobby, Jack, Teddy, Eunice, Jean und Rosemary mit Joe und mir (Keystone)

21
Joe und ich 1939
in der Botschaft
(Peter Hunter, Press Features)

22 Jack und Bobby auf dem Balkon der Botschaft (Planet News Ltd.)

23 Familienessen in der Botschaft

24
1936 wurde ich
bei Hof vorgestellt

25
Vor dem offiziellen Ball
anläßlich der Amtseinführung
von John F. 1961

26 Bobby, Jack, Joe, Teddy und Joe jr. in Antibes, Frankreich 1939

27 Eunice, Jack, Rosemary, Jean, Joe, Teddy, Joe jr., Pat, Bobby und Kathleen, London 1939

28
Joe und George Bernard Shaw
(International News Photo)

29
Joe jr., Kathleen und Jack.
1. September 1939

30
Jack, Eunice und ich
vor dem Zuckerhut,
Rio de Janeiro 1941

31 König George VI und Königin Elizabeth stehen zwischen Joe und mir (Wide World Photos)

32 Joe jr. nimmt sein Offizierspatent von seinem Vater entgegen, Mai 1942

33
Leutnant John F. Kennedy
bei der Ordensverleihung, 1944
(Christian Science Publishing Society)

34
Bobby und Ethel
(Associated Press)

35
Duchess of Devonshire,
Joe jr., Lord Hartington und Kathleen
nach ihrer Hochzeit
in London, 1944
(Associated Press)

36 Pat und Peter Lawford

37 Eunice und Sargent Shriver

38
Jean und Steve Smith

39 Jack und Jackie

40 Nach der Trauung in der St. Mary Kirche in Newport, 12. 9. 53 (DPA)

41
Ted und Joan

42
Joe auf Pats Hochzeit
(Bert und Richard Morgan)

3 Jackie und ich plaudern mit Madame DeGaulle nach Jackies Ankunft in Orly zum offiziellen Staatsbesuch im Jahre 1961 (Life Magazine)

4 Eunice, Pat, Jack und ich vor einem unserer »Kennedy Tees« (Boston Daily Record)

45
Mein Vater John Francis Fitzgerald und mein Sohn, John F. Kennedy. (An dem Schreibpult hat mein Vater im Kongreß gearbeitet.)

46 Joe umgeben von einer Enkelschar an seinem Geburtstag im Jahre 1960

47 Caroline Kennedy und Großvater (Jacques Lowe)

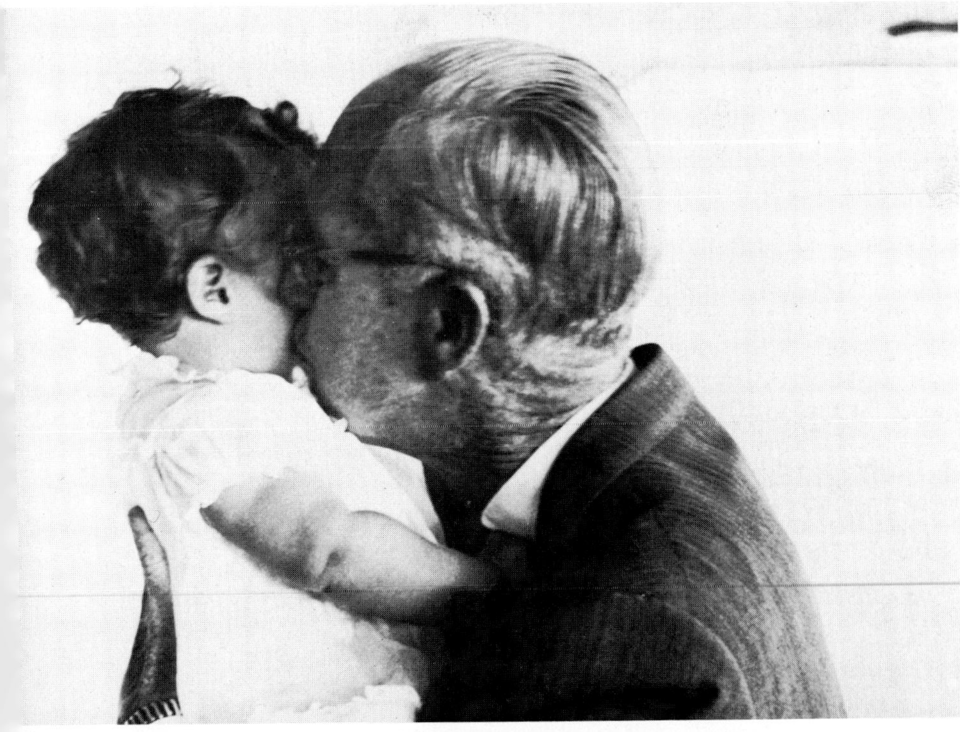

48
Senator John F. Kennedy
mit seiner Tochter Caroline (DPA)

49
Jack und Jackie
bei der Taufe von John jr. (DPA)

50
Jacks Nominierung,
Los Angeles, 1960

51
Am Morgen nach den Präsidentschaftswahlen in Hyannis Port.
Sitzend (von links nach rechts):
Eunice, ich, Joe, Jackie,
Ted; stehend: Ethel, Stephen Smith,
Jean, Jack, Bobby, Bobby, Pat, Sargent Shriver,
Joan, Peter Lawford

52 und 53
John F. Kennedy am Tag der Amtseinführung (20. 1. 1961) zusammen mit dem scheidenden Präsidenten Eisenhower (DPA)

54
Jack und Jackie
mit ihrer Tochter Caroline (DPA)

55
Jack mit John und Caroline
(John F. Kennedy Library)

56 Der offizielle Ball anläßlich der Amtseinführung des Präsidenten 1961 (Life Magazine)

57 Empfang für Premierminister Nehru (Robert L. Knudsen)

58
Eine Stunde nach Entstehen
dieser Aufnahme erlitt
Joe seinen schweren Schlaganfall,
19. Dezember 1961

59 Mit Konrad Adenauer, Dezember 1964

60 Pablo Casals gibt ein Konzert im Weißen Haus (Robert L. Knudsen)

61 Mit Arthur Rubinstein, Florenz 1961

62 Mit Marc Chagall im September 1964 an der Riviera

63
Besuch in Kanada
bei geistig behinderten Kindern
(Gilbert A. Michie & Co., Ltd.)

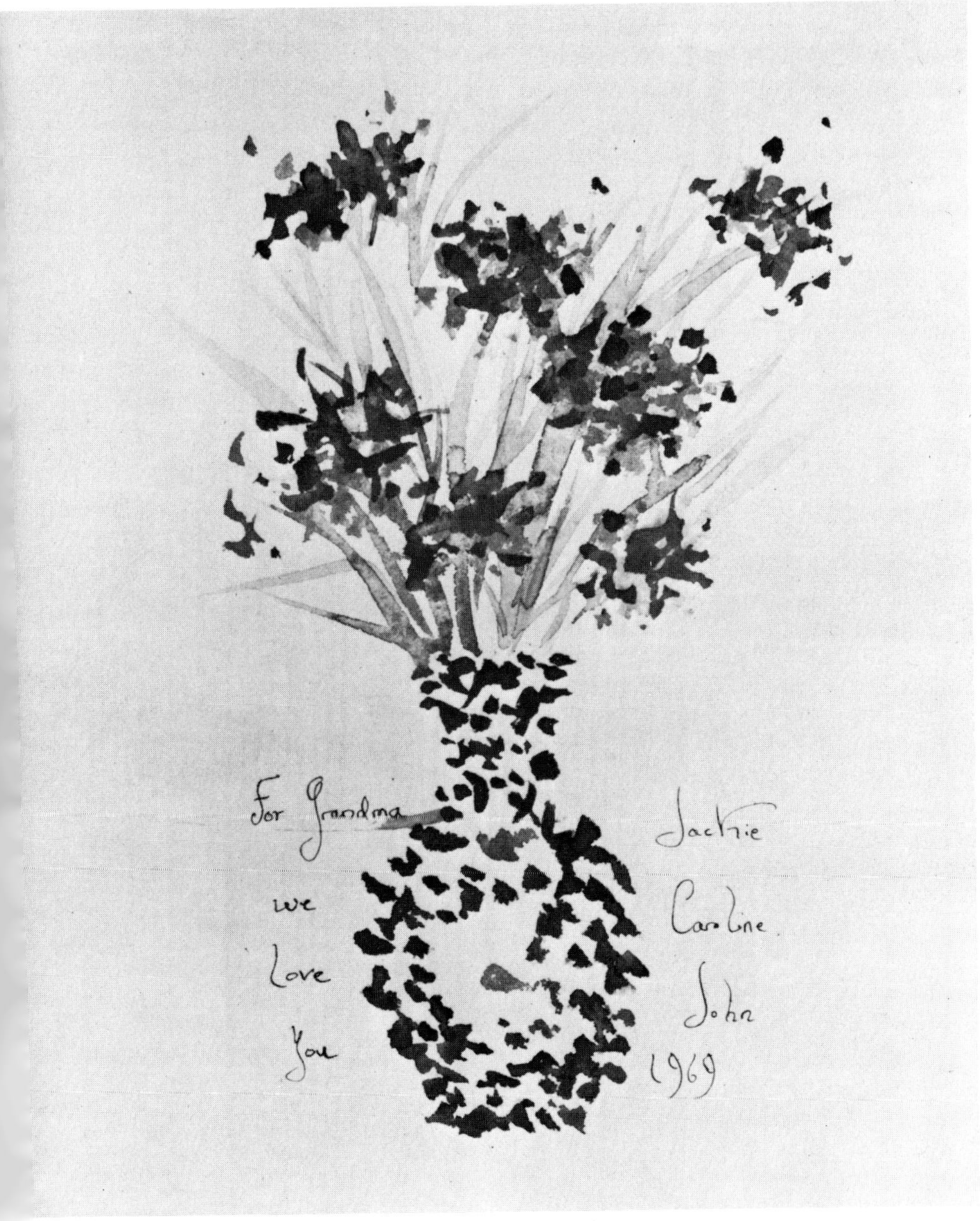

64
Eine von Jackie
gemalte Grußkarte

65 Bei der Eröffnung des »John F. Kennedy Center for the Performing Arts« in Washington (Mc
Kaye Studios)

66 Meine 28 Enkel und ich

Aber nachdem Jack sich entschlossen hatte, bemühte er sich auch weiter um die Nominierung. Es kam zu einem harten Gefecht zwischen ihm und Senator Estes Kefauver um die Stimmen der Delegierten. Auf dem Höhepunkt der Auseinandersetzung hatte Jack nur 33½ Stimmen zu wenig, um zu siegen, und hätte wahrscheinlich gewonnen, wenn sich nicht einige ältere Parteiführer gegen ihn gestellt hätten. So wurde Kefauver nominiert. Jack kehrte in den Saal zurück – von seinem Wahlkampfbüro in der Stockyards Inn –, gab sich geschlagen, stellte sich auf die Seite des Gewinners und brachte eine Resolution ein, Kefauver möge einstimmig nominiert werden. Diese Resolution wurde angenommen. Nachdem er in sein Büro zurückgekehrt war, rief er seinen Vater an und teilte ihm das Ergebnis mit. Mein Mann sagte: »Etwas Besseres hätte dir kaum passieren können.«

Wieder hatte er recht, denn da Jack nicht auf der Liste der Verlierer gestanden hatte, schadete die schon sichere Niederlage Stevensons seinem politischen Ansehen nichts.

Der Historiker James MacGregor Burns schreibt über Jacks Rolle auf dem Parteikonvent des Jahres 1956:

> »Er machte, als er geschlagen war, einen ebenso ruhigen Eindruck wie zu der Zeit, als er noch mit dem Sieg rechnete. In der Versammlungshalle trat er an das Rednerpult und sagte: ›Meine Damen und Herren, die Sie an diesem Konvent teilnehmen, ich möchte die Gelegenheit benutzen, den Demokraten aus allen Teilen des Landes meinen Dank zu sagen ...‹ Trotz seines Lächelns sah Kennedy abgespannt und enttäuscht aus. Doch wie es sich später zeigte, war dies sein größter Augenblick gewesen. Es war der Augenblick, in dem er gewissermaßen die politische Schallmauer durchbrach und der sich der ganzen Nation einprägte. Das dramatische Rennen hatte Millionen an die Fernsehschirme gefesselt. Der zum Greifen nahegerückte Sieg Kennedys und seine plötzliche Niederlage – der Eindruck, hier habe man es mit einem sauberen jungen Mann

zu tun, der sein Bestes gegeben hatte und lächelnd die Niederlage hinnahm –, all das ging den Menschen überall in den Vereinigten Staaten ans Herz. Dieser Augenblick war im Grunde der Beginn seines Wahlfeldzugs um das Amt des Präsidenten.«

Ein Jahr nach dem Parteikonvent von 1956 betrachtete Jack die Dinge so, daß er sagen konnte:

»Joe war der Star unserer Familie. Er machte alles besser als wir anderen. Wäre er am Leben geblieben, dann wäre er in die Politik gegangen und ins Parlament und in den Senat gewählt worden wie ich. Wie ich hätte er sich auf dem Parteikonvent 1956 um die Nominierung für die Vizepräsidentschaft beworben, aber anders als ich hätte er sich nicht schlagen lassen. Joe hätte die Nominierung gewonnen. Er und Stevenson wären dann von Eisenhower geschlagen worden, und Joes politische Karriere läge heute in Scherben ...«

1958 mußte sich Jack zur Wiederwahl für den Senat stellen. Er gewann die Wahlen diesmal mit einer Mehrheit von fast einer Million Stimmen. Das war der größte Stimmengewinn, den irgendein Kandidat bei Wahlen in der Geschichte unseres Staates je für sich hatte verbuchen können.

Diesen Schwung nutzte er aus, um sich nach zwei weiteren Jahren als Kandidat für die Präsidentschaftswahlen aufstellen zu lassen.

In meinen kühnsten Hoffnungen und Träumen hätte ich es mir kaum vorstellen können, daß er sich im Verlauf von nur vierzehn Jahren aus einem 1946 noch recht scheuen, etwas verlegenen und manchmal unbeholfenen jungen Kandidaten für den Kongreß zu einem 1960 immer noch jugendlich aussehenden, aber reifen, klugen und triumphierenden Präsidenten der Vereinigten Staaten entwickeln würde.

16. KAPITEL

In der Zeit nach diesem ersten Wahlkampf von Jack bis zu seiner Wahl zum Präsidenten waren wir mit vielen anderen Dingen beschäftigt. Außer in den Wahljahren habe auch ich mich nur wenig um die Politik gekümmert.
In der Familie Kennedy ging das Leben und Sterben wie in allen anderen Familien weiter.
Rückblickend überrascht es – und ich glaube, jeder, der ein langes Leben hinter sich hat, macht diese Erfahrung –, daß in den späteren Lebensjahren so vieles so schnell geschah.

Nachdem der Krieg in Europa zu Ende gegangen war und man wieder ungehindert über den Atlantik reisen konnte, kam Kick gelegentlich für ein paar Wochen oder auch für längere Zeit zu uns nach Hyannis Port und Palm Beach. Natürlich war das ein Segen für uns.
Ihre Briefe vermitteln etwas davon; von der Liebe, die sie für Billy empfand, und von ihrer Zuneigung für das englische Volk. Sie sagte, wenn sie hier wäre, verbrächte sie den größten Teil der Zeit damit, den Amerikanern die Briten näherzubringen, und wenn sie dort wäre, den Briten Amerika verständlich zu machen.
Nachdem sie sich nach außenhin mit dem Verlust von Billy ausgesöhnt hatte, versuchte sie sich das Leben in England so angenehm wie möglich zu machen. Der Herzog und die Herzogin nahmen sie mit großer Herzlichkeit in ihren Kreis auf. Sie kaufte ein kleines Haus in London, nahm an der jährlich stattfindenden, aber nicht mehr so glanzvollen Saison teil und verbrachte die Wochenenden auf dem Lande. Soweit es ihr möglich war, beteiligte sie sich daran, die schweren Wunden und Schäden des

Krieges zu heilen. Sie bereiste die Britischen Inseln und den Kontinent, und England wurde ihre zweite Heimat.
1948 nahm sie einen Urlaub an der Riviera und flog von dort in einem Privatflugzeug mit ein paar Freunden nach Paris ab, wo ihr Vater sie erwartete. Auf dem Flug über die französischen Alpen verschlechterte sich das Wetter, die Navigationsinstrumente waren unzureichend, und das Flugzeug zerschmetterte an einem Berghang. Alle Insassen kamen ums Leben. Joe wurde benachrichtigt und fuhr sofort hin. Er war dort, als die Leiche seiner Tochter vom Berg heruntergebracht wurde.
Wir verloren unsere geliebte Kick am 13. Mai 1948. Sie ruht in einem Grab neben Billy in Chatsworth.

Mein Vater blieb bis zu seinem 88. Lebensjahr rüstig und gesund, humorvoll, fröhlich und begeisterungsfähig. In seinen letzten Lebensjahren bewohnte er mit meiner Mutter ein eigenes Haus an der Lighthouse Lane in Hyannis Port, etwa zehn Minuten zu Fuß von dem unseren entfernt. Wir sahen meine Eltern in jenem Sommer noch häufiger als sonst. Doch der Gesundheitszustand meines Vaters verschlechterte sich. Ich kenne die Ursachen nicht, wenn es bestimmte Ursachen gegeben hat. Wahrscheinlich waren es Kreislaufstörungen. Er starb am 2. Oktober 1950.

Ende 1941 entschlossen wir uns, das Haus in Bronxville zu verkaufen, da wir für Frühjahr, Sommer und Herbst ein sehr angenehmes Haus in Hyannis Port und für den Winter ein zweites in Palm Beach besaßen und jederzeit eine Wohnung in New York mieten konnten, wenn wir dort zu tun hatten. Zudem hatten inzwischen, außer den jüngsten Kindern, schon alle das Elternhaus verlassen.
Obwohl Joe ein sehr erfolgreicher Geschäftsmann war, sprach er fast nie von Geld. Eine der wenigen Gelegenheiten, bei denen er über Geld gesprochen hat, ergab sich, als Jack zwei Jahre alt und an Scharlach erkrankt war. Es war eine schreckliche Zeit für uns.

Rosemary war erst wenige Tage alt, und wir fürchteten, Joe jr., die neugeborene kleine Tochter und ich könnten sich anstecken. Wir wußten aber nicht, wo wir Jack unterbringen sollten. Das Krankenhaus im Bostoner Vorort Brookline nahm Patienten mit ansteckenden Krankheiten nicht auf, und Mitglieder unserer Familie konnten in keinem Krankenhaus der Stadt Boston selbst untergebracht werden, weil wir nicht in der Stadt lebten. Erst auf die Fürsprache meines Vaters hin nahm das städtische Krankenhaus von Boston, das über eine Isolierstation verfügte und solche Krankheiten behandeln konnte, Jack schließlich doch auf. Bei seiner Einlieferung war der kleine Bursche schwer krank. Joe ging anschließend, wie bereits gesagt, in die Kirche und betete für ihn. Dabei gelobte er, wenn Jack am Leben bliebe, werde er die Hälfte seines Vermögens für einen wohltätigen Zweck zur Verfügung stellen. Als Jack gesund wurde, löste Joe sein Versprechen ein und stellte einen Scheck für die St. Appilonian Guild aus, die bedürftige Kinder zu Ärzten und Zahnärzten brachte, um sie dort behandeln zu lassen, jedoch nicht das Geld hatte, einen dafür benötigten Bus zu kaufen. Die Spende von Joe reichte wahrscheinlich gerade dafür aus. Der Scheck war auf $ 3700 ausgestellt, und das war damals die Hälfte seines »Vermögens«.

Wir hatten unseren Hauptwohnsitz jetzt in Hyannis Port aufgeschlagen und wohnten seit 1944 und in den folgenden Jahren, über die ich bisher geschrieben habe, jährlich sieben oder acht Monate dort. So wurde es für uns alle zur Heimat. Die Kinder verbrachten die Weihnachts- und Osterferien in Florida, aber in den Sommerferien und zu allen Wochenenden im Frühjahr und Herbst kamen sie, wenn es irgend möglich war, nach Hyannis Port. Unsere älteren Kinder waren nicht mehr ständig bei uns, denn sie hatten ebenso wie Jack vieles andere zu tun. Sie verbrachten aber alle wenigstens einen Teil des Sommers in Hyannis Port und versuchten, es so einzurichten, daß sie sich hier trafen. Oft luden sie auch einen oder zwei Freunde zum Wochenende oder für eine ganze Woche ein. Im Hause ging es deshalb immer sehr lebendig zu, und es war manchmal nicht einfach, alles gut zu organisieren.

Bis auf wenige Grundregeln wie zum Beispiel meinen Wunsch, jeder möge pünktlich zum Essen erscheinen, ging es sehr zwanglos zu. Das entsprach den Vorstellungen von Joe und mir, denn wir wollten, daß sich alle Hausbewohner bei uns wohl fühlten.

Wenn die Köchin ihren freien Tag hatte, setzten wir uns in die Küche, und die jungen Mädchen, machmal sogar auch die jungen Männer, versuchten, etwas zu kochen, und jeder kritisierte das Ergebnis. Man saß auf Tischen und Stühlen oder auf dem Boden und probierte. Schließlich nahmen wir alle am Küchentisch Platz, und das Essen wurde gelobt – oder getadelt –, und das Gespräch wendete sich anderen Dingen zu. Jeder hatte Spaß daran und lernte etwas dabei. Ich kann mich nicht erinnern, daß eines der Kinder versucht hätte, sich um diese Pflichten zu drücken. Eine Ausnahme bildete vielleicht Eunice, die oft gerade in dem Augenblick, wenn das Geschirr abgewaschen werden sollte oder andere unangenehme Küchenarbeit anstand, telefonieren mußte oder sich aus anderen Gründen nicht daran beteiligen konnte. Jedenfalls behauptete man das von ihr.

Ich mußte in Hyannis Port viele Teenager versorgen – denn auch die drei Kinder der Familie Gargan, Joey, Mary Joe und Ann, verbrachten die Sommer bei uns – und fühlte mich verpflichtet, sie im Auge zu behalten und ihnen gute Manieren beizubringen.

Für einen Mann, dem Frieden und Ruhe im Hause sehr wichtig waren, zeigte Joe erstaunliche Nachsicht. Wenn der Zustrom der Gäste stärker wurde als gewöhnlich, und Freunde, Verwandte, und Überraschungsbesuche, wie Jack sie ins Haus zu bringen pflegte, in allzu großer Zahl erschienen, pflegte er wohl zu sagen – ohne sich eigentlich darüber zu beschweren – »wir haben hier kein Hotel! Die Gästezimmer müssen nicht unbedingt immer

belegt sein.« In Wirklichkeit waren die Zimmer nicht nur praktisch während des ganzen Sommers bewohnt, sondern mußten auch oft doppelt oder dreifach belegt werden. Es war nichts Ungewöhnliches, wenn noch um 11.00 Uhr abends ein Überraschungsbesuch vorfuhr und wir ihn noch irgendwie provisorisch unterbringen mußten.
Irgendwie ist es uns immer gelungen, für alle Platz zu schaffen, auch wenn es manchmal vorkam, daß dieser oder jener am nächsten Morgen mit steifen Gliedern aufwachte, weil er auf einer Matratze oder Luftmatratze auf dem Fußboden hatte schlafen müssen. Aber allen schien es Vergnügen zu machen. Ich glaube, das lag zum Teil daran, daß es bei uns so ungezwungen zuging und wir so gastfrei waren.
Es gab ungeschriebene Regeln über das Benehmen und die gegenseitige Rücksichtnahme, die Teil jedes zivilisierten Lebens sind. Ich setzte voraus, daß die Menschen erkannten, dies sei ein großer, komplexer, gastfreundlicher, aber doch privater Haushalt, den zu führen einige Überlegungen und Anstrengungen meinerseits notwendig waren. Im übrigen war es selbstverständlich, daß jeder auf seine Art eine angenehme Zeit verbringen sollte.

Es muß etwa um diese Zeit gewesen sein – Teddy war 18 Jahre alt und Student im ersten Semester in Harvard –, als wir Richard (Dick) Clasby kennenlernten. Dick erschien in Hyannis Port und betrachtete das Leben dort mit herzerfrischender Unvoreingenommenheit. Wenige Jahre später heiratete er Mary Joe.
Dick Clasby sagt:

»... Wenn man ankam, dann war gewöhnlich auf dem Rasenplatz vor dem Hause schon ein Football-Spiel im Gange, und bevor man den Koffer ins Haus gebracht hatte, beteiligte man sich schon daran, auch wenn man noch den Anzug anhatte, in dem man vormittags in die Kirche gegangen war.
Schaute man sich das Spiel an und beobachtete, wie Mädchen

und Jungen da zusammenlebten, dann sah es nicht so aus, als müßte die Sache ernst genommen werden. Man wurde wohl angerempelt, aber was machte das schon aus? Doch war man erst einmal mitten darin, so wurde es zu einem Wettkampf wie bei einem Spiel Harvard gegen Yale. Jeder beteiligte sich hundertprozentig daran, jeder gab sein Bestes. Auch wenn ein ganz kleiner Junge zur Mannschaft gehörte und man ihm den Ball zuwarf – und das geschah –, so erwartete man von ihm, daß er ihn fing. Und als ›Großer‹ rannte man so schnell man konnte und tat alles, um einem anderen ›Großen‹ den Ball abzujagen. Ich blaube, nicht wenige Gäste haben sich dabei blaue Flecken geholt. Es waren sogar Gäste aus Washington da, Senatoren und hohe Beamte; und wenn man ihnen im Hause begegnete, waren sie sehr würdig. Aber draußen liefen sie ganz sportlich in Shorts herum. Es war, als wollte man sagen, ›ich weiß zwar nicht, was Sie für unser Land tun können, aber hier kommt es darauf an, den Ball zu fangen‹.

Es war ein ständiger Wettkampf, den ich jedoch zunächst nicht recht verstehen konnte, denn wenn junge Leute miteinander in Konkurrenz stehen, dann führt das oft dazu, daß der Verlierer gekränkt ist. Selbst heute noch, wenn ich mit meinen Kindern spiele, versuche ich es so einzurichten, daß das Spiel unentschieden endet. Das war dort nicht üblich. Jeder wollte gewinnen. Aber wenn das Wettspiel zu Ende war, triumphierte der Gewinner nicht und sagte nicht etwa, ›haha, du hast verloren‹. Es herrschte eine großartige Kameradschaft. Abschließend hieß es, ›das war ein tolles Spiel‹, und man hatte nicht das Gefühl, verloren zu haben, obwohl man noch vor fünf Minuten geglaubt hatte – wenn man sie nicht näher kannte –, wenn man verlöre, werde man das ganze Wochenende über ausgelacht werden. Während des Spiels gingen sie zwar unsanft miteinander um, aber sobald es vorüber war, war es auch wirklich zu Ende, und das Ganze war nur ein Spaß gewesen. Und wahrscheinlich würde morgen um 14.30 Uhr ein neues Spiel begin-

nen, bei dem die Mannschaften die einzelnen Spieler austauschten.
Jack konnte wegen seiner Rückenverletzung an den härteren Phasen dieser Wettspiele nicht teilnehmen, und man nahm Rücksicht auf ihn. Aber er machte mit. Als er einmal in die Höhe sprang, um einen Ball zu fangen, und hart landete, rief ihm Bobby ein typisches Kennedykompliment zu: ›mutig, aber sinnlos!‹
Wenn Jack einen nach Hyannis Port eingeladen hatte und man nicht draußen Ball spielte oder am Strand spazierenging, dann gab es auch im Hause die verschiedensten intellektuellen Wettspiele, die Jack organisierte und leitete. Eines davon hieß zum Beispiel ›Categories‹. Dabei ging es darum, bestimmten Themen Namen zuzuordnen. Man mußte etwa den Namen einer Person aus einem Drama von Shakespeare nennen, der mit M anfing, wie Macbeth oder McDuff. Wenn einem nichts einfiel, verlor man einen Punkt und gab die Frage weiter.«

Ich bin überzeugt, diese Spiele hätten Jack und die anderen Kinder in jedem Fall interessiert, aber ihr Interesse wurde wahrscheinlich besonders angeregt, weil sie in England manches Wochenende in den großen Landhäusern zugebracht hatten. Das war in den 1930er Jahren. Es gab damals noch kein Fernsehen, und obwohl das Leben auf dem Lande am Tage viel Zerstreuung bot, gab es nach dem Dinner und nach Einbruch der Dämmerung Stunden, in denen es auf den Einfallsreichtum der hier versammelten Menschen ankam, sich und die anderen zu unterhalten. Das führte zu interessanten Gesprächen und anregenden Gesellschaftsspielen. Ich erinnere mich, daß Kathleen uns erzählte, Anthony Eden sei auf diesem Gebiet ein wahres Wunder gewesen, er wußte alles und gewann jedesmal.
Jack verstand es besonders gut, ein Gespräch in Gang zu halten und jeden daran zu beteiligen. Dadurch wurde es lebendig und humorvoll, aber auch interessant und inhaltsreich. Daß er dieses

Talent entwickelt hat, verdankte er wahrscheinlich zum Teil auch seinem Aufenthalt in England, und die Gesellschaftsspiele in den englischen Landhäusern entsprachen seinem Geschmack, weil er gute geschichtliche und literarische Kenntnisse hatte und ein sehr wißbegieriger Mensch war. Als Bobby alt genug war, ließ er sich durch Jack anregen und erfand und organisierte seinerseits die verschiedensten Gesellschaftsspiele. Ethel und ich haben vor einiger Zeit darüber gesprochen, weil ich für dieses Buch mein Gedächtnis auffrischen wollte, und im folgenden zitiere ich wörtlich aus unserem Gespräch:

Ethel: »Ich erinnere mich noch, wie du nach dem Abendessen oft Klavier gespielt hast, wir alle stellten uns dazu und sangen begeistert mit. Aber wir sangen falsch. Du spieltest alte und moderne Lieder, auch Volkslieder. Das ist jetzt wohl aus der Mode gekommen. Und dann spielten wir Gesellschaftsspiele; Scharaden, ›Mord‹, ›Sardinen‹ und ›Botschafter‹.«
R. K.: »Wie ging noch Botschafter. Ich kann mich daran erinnern, weiß aber nicht mehr genau, wie die Regeln waren.«
Ethel: »Zwei Teilnehmer verlassen das Zimmer, und jeder übernimmt eine bestimmte Rolle. Dabei können sie auch Menschen darstellen, die nicht in unserer Zeit gelebt haben, zum Beispiel einer übernimmt die Rolle von Julius Cäsar, und der andere ist Mrs. Roosevelt. Dann kommen sie zurück und führen ein Gespräch. Die anderen versuchen zu raten, wer sie sind und tun das, indem sie sich mit Zwischenbemerkungen oder Fragen an der Unterhaltung beteiligen, die für die historische Persönlichkeit eine Bedeutung haben müssen, also etwas, was man wirklich sagen würde, wenn man sich mit Julius Cäsar oder Mrs. Roosevelt unterhielte. Hatte man richtig geraten, so wurde das nicht gesagt, sondern derjenige, der die Rolle übernommen hatte, sprach mit einem der Frager und behandelte ihn freundlich. Im anderen Falle wurde man einfach ignoriert, und das war eine schreckliche Blamage. Wer zuerst von beiden

Personen als Gesprächspartner akzeptiert wurde, hatte gewonnen. Das ist ein herrliches Spiel und macht großen Spaß.«
R. K.: »Jack muß darin sehr gut gewesen sein.«
Ethel: »Ja, das war er. Ein Spiel, das ihm auch sehr gut gefiel, war ›indirekte Fragen‹. Ebenso wie beim Botschafterspiel übernimmt man eine bestimmte Rolle; sagen wir, du bist Karl der Große, und wir versuchen, deine Rolle zu erraten. Wir tun es aber mit indirekten Fragen wie: ›bist du ein irischer Dichter aus dem 7. Jahrhundert?‹ Dir muß dann der Name einer solchen Person einfallen, und du sagst, ›nein, ich bin nicht Claimon‹. Wenn du das nicht kannst, dann sagst du, ›ich passe‹, und der Fragesteller darf eine direkte Frage stellen wie ›lebst du heute noch?‹ oder ›bist du Amerikaner?‹ oder ›bist du Astronaut?‹, und du mußt mit ›Ja‹ oder ›Nein‹ antworten. Das ging dann so weiter, bis irgend jemand fragte, ›bist du Karl der Große?‹, und damit das Spiel gewonnen hatte.«

Damals ist es auch gewesen, daß Joe und ich uns zu fragen begannen, ob wir jemals Enkelkinder bekommen würden.
Bobby war der Wegbereiter. Ethel war in Manhattanville mit Jean zur Schule gegangen und hatte mit ihr ein Zimmer geteilt. Die beiden Mädchen waren gut miteinander befreundet. So lernten sich Bobby und Ethel kennen und lieben. Sie heirateten 1950, und ihr erstes Kind, Joseph Patrick Kennedy, wurde 1952 geboren, als Jack sich gegen Lodge in den Wahlen für den Senat hatte aufstellen lassen.
Eunice und Sarge heirateten 1953, Pat und Peter 1954, Jean und Steve 1956 und Ted und Joan 1958. Nachdem der Anfang einmal gemacht war, folgte eine Hochzeit der anderen, und in diesem Jahrzehnt mußten Joe und ich, wenn wir unsere Kinder, Nichten und Neffen und die Kinder, Nichten und Neffen unserer Freunde einbezogen, alle paar Monate mit einer Hochzeit rechnen.
Jack hat als ältester und letzter geheiratet. Als er die Mitte der Dreißig erreicht hatte, überlegten sein Vater und ich, ob er wohl

noch viele Jahre Junggeselle bleiben und vielleicht erst sehr spät heiraten würde. Nicht daß wir uns Sorgen machten, das wäre zu viel gesagt. Aber wir wußten, daß die Ehe für uns sehr viel bedeutete, daß eine gute Ehe im menschlichen Leben ein großes Glück ist, und wir wünschten ihm das natürlich auch. Obwohl wir uns also nicht sorgten, warteten wir in gewissem Sinne doch darauf.

Zum erstenmal hörte ich im Winter 1951 etwas von Jackie. Sie und, soweit ich mich erinnere, ihre jüngere Schwester Lee verbrachten in Hobe Sound an der Küste bei Palm Beach einen Urlaub im Haus ihrer Familie. Jackie arbeitete in Washington an einer Zeitung und war mit mehreren unserer Kinder bekannt, denn damals arbeiteten Jack, Eunice und Bob in Washington. So wurde sie für einige Tage zu uns nach Palm Beach eingeladen, als die Kinder auch da waren. Ich war gerade verreist, wurde irgendwie aufgehalten und kam erst etwas später zurück. Doch bald nach meinem Eintreffen erhielt ich einen Dankesbrief von ihr. Er war mit »Jackie« unterschrieben. Ich glaubte, es sei ein junger Mann und fand es erstaunlich, daß er einen so charmanten Brief geschrieben hatte. Wer konnte dieser Jackie sein? Es stellte sich heraus, daß Jackie ein Mädchen war, und nun hörte ich von den verschiedenen Mitgliedern unserer Familie viel Gutes von ihr. Dabei erfuhr ich auch, daß Jack sie oft ausführte und sie sehr mochte.

Dann las ich eines Tages in den Gesellschaftsspalten einer Zeitung, sie sei mit Cass Canfield jr. verlobt. Ich dachte, »wie schade, jeder sagt, sie sei so nett. Außerdem ist sie katholisch, hat das richtige Alter, ist wohlerzogen und könnte Jack eine große Hilfe sein. Jetzt hat er sie verloren«. Ich wußte nicht, daß sie eine Schwester hatte. Die Nachricht in der Zeitung betraf nicht Jackie, sondern ihre Schwester Lee. Meine Befürchtungen waren unbegründet gewesen.

Ich lernte sie erst ein Jahr später im Sommer 1952 in Hyannis Port kennen. Sie gefiel mir sofort. Jackie hat natürlich an den ersten Besuch ihre eigenen Erinnerungen und schreibt über das erste Zusammentreffen mit ihrer zukünftigen Schwiegermutter und ihre Eindrücke, die sie von unserer Familie hatte, wie folgt:

»Ich lernte sie etwa ein Jahr oder etwas mehr als ein Jahr vor meiner Hochzeit mit Jack kennen, als ich im Sommer zu einem Wochenende hinausfuhr. Sie war besonders reizend zu mir. Ich zog mich zum Beispiel sehr sorgfältig zum Essen um. Das Kleid war vielleicht etwas aufwendiger als die Kleider, die Jacks Schwestern trugen, und er neckte mich gutmütig und sagte ungefähr: ›Wohin willst du denn noch gehen?‹ Aber seine Mutter wies ihn zurecht: ›Sei doch nicht so uncharmant. Sie sieht einfach zauberhaft aus.‹
Sie tat alles, um einem das Leben angenehm zu machen. Sie war so freundlich zu mir, und das war wirklich nett, denn ich bin wahrscheinlich recht nervös gewesen. Es war das erste Mal, daß ich Jacks ganze Familie zusammen erlebte. Ich hatte ihn als Kongreßabgeordneten in Washington kennengelernt. Er kam öfter zu Bobby und Ethel, und so kannte ich ihn in diesem Kreis. Ich kannte auch Eunice, hatte aber die ganze Familie zusammen noch nicht erlebt. Da ich den ältesten Bruder wirklich gern hatte und schüchtern war, war ich jetzt doch recht nervös. Aber sie tat alles, um mir die Befangenheit zu nehmen, und sie gefiel mir ausnehmend gut. Ich hatte Jacks Vater schon an einem Wochenende in ihrem Haus in Palm Beach kennengelernt. Er war ebenso gastfrei und freundlich. Ich habe ihn sofort ins Herz geschlossen.
Es war ein herrliches Wochenende. Wie soll ich diese Menschen beschreiben? Im Vergleich mit anderen waren sie sprudelnd lebendig. Sie begeisterten sich im Gespräch für die verschiedenartigsten Themen. Oder sie spielten irgendwelche Spiele. Beim Essen, im Wohnzimmer oder wo man sich auch traf, überall gab es für jeden Gesprächsstoff genug. Alles interessierte sie, und dadurch war es so anregend. Es war auch sehr lustig, man war so frei und offen, und jeder Fremde

wurde so herzlich in diesen Kreis aufgenommen. Ich fand sie wunderbar.«

Wenn übrigens im folgenden von »Grandma« oder »Grandpa« die Rede ist, dann sind Joe und ich damit gemeint, wenn ich nicht ausdrücklich etwas anderes sage. Als Jackie in die Familie kam, gefiel es ihr nicht, mich »Grandma« zu nennen, und sie sagte immer »Belle Mère«, das fand ich sehr hübsch.

Jackie und Jack verlobten sich im Sommer 1953, und nach der Bekanntgabe wurde das Ereignis ausgiebig gefeiert. Harringtons gaben in ihrem großen Haus in Hyannis Port eine Verlobungsparty. Für die jüngeren Gäste wurde ein Suchspiel veranstaltet, das sich in unserer Familie großer Beliebtheit erfreute. Ethel und ich haben uns darüber unterhalten:

Ich: »Dabei ging es doch auch um eine Polizistenmütze.«
Ethel: »Ja. Das war an dem Abend, als Pat einen Bus ›auslieh‹. Einer der Gegenstände, die zu beschaffen waren, sollte möglichst lang sein. Pat entschied sich für den Bus. Ich glaube, der Fahrer war für ein paar Minuten in das Stationsgebäude gegangen, und als er zurückkam ...«
Ich: »Wo stand der Bus?«
Ethel: »In Hyannis. Sie fuhr ihn zu den Harringtons und parkte ihn in der Einfahrt.«
Ich: »Einen richtig großen Bus?«
Ethel: »Ja. Ich kann mich nicht mehr darauf besinnen, wer es war, aber irgend jemand besorgte auch eine Polizistenmütze. Als sie nach Hause zurückkamen, standen schon drei Einsatzwagen der Polizei vor der Tür, und die Polizisten sprachen mit Grandpapa.«

Mein Neffe Joey weiß zu berichten:

»Bobby, Pat und ich gehörten zu einer Mannschaft. Man mußte dabei bestimmte Dinge beschaffen wie etwa ein ›Seeungeheuer‹, und ich erinnere mich, daß wir ins Haus gingen und einen der gefrorenen Lachse von Onkel Joe aus dem Eisschrank holten. Ein weiterer geforderter Gegenstand war ›die Speisekarte aus einem berühmten Restaurant‹. Es gab eine Gaststätte mit Namen ›Charlie's‹. Das war ein Eßlokal mit einer Bar. Wir fuhren hin, und ich ging hinein, um die Speisekarte zu holen. Außerdem war von allen Teilnehmern auch eine Mutprobe verlangt worden, und in dem Lokal war gerade ein Polizist. Irgendwie kam ich auf den Gedanken, daß ich als Mutprobe seine Mütze mitnehmen könnte. Ich ergriff sie, lief zur Tür hinaus, sprang in Bobbys Wagen, Pat schnappte sich den Bus, und wir fuhren ab. Auf der Fahrt besorgten wir auch noch andere Dinge.

Als wir abends wieder zum Hause in Hyannis Port kamen, warteten auf uns schon die wütendsten Polizisten, die ich je gesehen habe.

Als wir von ihnen gestellt wurden, kam Onkel Joe aus dem Filmraum nach oben. Die Polizisten waren natürlich recht aufgeregt, aber Onkel Joe war der Situation gewachsen. Bobby und ich bekamen eine saftige Standpauke zu hören.«

Es war eine große Hochzeit, die sehr sorgfältig vorbereitet werden mußte. Jackie erzählte davon:

»Wir verlobten uns im Juni, und die Hochzeit sollte im September in Newport stattfinden. Deshalb lud meine Mutter eines Tages Jacks Mutter zum Mittagessen nach Newport ein, um die Vorbereitungen mit ihr zu besprechen. Jack war gerade zum Wochenende gekommen. Ich fand die Situation sehr komisch, denn Jack war damals immerhin dreißig Jahre alt, ein erwachsener Mann und schon Senator. Seine Mutter kam zum Mittagessen zu meiner Mutter, und wir wollten vorher an den Strand gehen, um zu schwimmen. Die beiden Mütter hatten sich ziemlich aufgetakelt – Bailey's Beach war damals sehr modebewußt –, und ich erinnere mich, daß Jacks Mutter ein schönes hellblaues Seidenkleid trug und einen großen Hut aufhatte. Jack war im Unterhemd und hatte Sandalen an, und ich vermute, daß sie beim Anblick ihres Sohnes recht entsetzt war. Ich war nicht ganz so salopp angezogen. Auf dem Wege nach Newport saßen die beiden Damen vorne im Wagen und wir wie zwei unartige Kinder hinten. Ihm war dieser Ausflug, glaube ich, alles andere als angenehm. Die beiden Damen mit ihren Hüten und Perlenketten in weißen Handschuhen unterhielten sich über die Hochzeit. Dann gingen wir schwimmen. Ich kam zuerst aus dem Wasser. Es war Zeit, zum Essen zu gehen, aber Jack ließ sich Zeit. Seine Mutter stand am Wege und rief ihren Sohn, ›Jack... Ja-a-ack!‹ Er benahm sich wie ein Kind, das nicht auf seine Mutter hören will. ›Ja-a-ack!‹ Aber er wollte nicht aus dem Wasser kommen. Ich weiß nicht, ob sie zum Strand hinunterging oder ob ich ihn schließlich holte. Aber als er herankam, antwortete er: ›Ja, Mutter‹.«

Auch ich erinnere mich daran und weiß, daß es mich nicht überraschte. Schließlich hatte ich mit ihm schon die gleichen Schwierigkeiten gehabt, als er erst zehn Jahre alt war und am Strand von Craigville nicht rechtzeitig zum Wagen kam, um dann nach Hause zu trampen und zu spät zum Essen zu kommen. Es war nur gut, daß er Präsident wurde und sich dann seine Zeit selbst einteilen konnte.

Es war eine großartige Hochzeit mit allen traditionellen Feierlichkeiten und zahlreichen Gästen. Viele Freunde von Jack aus der Schule, aus dem College und aus der Marine wie Lem Billings, Torb Macdonald und Red Fay, aber auch Freunde aus jüngster Zeit wie Charles Bartlett waren eingeladen und erschienen im Cut mit gestreiften Hosen, ebenso auch Teddy und Joey sowie Sarge, der inzwischen sein Schwager geworden war. Er hatte im Mai Eunice geheiratet. Bobby war Brautführer. Jackie sah wunderhübsch aus und trug ein Kleid aus elfenbeinfarbenem Seidentaft mit rosa Stickerei. Ihre Schwester Lee führte die Brautjungfern an, zu denen auch Ethel und Jean gehörten. Erzbischof (der spätere Kardinal) Cushing nahm die kirchliche Trauung vor und verlas auch einen Segen, den der Papst zur Hochzeit geschickt hatte. An der Trauung in der Kirche nahmen 800 Personen teil, unter ihnen viele bekannte Persönlichkeiten. Beim Empfang hatten wir 1200 Gäste. In einem Zeitungsbericht hieß es: »Der Autoverkehr war so stark, daß eine kilometerlange Stauung entstand und es fast zwei Stunden dauerte, bis alle Gäste das junge Paar begrüßt hatten.« Es hat Jackie sicher ein wenig ermüdet, die ganze Zeit zu lächeln und den Leuten die Hand zu geben, aber ich könnte mir keine bessere Einführung in das neue Leben als Frau und Gehilfin eines Politikers denken.

Man liest immer wieder, Jack und Jackie hätten in ihrer Ehe gewisse Probleme gehabt. Wen in aller Welt würde das überraschen? Trifft das nicht für alle Ehepaare zu? Glückliche Ehen werden, wie man sagt, vielleicht im Himmel geschlossen, aber sie können nirgends anders geführt werden als auf der Erde, und es gehören zwei Menschen dazu, zwei selbständige Persönlichkeiten. Wenn das keine Probleme gibt, dann würde es an ein Wunder grenzen. Aber soweit ich weiß, bestand zwischen ihnen die denkbar liebevollste Beziehung. Sie hatten Verständnis füreinander, und jeder war für den anderen da.

Er liebte sie, war stolz auf sie und erkannte sie an, und man kann sich kaum vorstellen, daß er sich eine bessere Frau hätte aussuchen können. Sie brachte zahlreiche Eigenschaften mit, die seinen Charakter in vieler Hinsicht ergänzten. Sie entwickelte sein Interesse für die bildende Kunst, für Musik und Lyrik. Für Gedichte hatte er sich bis dahin kaum interessiert. Aber jetzt entdeckte er die Schönheit der Dichtkunst, denn Jackie interessierte sich besonders dafür. Im Oktober 1953, einen Monat nach der Hochzeit, verfaßte sie ein Gedicht über ihn.

Soweit ich weiß, kennen es bisher nur die Mitglieder unserer Familie und ganz wenige gute Freunde und Bekannte. Es ist ein in mancher Hinsicht wertvolles Gedicht, und ich lasse es hier ungekürzt folgen:

Jack Kennedy hat einen Traum ...

Er streift durch die Dünen am weiten Strand
Und träumt von der Zukunft und seinem Land.

Er atmet den Duft von Gischt und Schaum,
Zum lebendigen Bilde wird der Traum.
Die Geschichte Neu-Englands geht ihm durch den Sinn,
Und alles, was stolz macht, liegt darin:
Concord und Lexington, Bunker Hill,
Plymouth und Falmouth und Marstons Mill,
Winthrop und Salem, Lowell, Revere,
Quincy und Cambridge, Louisberg Square.
Das ist sein Erbe – hier ruft ihn die Pflicht;
Er hört den Ruf und verweigert sich nicht.
Die Vergangenheit fordert und ruft ihn zur Tat,
Er weiß, er muß folgen, so schwer er's auch hat.
Er soll dienen und führen in kommender Zeit.
Das ist seine Pflicht, und er ist bereit.

Neu-England hat ihn hervorgebracht,
Das hat ihn stark und verwegen gemacht.
Auf festem Boden baut er sein Haus,
Doch die Träume fliegen hoch hinaus.
Hier sind seine Wurzeln, doch spürt er im Blut
Auch aus fremdem Erbe verborgene Glut.
Seine Ahnen lachten auf Irlands Höh'n
Und hörten die Stimmen über Irlands Seen.

Die Grüne Insel liegt ihm im Blut,
Das Lied von Killarney, eine magische Flut

Durchströmt das Herz, das zu stolz in ihm schlägt;
Die Herbheit Neu-Englands wird zur Sanftmut bewegt.
Man kennt ihn als ehrlich und ungestüm;
Den letzten Ritter sieht keiner in ihm.
Er wendet den Blick seiner Heimstatt zu.

Sieht auf grünem Rasen sein Haus dort oben;
Und der Wind weht das Seegras der Dünen zu Boden.
Er weiß die Geschwister bei Spiel und Sport
Glücklich und froh im sicheren Hort.
Auch er soll nun heim, wo der Vater regiert
Und wie ein König die Zügel führt.
Doch noch weilt er unten am Meer, am Strand
Und träumt von der Zukunft und seinem Land.
Er wird Welten errichten,
Er wird Söhne zeugen.
Mögen andre verzichten
Und dem Schicksal sich beugen.

Er wird Liebe finden,
Doch statt Frieden nur Qual.
Er muß ihn suchen
Den heiligen Gral.

Das Land muß er suchen, sei es noch so schwer,
Von dem er geträumt hat im Wind am Meer.

Jackie ist ein recht stiller, schüchterner und zurückhaltender Mensch, jedenfalls im Vergleich mit den meisten anderen Mitgliedern unserer Familie, und zunächst mögen einige von Jacks Geschwistern oder Vettern und Kusinen gewisse Zweifel gehabt haben. Aber nachdem sie dieses wunderbare Gedicht gelesen hatten, änderten sie sofort ihre Meinung. Die Familie war um ein Mitglied bereichert worden, das neue Dimensionen in das Familienleben brachte. Es war ein Gewinn, sie zu kennen, und sie vermittelte neue Einsichten und ein neues Lebensgefühl.

Sie gewann die Achtung unserer Kinder auch durch ihre Sportlichkeit. Sie war eine gute Reiterin und verstand etwas vom Segeln, Schwimmen, von Golf und Tennis. Ich glaube aber, sie hatte bisher noch kaum Football gespielt. Da auch ich es nicht getan habe, will ich dieses Thema Dick Clasby überlassen:

> »Ich habe oft mit und gegen Jackie Football gespielt. Die Öffentlichkeit hat ein ganz falsches Bild von ihr. Die Leute halten sie für elegant, aber sie fühlte sich in Pullover und Blue jeans ebenso wohl. Wenn sie in Hyannis Port war, lief sie jeden Tag am Strand und auf dem Golfplatz herum und gehörte ganz zum Kreis der anderen jungen Damen. Ich war dabei, als sie sich beim Football-Spiel das Bein brach. Sie wurde irgendwie beim Laufen angerempelt und zog sich dabei diese Verletzung zu und konnte sich später nicht mehr am Football-Spiel beteiligen.«

Ich habe sie für ihre Tapferkeit und ihren Mut bewundert, als Jack am Rücken operiert werden mußte. Zur Zeit der ersten Operation waren sie noch jungverheiratet, sie war in ihren Mann verliebt und mußte nun damit rechnen, Witwe zu werden. Sie hat sich großartig gehalten. Als er auf der Tragbahre nach Palm Beach gebracht wurde, um sich zu erholen, sorgte in den ersten Wochen eine Pflegerin für ihn. Aber dann sagte der Arzt, das sei nicht mehr notwendig, wenn ein anderer ihm die Verbände wechseln könnte. Diese Aufgabe übernahm Jackie, nachdem der Arzt es ihr gezeigt hatte. Der Einschnitt war sehr groß und die Wunde noch offen, so daß der Verband mehrmals täglich gewechselt werden mußte. Sie stellte sich dabei sehr geschickt und vorsichtig an und verlor kein Wort darüber.

Von Anfang an kamen Jackie und ich sehr gut miteinander aus.

Wenn es Spannungen zwischen einer Schwiegermutter und einer Schwiegertochter gibt, dann hat das meist zwei Ursachen: einmal weil die Schwiegermutter gegenüber ihrem Sohn gewisse Besitz- und Schutzansprüche stellt und nicht ganz mit der Tatsache fertigwerden kann, daß er kein kleiner Junge mehr ist, sondern als erwachsener Mann sein eigenes Leben führt, und zweitens weil die Schwiegermutter nicht genug andere Pflichten hat, an die sie denken muß. Bei uns war es ganz anders. Joe und ich haben die Kinder immer dazu ermutigt, selbständig zu werden und eigene Verantwortungen zu übernehmen. Wir liebten sie, und sie wußten es, aber wir klammerten uns nicht an die Kinder. Auch hatte ich genug zu tun. Ich hatte innerhalb und außerhalb der Familie so viele Interessen, daß ich gar nicht die Zeit gefunden hätte, meinen Schwiegersöhnen und Schwiegertöchtern zur Last zu fallen, auch wenn es meiner Veranlagung entsprochen hätte.
Jackie erinnert sich:

»Bis zu unserem Einzug ins Weiße Haus verbrachten wir die Weihnachts- und Osterferien immer bei ihnen. In den ersten vier Sommern waren wir in Hyannis Port, denn bis zur Geburt von Caroline hatten wir noch kein eigenes Haus. Die Genesungszeit von Jack nach den Operationen verlebten wir bei ihnen in Florida, und ich nahm alle Mahlzeiten mit den Schwiegereltern ein. So habe ich lange Zeit mit ihnen zusammengelebt.
Ich finde diese Schwiegermutterwitze, die man immer und überall hört, ausgesprochen dumm. Sie machten mich schon traurig, ehe ich selbst eine Schwiegermutter hatte, ja ich wurde fast böse, wenn ich sie hörte, denn ich fragte mich, sind die Menschen wirklich so? Meine Schwiegermutter hat alles getan, um sich nicht einzumischen. Wenn sie einen Vorschlag machte, dann tat sie es in der reizendsten Form. Sie betrachtete Jack und mich als eine Einheit.
Ich halte das für doppelt erstaunlich in einer Familie, in der ein

so starkes Zusammengehörigkeitsgefühl herrscht, und die so sehr auf einen Mittelpunkt orientiert ist.
So war sie in jeder Beziehung. Ich liebte sie sehr, und ich liebe sie noch. Sie war die ungewöhnlichste Schwiegermutter – meine Belle Mère.«

Als die Kinder heirateten und die Familie immer größer wurde, begann die Frage der Unterbringung kritisch zu werden, aber das Problem löste sich bald von selbst, weil die Kinder hier ihre eigenen Häuser kauften. Als ein Haus in unserer Nachbarschaft zum Verkauf angeboten wurde, kauften es Bobby und Ethel. Wenige Jahre darauf wurde ein weiteres angeboten. Es liegt neben unserem und direkt hinter dem von Bobby und Ethel. Die drei Grundstücke, die nur durch Gebüsch und Nebengebäude voneinander getrennt sind, stoßen unmittelbar aneinander an. Hier zogen Jack und Jackie ein. Das Ganze wurde zu einem bequemen und geräumigen Komplex. Wir konnten uns in den drei Häusern besuchen, ohne die eigenen Grundstücke zu verlassen.
Die Grundstücke werden auf der Straßenseite von einem hohen Holzzaun umgeben, der uns vor den neugierigen Blicken der Vorbeifahrenden schützt. Die beiden anderen Seiten sind offen. Dort geht es zum Strand und zu dem Feldweg, der auf unsere Grundstücke stößt. Am Anfang dieses Feldweges haben Jean und Steve ein hübsches Haus gekauft, eines der ältesten in Hyannis Port. Auch Eunice und Sarge besitzen, zehn Minuten von uns entfernt, ein Haus am Strand. Weitere zehn Minuten von dort liegt das Haus von Teddy und Joan auf einem Hügel, der den Namen Squaw Island trägt. Von hier hat man einen noch besseren Ausblick auf das Meer.
1960 gab es also genügend Häuser und reichlich Platz, und wir konnten genügend Freunde und Überraschungsbesuche unterbringen. Dabei wohnten wir so nahe beieinander, daß wir uns so oft besuchen konnten, wie wir wollten, und das war sehr oft.
Joe und ich waren inzwischen zweiundsiebzig und siebzig Jahre

alt geworden. Wir waren beide gesund, aktiv und voller Lebensfreude. Wir hatten schmerzliche Verluste erlitten, freuten uns aber an den Kindern und Enkeln, die uns geblieben waren. Und wir erlebten die aufregenden und dramatischen Umstände, unter denen unser überlebender ältester Sohn sich um das Amt des Präsidenten bewarb – und wir waren stolz auf ihn.

17. KAPITEL

»Der Staatsdienst ist die Krone aller Berufe und für einen jungen Mann das Erstrebenswerteste ...
Die Politik ist noch immer das größte und ehrenvollste Abenteuer.«

John Buchan,
Lord Tweedsmuir, 1940.

»Es gibt Männer, die aufhören, zu streben, wenn sie fast ihr Ziel erreicht haben. Dagegen erringen andere den Sieg, indem sie im letzten Augenblick größere Anstrengungen unternehmen als zuvor.«

Polybius, etwa 150 v. Chr.

Es gab eine ganze Reihe von Gründen, die dafür sprachen, daß Jack von der Demokratischen Partei nicht zum Präsidentschaftskandidaten nominiert werden würde und daß er, auch wenn das geschah, die Präsidentschaftswahlen nicht würde gewinnen können.

Erstens war er zu jung. 1963 würde er 43 Jahre alt werden, und bisher war ein so junger Mann noch nie zum Präsidenten gewählt worden.

Zweitens besaß er noch keine Erfahrungen in der Regierungsexekutive, und zwar weder auf der Ebene des Einzelstaates noch auf Bundesebene, während der voraussichtliche Kandidat der Republikaner, Richard Nixon, in zwei Amtsperioden Vizepräsident und an den größeren Vorhaben der Regierung Eisenhower direkt beteiligt gewesen war.

Drittens fand er bei den alten Parteiführern, wie dem ehemaligen Präsidenten Truman, Mrs. Roosevelt, Sam Rayburn und Lyndon Johnson, nur wenig oder gar keine Unterstützung.

Viertens, und das war das Ausschlaggebende, war er katholisch. Viele einflußreiche Politiker hierzulande waren zwar katholisch, aber sie wußten, wie schwer das antikatholische Vorurteil wog. Gewiß, es war eine neue Generation herangewachsen, und man war religiös toleranter geworden. Es ließ sich jedoch darüber streiten, wie stark die Toleranz war, wie weit sie ging und wie stark sie wirken würde. Es gab erhebliche Zweifel, und in einigen Fällen waren sowohl die katholischen als auch die protestantischen und jüdischen Politiker davon überzeugt, daß die Zugehörigkeit zur katholischen Kirche für Jack ein unüberwindliches Hindernis sein werde. Und kein Politiker ist daran interessiert, einen Verlierer zu unterstützen.

Aber nachdem Jack die Angelegenheit überdacht und sich mit seinem Vater und anderen besprochen hatte, beschloß er, sich zu bewerben.

Von dem Augenblick dieser Entscheidung an tat jeder sein Bestes. Nachdem Jack am 2. Januar 1960 öffentlich erklärt hatte, er werde kandidieren, und nachdem die Vorwahlen in den Einzelstaaten begonnen hatten, übernahm auch ich eine Aufgabe im Wahlkampf. Aber schon vorher hatten die vielfältigsten Vorbereitungen begonnen.

Man hatte sich schon früher darauf geeinigt, daß Bobby den Wahlkampf leiten würde, wenn Jack als Kandidat an den Präsidentschaftswahlen teilnehmen sollte. Nachdem Adlai Stevenson 1956 von der Demokratischen Partei als Kandidat aufgestellt worden war und der Wahlkampf begonnen hatte, richteten wir es deshalb so ein, daß Bobby das Land noch den ganzen Sommer und Herbst mit Stevensons Wahlhelfern, Beratern und Journalisten bereiste. Wer noch nie etwas mit einem großen Wahlkampf zu tun gehabt hat, wird wahrscheinlich erstaunt sein, zu erfahren, welche Generalstabsarbeit dafür erforderlich ist. Der Kandidat und seine Mitarbeiter müssen auf ihren Wahlreisen verpflegt und untergebracht werden, und es muß ein minuziöser Zeitplan erstellt werden für die Besprechungen mit den örtlichen Parteiführern, für die Reden, für die Auftritte in Radio und Fernsehen und für das Händeschütteln auf den Hauptstraßen. Joe wollte, daß Bobby sich an all diesen Dingen beteiligte, damit er lernte, wie ein Wahlkampf auf Bundesebene geführt wird. Jack war sehr dafür. So fuhr Bobby während eines großen Teils des Sommers und Herbstes 1956 mit Stevensons Wahlhelfern durch die Vereinigten Staaten. Hier konnte er reichlich Erfahrungen sammeln und lernen, Fehler zu vermeiden. Diese Erfahrungen hat er später sehr gut verwenden können.

Daß Bobby gerade diesen Auftrag übernahm, war typisch für Joes Methode, unsere Kinder an das öffentliche Leben zu gewöhnen. Bei dieser Gelegenheit unterstützten wir beide uns auch gegenseitig, da auch ich den Zweck kannte und ihn auf meine Art förderte. Bobby war ein recht schüchterner und verschlossener kleiner Junge gewesen, er hatte sich als Junge unter lauter Schwestern nicht recht entfalten können. Sein Selbstvertrauen mußte deshalb gestärkt werden, und er mußte das Gefühl bekommen, andere Menschen interessierten sich für ihn. Deshalb hatte sein Vater ihn nach Rußland geschickt. Das war ein Teil seiner politischen Erziehung und brachte ihm eine wertvolle Erweiterung seines Weltbildes. Es war aber auch beabsichtigt, daß er über interessante Beobachtungen Vorträge im Rotary Club, bei den Kiwanis, den Knights of Columbus, den Industrie- und Handelskammern, den Elks, den Freimaurern und anderen Vereinigungen halten sollte. Das war diesen Gruppen sehr willkommen, denn sie waren ständig auf der Suche nach Leuten, die Vorträge halten konnten. Und Bobby nützte es, weil er dadurch im öffentlichen Reden sicherer wurde und sich an ein größeres Publikum gewöhnte.

Soweit ich mich erinnere, wollte Bobby nur ungern nach Rußland reisen; das ganze Vorhaben bedrückte ihn. Er kehrte mit vielen Diapositiven und Notizen für die Vorträge zurück. Ein Freund unserer Familie, der einige dieser Vorträge besucht hat, schreibt: »Bobby wollte es gut machen und versuchte es auch, doch zunächst waren die Ergebnisse kläglich, manchmal fast peinlich. Aber allmählich ging es immer besser.« Darauf kam es an. Er lernte durch die Praxis und wurde schließlich ein guter Redner.

Joe glaubte, die Erfahrung sei der beste Lehrer, und war stets darauf bedacht, die Kinder auf das öffentliche Leben vorzubereiten. Wenn er für ein Krankenhaus, eine Schule oder einen anderen wohltätigen Zweck etwas spendete, dann wurde nicht er photographiert, nicht er bekam den Applaus und nicht er hielt die Ansprache, sondern damit beauftragte er eines der Kinder. Als er zum Beispiel für Manhattanville eine Sporthalle bauen ließ, vertrat Teddy die Familie bei der Einweihung, er nahm an den Feierlichkeiten teil, schüttelte den Leuten die Hand und hielt die Begrüßungsrede, obwohl er erst knapp zwanzig Jahre alt war.

Teddy hatte den für diese Gelegenheit passenden schwarzen Anzug an, trug aber dunkelbraune Schuhe dazu. Ich muß meine Schwiegertöchter Jackie, Ethel und Joan allein schon deswegen bewundern, weil es ihnen gelungen ist, ihre Männer dazu zu bewegen, auf korrekte Kleidung zu achten, so daß sie später sogar als recht gut angezogen galten. Ihnen war es gelungen, während meine Bemühungen zum Scheitern verurteilt waren.

Ende der 1950er Jahre reiste Jack durch die ganzen Vereinigten Staaten, um politische Reden zu halten, und Dave Powers begleitete ihn gewöhnlich, um ihn aufzuheitern, politisch zu beraten, seine Koffer zu tragen und auszupacken, damit er seinen kranken Rücken nicht überanstrengte, und Dave erinnerte sich:

> »Mrs. Kennedy machte ständig Notizen. Wenn ich zum Beispiel mit Jack verreiste, dann nahm ich seinen Koffer und packte ihn am Bestimmungsort aus, um die Sachen fortzulegen. Waren wir aus Florida, Hyannis Port oder einem anderen Ort abgereist, an dem uns seine Mutter verabschiedet hatte, fand ich meist einen Zettel im Koffer, den sie an mich geschrieben hatte. Darauf stand etwa: ›Vergewissern Sie sich, daß die Strümpfe, die Jack trägt, keine Löcher haben.‹«

Ethel und Bobby haben die Zettel und Briefe, die ich ihnen zu ähnlichen Anlässen schrieb, gesammelt, und als Ethel vor einiger Zeit Papiere in ihrem Hause durchsah, um etwas für dieses Buch Geeignetes zu finden, stieß sie auf einen Rundbrief von mir, den sie für ein gutes Beispiel hielt. Ich beuge mich ihrem Urteil und zitiere diesen Brief. Er wurde am 19. Juni 1958 geschrieben, also etwa zur Zeit der Episode mit dem Loch im Strumpf, als Jack schon mitten in den Vorbereitungen für den Wahlkampf steckte:

»Liebe Kinder,
Dieser Brief, den ich Euch allen schicke, wird Euch in Zukunft vielleicht etwas nützen.
Wenn ein Geistlicher zum Mittag- oder Abendessen eingeladen ist, bittet die Hausfrau ihn, das Tischgebet zu sprechen, und niemand setzt sich, bevor er es getan hat. Das gleiche gilt für das Ende der Mahlzeit.
Wenn Ihr ins Ausland reist, nehmt Visitenkarten mit. Schickt sie in die Botschaft oder gebt sie selbst dort ab, und zwar mit einer umgebogenen Ecke. Vermerkt darauf möglichst die Adresse des Hotels. Ihr werdet dann vermutlich einen telefonischen Anruf bekommen und zum Mittagessen oder Tee eingeladen werden. Eine Dame gibt für jede Dame der Botschaft eine Karte ab. Ein Herr gibt seine Karte den Herren und den Damen. Als ich zum Beispiel letztes Jahr in London war, ging ich zur Botschaft und hinterließ zwei Karten; eine für Mrs. Whitney und die andere für ihre Tochter Sarah Roosevelt. Wäre Euer Vater mitgewesen, dann hätte er drei Karten abgegeben. Aber Ihr kennt Euren Vater.
Wenn Ihr im Hause einer wichtigen Persönlichkeit zum Essen eingeladen werdet, dann ist es gut, sich hinterher schriftlich zu bedanken. Als der Kardinal zum Beispiel für Grace Kelly ein Essen gab, bedankte sie sich noch am gleichen Nachmittag schriftlich bei ihm, und das machte einen sehr guten Eindruck.

Ich gebe Euch diese Hinweise, da ihr, wenn Ihr sie befolgt, vielleicht gesellschaftlich größere Erfolge haben werdet.
Herzlichst,
Grandma.«

Ich kann mich noch genau erinnern, wie Joe – besonders im Winter 1959/60 – hinter den Kulissen für die Kandidatur von Jack tätig war. Er saß dabei meistens in der Sonnenliegehalle – die Kinder nennen es den »Bullenstall« – in unserem Haus in Palm Beach mit dem Hut auf dem Kopf, einem Handtuch, einem kalten Getränk und einem Telefon, und rief einflußreiche Politiker im ganzen Lande an. Er schrieb auch viele Briefe. Oft fuhr er nach Hialeah (und häufig begleitete ich ihn dorthin), um sich dort mit Politikern, Journalisten oder anderen Persönlichkeiten zu treffen, die auf dem Parteikonvent etwas für Jack tun konnten.
Ich erinnere mich auch, daß Jack und sein Vater fast täglich in Verbindung standen. Sie führten lange Gespräche, und wenn Jack ungünstige Nachrichten brachte, hörte ich seinen Vater – wie schon oft – sagen: »Weißt du, das ist vielleicht sogar das Beste, was dir passieren konnte...« Wenn er das Telefon aufgelegt hatte, blieb er manchmal einige Minuten mit enttäuschtem Gesicht sitzen oder stand auf, ging im Zimmer auf und ab und stieß leise Verwünschungen gegen irgend jemanden aus. Dann setzte er sich meist bald wieder hin, um neue Telefonate zu führen.
Ich selbst begann mich am 15. März aktiv am Wahlkampf zu beteiligen. Dabei brachte ich unter anderem acht Tage in Wisconsin zu. Mein Tagesprogramm begann gegen 8.30 Uhr morgens mit einer Ansprache vor einem Frühstücksklub oder einem Auftritt im Radio oder am Fernsehen und endete am späten Nachmittag. Das ließ mir genug Zeit für sieben bis acht Stunden Schlaf, und mehr Ruhe braucht ein erwachsener Mensch nicht. Wenn man älter wird, kommt man sogar mit weniger Schlaf aus, und ich war damals siebzig.

Der Wahlfeldzug von Jack glich ebenso wie bei den meisten Vorwahlen und den späteren allgemeinen Wahlen im großen und ganzen denen von 1946, 1952 und 1958, nur daß jetzt das Konzept erweitert und verfeinert worden war. Alle Beteiligten bemühten sich darum, in allen Einzelheiten möglichst gründliche Arbeit zu leisten. Das waren unsere alten Freunde, Verbündeten und neu gewonnenen Freunde; es waren freiwillige Wahlhelfer, Vettern und Kusinen, angeheiratete Verwandte, vor allem aber die eigenen Eltern und Geschwister. Die »Kennedy-Teegesellschaften« und »Hausparties«, bei denen im Hause eines Familienmitgliedes Kaffee, Tee oder leichte Erfrischungen angeboten wurden, erlangten Berühmtheit. Alles war so gut organisiert, daß ich trotz des scheinbar recht hektischen Tagesprogramms nie erschöpft war; eines Programms, das auf mich zugeschnitten wurde. Verantwortlich dafür waren Bobby und seine Helfer; sie bestimmten, wo, wie und wann ich am besten helfen konnte.
Es kam nur darauf an, etwas für Jack zu tun, und das galt für uns alle – sogar wenn man dabei persönliche Gefahren auf sich nahm. Ein Beispiel dafür war das Skispringen von Teddy.
Teddy war schon als Kind stämmig, kräftig und optimistisch. Ich glaube, seine Leistungen haben uns nicht überrascht. Wenn, dann sind wir wahrscheinlich von Jackie überrascht gewesen. Dies war das erste Mal, daß sie an einem harten Wahlkampf teilnahm. Sie war 1958, als es um den Sitz im Senat ging, ein paarmal mit Jack unterwegs gewesen. Aber damals war der Sieg so gut wie sicher, und es kam nur darauf an, daß er mit einer großen Mehrheit erfochten wurde, denn das wäre für den Wahlkampf 1960 entscheidend. Sie war energisch, schwungvoll und mutig, aber in ihrer stillen und zurückhaltenden Art war es ihr peinlich, von der Öffentlichkeit beachtet zu werden. Sie war nicht für den politischen Kampf geboren.
Aber sie begleitete Jack auf seinen Reisen, begrüßte seine Anhänger und ging hin und wieder auf die Supermärkte, um sich als die Frau des Präsidentschaftskandidaten John F. Kennedy

vorzustellen. Sie legte den Kunden nahe, ihm ihre Stimmen zu geben. Alle waren sehr beeindruckt von ihr und fanden, daß sie sich großartig bewährte.

Es gab in der Demokratischen Partei in jenem Jahr eine ganze Reihe von Bewerbern für die Nominierung zum Präsidentschaftskandidaten. Zu ihnen gehörten auch Senator Lyndon Johnson, Senator Stuart Symington und der ehemalige Gouverneur Adlai Stevenson, der schon zweimal nominiert worden war und nun von vielen seiner Bewunderer, zu denen auch Mrs. Roosevelt gehörte, ermutigt wurde, sich wieder aufstellen zu lassen, und er glaubte, gute Aussichten zu haben. Der einzige Bewerber, der sich in den Vorwahlen gegen Jack aufstellen lassen wollte und aus einem »neutralen« Staat kam (das waren die Staaten, die sich nicht einem »Lieblingssohn« oder anderen bedeutenden Politiker verpflichtet fühlten), war Senator Hubert Humphrey von Minnesota. Er war Jacks Gegenkandidat in Wisconsin.

Er schien alle Vorteile auf seiner Seite zu haben. Die beiden Staaten sind Nachbarstaaten. Beide werden vorwiegend von einer ländlichen Bevölkerung bewohnt, und die Landwirtschaft bestimmt ihren Charakter und ihre wirtschaftlichen Interessen. In beiden Staaten gibt es starke, progressive, bäuerliche, sozialistische, radikaldemokratische und von der Arbeiterbewegung bestimmte Strömungen. Senator Humphrey war in Wisconsin fast ebenso bekannt und beliebt wie in seinem eigenen Wahlbezirk in Minnesota, und das durchaus zu Recht. Er ist ein hervorragender, aufrichtiger, intelligenter und tüchtiger Staatsdiener. Jack mochte und bewunderte ihn, und diese Gefühle wurden von Senator Humphrey erwidert. Es gab in der Tat kaum irgendwelche Gegensätzlichkeiten zwischen den beiden mit Ausnahme der einen: wer sollte der Kandidat der Demokratischen Partei werden? Jack bewarb sich als »Oststaatler«, als Sohn eines bekannt »kapitalistischen« Staates, und er konnte kaum den Nachweis erbringen, daß er die besonderen Interessen und Sorgen der Bewohner des Agrargürtels im Mittleren Westen vertrat.

Als Jack deshalb unter so ungünstigen Voraussetzungen die Vorwahlen gewann, war das nach meiner Meinung ein Grund zu feiern und zufrieden zu sein. Aber irgendwie sah es aus, als könnte der Verlierer doch zum Gewinner werden oder wenigstens zum voraussichtlichen Gewinner in den nächsten Vorwahlen, weil, wie Kenny O'Donnell ganz richtig schrieb, »... Kennedy in den drei sogenannten protestantischen Bezirken im westlichen Teil des Staates nicht die Stimmenmehrheit erhielt, und im zweiten Bezirk um Madison, wo man seinen Sieg erwartet hatte, gegen Humphrey verlor.« Diese Art des politischen Schachspiels hat mich immer wieder in Erstaunen versetzt.
Die Bevölkerung in West Virginia war fast geschlossen protestantisch, und man glaubte dort in weiten Kreisen, der katholische Einfluß in der Regierung der Vereinigten Staaten könnte Schaden anrichten, und ein katholischer Präsident könnte »vom Papst Befehle entgegennehmen.« Für uns und wahrscheinlich vor allem für Jack wäre das etwa der Vermutung gleich gekommen, die amerikanischen Mitglieder der Episkopalkirche könnten in weltlichen Dingen »Befehle« vom Erzbischof von Canterbury entgegennehmen. Doch so unlogisch das alles war, die »katholische Frage« stellte eines der größten Hindernisse dar.
Wenige Monate zuvor hatte man im Staat eine Meinungsumfrage abgehalten, nach der Jack gegen Hubert Humphrey, wenn sie einander als Rivalen gegenübertreten sollten, im Verhältnis 70 zu 30 siegen würde. Aber in einer Meinungsumfrage nach den Vorwahlen kehrte sich das Zahlenverhältnis um.

1952 war ich von Papst Pius XII. in den Stand einer päpstlichen Gräfin erhoben worden. Verständlicherweise war es für mich eine unschätzbare Ehrung, besonders da ich die einzige war, die Papst Pius XII. in seiner langen Regierungszeit so ausgezeichnet hatte. Nachdem die »Papisterei« in West Virginia so sehr in den Vordergrund gerückt war, mußte man damit rechnen, daß diese Tatsache in Interviews und Leitartikeln zur Sprache gebracht

werden würde, wenn ich mich hier am Wahlkampf beteiligte. Das wäre, um das mindeste zu sagen, »unproduktiv« gewesen.
Ich wurde deshalb nicht eingeladen. Doch wurde mir nicht etwa gesagt, meine Person stelle ein Problem dar. Bobby meinte nur: »Mutter, du hast in Wisconsin so viel getan, daß du jetzt nach Palm Beach fahren und dich etwas erholen solltest.«
Ich war ganz an dieses Verfahren gewöhnt und wußte nie – es kümmerte mich auch nicht –, wer bestimmte, wo ich auftreten sollte. Es gab Orte, an denen sich nach Meinung des Wahlausschusses bestimmte Gruppen für mich interessierten und wo ich mit Erfolg rechnen durfte.

Jack hatte beschlossen, die religiöse Frage direkt anzusprechen. Er wollte sie in seinen Reden erwähnen und jeden auffordern, zu allen möglichen Aspekten dieses Problems Fragen zu stellen. In West Virginia stellte sich dann heraus, daß man Jack und das Problem, um das es ihm ging, durchaus verstand und richtig reagierte. Er erhielt dort eine so große Stimmenmehrheit, daß Senator Humphrey das Rennen für die folgenden Vorwahlen aufgab. Dieser Sieg war ein gewaltiger psychologischer Gewinn; er besagte, daß Jack als Kandidat noch eine gute Chance hatte und mit Erfolg rechnen konnte – vorausgesetzt, wir alle setzten unsere ganze Kraft dafür ein.
Im Sommer und Herbst habe ich für den Wahlkampf viele Reisen unternommen, und als alles vorüber war, gab Jack mir eine Karte von den Vereinigten Staaten, auf der er die Orte markiert hatte, an denen ich für ihn geworben hatte. Er unterschrieb die Karte mit den Worten »Für Mutter – in Dankbarkeit«. Die Karte zeigt, daß ich in 14 Staaten gewesen bin und 46 Ansprachen gehalten habe. Zusätzlich habe ich aber auch noch andere Orte besucht, an denen ich vorüberkam oder wo ich eine Ruhepause einlegte. Ich war selbst überrascht, festzustellen, daß ich zur »Politikerin« avanciert war. Ich ließ keine Gelegenheit aus, die Menschen, die ich traf, direkt darum zu bitten, ihre Stimme für Jack abzugeben.

Ich habe mich mit Taxifahrern, Liftboys, Kellnern und Kellnerinnen, Portiers und Hotelpagen, Friseusen und allen möglichen Leuten unterhalten, wenn sich die Gelegenheit für ein kurzes Gespräch ergab.
Taxifahrer sind ja im allgemeinen recht gesprächig, und auf der Fahrt vom Flugplatz zum Hotel begann ich meist mit der Bemerkung: »Nun, wie geht das Geschäft? Wahrscheinlich wird es besser werden, wenn ein Demokrat gewählt wird.« Dann blickten mich die Fahrer kritisch durch den Rückspiegel an, und oft hatte ich das Gefühl, sie hielten mich für zu gut angezogen, als daß ich der Demokratischen Partei angehören könnte, und glaubten, ich sei Republikanerin und wolle sie provozieren. Andere antworteten bereitwillig, hatten aber häufig Vorbehalte gegenüber Jack, weil er für dieses Amt zu jung sei. »Er ist jung an Jahren«, sagte ich dann, »aber nicht an Erfahrung, und kommt es nicht darauf an?« Oder ich hörte das Argument: »Wenn die Demokraten an der Regierung sind, gibt es immer Krieg.« Dann erwähnte ich, daß John Kennedy im letzten Krieg Familienangehörige verloren hatte und erleben mußte, daß gute Freunde fielen oder schwer verwundet wurden, und daß auch er selbst schwer verwundet worden sei, und deshalb nur mit Schrecken an den Krieg denke. Oft kam auch das Problem des Katholizismus zur Sprache, und ich hörte die verschiedensten Variationen zu dem Thema »Ich möchte nicht, daß der Papst Einfluß auf unsere Regierung nimmt«. Dann antwortete ich, daß der Papst in Italien lebe, aber sicher keinen Einfluß auf die italienische Pdlitik habe, und daß die Bevölkerung Frankreichs zum größten Teil katholisch sei, daß auch de Gaulle Katholik sei, daß aber der Papst de Gaulle bestimmt keine Befehle gäbe. Auch die Katholiken im Kongreß der Vereinigten Staaten hätten noch nie als geschlossene Gruppe abgestimmt. Deshalb sei die ganze »katholische Frage« unsinnig. Wenn der Taxifahrer am Ende der Fahrt nicht herausbekommen hatte, daß ich mit Jack verwandt war, stellte ich mich vor. Dann erhellte sich meist sein Gesicht, und er sagte, er freue sich, mich

kennengelernt zu haben und werde seine Stimme für Jack abgeben. Das gleiche erlebte ich meist auch bei den Kellnerinnen, Gepäckträgern und anderen Gesprächspartnern. Zunächst mochten sie recht gleichgültig dreinschauen, aber am Schluß versicherten sie mir fast alle, daß Jack ihre Stimme bekommen werde. Einmal saß ich neben einer Frau im Flugzeug. Wir kamen ins Gespräch, das ich gleich auf mein Lieblingsthema lenkte. Als wir landeten, bat sie mich, ihr einen großen Vorrat an Wahlplaketten zu schicken.
Teddy schreibt über meine Aktivitäten beim Wahlkampf:

»Mutter ist großartig, wenn sie zu einer Gruppe spricht. Sie geht aus sich heraus. Sie ist sofort ganz da. Sie bereitet sich vor und weiß, wie die Stimmung und welches die Interessen ihrer Zuhörer sind. Sie hat ein Gefühl für diese Dinge, hat sich vorbereitet, ist hellwach, auf ihre Zuhörer eingestellt und hat über sie nachgedacht.
Aber ihre eigentliche Stärke ist der persönliche Kontakt von Mensch zu Mensch. Sie interessiert sich für jeden einzelnen, und ich glaube, ihre Erfolge liegen vor allem darin, und zwar nicht nur im Wahlkampf, sondern überhaupt im Leben. Die Menschen spüren ihr Interesse. Sie hat die Fähigkeit, ihnen das zu vermitteln.
Jack wird immer wieder nachgesagt, er habe sich sogar noch als Präsident ganz persönlich für jeden interessiert, mit dem er zusammenkam. Er konnte zuhören, richtig reagieren, den persönlichen Kontakt herstellen und sich ganz auf seinen Gesprächspartner einstellen. Das hatte er von ihr.«

Und hier einige Auszüge aus meinem Tagebuch:

7. Oktober 1960, Jacksonville, Florida.
»Ich habe den ganzen Tag an Jack und seine Fernseh-Diskussion mit Nixon gedacht und gebetet und wieder gebetet. Es

muß eine so große Anspannung für ihn bedeuten, da die ganze Welt zuhört, wartet, reagiert, diskutiert und kritisiert.

... Sehr viele Frauen, die mir seither begegnet sind, scheinen Jack fast als einen neuen Lincoln anzusehen. Sie sagen, ›ich möchte Ihnen dafür danken, daß Sie uns einen Mann geschenkt haben wie Ihren Sohn‹, oder ›ich bete jeden Abend für Ihren Sohn‹, oder ›ich habe seine Rede gehört, und ich weiß, daß er dieses Land retten wird‹, oder ›ich bin Presbyterianerin (oder Methodistin oder Baptistin), und ich bin für Ihren Sohn‹. Andere kichern vielleicht und sagen, ›ich liebe Ihren Sohn‹, oder ›ich habe ihn angefaßt; er sieht so gut aus‹.«

8. Oktober

»Ich habe Jack gestern abend bei der Fernsehdiskussion gesehen und bei jedem Satz gebetet. Ich habe auch den ganzen Tag gebetet. Er sah zuversichtlicher aus als Nixon und machte äußerlich einen besseren Eindruck. Jack hatte augenscheinlich immer die Initiative und erwies sich ein paarmal als glänzender Redner. Jack sieht wirklich aus und redet und handelt wie der junge Lincoln ...«

Man hat oft behauptet, die großen Fernsehdebatten Kennedy-Nixon hätten den Ausgang der Wahlen zugunsten von Jack entschieden und seien überhaupt der entscheidende Teil des Wahlkampfes gewesen. Wenn das zutrifft, dann war es eine eigenartige Wendung, denn Mr. Nixon war bereits auf dem College der Star des Diskussionsklubs gewesen; als Rechtsanwalt war er darin geschult, Beweismittel vorzulegen und gegnerische Behauptungen zu entkräften; als Nachrichtenoffizier in der Marine hatte er es gelernt, die Tatsachen und Nuancen einer militärischen Lage zu sammeln und darzustellen; er war Vizepräsident gewesen, und er war ein geschickter und erfahrener Wahlkämpfer. Im Gegensatz dazu hatte Jack, wie Lem Billings schreibt, als Schüler nur ungern öffentlich sprechen wollen. Das, glaube ich, ist ein Grund, weshalb die Laufbahn von Jack – seine Entwicklung und seine

Erfolge angesichts mächtiger Herausforderungen – junge Männer, die jahrelang von Selbstzweifeln geplagt werden, bevor sie sich darüber klarwerden, wer sie sind und was sie werden wollen, inspirieren und ermutigen sollte.

Am Abend des Wahltages waren wir alle in Hyannis Port versammelt und warteten auf die Ergebnisse. Das Wahlbüro war in Bobbys Haus untergebracht, und hier war auch der Mittelpunkt des Geschehens. Oft ging es chaotisch zu. Schreibmaschinen und Fernschreiber klapperten, Telefone läuteten, Fernsehapparate waren eingeschaltet, Menschen liefen mit Bleistift und Papier herum und sprachen miteinander über Dinge, die an anderer Stelle geschahen, und überlegten, was sie bedeuten könnten. Das Haus war voller Menschen. Da waren die wichtigsten Wahlhelfer, die Analytiker, Presseberichterstatter, Photographen, Stenographen, Telefonistinnen und viele andere. Bobby war immer mitten im Gewühl. Jack erschien sporadisch und ging dann wieder. Teddy, Sarge und Steve, die jungen Frauen und Mädchen, die Vettern, Kusinen und Freunde versuchten zu helfen, wo sie konnten. Jeder hatte etwas zu tun und ging dabei möglichst so vor, daß er die anderen nicht störte. Von Fröhlichkeit war nichts zu spüren. Es war ein knappes Rennen, und die Stimmung war sehr gespannt. Ab und zu kamen ein paar Beteiligte zu uns herüber, um etwas zu essen, zu trinken oder sich zu entspannen. Jack kam manchmal, um seinem Vater zu sagen, daß sich eine neue Entwicklung abzeichnete, oder Joe und ich schauten gelegentlich zu Bobby hinüber.

Ich war ständig in Bewegung, denn Bewegung und Aktivität sind in Zeiten innerer Anspannung für mich unerläßlich. Der Gedanke, Jack könnte unterliegen, war mir unerträglich. Trotz der Ungewißheit dachte ich immer nur, ›er wird siegen, natürlich wird er siegen‹. Als sich das Zünglein an der Waage dann spät nachts auf seine Seite geneigt zu haben schien, ging ich zu Bett, um ausgeruht zu sein, wenn das endgültige Ergebnis feststand, wie auch immer es aussehen mochte.

Rückblickend kann ich nur so viel sagen, daß die sogenannten großen »geschichtlichen Augenblicke« selten nur Augenblicke sind. Alles, was geschieht, ist das Ergebnis einer langen Entwicklung, die zu ihrer Zeit kaum verstanden wird, und selbst dann läßt sich über die möglichen Folgen kaum etwas sagen.
Ich glaube, die Entscheidung muß etwa bei Tagesanbruch gefallen sein, denn es war – wie ich später erfuhr – gegen halb fünf, als die Männer vom Geheimdienst Aufstellung um unsere Grundstücke und insbesondere um das Haus von Jack nahmen, um den voraussichtlich neugewählten Präsidenten unter ihren Schutz zu nehmen.
Pat in einem viel später geschriebenen Brief:

»Ich weiß noch, daß wir uns gegen 3.00 Uhr früh, als es für Jack sehr günstig aussah – später änderte sich das Bild noch zweimal –, alle in der Küche versammelten, um etwas zu essen. Dann ging Jack durch den Kücheneingang hinaus, und ich sehe ihn noch, wie er über den Rasenplatz zu seinem Haus hinüberging, während die Leute vom Geheimdienst ihm auf den Fersen folgten. Zwei von uns (die es noch kaum glauben konnten) riefen ihm nach: ›Gute Nacht, Mr. President!‹«

Am Vormittag, als es schon feststand, daß Jack zum Präsidenten gewählt worden war, stellte es sich heraus, daß er sich dem Volk über die Presse und das Fernsehen vorstellen mußte. Der Auftritt sollte im Zeughaus von Hyannis stattfinden. Dazu fuhren nun die Wagen vor, in denen Jack, die Mitglieder seiner Familie und seine Mitarbeiter dorthin gebracht werden sollten.

Pat schreibt:

»Wir stiegen alle in die Autos ein, die auf dem Rondell vor dem Hause vorgefahren waren – mit Ausnahme von Dad, der auf der Veranda etwas im Schatten stand, sahen wir alle sehr glücklich aus. Er wünschte nicht, den Eindruck zu erwecken,

Jack habe seinen Erfolg irgendwie ihm zu verdanken, und hatte beschlossen, sich nicht den Fotografen und Reportern zu stellen, sondern zu Hause zu bleiben. Plötzlich wurde es Jack bewußt, was geschah. Er stieg aus dem Wagen, ging zur Veranda zurück und bat Dad, mitzukommen und seine Ansprache zu hören. Er bestand darauf.

Im Zeughaus hörten die Presseleute, die Fernsehteams und einige Bewohner der Stadt die Ansprache von Jack.

Wie gewöhnlich feierten wir Thanksgiving in Palm Beach, und diesmal hatten wir einen ganz besonderen Grund, zu danken. Jack, Jackie und Caroline konnten nicht bei uns sein, weil die Geburt des nächsten Kindes unmittelbar bevorstand und Jackie in Washington in der Nähe ihres Arztes und der Klinik bleiben mußte. Am frühen Morgen des 2. November wurde John Fitzgerald Kennedy jr. geboren, zur großen Erleichterung und Freude aller. Jacks Freude war natürlich besonders groß. Er liebte seine Tochter Caroline sehr, hatte sich nun aber einen Sohn gewünscht. Jack blieb bis Anfang Dezember in Washington, um sein Kabinett zusammenzustellen und andere hohe Beamte seiner Regierung zu ernennen. Dabei fand er jedoch auch noch Zeit, sich um Caroline zu kümmern und Jackie und den kleinen John zwei- bis dreimal täglich zu besuchen. Jackie hatte mit einem Kaiserschnitt entbinden müssen, und das bedeutete natürlich, daß sie sich länger von der Geburt erholen mußte als gewöhnlich. Aber am 9. Dezember war sie so weit wieder hergestellt, daß sie reisen konnte, und Jack brachte sie, das Baby, Caroline und eine Kinderschwester in seinem Flugzeug *Caroline* für die Zeit von Weihnachten bis Neujahr zu uns, und dann fuhren wir alle zusammen zur Amtseinführung nach Washington. Jack verbrachte ein langes Wochenende zu Hause, mußte anschließend nach Washington zurück und pendelte während der folgenden fünf oder sechs Wochen ständig zwischen Washington und Hyannis Port hin und her. Dabei wurde er jedesmal von Beamten des Geheimdienstes und Schwärmen von Journalisten begleitet.

Besonders lebhaft erinnere ich mich an einen Höflichkeitsbesuch, den Jack dem Weißen Haus abstattete, um sich von Präsident Eisenhower über wichtige aktuelle Regierungsangelegenheiten informieren zu lassen. Der scheidende Präsident kam dem neu gewählten auf den Stufen des Weißen Hauses entgegen. Sie reichten sich die Hand, lächelten und blieben kurze Zeit im Gespräch nebeneinander stehen, damit Aufnahmen gemacht werden konnten. Dann führte Präsident Eisenhower Jack hinein. Dabei machte er den Eindruck eines freundlichen Onkels, der die Schlüssel des Herrenhauses einem klugen und bevorzugten Neffen übergibt.

Als ich diese kleine Szene vor dem Fernsehschirm miterlebte, kam es mir zum erstenmal voll zum Bewußtsein, daß Jack Präsident sein würde.

Das klingt vielleicht seltsam, aber Joe, der an diesem Tag nicht zu Hause war, sah die gleiche Fernsehsendung und sagte mir später, er habe das gleiche Gefühl gehabt. Der fast unerfüllbare Traum war Wirklichkeit geworden.

Während seiner kurzen Aufenthalte bei uns in Palm Beach hatte Jack fast ebenso viel zu tun wie in Washington, denn er traf sich hier mit allen möglichen Leuten, stellte die Kabinettsliste zusammen, arbeitete an seiner Ansprache zur Amtseinführung, gab Erklärungen ab und beantwortete auf den täglichen Pressekonferenzen die Fragen der Journalisten. Oft geschah dies irgendwo im Hause oder auf unserem Grundstück. War es aber eine offizielle Konferenz, an der viele Vertreter der verschiedenen Nachrichtenmedien teilnahmen, so wurde die Besprechung auf der großen Terrasse vor dem Hause abgehalten – wo wir früher so oft an ein paar kleinen Tischen eine Mahlzeit im Freien eingenommen oder mit wenigen Gästen und den Hausangestellten einen Film angesehen hatten.

Wir hatten ständig Gäste, meist wichtige Persönlichkeiten, und deshalb hatte ich viel zu tun. Sicher trug ich ständig ein Bündel von Zetteln mit mir herum, auf denen ich mir Notizen gemacht hatte, die mich an irgend etwas erinnern sollten. Auch für die Angestellten war es eine hektische Zeit. Sie haben sich alle brav gehalten, waren guter Dinge, zeigten Initiative und bewährten sich »im Feuer«.

Im Hause herrschte ein glückliches Durcheinander. Es folgen nun einige Tagebuchnotizen von mir, die diese glückliche Verwirrung beschreiben:

4. Januar 1961

»Der Photograph Avedon von *Harper's Bazaar* war hier, um Aufnahmen von Jackie zu machen. In seiner Begleitung befanden sich zwei junge Frauen; eine von ihnen war die Schwester von Leonard Bernstein, dem jungen Dirigenten der New Yorker Philharmonie. Der bekannte New Yorker Frisör Kenneth kam gestern, um Jackie die Haare zu schneiden, und kehrte am Morgen zurück, um sie zu frisieren, bevor die Aufnahmen gemacht wurden. Die Möbel im Wohnzimmer wurden umgestellt, und als Hintergrund hängten die Photographen eine riesige weiße Projektionswand auf, die von der Decke bis zum Fußboden reichte. Jackie erzählte mir, Kenneth wolle jetzt nichts dafür verlangen, daß er hergekommen sei, werde ihr aber wohl eine Rechnung schicken, wenn er zur Amtseinführung nach Washington käme. Dann erschien eine Probierschneiderin vom Modesalon Cassini mit großen Schachteln, in denen Jackies Kleider eingepackt waren. Sie waren größtenteils noch nicht fertig, konnten für die Aufnahmen aber schon angezogen werden.

Sie muß sich immer noch schonen und zwischendurch ausruhen. Sie sieht glänzend aus, und ihre Figur hat, glaube ich gewonnen.

Jack kam frisch rasiert, gut aussehend, gut angezogen und glänzender Laune herein. Dann erschien Caroline und tobte in

einem wunderhübschen weißen Organdykleid mit einer rosa Schleife im Haar durch das Zimmer. Sie war mit dem Kindermädchen draußen gewesen und hatte dort auf die Aufnahmen gewartet. Es fehlte jetzt nur noch das wichtigste Modell, John F. jr., der wirklich reizend aussah, als er für die Aufnahmen in den Armen seiner Mutter lag.
Das Haus schien voll von Schneidern, Photographen und ihren Gehilfen zu sein. Viel Betrieb.
LeMoyne Billings ist gekommen. Ich hörte, wie Jack anschließend zu ihm sagte, ›das war bestimmt ein verlorener Vormittag‹.«

5. Januar 1961

»Ich wollte mich gerade beim Frisör in der Stadt anmelden, als Joe mir sagte, Kenneth sei wieder hier, und auch der Photograph Avedon sei mit den gleichen Leuten und dem gleichen Projektionsschirm erneut erschienen ...
Jackie und Jack haben Jacks altes Zimmer im Erdgeschoß in der äußersten Ecke des Hauses bezogen. Sie muß Ruhe haben und liest in all den vielen Büchern, die sie aus der Kongreßbibliothek oder dem Weißen Haus mitgebracht hat.
Sie hat eben einen sehr guten Aufsatz geschrieben. Das Thema lautet: ›Wie man ein Kind zum Glücklichsein erzieht.‹ Sie sagt darin, es sei sehr gut, wenn ein Kind für die Mutter zum Geburtstag ein Gedicht auswendig lernt oder ein Bild für sie malt, ganz gleich, wie unbeholfen es aussieht. Dadurch wird es angeregt, sich für seine Mutter zu interessieren, ihr Freude zu machen, und es sind einfache Dinge, die sich überall durchführen lassen.
... Kenneth frisierte mich, und die Frisur sah ganz gut aus, bis ich am Nachmittag Golf spielte. Ich mußte im Gästezimmer unter der Trockenhaube sitzen, da Jack und Lem in meinem Zimmer waren. Während ich unter der Haube saß, packte das Mädchen die Anzüge von Jack ein, zwischendurch kam

LeMoyne ins Zimmer und lief wieder hinaus, und Kenneth sah gelegentlich nach, ob mein Haar schon trocken sei …
Im rückwärtigen Teil des Hauses türmen sich die Pakete und Päckchen. Es sind Geschenke für Jackie und das Baby, meist für das Baby. Alles muß zuerst von den Beamten des Geheimdienstes geöffnet und untersucht werden. Es sind keine sehr teuren Dinge, aber aufrichtig gemeinte Freundschaftsgeschenke …
Wenn ich in das Arbeitszimmer gehe, treffe ich dort meist Jack bei einer Besprechung. Wenn ich aus der Haustür auf die Straße gehen will, dann wird die Tür hinter mir schon abgeschlossen, ehe ich ganz draußen bin. Überall sind Polizisten und Männer vom Geheimdienst, und oft warten draußen fünfzig bis hundert Menschen in der Hoffnung, einen kurzen Blick auf Jack werfen zu können.
Auch die Hintertür ist jetzt immer geschlossen. Es macht mir nicht viel aus, nur weiß ich manchmal nicht recht, wo ich hineinkommen oder wo ich hinausgehen soll. Wenn ich zur Vordertür hinausgehe, dann stoße ich dort auf Leute, die sich photographieren lassen. Gestern abend ging ich hinten durch das Eßzimmer der Angestellten hinaus und traf dort auf eine Frisöse aus der Stadt, die sich gerade über eine Schüssel Salat hermachte. Augenscheinlich hatte sie schon recht lange darauf gewartet, jemanden frisieren zu können, und war hungrig geworden. Die Salatschüssel stand auf dem Eßtisch der Mädchen, aber die hatten irgendwo etwas zu tun. Ich war über diesen Anblick nicht wenig erstaunt, und auch sie war überrascht, zu sehen, wie ich versuchte, durch den Hinterausgang hinauszukommen. Sie warf vor Schreck die Hände in die Höhe, fing dann an zu lachen, und auch ich lachte mit und lief hinaus.«

Nicht lange danach kehrten Jack, Jackie und ihre Kinder in ihr Haus nach Georgetown zurück. Bobby und Ethel wohnten etwa eine halbe Stunde von ihnen entfernt in McLean, Virginia. Als wir anderen uns wenige Tage vor Jacks Amtseinführung, die am 20. Januar stattfinden sollte, versammelten, nahmen wir in Georgetown in mehreren Häusern Quartier. Joe und ich wohnten mit Teddy, Joan und Ann Gargan in einem Haus zusammen.

Am Nachmittag vor der Amtseinführung fing es an zu schneien. Es schneite und schneite, und schließlich kam es zum heftigsten Schneesturm in der Geschichte Washingtons. Am Abend entstand ein schlimmes Verkehrschaos; die Autos rutschten und kamen nur mit Mühe durch die Schneewehen, viele saßen fest und standen jetzt, von den Insassen im Stich gelassen, mitten auf den Straßen.

Pat, Peter und einige ihrer Freunde, besonders der glänzende Regisseur Roger Edens, hatten lange an den Vorbereitungen für eine Varietévorstellung gearbeitet, die als Galaabend vor der Amtseinführung des Präsidenten gegeben werden sollte. Bekannte Sänger, Musiker und Schauspieler wie Sir Lawrence Olivier, Alan King, Leonard Bernstein, Ella Fitzgerald und Sidney Poitier hatten sich bereit erklärt, zu Ehren des neuen Präsidenten daran teilzunehmen. Natürlich wollten Joe und ich auch hingehen, und zwar ohne Rücksicht auf das unglaubliche Wetter. Ich sehe noch, wie Joe, ich und Ann Gargan in einem großen, robusten Dienstwagen durch die schwarze Januarnacht fuhren, während draußen riesige Schneeflocken vorübertrieben, die zwar recht hübsch aussahen, aber die Sicht auf wenige Meter und die Geschwindigkeit auf ein paar Kilometer in der Stunde begrenzten. Vorn neben dem Fahrer saß ein Mann mit einer Schneeschaufel. Wenn wir uns in dem Schneematsch und den Schneewehen festgefahren hatten, zog er die Handschuhe an, schlug den Mantelkragen hoch, ergriff die Schaufel, stieg aus und schaufelte uns frei.

Für mich ist er noch heute der Held jenes Abends, denn ohne ihn wären wir gewiß nicht rechtzeitig ans Ziel gekommen.

Es war eine ausgezeichnete Vorstellung, wenn auch ein wenig unzusammenhängend, da die Darsteller im Schnee steckengeblieben waren und sich verspäteten. Die Reihenfolge der Darbietungen mußte sich notgedrungen nach dem Zeitpunkt ihres Eintreffens richten, und die Pausen wurden mit improvisierten Szenen ausgefüllt. Doch früher oder später kamen sie fast alle.

Die Show dauerte bis zum frühen Morgen, und Jack und sein Vater blieben bis zur Schlußnummer. Ich brach gegen Mitternacht auf, da ich zur Frühmesse aufstehen wollte und wußte, daß mir ein langer Tag bevorstand.

In der Morgendämmerung legte sich das Schneetreiben, hinterließ aber eine dicke Schneedecke, und es wehte immer noch ein kalter, feuchter Wind. Das Haus, das wir gemietet hatten, war nur etwa 800 Meter von der nächsten katholischen Kirche entfernt, und da ich gewohnt bin, zu Fuß zu gehen, solange es das Wetter zuläßt, beschloß ich, zu Fuß zur Messe zu gehen, obwohl ein Blick aus dem Fenster mir zeigte, daß die Bürgersteige hoch verschneit waren und ich in der Mitte des Fahrdammes gehen mußte. Ich zog Überschuhe, einen dicken Mantel und warme Handschuhe an und rüstete mich mit zusätzlichen zwei Wollschals aus, von denen ich mir einen wie eine Babuschka um den Kopf wickelte. So machte ich mich auf den Weg zur Kirche.

Als ich mich der Kirche näherte, bemerkte ich draußen zahlreiche Polizisten, Polizeiwagen und andere Autos, in dem »unauffällig« wirkende Männer saßen, die ich automatisch für Agenten des Geheimdienstes hielt. Wahrscheinlich, so dachte ich, würde Jack hierher zur Messe kommen.

Ich fragte einen der Polizisten, ob man den neu gewählten Präsidenten Kennedy erwarte, und er sah mich freundlich, aber zweifelnd an und meinte, er wisse es nicht, aber es könne schon sein. Ich ging hinein und setzte mich im Seitenschiff hinten auf eine Bank. Wenige Minuten später kam Jack herein und setzte sich im Hauptschiff weiter vorne hin.

Ich hatte ihm nicht vorgeschlagen, an diesem Morgen zur Messe zu gehen, also war er aus freien Stücken gekommen; er wollte am Tage, da er das Amt des Präsidenten übernahm, seinen Geist und sein Herz dem Allmächtigen zu Füßen legen, ihm seine Hoffnungen und Befürchtungen anvertrauen und um seinen Segen bitten. Er wußte nicht, daß ich in der Kirche war, und ich wollte in diesem Aufzug mit dicken Schals und Gummigaloschen nicht nach vorn gehen und mich neben ihn setzen. So nahm ich nur an der Messe teil und betrachtete ihn glücklich aus der Entfernung. Auch nach der Messe ging ich nicht zu ihm hin, weil ich wußte, daß Photographen bereitstanden, die ständig Aufnahmen machen würden, und ich wollte nicht, daß er mit mir in diesem Aufzug photographiert wurde. Da ich jedoch schon durch den tiefen Schnee hierher gestapft war und da bereits eine Stunde vergangen war und ich an diesem Morgen noch viel zu tun hatte, um mich für die Feierlichkeiten zum Amtsantritt vorzubereiten, dachte ich, es wäre gut, wenn mich jemand im Wagen mitnehmen könnte. So ging ich zu einem der Agenten des Geheimdienstes und sagte: »Ich bin Mrs. Kennedy, die Mutter des Präsidenten. Könnten Sie mir irgend jemanden mit einem Wagen zur Verfügung stellen, der mich nach Hause fährt?« Er nickte, aber es kam kein Wagen. Augenscheinlich hatte er mich für eine Aufschneiderin oder eine Verrückte gehalten – denn ich sah wirklich nicht aus wie die Mutter des Präsidenten.

Was an diesem Tage sonst noch geschah, hat sich in meiner Erinnerung verwischt, weil es zu viel war, zu großartig, zu farbig und zu aufregend. Ich war sehr ergriffen, denn alles drehte sich um meinen Sohn. Es war überwältigend. Ich brauche hier die einzelnen Szenen nicht zu schildern; es ist genug darüber geschrieben worden, und man hat alles in vielen Photos festgehalten. Ich möchte nur einige persönliche Anmerkungen und Gedanken hinzufügen und gewisse Einzelheiten erwähnen, die den Leser interessieren könnten.

Ich habe schon davon gesprochen, daß Jack es strikt ablehnte, einen Hut zu tragen. Seit mehr als einem Jahrhundert war es Tradition, daß alle offiziell an der Amtseinführung beteiligten Männer mit Ausnahme der Soldaten einen Zylinder oder eine entsprechende Kopfbedeckung trugen. General Eisenhower trug bei seinen beiden Amtseinführungen einen schwarzen Homburg. Jack hatte sich wieder für den Zylinder entschieden. Ich weiß nicht, ob er es tat, weil er einen besonderen Sinn für geschichtliche Traditionen hatte, oder ob Jackies Stilgefühl dafür verantwortlich war. Jedenfalls sah man überall Zylinder in den verschiedensten Variationen.

Ich habe später Photos von Jack gesehen, auf denen er den Zylinder entweder aufhatte oder damit winkte, und ich glaube, mich zu erinnern, daß er ihn manchmal tatsächlich eine Zeitlang auf dem Kopf behielt. Meist aber hielt er ihn in der Hand, legte ihn unter den Stuhl oder ließ ihn von jemand anderem halten, bis er ihn wieder aufsetzen mußte, was ihm offensichtlich nicht zu gefallen schien.

Gemäß der für diese Gelegenheit auf dem Platz vor dem Kapitol geltenden Sitzordnung saßen Jack und Jackie mit dem Präsidenten und Mrs. Eisenhower in der Mitte der vordersten Reihe, flankiert von den Ehepaaren Johnson und Nixon. Darum gruppierten sich der Oberste Gerichtshof, der Kongreß, die Vertreter der Streitkräfte und das diplomatische Korps. Joe und ich saßen mit unserer Nichte Ann Gargan am Ende der vordersten Reihe neben den Johnsons und den übrigen Mitgliedern der Familie Kennedy. Als Jack die Stufen vor dem Kapitol hinunterkam und seinen Platz einnahm, gefolgt von den Würdenträgern der Nation, standen Joe und ich da und applaudierten wie alle anderen, nahmen unsere Plätze ein und drückten uns kurz die Hand, ohne etwas zu sagen, weil sich in diesem Augenblick alle Worte erübrigten.

Meine Mutter, die damals weit über 90 Jahre alt war, wohnte bei meinem Bruder Tom. Wir konnten ihr die Reise von Boston nach Washington nicht mehr zumuten. Ihr Sehvermögen hatte schon stark nachgelassen, aber sie konnte die Ereignisse noch auf dem Fernsehschirm verfolgen. Ich wußte, welche Freude und welche Befriedigung es für sie bedeutete, zu sehen, wie ihr Enkel die rechte Hand hob und die linke auf die Familienbibel der Fitzgeralds (Jack hatte sie sich für diesen Zweck erbeten) legte, in die die Hochzeitsdaten seiner Großeltern und weiterer Vorfahren eingetragen waren. Einer der wenigen traurigen Gedanken, die ich an jenem Tage hatte, war der, daß mein Vater nicht lange genug gelebt hatte, um sich mit ihr und mit uns an diesem Ereignis zu freuen. Wie unendlich glücklich wäre er gewesen.

Joe hatte gewisse Befürchtungen im Hinblick auf die Ansprache von Jack, und zwar nicht weil er daran zweifelte, daß er eine Rede entwerfen und halten könnte, die es wert sein würde, in Erinnerung behalten zu werden, sondern weil er die Rede, die Jack erst vor zwei Wochen im Abgeordnetenhaus von Massachusetts gehalten hatte, so hervorragend fand. Darin hatte er sich mit den gleichen Grundideen beschäftigt. Jetzt machte sich Joe Gedanken darum, ob Jack das gleiche Thema so bald wieder so überzeugend würde formulieren können. Ich erinnere mich noch an ihr Gespräch nach der in Massachusetts gehaltenen Rede, als Jack in Florida war und sein Vater ihn dafür lobte und sagte, sie sei so gut gewesen, daß er sie für die Amtseinführung als Präsident hätte aufsparen sollen. Da er dies nicht getan hatte, schlug Joe vor, er sollte die besten Teile daraus verwenden. Jack sagte nur, »ja, Dad, das werde ich«, und nickte. Jack zeigte ihm den Entwurf seiner Rede nicht, und zwar vor allem, weil er bis zum letzten Augenblick daran feilte. Er hat noch bis zum Morgen der Amtseinführung daran gearbeitet. Als er daher an das Rednerpult trat, hatten weder sein Vater noch ich mehr als eine allgemeine Vorstellung von dem, was er sagen würde.

Wie wir heute alle wissen, war es eine der großen Inaugurationsreden in der Geschichte der Republik. Mehrere Augenzeugen berichteten später, sie hätten am Schluß gesehen, wie Jack die Tränen in den Augen standen. Vielleicht ist das richtig. Ich war in aller Bescheidenheit stolz und dankbar dafür, daß ich unter den Millionen von Müttern meiner Generation dazu ausersehen war, die Mutter des neuen Präsidenten zu sein, dieses hoffnungsvollen jungen Führers, auf den so viele ihr Vertrauen gesetzt hatten. Ich dachte daran, welche großartigen Möglichkeiten er jetzt haben würde, das Schicksal seines Landes zu gestalten und die Geschicke der Welt zu beeinflussen. Und ich erinnerte mich an die Worte aus dem Lukasevangelium, die ich ihm oft wiederholt hatte: »Denn welchem viel gegeben ist, bei dem wird man viel suchen.« (Luk. 12., 48) Und dann kam mir ein Ausspruch des Kardinals Newman in den Sinn: »Er wird sich bewähren; er wird für Gott wirken.«

Ich hatte das Gefühl, Joe und ich hätten unserem Land einen jungen Präsidenten gegeben, dessen Worte, Auftreten, Gedanken, Charakter und ganze Persönlichkeit künftige Größe vorausahnen ließen.

Nach Schluß der Feierlichkeiten gingen Jack und Jackie mit Lyndon und Lady Bird Johnson in das Kapitol, um in dem alten Sitzungssaal des Obersten Gerichtshofes, einem Raum, der für besondere Gelegenheiten renoviert worden war, als Ehrengäste an einem Essen teilzunehmen. Als Gäste waren natürlich nur »offizielle« Persönlichkeiten geladen, und deshalb nahmen Joe und ich nicht daran teil.

Joe und ich, die Verwandten von Jackie und eine Reihe anderer Verwandter und Freunde aßen im Weißen Haus zu Mittag und gingen anschließend hinaus, um von der Ehrentribüne aus die Parade anzusehen. Dazu ein paar persönliche Bemerkungen: Das Wetter war immer noch sehr kalt und wurde sogar noch schlechter. Die Plattform war überdacht und an drei Seiten geschlossen, aber an der Frontseite natürlich offen. Deshalb konnte der kalte Wind ungehindert hineinblasen. Wenn wir in unseren dicken Mänteln schon froren, wie mußte es dann denen gehen, die dort vorbeimarschierten, den Kadetten der Militärakademien, den Männern in den Musikkapellen, den patriotischen Verbänden und Vereinen und den Hunderten von Gruppen aus nah und fern? Aber sie konnten sich wenigstens bewegen und dabei etwas erwärmen. Viel schlimmer hatten es die Tausende von Zuschauern, besonders diejenigen, die, wie sie glaubten, das Glück gehabt hatten, Sitzplätze zu bekommen. Ihnen mußte allmählich das Blut in den Adern erstarren. Doch die Parade fand statt wie geplant und dauerte 3½ Stunden. Jede Einheit marschierte im forschen Schritt vorbei, sah gut aus, absolvierte die geprobten Vorführungen und machte den Eindruck, als fände das Ganze an einem schönen Maitag statt. Sogar die meisten Zuschauer an den Straßen und auf den Tribünen blieben trotz der bitteren Kälte die ganze Zeit da. Es war ein Triumph des Geistes über den Körper und, ich glaube, ein überzeugendes Zeichen für die Begeisterung und die Wärme, die Jack in diesen Menschen inspiriert hatte.

Jack hatte seine Rede nicht nur ohne Hut gehalten – was man als eine dieser Gelegenheit angemessene Geste ansehen konnte –, sondern auch ohne Mantel. Das wurde von vielen als unnötige Demonstration der Härte und Unerschütterlichkeit angesehen. Da die Rede jedoch nur vierzehn Minuten dauerte, bestand keine Gefahr, daß er sich dabei erkältete. Bei der Parade zeigte er sich meist auch ohne Mantel. Hin und wieder warf er ihn über, trug ihn zehn oder fünfzehn Minuten, zog ihn dann aber wieder aus. Ich glaube, das war eine ganz unbewußte Reaktion und die Folge seiner Erregtheit. Ich mußte an den Abend des Jahres 1952 denken, als die Ergebnisse der Senatswahlen angesagt wurden und er seine Jacke ständig aus- und anzog und manchmal sogar umdrehte, so daß das Ärmelfutter nach außen gekehrt war.

Als er dort im eisigen Wind ohne Hut und Mantel die große Parade abnahm, mußte ich an den kleinen Jungen denken, der im Spätherbst, wenn es wirklich kalt wurde, in dünnen Hosen und ohne Pullover aus dem Haus lief, und der, wenn ich ihn zurückrufen und erinnern wollte, er solle eine Wolljacke oder ein Jackett anziehen, mit entwaffnendem Lächeln zurückblickte und sagte: »Ja, Mutter, mach ich gleich«, um im nächsten Augenblick doch so auf und davon zu sein.

Auch Bobby stand als neuer Justizminister auf der Ehrentribüne. Jack hatte ihn in dieses Amt berufen wollen, und ihr Vater hielt das für eine ausgezeichnete Idee. Bobby widersetzte sich wochenlang, denn er fürchtete, die Ernennung könnte als Nepotismus mißverstanden und kritisiert werden (und diese Kritik kam natürlich), er hatte sich aber schließlich den Argumenten seines Bruders und seines Vaters gebeugt. Ich befand mich nun in der höchst ungewöhnlichen Lage, gleichzeitig die Mutter des Präsidenten und des Justizministers zu sein.

Am gleichen Abend fand der Inaugurationsball statt. Es wurden fünf Bälle an verschiedenen Orten zur gleichen Zeit gegeben. An der großen Gesellschaft im Zeughaus nahmen etwa tausend Gäste teil. Hier warteten auch Joe und ich sowie andere Mitglieder der Familie und gute Freunde in der Präsidentenloge an einem Ende des riesigen Rundbaus auf Jack und Jackie. Alles wendete sich dem Präsidentenehepaar zu und applaudierte, als sie hereinkamen, an ihre Plätze gingen und lächelnd in die Menge blickten. Jeder lächelte zurück. Man fühlte die allgemeine Bewunderung und Wärme und konnte die Welle der Zuneigung und des guten Willens fast körperlich spüren, die ihnen entgegenschlug.

Jackie sah hinreißend aus, und Jack hatte noch nie besser ausgesehen als jetzt. In den anstrengenden Monaten des Wahlkampfes und vor der Amtseinführung hatte er, obwohl er oft müde und erschöpft gewesen war, 10 oder 15 Pfund zugenommen. Ich mußte daran denken, wie ich für ihn die Bratensoße aufgehoben und ihm oft Extrabissen zugesteckt hatte, und wie er in der Schulzeit und als Student nahrhafte Milchmixgetränke trinken mußte, um kräftiger zu werden – und jetzt hatte er trotz aller Anstrengungen, die eigentlich an ihm hätten zehren müssen, an Gewicht zugenommen. Augenscheinlich bekam ihm das Leben eines Präsidentschaftskandidaten, eines neu gewählten Präsidenten und eines Präsidenten im Amt ausgezeichnet. Er war jetzt nicht mehr so mager, daß sein Aussehen an Lincoln erinnerte – was ich jetzt sah, gefiel mir besser: er sah gesund und blühend aus.

Joe war im Frack erschienen, den er seit seiner Zeit als Botschafter nur noch selten getragen hatte, und stellte zu seiner Befriedigung fest, daß er ihm nach zwanzig Jahren immer noch

paßte. Ich besaß noch das Kleid, das ich bei der Vorstellung bei Hof angehabt hatte, und freute mich zu sehen, daß auch ich meine Figur behalten hatte und es ohne Änderungen anziehen konnte. Ich bekam an diesem Abend viele Komplimente dafür. Heute befindet es sich im Smithsonian Institute in der Sammlung von Kleidern, die Amerikanerinnen bei geschichtlich bedeutenden Anlässen getragen haben.
Nach dem Ball kehrten Joe und ich in unser Quartier nach Georgetown zurück. Jack und Jackie, der Präsident und die First Lady, fuhren in das Weiße Haus.
Wir reisten am folgenden Tage ab, ohne uns im Weißen Haus zu verabschieden. Wir wußten, daß Jack mit seinen Verpflichtungen ganz ausgefüllt war und daß auch Jackie viel zu tun und zu bedenken haben werde. Wir wollten ihre Zeit deshalb nicht mehr in Anspruch nehmen und kehrten still und glücklich nach Florida zurück.

18. KAPITEL

Eine große Tradition kann man erben,
aber die Größe selbst muß erworben
werden.

Winston Churchill

Ich bin ein Mensch, und was die
Menschheit angeht, geht auch mich an.

Terentius, ca. 150 v. Chr.

»Die Anwendung vitaler Kräfte mit dem Ziel, das Außerordentliche in einem Leben zu erreichen, das ihnen einen weiten Spielraum gibt«, das ist eine alte griechische Definition des Begriffes Glück. Das ist eine von Lebenskraft zeugende Auffassung... Sie ist der Leitgedanke auf manchem erstmals beschrittenem Weg gewesen.

Edith Hamilton

Joe war so fest entschlossen, um jeden Preis den Anschein zu vermeiden, er sei Jacks graue Eminenz, daß er während des ganzen folgenden Jahres seinen Fuß nicht ein einziges Mal in das Weiße Haus gesetzt hat und es auch später nur für wenige Stunden am Tage oder abends betrat, wenn Jack und Jackie ihn ausdrücklich darum baten. Hier eine Notiz seiner Sekretärin vor einem solchen Besuch, die etwas von dieser Haltung vermittelt.

»Mr. Kennedy:
Tish Baldridge hat angerufen, um folgendes zu bestätigen: Jackie liegt sehr daran, daß Sie die Enkelkinder im Weißen Haus am Ententeich besuchen. Die Kinder werden ihren Mittagsschlaf gehalten haben, und sie wird Caroline von Glen Ora holen und mitbringen. Präsident J. F. K. würde sich freuen, wenn Sie mit ihm zu Mittag essen könnten. Die Verabredung zum Dinner mit Robert und Präsident Jack für 7.30 Uhr wurde ebenfalls bestätigt. Jackie bittet, still in einer Ecke sitzen – und am Dinner teilnehmen zu dürfen.«

Ginge es in der Welt so logisch zu wie es wünschenswert wäre, hätte es unlogisch erscheinen müssen, daß sich Joe damals so dagegen sträubte, in Washington gesehen zu werden. Aber zum Glück gab es ja noch die Post und das Telefon, und was der Vater Jack sagen wollte, konnte er ihm auf diesem Wege viel bequemer mitteilen, als wenn er in Washington in unmittelbarer Nachbarschaft des Weißen Hauses gelebt hätte. Der Präsident unterhielt eine lebhafte Korrespondenz mit seinem Vater, und sie führten mehrmals wöchentlich und manchmal sogar einige Male am Tag Telefongespräche miteinander. Wenn es sich dabei auch meist um persönliche oder Familienangelegenheiten handelte, so bat Jack seinen Vater doch ab und zu um Auskunft über bestimmte Personen oder Zusammenhänge. Gelegentlich fragte Jack ihn auch um Rat, oder mitunter hielt es Joe für richtig, seinem Sohn in Regierungsangelegenheiten einen Rat zu geben. Hätten wir jedoch ein Haus in Washington bezogen, dann hätte es jedesmal, wenn Joe ins Weiße Haus ging, um seine Enkel zu besuchen, in den Nachrichten Spekulationen darüber gegeben, ob er nicht hingegangen sei, um Jack in Regierungsangelegenheiten Anweisungen zu geben oder ihn zu beraten. Es war deshalb wahrscheinlich notwendig, daß er nicht an Ort und Stelle war.

Ich jedoch hatte das Vergnügen – eine nicht voraussehbare und zusätzliche Segnung im Leben einer Mutter –, hin und wieder im Weißen Haus zu sein. Wenn ich dort war, ging ich oft auf dem weiten Rasenplatz spazieren und blickte gelegentlich durch das Fenster auf Jack, der in seinem Arbeitszimmer, an einer sonnigen Ecke im Erdgeschoß, am Schreibtisch saß. Das Zimmer hat auf beiden Seiten hohe Glastüren. Er konnte hinaussehen und beobachten, wie Caroline und später der kleine John in der Nähe spielten. Wenn er ein paar Minuten Zeit hatte, ging auch er hinaus und beschäftigte sich mit ihnen.

Jack konnte von seinen Fenstern auf den schönen, großen Rosengarten sehen und ging, wenn er das Bedürfnis hatte, frische Luft zu schöpfen, hinaus und atmete den Duft der Rosen ein. Jack war auf den Rosengarten sehr stolz und interessierte sich dafür. Er wollte wissen, wie die verschiedenen Sorten hießen, und hatte seine eigenen Ideen hinsichtlich der Farbenzusammenstellung. Wenn die Blätter gelb wurden oder die Pflanzen kränkelten, erkundigte er sich, was getan werden müsse, und sorgte dafür, daß es geschah. Ich muß gestehen, das hat mich etwas überrascht, denn ich habe es zu Hause nie erlebt, daß er sich für so etwas interessierte.

Wenn ich aus den hohen Fenstern des »Lincolnzimmers« blickte, wo ich im Weißen Haus untergebracht war, dann sah ich, wie sich das Washingtondenkmal in seiner schlichten Form hoch gegen den Himmel reckte. Ich überblickte auch den Kinderspielplatz unter mir, direkt hinter dem Rosengarten, und beobachtete meine Enkel und ihre kleinen Spielgefährten auf den Schaukeln und Rutschen. Im Winter konnte ich sehen, wie Jackie mit ihnen in diesem Teil des Parks in einem von Carolines Pony Maccaroni gezogenen Schlitten herumfuhr. (Das sah entzückend aus. Joe und ich waren früher oft im Pferdeschlitten mit Schellengeläut spazierengefahren.)

Zu jeder Zeit konnte man den lebhaften Verkehr der Hubschrauber des Präsidenten beobachten, die zwar nicht in unmittelbarer Nähe des Rosengartens landeten, aber doch noch deutlich zu sehen waren. Eine der von Jack eingeführten Neuerungen bestand darin, daß wichtige Gäste wie ausländische Regierungschefs auf dem Flugplatz in Washington protokollgerecht in Empfang genommen und dann im Hubschrauber zum Weißen Haus gebracht wurden. Eine Ehrenwache nahm auf dem Landeplatz Aufstellung, der Besucher kam durch das Spalier dieser in ihren Paradeuniformen so gut aussehenden jungen Männer zum Vordereingang des Weißen Hauses, wo Jack ihn auf der Freitreppe erwartete und begrüßte.

Der erste derartige Empfang wurde fast zur Komödie, denn der starke, von den Rotorblättern des Hubschraubers erzeugte Luftzug wehte vielen Männern der Ehrengarde die Mützen vom Kopf, die ihren davonrollenden Kopfbedeckungen nachliefen und sich dann wieder in aller Eile in Reih und Glied aufstellen mußten. Später stellten sie sich diskret in einiger Entfernung auf, bis die Maschine gelandet war, und es kam zu keinen Zwischenfällen mehr. Es war jedesmal eine eindrucksvolle Szene.

Wenn es der Tagesplan erlaubte und die Mahlzeiten im Kreise der Familie eingenommen wurden, war ich natürlich dabei. Gab es ein Staatsdiner, zu dem auch andere offizielle Gäste geladen waren, und ich war zufällig da, dann konnte ich, wenn ich wollte, daran teilnehmen. Damit stellte sich ein protokollarisches Problem, über das ich noch nicht nachgedacht hatte, bevor ich anfing, an diesem Buch zu schreiben.

Das »Protokoll« erscheint einem zunächst als Beleidigung unserer demokratisch-republikanischen Ideale, nach denen alle Menschen vor ihrem Schöpfer gleich sind. Aber bei einer offiziellen Veranstaltung muß es eine bestimmte Rangordnung geben, sonst entstünde ein heilloses Durcheinander. Das Protokoll trägt dazu bei, das Leben zu erleichtern. Menschen in offiziellen Stellungen gewöhnen sich sehr bald daran und halten es für selbstverständlich. Ich war an all diese Dinge spätestens seit unserer Zeit an der Botschaft in London gewöhnt, folgte deshalb einfach den Anweisungen und machte mir keine Gedanken darüber, welchen Rang im Protokoll ich als die Mutter des Präsidenten einnähme. Und ich glaube, die Verantwortlichen mußten lange in den Archiven herumstöbern, um Präzedenzfälle zu finden und zu entscheiden, wie man mich einstufen sollte, weil nicht viele Mütter von Präsidenten noch am Leben gewesen sind, als ihre Söhne dieses Amt übernahmen, und nur sehr wenige an offiziellen Veranstaltungen des Weißen Hauses teilgenommen haben dürften. Es ließen sich tatsächlich keine Präzedenzfälle feststellen, aber man beschloß schließlich, mir einen bestimmten Rang einzuräumen, weil die Möglichkeit bestand, daß ich an solchen Veranstaltungen teilnahm.

Nach den geltenden Regeln rangiert die Mutter des Präsidenten hinter dem Präsidenten und der First Lady, hinter dem Vizepräsidenten und seiner Frau, hinter den Richtern des Obersten Gerichts und ihren Frauen, hinter dem Sprecher des Hauses und seiner Frau, aber vor allen Mitgliedern des Senats, des Parlaments, des Kabinetts, der Streitkräfte, des diplomatischen Korps und allen übrigen Gästen sowie deren Frauen.

Es ergab sich noch eine andere eigenartige Frage zum Thema Verhalten in der Öffentlichkeit: Wie muß die Mutter eines Präsidenten ihren Sohn anreden und wie nennt sie ihn, wenn sie mit anderen über ihn spricht? Unter welchen Voraussetzungen ist es statthaft, von der offiziellen Bezeichnung abzugehen? Auch Jacks Geschwister, Verwandte, Freunde und Mitarbeiter sahen sich vor das Problem gestellt, wie sie ihn anreden sollten. Die Würde seines Amtes verlangte es, daß man von alten Gewohnheiten abging, und Leute, die ihn bisher beim Vornamen genannt oder in anderer Weise vertraulich angeredet hatten, fühlten sich jetzt verpflichtet, ihn als »Mr. President« anzureden und von ihm als von dem Präsidenten zu sprechen. Für die Familie gab es jedoch gewisse Komplikationen, die etwa wie folgt gelöst wurden.

Wenn wir an der Öffentlichkeit mit ihm zusammen waren, redeten wir ihn ebenso wie alle anderen als »Mr. President« an. Im Gespräch mit anderen im gleichen Rahmen sprachen wir von ihm als von dem Präsidenten oder von dem Präsidenten Kennedy. Bei den Kabinettsitzungen tat Bobby das ebenfalls. Wir hielten uns an dicsc Rcgcl auch in Gegenwart seiner Mitarbeiter, der führenden Politiker im Kongreß und anderer offizieller Persönlichkeiten beim privaten Zusammensein und in der Öffentlichkeit. Nur wenn der betreffende ein guter alter Freund war, sagten wir vielleicht »President Jack«.

Im Familienkreis oder wenn außer uns nur sehr gute Freunde dabei waren, blieb er »Jack« oder wurde mit dem Spitznamen angeredet, den der Betreffende für ihn verwendete.

Ich bin überzeugt, daß ihm diese Dinge völlig gleichgültig waren, es sei denn die Anrede war im Einzelfall Ausdruck des Respekts

vor dem offiziellen Amt des Präsidenten. Dieser Gesichtspunkt war ihm wichtig. Im übrigen nahm er alles in gewohnter Weise mit Humor und Bescheidenheit auf.
Wir alle und auch ich, die ich ihm, als er ein kleiner Junge gewesen war, für eine Ungezogenheit manchmal die Hosen strammgezogen hatte, hatten uns so daran gewöhnt, ihn in der Öffentlichkeit als den Präsidenten oder den Präsidenten Kennedy zu bezeichnen, daß ich es noch heute tue, ja sogar in meiner privaten Korrespondenz und in meinem Tagebuch.
Man hört viel von den Belastungen, die dieses Amt mit sich bringt. Ich hatte den Eindruck, daß Jack während des größten Teils seiner Amtszeit viel Freude daran gehabt hat, Präsident zu sein. Die Herausforderungen, die dieses Amt mit sich brachte, faszinierten ihn, und er war begeistert davon, daß er jetzt die Gelegenheit hatte, mit allen Kräften für sein Land wirken zu können. Überall kamen seine Beredsamkeit, Klugheit, innere Ausgeglichenheit, sein Selbstvertrauen und – zu meiner besonderen Freude – seine körperliche Gesundheit zum Ausdruck. Ich glaube, er ist seit frühester Kindheit nicht so gesund gewesen wie in jenen letzten drei Jahren – ein Umstand, der seinen Tod nicht nur so tragisch, sondern auch so ironisch erscheinen läßt.
Aber natürlich gab es auch strapaziöse Belastungen. Es wird sie immer geben, solange dieses Land und dieses Amt existieren. Und Jack hat sie deutlich gespürt. Aber als er Präsident geworden war, hatte er sich eine solche innere Ausgeglichenheit, Selbstbeherrschung und Selbstdisziplin anerzogen, daß er nicht aus dem Gleichgewicht gebracht werden konnte. Er ertrug alle Prüfungen mit der gleichen entschlossenen und tapferen Haltung wie seinerzeit seine Krankheiten. Ich war unfreiwillig Zeugin gerade dieser Haltung am Tage der ersten Krise seiner Amtsperiode. Dazu ein Auszug aus meinem Tagebuch:

19. April 1961, Weißes Haus.

»Rief Joe an, der sagte, Jack und Bobby hätten den ganzen Tag

viel mit ihm telefoniert. Ich fragte ihn, wie er sich fühlte, und er sagte, ›sterbenselend‹ – das Ergebnis seiner Versuche, Jack nach der Kuba-Katastrophe moralischen Halt zu geben.
Am Abend des gleichen Tages ging ich mit Jack und Jackie wie verabredet zu einem Essen in die griechische Botschaft. Bei Tisch, während des ganzen Abends, auf dem Wege dorthin und auf dem Rückweg ließ er sich nichts anmerken und sprach kein Wort von seinen Sorgen, bis er mir vor dem Weißen Haus ›gute Nacht‹ sagte und in sein Arbeitszimmer eilte. Jackie ging mit mir nach oben und sagte, er sei den ganzen Tag sehr aufgeregt gewesen. Er sei buchstäblich fast in Tränen gewesen und habe geglaubt, vom CIA und anderen getäuscht worden zu sein. Er tat mir furchtbar leid. Jackie ist sehr mitfühlend und sagte, sie sei bei ihm geblieben, bis er sich nachmittags kurz zum Schlafen hingelegt habe. Sie habe ihn außer zur Zeit seiner Operation noch nie so deprimiert erlebt . . .«

Zufällig war ich auch dabei, als er seinen ersten großen Triumph als Präsident erlebte. Das geschah recht bald, nur etwa zehn Wochen später, Anfang Juni des gleichen Jahres in Paris und dann in Wien bei seinen Begegnungen mit Präsident de Gaulle und dem Vorsitzenden Chruschtschow.
Wenn ich sage »zufällig«, dann meine ich das ganz wörtlich, denn der Präsident der Vereinigten Staaten ist nicht verpflichtet, seine Mutter in der Nähe zu haben, wenn er mit anderen Staatsoberhäuptern konferiert. Doch seit Ende der zwanziger und Anfang der dreißiger Jahre, als er etwa 12 Jahre alt gewesen war, fuhr ich fast alljährlich – mit Ausnahme der Kriegsjahre – in jedem Frühjahr nach Paris. Ich machte diese Reise, weil ich diese Stadt im Frühling besonders liebe und weil ich mir die Frühjahrskollektionen in den Modehäusern ansehen wollte, um mir ein paar Sachen auszusuchen, die mir gut standen und von denen ich annahm, sie würden auch Joe gefallen. Gewöhnlich unternahm ich meine Reise Mitte Mai, und da man für ein gutes Kleidungsstück

mehrere Anproben braucht, blieb ich jeweils bis Anfang Juni. Jack wußte seit seiner Kindheit, daß dies meine Gewohnheit war, die ich nicht gern würde aufgeben wollen, schon gar nicht jetzt, da ich als Mutter des Präsidenten bei offiziellen Anlässen und diplomatischen Empfängen auftreten mußte und dabei eine gute Figur machen wollte. So kam es, daß ich zur Zeit seines Staatsbesuches in Paris war, und es hätte einen schlechten Eindruck gemacht, wenn er seine Mutter vollkommen ignoriert hätte. Das Außenministerium mußte daher einen Weg finden, mich an den festlichen Veranstaltungen zu beteiligen, auch wenn ich offiziell nicht zur Begleitung des Präsidenten gehörte.

Fast wäre es mir nicht möglich gewesen, die Ankunft von Jack und Jackie auf dem Flughafen Orly mitzuerleben. Man erklärte mir, es ließe sich kaum einrichten, mich der offiziellen Empfangsdelegation zuzuordnen, da ich mich nur inoffiziell in Paris aufhielt. Sie wurde von Präsident und Madame de Gaulle angeführt, die mit einer großen Wagenkolonne nach Orly fahren sollten. Ich fragte, ob ich inoffiziell mitfahren dürfte, um in einem der Wagen sitzen zu bleiben und von dort die Ankunft und den Empfang meines Sohnes zu sehen. Das wurde gestattet. Aber diese Lösung war offenbar nicht zufriedenstellend, denn am Flughafen wurde ich auf die Tribüne gebeten, auf der sich die anderen versammelt hatten.

Als General und Madame de Gaulle eintrafen, wurde ich ihnen vorgestellt. Ich saß einige Minuten mit Madame de Gaulle auf dem Sofa des Präsidenten, wir tauschten die üblichen höflichen Worte über die eindrucksvollen Empfangsfeierlichkeiten aus, ich gab meiner Freude darüber Ausdruck, wieder in Paris zu sein, und dann sprachen wir über Kinder. Es war ein schöner Morgen. Gegen 10.00 Uhr landete das in der Sonne blitzende, elegante Flugzeug des Präsidenten »Air Force One« pünktlich auf dem Platz und rollte bis ans Ende eines langen roten Teppichs. Jack kam als erster die Stufen herunter, wo er von de Gaulle und einer Abordnung hoher Beamter begrüßt wurde. Die Ehrenwache salu-

tierte, und gefolgt von Jackie und der Begleitung des Präsidenten gingen sie zur Ehrentribüne. Jack hielt eine kurze, herzliche Ansprache, in der er sagte, wie sehr er sich darüber freue, in Frankreich zu sein. Dann wendeten er und Jackie sich der zur Begrüßung erschienenen Abordnung zu, ließen sich die einzelnen Persönlichkeiten vorstellen und begrüßten herzlich die Bekannten darunter. Er war, glaube ich, etwas überrascht, mich zu sehen, lächelte mir aber sehr herzlich zu. Groß kann aber seine Überraschung nicht gewesen sein, auch dann nicht, als drei Stühle herangebracht wurden und man mich bat, neben Madame de Gaulle und Jackie Platz zu nehmen, damit die Photographen und Fernsehteams Aufnahmen von uns machen konnten.
Als wir auf der Rückfahrt nach Paris hineinkamen, standen ungezählte Menschen am Straßenrand – Geschäftsinhaber, Fabrikarbeiter, Hausfrauen und viele andere, dazu auch zahlreiche Kinder, die mit amerikanischen Fähnchen winkten. Auf allen Gesichtern spiegelte sich freudige Erregung. Ich werde das Lächeln nie vergessen, das uns aus den Augen dieser ungezählten Menschen entgegenstrahlte. Wie man mir sagte, war es nur selten vorgekommen, daß die Pariser einem ausländischen Gast einen so herzlichen Empfang bereitet hatten.
Am gleichen Abend gab es ein Essen für 150 Gäste in Versailles, das mit seiner prächtigen Ausstattung, seinen schönen Innenhöfen, weiten Balustraden, herrlichen Brunnen und dem gepflegten Park zweifellos das schönste und eindrucksvollste Schloß der Welt ist. Das Bankett wurde im Spiegelsaal gegeben, und auch das war eine ungewöhnliche Ehrung für Jack und Jackie – und Ausdruck der französisch-amerikanischen Freundschaft –, denn dieser Raum wird nur noch sehr selten und nur bei äußerst wichtigen Anlässen benutzt. Ich wußte schon vorher, daß man mich dazu einladen würde, und hatte deshalb ein französisches Modellkleid angezogen. Jackie in ihrer neuen Rolle, in der sie auch für die amerikanische Mode tonangebend war, kaufte ihre Kleider jetzt bei amerikanischen Modeschöpfern und hatte sich damit die

Sympathie der amerikanischen Modeindustrie erworben. Aber diesmal hatte sie taktvoll gegen die Regel verstoßen und sich von dem französischen Modeschöpfer Givenchy ein Kleid entwerfen lassen. Sie sah an diesem Abend hinreißend aus und machte während des ganzen Besuchs einen bezaubernden Eindruck. Die Franzosen haben sie, da sie einen französischen Mädchennamen hatte, die Landessprache beherrschte, die französische Kultur kannte und die französischen Tugenden und Vorzüge schätzte – von der *couture* zur *cuisine, courage* und *culture* –, sofort als eine besonders schätzenswerte, im Ausland lebende Tochter des eigenen Landes aufgenommen. Das Vergnügen, das es ihr bereitete, in Frankreich, in dem Lande zu sein, das sie nach ihrem eigenen am meisten liebte, schien ihre Schönheit noch zu steigern, und je schöner sie wurde, desto mehr begeisterten sich die Franzosen für sie.

Man sagt, der Erfolg in jedem Milieu erfordere, daß sich die richtige Person zur rechten Zeit am richtigen Ort befände. Jackie war die Frau, Paris war der Ort und das Frühjahr war die Zeit. Sie war in der Tat ein *succès fou.* Jack war begeistert. Er war begeistert von ihr und freute sich über ihren Erfolg. Das kam am folgenden Tage zum Ausdruck, als er sagte: »Ich glaube, ich muß mich vorstellen – ich bin der Mann, der Jacqueline Kennedy nach Paris begleitet hat.«

Trotz des Glanzes und der Schönheit der Staatsbankette überlegte ich mir wieder, welchen Nutzen solche Veranstaltungen eigentlich haben. Sie kosten den Staatshaushalt eine Menge Geld, verlangen genaueste Planung, und ungezählte Details müssen bedacht werden. Ich habe immer den Eindruck gehabt, daß diese großen Empfänge und Essen für die beteiligten Staatsmänner eine Zeitverschwendung sind, und zwar sowohl für die Gastgeber als auch für die Gäste, denn sie müssen an wichtige Dinge denken, sind aber doch gezwungen, sich stundenlang mit den Frauen staatlicher Funktionäre zu unterhalten und Tischreden anzuhören.

In der Zeit zwischen den offiziellen Veranstaltungen führten Prä-

sident Kennedy und Präsident de Gaulle eine Reihe ausführlicher persönlicher, freundschaftlicher und offenherziger Gespräche – die insgesamt wohl etwa acht Stunden dauerten – über alle Fragen, die das Verhältnis der beiden Staaten zueinander betrafen. Der unzeremonielle junge Präsident und der eisern strenge alte Präsident sind dabei offenbar gut miteinander ausgekommen. Jeder schätzte und bewunderte den anderen. Sie stimmten in vielem überein und stellten so gute Beziehungen zueinander her, daß es ihnen auch gelang, Meinungsverschiedenheiten freundschaftlich und zu beiderseitigem Nutzen auszuräumen.
Augenscheinlich hatte ich mich einigermaßen gut betragen, denn man erlaubte mir, auch noch nach Wien zu kommen, wo Jack mit dem Vorsitzenden der sowjetischen Kommunistischen Partei, Chruschtschow, zusammentreffen sollte.
Die folgenden Tagebucheintragungen habe ich in Wien geschrieben:

3. und 4. Juni 1961

»Nun bin ich nach fünfzig Jahren wieder in Österreich. Zum letztenmal war ich mit meinem Vater und meiner Schwester Agnes hier. Vater war damals Bürgermeister von Boston, und wir unternahmen die Reise mit der Bostoner Handelskammer, um verschiedene europäische Städte zu besuchen. Ich hatte noch unbestimmte Erinnerungen an das großartige Schloß Schönbrunn und die Kunstgalerien. Was mir aber am deutlichsten im Gedächtnis geblieben war, das war das große Vergnügen, das es mir bereitet hatte, eines Abends auf einem kleinen Dampfer die Donau hinunterzufahren und nach den Klängen des Donauwalzers zu tanzen. Während ich dieses niederschreibe, frage ich mich, ob der junge Mann, mit dem ich damals getanzt habe, je nach Wien zurückgekommen ist, und ob auch er sich noch an den Abend im Jahre 1911 erinnert, als wir jung, ausgelassen und sorgenfrei die Nacht durchtanzten. Nirgends klingen die Walzer so wie hier, und wie oft sie auch gespielt werden mögen, man wird ihrer nicht überdrüssig. Das denke ich jeden Abend, wenn ich das Trio in meinem kleinen Hotel spielen höre. Ich habe in den vergangenen Jahren so wenig Gelegenheit gehabt, Deutsch zu sprechen, daß ich es jetzt nicht mehr recht beherrsche, aber es macht mir Freude, es wieder zu versuchen. Die beiden österreichischen Regierungsbeamten, zwischen denen ich bei dem großen Staatsbankett saß, das zu Ehren von Jack und Chruschtschow gegeben wurde, sprachen kein Englisch. So hat mir mein Deutsch wenigstens bei dieser Gelegenheit etwas genützt.

Am Empfangsabend im Schloß Schönbrunn (es war der erste Abend) bin ich zum erstenmal mit Nina Chruschtschow zusammengetroffen. Sie war sehr liebenswürdig, lächelte die Menschen an, wenn sie ihr vorgestellt wurden, und dieses Lächeln war entwaffnend. Sie ist völlig ungeschminkt. Nachdem wir einander vorgestellt worden waren, sagte sie mir, sie wisse eine Menge von mir, denn sie habe in der Zeitschrift *McCall's* einen Artikel über mich gelesen, was mich überraschte.

Am folgenden Tag traf ich bei einem von den Wiener Philharmonikern gegebenen Konzert, das Karajan dirigierte, wieder mit ihr zusammen. Der russische Geiger Oistrach spielte hinreißend. Nach dem Konzert kamen er und seine Frau in unsere Loge und sie wurden von Nina Chruschtschow begrüßt . . .

Ich hatte gehofft, Nina Chruschtschow würde Deutsch sprechen, aber sie sprach Englisch. Wir unterhielten uns über unsere Kinder. Das ist immer ein gutes Thema. Sie wurde von ihrer Schwiegertochter begleitet, die Technikerin ist und auf Englisch nur technische Fachausdrücke kennt. Nina Chruschtschow raucht nicht, und auch ihre Schwiegertocher ist Nichtraucherin. Beide trinken keinen Wodka.«

Nina Chruschtschow kennenzulernen war eine der besonderen Überraschungen und Freuden jener Reise. Sie sprach erstaunlich gut Englisch, und später erfuhr ich, daß sie viele Jahre Lehrerin gewesen war und Englisch unterrichtet hatte. Da sie als offizieller Gast gekommen war, ich aber nicht, war ich um so überraschter zu hören, daß sie in einem amerikanischen Magazin ausgerechnet einen Artikel über mich gelesen hatte. Schließlich hatte sie keine Ahnung davon gehabt, daß ich auch in Wien sein würde, denn ich selbst hatte es auch erst erfahren, nachdem ich Jack in Paris darum gebeten und er pflichtgemäß zugestimmt hatte: »ja, Mutter«. Mir dagegen war schon längst bekannt gewesen, daß sie ihren Mann begleiten würde, wenn die Gespräche zwischen dem Präsidenten Kennedy und Chruschtschow in Wien wie vorgesehen stattfinden sollten. Ich hatte mir aber nicht die Mühe gemacht, etwas über sie zu lesen, und schämte mich, weil ich mich so schlecht vorbereitet hatte. Die Russen lieben volkstümliche Redensarten. Wenn also irgend jemand in Rußland diese Zeilen liest, dann wird er hoffentlich verstehen, daß ich es als Kompliment für Nina Chruschtschow meine, wenn ich sage, sie hätte bewiesen, daß sie »etwas auf dem Kasten hat«.

Ich hatte im übrigen das Gefühl, wenn wir beide durch irgendeinen Zufall in die gleiche amerikanische Stadt verschlagen würden und miteinander bekannt wären, und ich müßte plötzlich verreisen und brauchte eine zuverlässige Freundin, die in meiner Abwesenheit für die Kinder sorgen könnte, daß sie die Frau wäre, zu der ich volles Vertrauen hätte.

Sie war zwar robust, tatkräftig und erdhaft, aber sie besaß auch Feingefühl. Sie hatte Charme, sie war sympathisch, und sie war gut informiert. Sie beeindruckte mich. Ich habe in meinem Leben viele große Damen kennengelernt. Ich glaube, die Königinmutter Elisabeth von England nähme den ersten Platz ein auf meiner Liste von Frauen, die im öffentlichen Leben stehen und dennoch die eigene Harmonie bewahrt haben, die einerseits sie selbst geblieben sind – natürlich, nicht affektiert, offen, weiblich, charmant und mitfühlend – während sie auf der anderen Seite ihren Verstand, ihre gute Erziehung und ihre Intuition ebenso wie ihren Intellekt verantwortungsbewußt zu gebrauchen verstehen. Wollte ich mir die Mühe machen, eine solche Liste zusammenzustellen, dann wüßte ich nur wenige Dutzend Frauen, die dafür in Frage kommen, aber Nina Chruschtschow wäre darunter, und zwar unter den ersten.

Ich hatte schon als junges Mädchen angefangen, Autogramme zu sammeln. Später, als die Kinder kamen und heranwuchsen und Joe immer bekannter wurde, bat ich Persönlichkeiten wie die Präsidenten Hoover und Roosevelt, ihr Autogramm in von ihnen verfaßte Bücher zu schreiben, die ich dann den Kindern zum Geburtstag oder zu Weihnachten schenkte. Damit wollte ich ihnen Erinnerungsstücke aus der Zeit geben und ihr Interesse für Zeitgeschichte wecken. Als Jack Präsident war, beschloß ich, diese Gewohnheit wieder aufzunehmen, und zwar sammelte ich jetzt Autogramme in Büchern von Persönlichkeiten, die in den Jahren seiner Präsidentschaft Außerordentliches geleistet hatten, und zwar auf den verschiedensten Gebieten; in der Kunst, der Wissenschaft und in der großen Politik. Caroline und John jr. werden eine solche Sammlung zu schätzen wissen, wenn sie erwachsen sind. Es hatte sich mit der Zeit eine ganze Reihe solcher Bücher angesammelt. Unter den Autoren waren Leute wie Sean O'Casey, die Herzogin von Windsor und auch einige Regierungschefs wie der Premierminister Macmillan und der Premierminister Nehru. Es überraschte mich, bei dieser Gelegenheit festzustellen, daß General Franco noch nie ein Buch geschrieben hatte, und noch mehr erstaunte es mich, daß es auch von Bundeskanzler Adenauer 1961 noch kein Buch gab. Aber sein Büro besaß eine gedruckte Sammlung seiner Reden. Einige davon wurden als Buch gebunden, das er mit einem Autogramm versah und mir schickte.
Auf meine Anfrage erfuhr ich, daß auch Chruschtschow kein Buch geschrieben hatte. Aber es gab viele Photos, die bei dem Treffen in Wien von ihm und Jack aufgenommen worden waren. Ich schickte ihm also einige dieser Aufnahmen und bat ihn, sie

mit seiner Unterschrift zu versehen. Dann wollte ich Jack bitten, das gleiche zu tun, um eines der Bilder an Nina Chruschtschow zu schicken und die anderen an Mitglieder unserer Familie zu verschenken.
Chruschtschow unterschrieb die Photos, schickte sie an mich zurück, und ich schickte sie Jack und erläuterte ihm meinen Plan. Darauf erhielt ich den folgenden Brief von ihm:

»Liebe Mutter,
Wenn Du vorhast, Dich mit den Staatsoberhäuptern in Verbindung zu setzen, dann wäre es vielleicht eine gute Idee, mich oder das Außenministerium vorher zu fragen, denn Deine Geste könnte zu internationalen Verwicklungen führen.
Herzlichst Jack.«

Ich antwortete:

»Lieber Jack,
Es freut mich, daß Du mich im Hinblick auf die Kontaktaufnahme mit Staatsoberhäuptern warnst, denn ich wollte gerade an Castro schreiben.
Herzlichst Mutter.«

Das hätte ich natürlich nicht getan, aber Jack und ich haben uns später über diese Möglichkeit unterhalten und darüber gelacht.

Den größten Teil jenes Sommers verbrachte ich mit Joe an der Riviera. Nachdem er nach Hyannis Port zurückgefahren war, blieb ich noch einige Wochen in Frankreich, zum Teil weil ich die Herbstkollektionen der Modeschöpfer in Paris ansehen wollte, aber auch weil ich wußte, daß jetzt, da Jack und Bobby so hohe Ämter bekleideten und die Massenmedien sich so sehr für unsere Familie interessierten, unsere Enklave in Hyannis Port noch den ganzen Herbst hindurch, solange das Wetter günstig blieb, zur Touristenattraktion werden würde. Es war dort schon ohne Touristen mit den Kindern und Enkeln laut genug. Ich hatte immer

gewisse Zeiten des Friedens und der Ruhe gebraucht, und jetzt hatte ich ein Alter erreicht, in dem ich mehr davon brauchte; so glaubte ich, es würde mir gut bekommen, bis Thanksgiving fort zu bleiben, was ich auch tat.
Telefon und Post funktionierten noch immer gut, und auch unser Familienleben war trotz der dramatischen Ereignisse all die Jahre weitergegangen. Ich will natürlich nicht behaupten, daß es ganz normal verlief, denn es wurde durch die offiziellen Positionen von Jack und Bobby und die Stellung ihrer Frauen, Jackie und Ethel, kompliziert; aber auch der Umstand, daß Teddy sich darauf vorbereitete, für den Senatssitz von Massachusetts zu kandidieren, den Jack bisher innegehabt hatte, und daß er in Joan eine auffallend schöne Frau hatte, die überall Aufsehen erregte, trug das Seine dazu bei. Außerdem war Pat mit dem Film- und Fernsehstar Peter Lawford verheiratet. Folglich stand unsere ganze Familie ständig im Blickfeld der Öffentlichkeit, und das trug nicht gerade dazu bei, daß das Leben in ruhigen Bahnen verlief. Aber unser privates und öffentliches Leben war doch ein harmonisches Ganzes. Um dem Leser einen allgemeinen Eindruck davon zu vermitteln, wie es im ersten Jahr von Jacks Präsidentschaft bei uns zuging, möchte ich aus einigen Briefen zitieren, die ich in chronologischer Reihenfolge bringe und die ich – wo es mir notwendig erscheint – kommentieren werde.

Weißes Haus, 23. Februar 1961

»Liebe Grandma,

Nachdem wir in Daddys Büro zu Abend gegessen hatten, gingen wir ins Weiße Haus. Ich wünschte, Du wärst dabeigewesen. Wir haben uns viele Zimmer angesehen.

Herzlichst, Kathleen, Joe, Bobby, David, Michael, Courtney.«

Das waren die sechs Kinder von Bobby, und das »Büro« waren die Amtsräume des Justizministers. Das muß in mehr als einer Beziehung ein lustiger und aufregender Abend gewesen sein.

Boston, März 1961

»Lieber Dad,

Frankie hält mich Tag und Nacht in Atem. Ich glaube, die Reaktion ist ganz günstig gewesen, mit Ausnahme einiger zynischer alter Professioneller. Ich habe mehrere alte irische Geschichten, die Grampa gelegentlich erzählte, zum besten gegeben, und sie haben mir am St.-Patricks-Tag wirklich genützt.

Ich lege den Kommentar einer Zeitung aus Worcester bei, wo wir letzte Woche gewesen sind ... Im übrigen geht alles gut.

Herzlichst Ted.«

Frank Morrissey war ein erfahrener Politiker aus Massachusetts, der Jack im Wahlkampf geholfen hatte und den wir jetzt eingeschaltet hatten, um Teddy bei seinem ersten Versuch zu unterstützen, für ein öffentliches Amt zu kandidieren.

Hyannis Port, Anfang August 1961

»Liebste Mutter, lieber Daddy,

Hier am Cape ist alles in bester Ordnung. Es ist wie in einem Ferienlager – jeden Tag Tennis, Golf und Wasserski. Stephen sagte mir, er würde sich am liebsten hier niederlassen, und das möchten wir alle. Jackie spricht davon, bis Oktober hierzubleiben ... Jack ist in großartiger Verfassung ... ging am letzten Wochenende zum Schwimmen und scheint entspannt und bester Laune ... Heute abend kommt Pat an und will eine Woche bleiben. Bobby und Ethel gehen nächste Woche für zwei Tage zur Unabhängigkeitsfeier an der Elfenbeinküste nach Afrika ... Die Beamten des Geheimdienstes beschäftigen sich fast den ganzen Tag damit, die Kinder zu unterhalten und Motorboot zu fahren. Ihr seht daraus, was Ihr versäumt. Wie ist es an der Riviera?

Grüße und Küsse, Jean.«

Hyannis Port, 21. August 1961

Botschafter und Mrs. Joseph P. Kennedy
Villa Vista Bella
Cap d'Antibes
Frankreich

»Liebe Gramma und lieber Grampa –

Es ist anzunehmen, daß sich die Lage hier am Cape beruhigt, da sich die Truppen in alle Richtungen zerstreut haben und jetzt nach Polen und Jugoslawien abgezogen sind. Allerdings vermissen wir das in Südfrankreich stationierte Kontingent sehr, und es ist traurig, daß Ihr so weit fort seid... Der Geheimdienst hier verhält sich, glaube ich, genau nach dem Motto von Casey Jones, der mit so großer Bestimmtheit sagte, wir werden San Francisco erreichen, aber dann werden wir alle tot sein.

Über den Geheimdienst läßt sich übrigens so manches erzählen. Jeden Nachmittag um 14.45 Uhr, wenn der Milchwagen ankommt, setzen sie sich mit den Kindern zusammen und schlürfen Milchmixgetränke...

Herzlichen Dank für die wunderbare Einladung nach Bella Vista. Ich umarme Euch alle...

Ethel.«

Dazu einige erklärende Bemerkungen: Eunice und Jean waren in Begleitung von Lem Billings nach Polen und Jugoslawien gefahren. Das Truppenkontingent in Südfrankreich waren Joe und ich. Ethel und Bobby haben uns dort besucht.

In den folgenden beiden Monaten bereiteten Joe und ich wie alle Jahre das Weihnachtsfest in Palm Beach vor. Meine Nichte Ann Gargan, die jüngste Tochter meiner geliebten Schwester Agnes (die schon vor vielen Jahren gestorben war), war damals bei uns zu Besuch. Sie war in einen Nonnenordnen eingetreten, der sich auf die Krankenpflege spezialisierte, und stand kurz davor, die letzten Gelübde abzulegen, als sich bei ihr die ersten Anzeichen der multiplen Sklerose zeigten, einer Krankheit, die den ganzen Körper lähmt; und deshalb mußte sie ihren Plan, Krankenschwester zu werden, aufgeben. Das war 1959 gewesen, und seither hatte sie lange bei uns gelebt. Die ärztliche Behandlung brachte erstaunliche Erfolge, Ende 1961 waren alle äußeren Symptome der Nervenlähmung verschwunden, und sie konnte wieder ein normales Leben führen und sogar Sport treiben.

Am 19. Dezember 1961 war ich am Morgen wie gewöhnlich zur Messe gewesen. Anschließend mußte ich einige Besorgungen erledigen und kam etwas später nach Hause als sonst. Das war nicht weiter schlimm, denn ich hatte mich bereits von Jack verabschiedet und wußte, Joe und Ann würden ihn zum Flugplatz begleiten, und anschließend wollten sie Golf spielen. Ich kehrte also etwa gegen 11.30 Uhr nach Hause zurück. Ann kam mir entgegen und machte einen etwas bedrückten Eindruck. Sie sagte, Onkel Joe fühle sich nicht wohl, und sie habe ihm geraten, er solle sich hinlegen und noch etwas schlafen. Ich dachte mir nicht viel dabei. Schließlich fühlt sich jeder mitunter etwas unwohl, und in einem solchen Fall ist es das beste, sich hinzulegen, auszuruhen, zu schlafen und darauf zu warten, daß die Natur die Heilung übernimmt. Ich kam daher gar nicht auf den Gedanken, daß er ernsthaft krank sein könnte. Zwar war er schon 73, und ich wußte, daß die Kräfte mit den Jahren abnehmen. Er war aber immer ungeheuer vital und aktiv gewesen und hatte mit seiner ganzen Tatkraft so sehr im Mittelpunkt unseres Lebens gestanden (ich fühlte seine Gegenwart ständig, auch wenn er nicht zu Hause war), daß ich mir wahrscheinlich vorgestellt hatte, es werde immer so weitergehen, er würde immer älter werden, aber nie ernstlich krank sein.

Als Ann mir daher sagte, er habe sich auf dem Golfplatz plötzlich nicht wohl gefühlt, glaubte ich, es sei eine vorübergehende Schwäche gewesen, und er müsse sich nur oben etwas ausruhen. Er tat mir zwar leid, ich machte mir aber keine ernsten Sorgen und setzte mein Tagesprogramm wie gewohnt fort, bis Ann ein wenig später nach unten kam und sagte, es schiene ihr nicht nur eine vorübergehende Schwäche zu sein, und es sei ratsam, einen Arzt zu holen. Wir riefen den Arzt, der auch bald erschien. Nachdem er Joe untersucht hatte, ließ er sofort einen Krankenwagen kommen, und Joe wurde in das nur fünfzehn Minuten von unserem Haus entfernt gelegene St. Mary's Hospital gebracht. Ich fuhr natürlich hinterher, und während mehrere Ärzte ihn untersuchten, ging ich in die Krankenhauskapelle und betete.

Nach der Untersuchung sagten uns die Ärzte, er habe eine Gehirnblutung, ein Blutgerinnsel habe eine Arterie verstopft, und dieser »Gehirnschlag« sei lebensgefährlich. Für den Fall, daß er am Leben bliebe, seien die Aussichten, daß er weiterhin ein normales Leben führen könnte, äußerst gering.

Jack befand sich, als sein Vater krank wurde, noch auf dem Wege zum Weißen Haus und war kaum dort eingetroffen, als wir erfuhren, wie ernsthaft die Lage war oder werden könnte. Inzwischen hatten wir Bobby benachrichtigt, der sich sofort mit Jack in Verbindung setzte, und wenige Stunden später war Jack mit dem Flugzeug »Air Force One« wieder in Palm Beach und hatte Bobby und Jean mitgebracht. Eunice hatte das Flugzeug nicht mehr erreicht, kam aber am gleichen Abend mit einer normalen Verkehrsmaschine nach Hause. Pat kam aus Kalifornien und Teddy aus Boston.

Man rechnete also nicht damit, daß Joe den Anfall überleben würde. Allerdings wollte man mir das in den ersten Tagen noch nicht sagen.

Fünf Tage später, am Heiligen Abend, den wir in all den Jahren immer so fröhlich zu Hause gefeiert hatten, kam eine Lungenentzündung hinzu. Joe konnte nur noch so schwer atmen, daß die Ärzte einen Luftröhrenschnitt machen und ihn durch einen Tubus mit Sauerstoff beatmen mußten.

Er überlebte die Krise, erholte sich etwas und war nach ein paar Wochen außer Lebensgefahr und so weit wieder hergestellt, daß er nach Hause entlassen werden konnte. Von dieser Zeit an übernahm Ann die Pflege und opferte sich dabei in einer Weise auf, wie sie es nicht intensiver und liebevoller hätte tun können, wenn sie Nonne geworden wäre. Ihr Onkel Joe hatte während ihrer eigenen Krankheit und Genesungszeit alles Menschenmögliche für sie getan. Jetzt tat sie alles in ihren Kräften Stehende, um ihm zu helfen. Er mußte Tag und Nacht versorgt werden, deshalb konnte sie die Pflege nicht allein übernehmen, also stellten wir noch weitere Krankenschwestern und Pflegerinnen ein. Aber Ann suchte sie aus, wies sie ein und übernahm die Aufsicht. Für Joe war das ein großer Trost, denn er liebte sie und vertraute ihr, als wäre sie seine eigene Tochter. Natürlich hatte auch ich sie lieb und vertraute ihr voll, und da ich wußte, daß sie als Krankenpflegerin gut ausgebildet war, konnte ich überzeugt sein, daß sie alles unternehmen würde, um ihn gesund zu pflegen. Ihre Gegenwart war für mich eine große Hilfe.

Als Folge des Blutgerinnsels und des Nervenschadens konnte er nicht sprechen und war rechtsseitig fast vollständig gelähmt. Seine Aufnahmefähigkeit war jedoch kaum oder gar nicht gemindert. Er nahm alles, was um ihn geschah, deutlich wahr. Im Frühjahr hatte sich sein Allgemeinzustand so weit gebessert, daß die Ärzte sagten, man könne jetzt mit den langwierigen Übungen und Therapien beginnen, die ihm vielleicht die Sprache und die Beweglichkeit seiner Glieder wiedergeben würden. Deshalb flogen Ann und ich mit Joe auf einer Tragbahre, dem Pflegepersonal und einer ganzen Ladung medizinischer Geräte nach New York, wo Joe in das Sanatorium von Dr. Howard Rusk aufgenommen wurde. Dort wurde er von dem ersten Assistenten von Dr. Rusk, Dr. Henry Betts, einem hochbegabten jungen Mann, der später ein ähnliches Sanatorium in Chicago übernahm, behandelt. Dr. Betts leitete die Behandlung von Joe in New York und kümmerte sich auch später in Hyannis Port und an anderen Orten um ihn. Auf Bitten von Teddy schrieb er einen Beitrag über diese Zeit für das Buch *The Fruitful Bough:*

»Der beeindruckendste Charakterzug an ihm war seine unglaubliche und überzeugende Geistesgegenwart. Zu keiner Zeit ist er nur ein beklagenswerter, passiver Invalide gewesen. Es gab keinen Augenblick den geringsten Zweifel daran, wer die beherrschende Persönlichkeit war. Mit seinen Augen, dem Gesichtsausdruck und der gesunden, kräftigen linken Hand konnte er alles ausdrücken, und zwar sowohl seinen heftigen Unwillen als auch die Empfindung starker Zuneigung und Anerkennung. Er besaß ein scharfes Auffassungsvermögen und konnte es unmißverständlich zum Ausdruck bringen, daß er auch die subtilsten Aspekte des Lebens um sich her verstanden hatte. Er bemerkte jede Einzelheit im Verhalten seines Pflegepersonals und drückte deutlich seine Zustimmung oder Ablehnung aus.

Wahrscheinlich war er hier zum erstenmal in seinem Leben von anderen Menschen abhängig, und es war nicht leicht für ihn, sich daran zu gewöhnen. Er konnte meine Bemühungen auf der einen Seite anerkennen und willig mitarbeiten, sie aber auf der anderen Seite auch vollkommen ablehnen ... Aber schon nach kurzer Zeit gab es nicht mehr das geringste Problem zwischen uns.

Er bewies eine ungeheure Charakterstärke, und zwar nicht nur in der Art und Weise, wie er sich den ihm nun gesetzten Grenzen anpaßte, sondern auch durch die erstaunliche Energie, mit der er versuchte, die Heilung voranzutreiben. Es war für ihn natürlich schwierig, in diesem relativ passiven Zustand auch weiterhin die treibende Kraft in der Familie zu sein, aber er blieb es allein durch seine Gegenwart und die schwer zu definierenden Qualitäten, die sich immer noch deutlich in ihm zeigten und die bei allen großen Männern die Quelle ihrer Kraft sind und sie zu Führerpersönlichkeiten machen ...

Der bewegendste Augenblick während seines Aufenthalts in New York ist wahrscheinlich der erste Besuch des Präsidenten gewesen. Dr. Rusk hatte ihm vorgeschlagen, er solle seinem

Sohn zeigen, wie er jetzt schon gehen konnte. Das gelang ihm damals nur mit Hilfe zweier Krücken, an denen er sich festhielt, und mit Unterstützung eines Pflegers.
Mr. Kennedy weigerte sich, das zu tun. Er empfing den Präsidenten in dem kleinen Haus, das wir ihm auf dem Grundstück des Sanatoriums zur Verfügung gestellt hatten. Zum Abschluß fuhr der Präsident seinen Vater im Rollstuhl in den Garten hinaus und sagte, er müsse jetzt gehen. In diesem Augenblick hielt Mr. Kennedy den Rollstuhl mit seinem gesunden, immer noch kräftigen linken Fuß an und gab zu erkennen, daß er aufstehen wolle, was er bis dahin noch nicht getan hatte. Ein Pfleger wollte ihn stützen, er lehnte es jedoch ärgerlich ab.
Mit ungeheurer Anstrengung stand er auf und zwang sich zu einer aufrechten, würdigen und normal wirkenden Haltung. Dann blickte er den Präsidenten durchdringend an und reichte ihm zum Abschied die linke Hand. Der Präsident war offensichtlich ergriffen, wendete sich schnell ab, ging zur Straße und verschwand. Dort hörten wir den lauten Beifall und die Zurufe der Menschen, die auf ihn gewartet hatten, und dann das Dröhnen der Motorräder. Bis das letzte Geräusch verklungen war, blieb Mr. Kennedy stehen und blickte starr geradeaus auf die Stelle, an der sein Sohn verschwunden war. Dann setzte er sich und fuhr langsam zurück . . .«

Selbstmitleid hatte Joe immer verabscheut, und es berührte ihn peinlich, wenn jemand seinen Kummer offen zur Schau stellte. Er pflegte seinen Kindern und später seinen Enkeln zu sagen, mit Tränen könne man nichts erreichen, und anstatt an die schmerzliche Gegenwart zu denken, sollten sie sich die besseren Zeiten vorstellen, die morgen kommen würden, und überlegen, was sie dafür tun könnten.
Diane Winter, die in den Jahren vor dem Schlaganfall seine Sekretärin gewesen war, schreibt in ihrem Beitrag zu *The Fruitful Bough:*

»Trotz der Tragödie war Mr. Kennedy unerschütterlich positiv und optimistisch im Hinblick auf die Zukunft. Ich erinnere mich noch, wie er rhythmisch in die Hände klatschte, um seine Enkel zu ermahnen, und mit gespielter Strenge dazu rief: ›Keine – Tränen – in – diesem – Haus! Keine – Tränen – in – diesem – Haus!‹«

Die Tränen, die er später im weiteren Verlauf seiner Krankheit geweint hat, kamen ihm, ohne daß er es wollte und ohne daß er sie hätte zurückhalten können. Sie waren wahrscheinlich eine Nebenwirkung des Nervenschadens, den er erlitten hatte. Aber sie waren da und kamen von Zeit zu Zeit, und durch sie wurde die Situation für die Menschen, die ihn liebten, nur noch herzzerreißender.

Joes Schlaganfall war nicht nur schwer, zudem war der Schaden auch in einem Teil des Gehirns eingetreten, den man nicht operieren konnte. Wie Dr. Betts sagte, bestand die Hoffnung für ihn darin, daß man die intakten Teile seines Nervensystems trainierte, damit sie die Funktionen der beschädigten Partien übernahmen. Das verlangte nicht nur Mut und Willenskraft – die hatte er immer besessen und darüber verfügte er immer noch in reichem Maß –, sondern es bedurfte auch einer langen Zeit ständig zu wiederholenden, anstrengenden Übens, wobei die täglichen oder wöchentlichen Fortschritte kaum wahrzunehmen waren. Und das ging ihm absolut gegen den Strich. Er war, wie Dr. Betts sich ausdrückte, in »massiver Weise frustriert«. Diese Lage widersprach seinem Wesen so sehr, daß auch ich damals wahrscheinlich zeitweilig emotional wie gelähmt war. Eine meiner wenigen Tagebucheintragungen aus dem Hochsommer 1962 lautet wie folgt:

»Joes Krankheit. Der Kummer, wenn ich ihn weinen sehe, und das Mitleid, das ich empfinde, wenn ich sehe, daß jemand, der so stark und selbständig war, hilflos im Bett liegt und ›nein, nein, nein‹ sagt – auch, wenn er ›ja‹ sagen will ...«

Ganz allmählich, mit Hilfe der guten Pflege und seines unbeugsamen Willens und unterstützt durch das Gebet, die Liebe und den Beistand, die ihn umgaben, erholte er sich so weit, wie es physisch möglich war. Er konnte sich, gestützt auf einen Stock, auf die Füße stellen und mit dem Stock und am Arm eines Menschen, der ihn auf der anderen Seite festhielt, ein paar Schritte gehen. Früher hatte er viel und gern Sport getrieben. Nun ließen wir in Hyannis Port ein geschlossenes geheiztes Schwimmbad bauen, das wie in einem Sanatorium mit Unterwasserbrausen und anderen Einrichtungen versehen wurde. Auch unser Schwimmbecken in Palm Beach wurde überdacht und heizbar gemacht, und so konnte er täglich schwimmen, da er die Muskulatur der einen Körperhälfte noch beherrschte. Das gehörte zur Therapie und erhielt ihn körperlich leistungsfähig. Das Treppensteigen war ihm auch mit aller Hilfe unmöglich, und deshalb ließen wir in beiden Häusern Aufzüge einbauen. Lange Zeit brachte er täglich im Bett zu, und im übrigen saß er im Rollstuhl, in bequemen Lehnstühlen oder in einem bequemen Sessel auf einem Boot. Jedenfalls mußte er sitzen, denn längeres Stehen war zu anstrengend für ihn. Er lernte allmählich auch wieder, etwas zu sprechen, aber die wenigen Worte, die er herausbringen konnte, klangen undeutlich und waren schwer verständlich. Das war ihm sicher peinlich, und nach einiger Zeit beschränkte er sich auf die einzigen beiden Worte, die er einigermaßen deutlich aussprechen konnte, »ja« und »nein«. Manchmal verzichtete er sogar darauf und machte sich nur durch den Gesichtsausdruck und die Bewegungen des gesunden linken Arms und der Hand verständlich. Seine Geschicklichkeit in den wieder erlernten Fähigkeiten nahm zeitweilig zu und dann wieder ab, und zwar aus physischen und psychischen Gründen, die ich nicht kannte und die wahrscheinlich auch die Fachärzte nicht angeben konnten.

Wir hatten uns immer viel zu sagen gehabt – nicht weil wir besonders gesprächig waren (vielleicht sind wir auch das gewesen), sondern weil es immer viel zu reden gab. Aber wir haben uns in so vieler Hinsicht auch ohne Worte verstanden. Es genügte eine Geste, ein bestimmter Gesichtsausdruck, ein Blick, ein Nicken oder eine Andeutung. Zwischen uns bestand – und das gibt es sicher – eine wortlose Verständigungsmöglichkeit. Obwohl ich in seinem traurigen Zustand nicht immer damit rechnen konnte, war sie doch meist vorhanden, und sie war in dieser tragischen Situation ein Segen.

Während er winzige und oft kaum merkliche Fortschritte machte und sein allgemeiner Gesundheitszustand sich einigermaßen stabilisierte, konnte er allmählich immer mehr am Leben teilnehmen. Dieses Teilnehmen hielt sich in Grenzen, aber doch gab es so viele kleine Freuden und Dinge, die ihn befriedigten und interessierten, daß das Leben für ihn seinen Wert behielt. Er beteiligte sich an den gemeinsamen Mahlzeiten, saß wie früher am Kopfende der Tafel und folgte aufmerksam dem Gespräch. Soweit es für einen Menschen, der nicht sprechen konnte, möglich war, nahm er sogar daran teil. Er blieb die beherrschende Persönlichkeit, und wie immer konnte er jeden einzelnen oder uns alle mit seinem »Blick« zum Schweigen bringen. Unsere kleinen Wortgefechte amüsierten ihn, und obwohl er nicht sprechen konnte, war ihm das Lachen geblieben. Sein herzerfrischendes Lächeln war noch ganz das alte. Wie eh und je hatte er Verständnis für unseren versteckten Humor, mit dem die Tischgesellschaft ihn zu erheitern suchte.

Eher, als wir zur Zeit des Schlaganfalls geglaubt hätten, verlief das Familienleben wieder in den gewohnten Bahnen. Den Frühling, Sommer und Herbst verbrachten wir in Hyannis Port, den Winter in Palm Beach, und zwischendurch gab es kurze Aufenthalte in New York. Joe, Ann und das Pflegepersonal mit medizinischer Notausrüstung unternahmen diese Reisen im Flugzeug »Caroline«. Ich fuhr gewöhnlich schon zwei Wochen vorher an den neuen Aufenthaltsort, um das Haus empfangsbereit zu machen, das Notwendigste einzukaufen und alte Freunde zu besuchen. In diesen Pausen besuchte ich auch Rosemary in Wisconsin.

Wenn wir in New York waren, kamen unsere Freunde und ehemalige Mitarbeiter von Joe zu uns zu Besuch, die ihm gute Besserung wünschen und wahrscheinlich zeigen wollten, daß sie ihn noch immer für eine wichtige Persönlichkeit hielten. Eines Tages wurden wir zum Beispiel vom ehemaligen Präsidenten Herbert Hoover in dessen Appartement im Waldorf Tower zum Mittagessen eingeladen. In meinem Tagebuch schrieb ich darüber:

»Es war wunderbar, die Wiedersehensfreude in den Gesichtern der beiden zu sehen. Obwohl sie in verschiedenen politischen Lagern gestanden hatte, sind sie doch alte Freunde. Ich mußte daran denken, wie Joe einmal gesagt hat, Mr. Hoover sei einer der wenigen Menschen auf der Welt, deren Wissen, Erfahrungen und Weisheit er viel zu verdanken habe. Ich selbst war schon ein paarmal mit ihm zusammengetroffen, und er hatte auf mich einen reservierten und zurückhaltenden Eindruck gemacht. Aber diesmal war er liebenswürdig, zugänglich, gesprächig, und das Zusammensein fand in einer zwanglosen, herzlichen Atmosphäre statt. Er war selbst schwer krank gewesen, und die Pflegerin, die schon lange für ihn sorgte, war ständig in der Nähe, um ihm zu helfen, wenn er etwas brauchte. Sie aß auch mit an unserem Tisch. Offensichtlich war Mr. Hoover schon recht hinfällig und dazu sehr schwerhörig. So saßen sich also Joe, der nicht sprechen kann, und Mr. Hoover, der nicht hören kann, gegenüber und versuchten, sich etwas zu sagen. Die beiden Freunde hatten jeder auf seinem Gebiet Großes geleistet. Jeder war sich der körperlichen Gebrechlichkeit des anderen bewußt und versuchte, so gut wie möglich darüber hinwegzukommen. Es war unaussprechlich traurig und ging mir ans Herz, zusehen zu müssen, wie sie beide beim Essen hin und wieder lautlos Tränen vergossen.«

Wie schon gesagt, glaube ich, daß die Weinkrämpfe, unter denen

Joe zu leiden hatte, mit seinem Nervenschaden zusammenhingen. Vielleicht war es aber auch eine Auswirkung der »massiven Frustration«, von der Dr. Betts gesprochen hatte. André Malraux hat einmal gesagt: »Der Mensch ist nicht dazu geschaffen, Niederlagen hinzunehmen. Er kann besiegt, nicht aber vernichtet werden.« Es könnte kein besseres Beispiel dafür geben als Joe. Er weigerte sich kategorisch, mit aller Energie und manchmal auch zornig, die absolute Niederlage hinzunehmen, und konnte sich auch kaum an den Gedanken gewöhnen, vorübergehend besiegt worden zu sein.

Ich glaube, allein diese Entschlossenheit, diese ungewöhnliche Willensstärke, hat es ihm ermöglicht, innerhalb der der menschlichen Physis gesetzten Grenzen weiterzuleben und noch an so vielen Aspekten des Lebens teilzunehmen, für die er gearbeitet hatte. In New York gingen wir zum Beispiel noch aus – ins Theater, in Konzerte und zum Essen –, und ein paarmal in der Woche fuhr er für eine oder zwei Stunden in sein Büro und ließ sich von Stephen Smith, der es leitete, die Bücher und die Geschäftskorrespondenz vorlegen.

Auf diesen Reisen machten wir gelegentlich einen Abstecher nach Washington und verbrachten ein paar Tage im Weißen Haus. Jetzt konnte auch der größte Zyniker nicht mehr behaupten, Jack werde in seinen politischen Entscheidungen von seinem Vater beeinflußt, und Joe konnte endlich seinen Sohn ohne Vorbehalte besuchen und stolz darauf sein, daß er Präsident war. Jack richtete es dann natürlich so ein, daß er mehrmals täglich mit Joe zusammen war, berichtete ihm über die neuesten politischen Entwicklungen und bat in taktvoller und respektvoller Weise um seinen Rat, soweit dies möglich war.

Oft kamen auch Bobby und Ethel in das Weiße Haus zum Essen oder, wenn es paßte, kamen Joe, ich, Ann, Jack, Jackie und vielleicht die Nachtschwester zu ihnen in ihr Landhaus bei Washington. Gelegentlich gesellten sich auch Eunice und Sarge dazu, die in der gleichen Gegend wohnten. Pat und Peter, Jean und Steve,

Teddy und Joan schauten ebenfalls herein, wenn sie in der Nähe waren. So kam es nur selten vor, daß wir nicht eine größere Zahl unserer Kinder um uns versammelten.
Joe erkrankte in dem gleichen Jahr, in dem sich Teddy um einen Sitz im Senat bewarb. Das war für Teddy eine zusätzliche Belastung, und zwar nicht nur, weil er seinen Vater liebte und verehrte und sich um ihn sorgte, sondern auch weil er wußte, daß seinem Vater viel daran gelegen war, daß er sich um dieses Amt bewarb und die Wahlen gewann. Teddy hätte in jedem Fall große Anstrengungen unternommen, aber wenn er hier bis an den Rand seiner Kräfte gegangen ist, so hat er es getan, weil er wußte, wieviel ein Sieg seinem Vater bedeuten würde.
Der Wahlkampf erregte das Interesse der Massenmedien im ganzen Lande, denn er hatte durchaus dramatische Aspekte. Wenn Teddy die Wahlen gewann, würde unsere Familie den Präsidenten, den Justizminister und einen Senator stellen, und das hatte es in der Geschichte der Vereinigten Staaten noch nie gegeben. Es kam bei diesen Wahlen aber auch zu einem Aufeinandertreffen der stärksten politischen Kräfte im Staat Massachusetts, die von den bekanntesten Namen in der Innenpolitik der Vereinigten Staaten vertreten wurden. So spielte sich das Ganze vor einem bemerkenswerten politisch-historischen Hintergrund ab. Teddys Rivale für die Nominierung zum Kandidaten der Demokratischen Partei auf dem Konvent in Massachusetts war Eddie McCormack. Er war nicht nur Justizminister von Massachusetts, sondern auch der Neffe und besondere Schützling von John W. McCormack, dem Sprecher des Repräsentantenhauses, der natürlich seinen ganzen Einfluß zu seiner Unterstützung einsetzte. (In Boston und Massachusetts hatten die Familien Fitzgerald, Kennedy und McCormack schon oft gemeinsam eine Rolle in der Politik gespielt, gewöhnlich als Freunde, manchmal als Feinde und manchmal als einander freundschaftlich gesinnte Gegner.)
Von der Republikanischen Partei wurde George Cabot Lodge als Kandidat aufgestellt, den Jack 1952 in den Senatswahlen geschla-

gen hatte. Er war der Großenkel von Henry Cabot Lodge, der 1916 die Senatswahlen gegen meinen Vater gewann.
Es war also eine bemerkenswerte Konfrontation.
Ich habe an diesem Wahlkampf nur am Rande teilgenommen, denn Joe brauchte mich, und ich wollte bei ihm bleiben. Joan, Teddys Frau, hatte sich am Wahlkampf von Jack beteiligt, aber jetzt war sie zum erstenmal selbst die Frau eines Kandidaten, und das ist eine schwierige Rolle, die viel Einfühlungsvermögen verlangt. Joan ist, ebenso wie Jackie ein recht zurückhaltender und schüchterner Mensch. Öffentliches Auftreten und das damit verbundene Händeschütteln, Reden halten und die Interviews fallen ihr nicht leicht. Zeitweilig wurden diese Anforderungen für sie einfach zu viel, zu ermüdend und zu schwierig. Die Frauen in unserer Familie kannten diese Probleme sehr gut, denn wir hatten uns schon alle auf diesem Gebiet betätigt. Aber ebenso wie Jackie bewies Joan, wenn es darauf ankam, in ihrer strahlenden Schönheit und sanften Schüchternheit einen eisernen Charakter. Sie bewährte sich ausgezeichnet.
Auf dem Parteikonvent in Massachusetts schlug Teddy seinen Rivalen Eddie McCormack, der sich aber nicht geschlagen geben wollte und sich für die Vorwahlen noch einmal aufstellen ließ, aus denen Teddy dann endgültig als Sieger hervorging. Damit stand er bei den allgemeinen Wahlen, bei denen sich auch der unabhängige Kandidat Stuart Hughes um den Sitz im Senat bewarb, George Lodge gewissermaßen Auge in Auge gegenüber.
Teddy erhielt 285 000 Stimmen mehr als George Lodge und 235 000 mehr Stimmen als Lodge und Hughes zusammen. Als er wußte, daß er gesiegt hatte, rief er seinen Vater an. Joe konnte nicht sprechen und seinem Sohn daher nicht antworten, aber er hörte, wie Ted ihm die Siegesnachricht mitteilte und alles erzählte, was seinen Vater interessieren würde. Joe lächelte und freute sich so sehr, daß dies allein, wie Evelyn richtig erkannte, »alles Geld der Welt wert war – es war unbezahlbar …«

Vor nicht allzu langer Zeit, als ich für dieses Buch in unseren Papieren herumstöberte, bin ich auf einen Artikel über Joe gestoßen, der am 7. September 1957 in der *Saturday Evening Post* erschienen war. Darin heißt es, er habe vorausgesagt, eines Tages werde einer unserer Söhne Präsident, ein zweiter Justizminister und ein dritter Senator sein, und zwar gleichzeitig. Ich nehme an, ich habe diesen Artikel und diese Voraussage seinerzeit gelesen, hatte ihn aber inzwischen vergessen, weil mir das zu unwahrscheinlich vorkam. Dennoch war alles so eingetroffen, und wieder war ich erstaunt und zugleich dankbar, die an das Übernatürliche grenzende Fähigkeit von Joe zu erleben, Menschen und Zusammenhänge zu beurteilen und zukünftige Entwicklungen vorauszusehen.

Ich muß gestehen, daß ich mir nach Teddys Wahl, als unsere drei überlebenden Söhne führende und sehr verantwortliche Stellungen in der Regierung unseres Landes einnahmen, dachte, ich müsse doch etwas richtig gemacht haben in all den Jahren, in denen sie sich aus kleinen Kindern zu Knaben, Jugendlichen und schließlich zu erwachsenen Männern entwickelt hatten – in der Zeit, da der Mensch noch biegsam ist wie ein junger Zweig.

Für uns begann jetzt eine goldene Zeit. Sie wurde zwar von der Krankheit meines Mannes überschattet, aber wie gesagt, er konnte noch viele Freuden des Lebens genießen und ließ sich durch die offensichtliche Zuneigung, die ihn umgab, trösten. Das galt besonders, wenn die Enkel ihn besuchten. Vor allem aber freute es ihn, daß die großen Pläne, die er für seine Söhne entworfen hatte, verwirklicht worden waren und daß sie ihn liebten und achteten.

Er war entzückt, wenn er von seinen Enkeln hörte, wenn sie ihm Briefe schrieben, sei es in der eigenen, noch unbeholfenen Handschrift, oder in der Handschrift der Mutter, der sie ihre Briefe diktierten – sicher nicht ohne dazu ermuntert worden zu sein, Großvater ein paar Zeilen zu schreiben. Aus dieser reichen Auswahl folgen ein paar Beispiele.

Weißes Haus, 5. Februar 1962

»Lieber Grandpa,
Wir sind Schlitten gefahren, aber ohne Schnee – es gab keinen Schnee –, aber dann war doch etwas da, und wir sind den ganzen Vormittag gerodelt.
Maccaroni versuchte, nach vorn zu kommen, und wollte Buster treten. Wir saßen auf der Deichsel …
Daddy sitzt bei Mommy und mir und nicht bei John. Er ist ein ungezogener Junge, der schreit und versucht, in Mutters Coca-Cola zu spucken. Er ist sehr schlechter Laune.
Hoffentlich sehe ich Dich bald. Antoni lebt in London, aber er ist jetzt hier, und er mag Dich und möchte, daß Du sein Grandpa bist.
Ich habe Dich sehr lieb. Ich liebe Dich zweitausend Meter.
Von Caroline.« (Ihrer Mutter vorgesprochen)

Washington, 25. September 1962

»Lieber Grandpa,
ich hoffe, es geht Dir besser. Und ich hoffe, daß ich bald zu Dir kommen kann und Dich sehe. Ich will Dir erzählen, was ich jede Woche zu tun habe. Ich muß lesen, schreiben und rechnen. Eines Tages werden mich die Schularbeiten noch krank machen. O, was ich Dir noch sagen wollte; ich bin jetzt schon zwei Wochen in der Schule … Ich gehe in die dritte Klasse, und ich arbeite viel … Ich hoffe, Du fühlst Dich besser.

Dein Bob Sargent Shriver.«

Weißes Haus, 1962 undatiert

»Lieber Grandpa,
Komm wieder ins Weiße Haus und wirf alle Pferde aus dem Arbeitszimmer des Präsidenten raus.
Herzliche Grüße von uns allen,

Jack – Jackie – John – Caroline.«

(Ihrer Mutter diktiert.)

Rockville, Maryland, 6. April 1963

»Lieber Grandpa und liebe Grandma,
Meine Schwester Maria ist am Donnerstag zum erstenmal zur Beichte gegangen. Jetzt will sie jede Minute, jede Stunde und jeden Tag zur Beichte gehen. Und auch noch zur Kommunion. Das ist am 28. April 1963, und das ist auch mein Geburtstag. Sie freut sich sehr darauf. Sie schickt Dir und Grandma herzliche Grüße.
Ich bin jetzt Ministrant und ministriere bei der Messe. Ich habe einen Partner... Er ist verrückt. Weil er beim Ministrieren Fehler macht. Er ist so dumm. Nun auf Wiedersehen. Hoffentlich sehe ich Dich bald wieder.

Dein Bobby Sargent Shriver.«

Natürlich schrieben ihm auch unsere Kinder und Schwiegerkinder oft und erzählten, wie es ihnen ginge und was sie draußen in der weiten Welt taten, die ihm jetzt verschlossen war.
Ein regelmäßig stattfindendes Ereignis, das für diese glückliche, goldene und kurze Zeit kennzeichnend war und bei dem es kaum Variationen gab, waren die von Dr. Betts bereits geschilderten Wochenendbesuche von Jack.

Jack erlebte als Präsident wie jeder andere Träger dieses Amtes schwierige Zeiten und eine unverhältnismäßig große Zahl politischer Krisen, besonders in der ersten Zeit. Es begann mit der Kubakrise. Als er sich jedoch daran gewöhnt hatte, Präsident zu sein, wurde er immer zuversichtlicher und tatkräftiger, und ein Triumph folgte dem anderen. Die größten Erfolge erntete er im Juni auf seinen offiziellen Reisen, die ihn nach Deutschland, Irland, England und Italien führten. Ich hätte ihn gern begleitet, denn zu allen vier Ländern habe ich ein besonderes Verhältnis.
Aber es sollte nicht sein. Erstens ging es Joe nicht sehr gut, so daß ich ihn ungern allein lassen wollte. Außerdem hatte Jack bereits Eunice, Jean und Jackies Schwester Lee für den größten Teil

dieser Reise eingeladen, und ich glaubte, es würde ihm einfach zu viel werden, auch noch seine Mutter mitzunehmen. Sonst wäre ich vielleicht doch noch nach Deutschland gekommen wie 1961 nach Österreich.
Jack schien jedoch auch ohne meinen Beistand als Dolmetscherin gut auszukommen. In Westdeutschland wurde er überall von begeisterten Menschen auf das herzlichste empfangen. Er ging damals auch nach Westberlin, und hier hatte sich eine Menschenmenge von mehr als einer Million zu seiner Begrüßung versammelt; und hier hielt er auch die berühmte Rede, die mit den Worten schloß:

> »Alle freien Menschen, wo sie auch leben mögen, sind Bürger von Berlin, und deshalb sage ich als freier Mann mit Stolz: Ich bin ein Berliner!«

Von dort flog er nach Irland. Dazu hatte er eigentlich keine offizielle Veranlassung, denn die Beziehungen zwischen Irland und den Vereinigten Staaten hätten nicht herzlicher sein können. Es war vielmehr eine kurze, sentimentale Reise in das Land seiner Vorfahren. Das irische Erbe bedeutete Jack sehr viel. Vielleicht war sein Interesse auch besonders stark, weil er so viele irische Geschichten von seinen Großeltern gehört hatte, die ihnen von ihren Eltern überliefert worden waren. Darin ging es besonders um das Elend der irischen Einwanderer, die in den 1840er und 1850er Jahren nach Boston gekommen waren, und um die Armut und den sozialen Notstand der sogenannten »Schlammschaufler«, die ihr Los nur durch schwere Arbeit, einen festen Glauben und Einfallsreichtum erleichtern konnten. Jack glaubte aus tiefer Überzeugung an Amerika als an das Land der unbegrenzten Möglichkeiten. Die Idealvorstellung von Amerika als dem Land der Freiheit wie auch die auf dem Sockel der Freiheitsstatue eingemeißelten Worte waren ihm aus dem Herzen gesprochen: »Gib mir deine erschöpften, armen und verwirrten Massen, die danach verlangen, frei zu atmen ...«

Schon seit Jahren hatte er sich Notizen für ein Buch gemacht, das er eines Tages über die Einwanderung der verschiedenen ethnischen, politischen und religiösen Gruppen in dieses Land, über die Schwierigkeiten, vor denen sie geflohen waren und über ihre Assimilation hier schreiben wollte. Der Titel sollte lauten »A Nation of Immigrants«. Ich bin daher sicher, daß es ihm aus dem Herzen kam, wenn er in New Ross am Kai eine Ansprache hielt und darin sagte: »Als mein Urgroßvater von hier aufbrach, um als Faßbinder in Boston zu arbeiten, nahm er nur zwei Dinge mit, einen starken religiösen Glauben und ein starkes Verlangen nach Freiheit. Ich bin froh, sagen zu dürfen, daß seine Urenkel dieses Erbe zu schätzen wissen.«
Die irische Bevölkerung brachte ihm schon vorher als einem Mann ihres Blutes aufrichtige Sympathien entgegen; als diese Menschen ihn jedoch persönlich erlebten, ihn reden hörten und spürten, welches besondere Verständnis er für sie hatte, kannte ihre Begeisterung keine Grenzen. Die ganze Insel schien, wie man mir später erzählt hat, vor Bewunderung und um ihn zu feiern in Aufruhr geraten zu sein.
Nach seinem Tode schrieb mir die irische Designerin Sybil Connolly:

> »Nach dem phantastischen Empfang, der dem Präsidenten bereitet wurde und der zeigte, wie sehr die Iren ihn ins Herz geschlossen hatten, sagte der niederländische Botschafter in Irland: ›Er ist der zu seinem Volk zurückkehrende siegreiche Alexander.‹
> Er hatte recht damit. Ich wünschte, Sie könnten es selbst sehen, wie in fast jedem irischen Bauernhaus ein Bild des heilgen Herzens Jesu, eines der jungfräulichen Gottesmutter und eines des Präsidenten Kennedy über dem Kamin hängt. Das ist wirklich bewegend.«

Jack hatte eine besondere Vorliebe für Gedichte. Ich glaube, Jackie hat seinen Geschmack daran ebenso wie an der Malerei und auf vielen anderen Gebieten weiterentwickelt. Einen besonderen Platz in seinem Herzen nahm jedoch die für Irland so charakteristische musikalische und feinsinnige irische Dichtkunst ein. Zu den irischen Gedichten, die er am meisten liebte, gehörte das folgende, das der irische Botschafter Thomas Kiernan zu Ehren von John jr. zitierte, als dieser noch ein kleines Baby war:

Dem Neugeborenen wünschen wir ein Herz,
Das von der Blume sich bezaubern läßt,
Die aufgenommen wird von einem Windstoß,
Der über feuchtes Gras nach einem Sommerregen weht;
Ein Herz, das blind erkennen kann,
Welche Geschenke dem Weisen dieses Leben bringt.
Wenn über ihm ein Sturm ausbricht,
Sollen es die Bäume mit Blüten überschütten.
Wenn nachts die Sorgen kommen,
Möge ein Freund dann wachen
Und seine Lebenszeit verdoppeln helfen,
Und wenn Lieben und Liebe ein Ende finden,
Möge der Herr im Himmel
Ihm eine Krone geben.

Jack war, als er dies hörte, so bewegt, daß er kaum reden konnte. Dann aber sagte er: »Ich wünschte, das wäre für mich geschrieben worden.«

Ich glaube, man darf sagen, das ist in gewisser Weise auch geschehen.

Von Irland ging er nach England zu Gesprächen mit Premierminister Macmillan. Aber auch dies war irgendwie eine sentimentale Reise in die Vergangenheit, denn er besuchte mit Jean und Lee in Begleitung des Herzogs und der Herzogin von Devonshire das Grab von Kick in Chatsworth. Dort beteten sie und legten am Grabstein einen Strauß frisch geschnittener irischer Rosen nieder.

An der letzten Station seiner Reise, in Italien, führte er nicht nur Besprechungen mit führenden Mitgliedern der italienischen Regierung, sondern besuchte auch den neu gekrönten Papst Paul VI. im Vatikan. Der Papst sagte ihm, er erinnere sich noch gut an unsere Familie und an unseren Besuch zur Krönung von Papst Pius XII. vor 25 Jahren, als Pius den kleinen Teddy bei einem privaten Gottesdienst in der Kirche gefirmt hatte. Papst Paul ließ uns allen, besonders aber Teddy, seine herzlichen Grüße übermitteln.

Nachdem Jack in Washington die dringendsten Regierungsgeschäfte erledigt hatte, kam er nach Hyannis Port, um mit uns das lange Wochenende am 4. Juli zu verbringen und über seine erregenden Reiseerlebnisse zu berichten. Von dieser Zeit an besuchte er uns fast jedes Wochenende dieses Sommers und Herbstes.

Der letzte Besuch dieser Art fand am 20. Oktober 1963 statt. Kenny O'Donnell und Dave Powers beschreiben den Abschied am Montagmorgen:

> »Botschafter Kennedy saß in seinem Rollstuhl auf der Terrasse. Der Präsident ging zu ihm, legte den Arm um die Schulter des alten Mannes und küßte ihn auf die Stirn. Dann ging er auf den Hubschrauber zu, wendete sich um, sah seinen Vater einen Augenblick an, ging zurück und umarmte ihn ein zweites Mal... Es schien, als habe der Präsident das Gefühl, er sähe seinen Vater zum letztenmal.
>
> Als der Präsident im Hubschrauber auf den Abflug wartete, blickte er hinaus auf die Gestalt im Rollstuhl, und seine Augen füllten sich mit Tränen.
>
> ›Er ist es, der das alles ermöglicht hat‹, sagte der Präsident traurig zu Dave, ›und sieh ihn dir jetzt an.‹«

Mitte November mußte er für ein paar Tage nach Texas gehen, um gewisse politische Probleme in der dortigen Demokratischen Partei lösen zu helfen. Jackie sollte ihn begleiten. Anschließend

wollten sie mit Caroline und John zu dem alljährlich zu Thanksgiving stattfindenden Familientreffen zu uns kommen.
Der Spätherbst am Cape Cod ist eine herrliche Jahreszeit, und so begann auch jener Freitag, der 22. November, als wunderbarer Herbsttag. Um diese Zeit ist die Luft schon frisch, aber nicht kalt – gerade so kühl, daß man das wärmende Feuer im offenen Kamin genießt, wenn man auch eigentlich noch nicht zu heizen brauchte. Die frische Seebrise wirkt belebend auf den Geist. Auch das Licht hat eine besondere Qualität. Es hat einen goldenen Schimmer. Die Luft ist klar, alles zeichnet sich deutlich vom Horizont ab und ist von einem eigenartigen und wunderbaren Schimmer umgeben. Jedes weiß gestrichene Holzhaus, jeder Baum, jeder im bunten Herbstlaub stehende oder schon kahle Zweig, jede Wachsmyrte, jeder Färberbaum und die wilden Rosen mit den hochroten Hagebutten und letzten Blüten, sie alle scheinen noch einmal intensiv lebendig zu werden, als wollte jede Pflanze ihre Vorzüge, ihre Schönheit und ihre Daseinsberechtigung beweisen, ehe der Frost kommt und der Schnee sie zudeckt. Auch viele Gartenblumen standen noch in Blüte; die Astern und Chrysanthemen, die Calendula, die Studentenblumen und andere altmodische Blumensorten, die wir in reicher Fülle angepflanzt hatten und die im Herbst den Garten in den prächtigsten Farben leuchten ließen. Um diese Zeit waren die Touristen verschwunden; das Dorf war zwar nicht verlassen, bereitete sich aber schon auf den Winterschlaf vor. An diesem herrlichen Morgen unternahmen Joe und ich, nachdem ich die Messe besucht und wir gefrühstückt hatten, eine Ausfahrt, um uns am schönen Wetter, der Landschaft und der Heiterkeit des Tages zu erfreuen. Nach unserer Rückkehr ging ich zum Golfplatz. Gewöhnlich spiele ich lieber am Nachmittag, aber um diese Jahreszeit werden die Nachmittage am Cape immer kürzer, und die Dämmerung setzt früh ein. Da meine Sehkraft nachgelassen hatte, spielte ich jetzt vormittags. Nachdem ich wie gewöhnlich neun Löcher gespielt hatte, kam ich zurück, um mit Joe zu Mittag zu essen.

Nach dem Essen hielt Joe seinen Mittagsschlaf. Er war müde und ging in mein Zimmer, um sich dort hinzulegen. Aber nach einiger Zeit hörte ich das Radio von Ann, das sie auf volle Lautstärke aufgedreht hatte, stand auf und ging zu ihr, um sie zu bitten, sie möge es leiser stellen oder am besten ausschalten. Ann sagte mir, sie habe es so laut eingestellt, weil eines der Mädchen ihr erzählt habe, die Unterhaltungssendung sei plötzlich von einer Durchsage unterbrochen worden, nach der irgend jemand auf den Präsidenten, der im Auto durch Dallas fuhr, geschossen und ihn verwundet habe.

Mir gingen sofort die verschiedensten Gedanken durch den Kopf. Zunächst sorgte ich mich natürlich instinktiv um Jack. Aber dann wies ich den Gedanken zurück, daß etwas wirklich Furchtbares geschehen sei. Er hatte schon so viele Gefahren überstanden, wäre als Kind fast an Scharlach gestorben und hatte nach seiner Rückenoperation in Lebensgefahr geschwebt. Hinzu kamen noch all die vielen Dinge, die in der Zwischenzeit geschehen waren, seine vielen Krankheiten und Unfälle, über die ich in diesem Buch nur unvollständig berichtet habe und die seinen jüngeren Bruder Bobby veranlaßt hatten, zu sagen, wenn Jack von einer Mücke gestochen würde, dann müsse die Mücke sterben. So kam mir fast automatisch der Gedanke, Jack habe wieder einmal Pech gehabt. Wieder sei ihm etwas zugestoßen, und er werde schon damit fertig werden. Außerdem hatte ich mich seit Jahren dazu erzogen, mich durch schlechte Nachrichten nicht so weit beunruhigen zu lassen, daß ich es mir anmerken ließ. Ich war überzeugt, wenn ich zusammenbräche, einer Schwäche nachgäbe und weinte, dann würden es auch alle anderen Hausbewohner tun, und allein deshalb müßte ich mich zusammennehmen.

Ich zog mich in mein Zimmer zurück und ging dort auf und ab, während ich mir vorzustellen versuchte, daß Jack seine Verletzungen schon ausheilen würde; bald müßte die Nachricht durchkommen, daß die Verwundung nicht schwer sei. Nach einiger Zeit ging ich wieder in Anns Zimmer und stellte fest, daß die Nachrichten schlechter geworden waren. Meine Befürchtungen intensivierten sich. Ich wußte aber immer noch nicht genau, was tatsächlich geschehen und was nur Gerücht war. Nach ein paar Minuten rief Bobby aus Washington an und sagte, der Zustand von Jack sei sehr ernst, und man erwarte nicht, daß er durchkäme. Gleich darauf traf die Todesnachricht ein.

Ich glaube, daß die meisten Menschen, wenn sie von einem solchen Schlag getroffen werden, auf Verhaltensweisen zurückgreifen, denen sie automatisch folgen können. Joe und ich hatten es uns schon vor vielen Jahren zum Grundsatz gemacht, schlechte Nachrichten nur am Morgen weiterzugeben und nicht gegen Ende eines Tages, denn sonst gab es eine schlaflose Nacht, und das verschlimmerte die Lage nur. Ich beschloß daher ganz spontan, Joe nichts von der Tragödie zu erzählen, wenn er vom Mittagsschlaf aufwachte. Wenn irgend möglich, wollte ich es ihm bis zum nächsten Morgen verheimlichen. So würde auch sein Arzt Dr. Boles noch Zeit haben, von Boston herzukommen, und Teddy und Eunice würden noch vorher aus Washington eingetroffen sein, denn sie hatten angerufen und sich angemeldet. Bobby wollte in Washington bleiben und sich um Jackie kümmern und alles Notwendige veranlassen. Bobby veranlaßte Pat, mit dem nächsten Flugzeug aus Kalifornien zu kommen, Sarge, Jean und Steve halfen in Washington, so gut sie es konnten, und ich sagte Ann und der Krankenschwester, die an diesem Tage Dienst hatte, man dürfe Mr. Kennedy nichts sagen, bis die anderen eingetroffen seien und wir entscheiden könnten, in welcher Form und wann man ihm die Mitteilung machen solle.

Wir alle, die Hausangestellten und die Mitglieder der Familie, vereinigten uns in einer Verschwörung des guten Willens. So erschüttert und bekümmert sie auch waren, sie spielten ihre Rolle doch hervorragend. Joe hatte zum Beispiel die Angewohnheit, nach dem Mittagsschlaf das Fernsehprogramm oder in unserem Vorführraum im Keller einen Film anzusehen. Im Fernsehen wurden den ganzen Tag Nachrichten über das tragische Ereignis gesendet. Ann überredete Joe, sich doch einen Film anzusehen. Aber er verlor bald das Interesse daran und wollte wieder heraufkommen, um seine Lieblingsprogramme auf dem Fernsehschirm zu sehen. Die Apparate waren angeblich nicht in Ordnung, und das irritierte ihn natürlich. Wir hatten zwei oder drei Geräte im Haus, aber Ann hatte die Stecker herausgezogen und die Apparate versteckt. Doch schließlich fand er sich damit ab und nahm es als einen jener unglücklichen Zufälle hin, die es bei der Handhabung moderner technischer Geräte manchmal gibt. Nun setzte er sich hin, um eine Zeitschrift zu lesen. Zwischendurch gingen wir einzeln oder zu mehreren in sein Zimmer, um über ganz alltägliche Dinge mit ihm zu sprechen. Joe Gargan kam, nachdem er die Nachricht gehört hatte, aus Boston, um uns nach besten Kräften beizustehen, und beteiligte sich an den Gesprächen mit seinem Onkel Joe, bei denen wir alle innerlich vom Kummer überwältigt waren, während Joe nichts ahnte. Aber vielleicht hat er doch gespürt, daß irgend etwas nicht in Ordnung war. Ann hätte an diesem Tage nach Detroit fahren sollen. Joe wußte das, aber Ann erfand eine Ausrede. Sie sagte ihm, daß der Gärtner und Hausmeister in Hyannis Port, den Joe sehr schätzte, einen Unfall gehabt habe, und sie hierbleiben wolle, um sich um ihn zu kümmern. Joe glaubte dieser gut gemeinten Notlüge.

Im weiteren Verlauf des Nachmittags ging ich lange vor unserem Haus und am Strand spazieren, betete unaufhörlich und versuchte, mir darüber klarzuwerden, aus welchem Grund Jack das widerfahren mußte. Das Leben war für ihn so reich gewesen. Er hatte eine schöne und begabte Frau, die ihm eine vollkommene Lebensgefährtin gewesen war, und zwei reizende Kinder, die er von Herzen liebte. Er hatte als Präsident großartige Erfolge gehabt und war endlich zum erstenmal seit seiner frühesten Kindheit wirklich gesund. Jetzt auf dem Höhepunkt all seiner Bemühungen, seiner Schaffenskraft und seines Strebens, war die Erfüllung seiner Wünsche in greifbare Nähe gerückt. Doch mit einem Schlage war das alles zerstört, und ich fragte mich, warum.

Später hörte und las ich, daß die meisten Amerikaner, ja sogar die meisten Menschen auf der ganzen Welt den Atem angehalten hatten, als sie von dem Attentat erfuhren. Sie hatten es nicht glauben wollen, wurden dann von Empörung und tiefem Schmerz ergriffen, und das geschah überall, wo junge oder alte Menschen die Nachricht erhielten, aber ganz besonders bei den jüngeren, weil so viele junge Leute Jack als Helden und als Vorbild verehrten. Einer meiner Freunde erzählte mir zum Beispiel, daß sein damals erst 13 Jahre alter Sohn niedergeschlagen und aschfahl aus der Schule nach Hause gekommen und sofort in sein Zimmer gegangen sei. Als sein Vater, der die Nachricht schon gehört hatte und wußte, wie sehr sein Sohn Jack verehrt hatte, hinaufging, ihm die Hand auf die Schulter legte und ihn trösten wollte, begann der Junge zu schluchzen: »Es ist nicht fair … Es ist nicht fair … Es ist *einfach nicht fair!*«

Ich ging ruhelos am Strand auf und ab und fragte mich, »warum?«

Am Nachmittag war es recht kühl geworden, und der Nebel stieg auf wie oft zu dieser Jahreszeit. Ich hatte mich, als ich einmal wieder im Hause war, warm angezogen. Ich glaube, es war derselbe unansehnliche, aber warme Mantel, den ich am Morgen der Amtseinführung von Jack auf dem Kirchgang durch den Schnee getragen hatte. Um diese Zeit, es muß etwa 4.00 Uhr nachmittags gewesen sein, sagte man mir, Präsident Johnson riefe uns auf dem Flug nach Washington vom Flugzeug aus über das Radiotelefon an. Ich ging an den Apparat.

Als ich den Hörer aufgenommen und mich gemeldet hatte, hörte ich seine deutlich vom Schmerz gezeichnete Stimme, und er sagte: »Mrs. Kennedy, ich wünschte zu Gott, ich könnte irgend etwas tun.« Ich weiß nicht mehr, was ich ihm antwortete, aber ich dankte ihm für seinen Anruf und seine Anteilnahme. Dann kam Lady Bird an den Apparat. Wir hatten 1960 im Wahlkampf zusammengearbeitet und schätzten einander. Ich fand sie nicht nur anziehend, gepflegt und umgänglich, sondern sie war trotz ihrer natürlichen Abneigung gegen jedes öffentliche Auftreten eine intelligente, warmherzige und mitfühlende Persönlichkeit, der es an einer gewissen offenherzigen Beredsamkeit nicht fehlte. Nachdem sie ein paar Worte gesprochen hatte, an die ich mich heute nicht mehr erinnere, sagte sie: »Wir müssen alle erkennen, welches Glück es für unser Land gewesen ist, Ihren Sohn wenigstens so lange unter uns gehabt zu haben.« Ich erwiderte: »Ich danke Ihnen, Lady Bird.« Mehr konnten und wollten wir uns in diesem Augenblick nicht sagen.

Ich ging wieder hinaus in den Garten und an den Strand.

Wenn mich ein Kummer drückt, reagiere ich mit nervöser Aktivität. Ich muß mich bewegen, muß gehen, irgend etwas tun und dabei beten – und dann nehme ich mir vor, mich durch das tragische Ereignis nicht besiegen zu lassen, denn während man um die Toten trauert, gibt es auch noch die Lebenden, für die man sorgen muß.

Schließlich traf unser Hausarzt Dr. Boles ein. Dr. Boles untersuchte Joe mit der plausiblen Begründung, er werde nach Thanksgiving nach Florida fahren, und es müsse deshalb heute eine Routineuntersuchung vorgenommen werden. Er sagte uns dann, Joe sei körperlich in der Lage, den Schock zu ertragen. Allerdings wäre es besser, wenn wir ihm die Mitteilung nicht mehr am Abend, sondern erst am nächsten Morgen machten. Inzwischen war Joey auch angekommen. Als Ted und Eunice eintrafen, gingen sie zu ihrem Vater und begrüßten ihn so ungezwungen wie möglich. Vielleicht überraschte es Joe, daß alle diese Besuche zusammentrafen. Aber eigentlich hatte er keinen Grund, sich zu wundern. Schließlich konnten sie jederzeit zufällig vorbeikommen.

Nach dem Abendessen versammelten wir uns im Zimmer von Joe und unterhielten uns dort möglichst zwanglos, bis er müde wurde und zu Bett ging.

Teddy übernahm es, seinem Vater die Nachricht am folgenden Morgen zu überbringen. Ich ging zum Frühgottesdienst in die schöne kleine Kirche St. Francis Xavier's in Hyannis, wo meine vier Söhne jeweils im entsprechenden Alter Ministranten gewesen waren. Dort blieb ich bis zur ersten Messe, zu der auch Ted und Eunice erschienen. Ich hatte den Priester am Abend zuvor angerufen und gebeten, eine Messe für Jack zu lesen. Das war einer meiner ersten Gedanken gewesen. In der Kirche hatten sich auch einige Reporter und Photographen eingefunden, die versuchten, mich anzusprechen, aber ich konnte sie nur ignorieren.

Nach der Messe ging ich zum Frühstück nach Hause. Joe blieb nach dem Frühstück wie üblich in seinem Zimmer, um sich etwas auszuruhen. Sehr bald gingen Ted, Eunice, Ann, eine Pflegerin, der Doktor und vielleicht noch ein oder zwei andere zu ihm – ich blieb draußen, denn ich hätte es nicht ertragen können –, und Ted sagte ihm so rücksichtsvoll und so offen, wie er es konnte, was geschehen war und daß Jack nicht mehr am Leben sei.

Wie die Kinder mir später berichteten, nahm Joe die Nachricht nicht nur tapfer auf, sondern wollte die anderen augenscheinlich noch trösten.

Dr. Boles hatte ihm ein Beruhigungsmittel gegeben, und so schlief er bald danach ein.

Der Arzt meinte, Joe könne am Montag zu den Beisetzungsfeierlichkeiten nach Washington reisen, aber er lehnte das ab. Sein alter Freund Hochwürden John Cavanaugh, der ehemalige Präsident der Notre Dame University, kam für einige Tage zu uns ins Haus, um Joe zu trösten und ihm nach Kräften beizustehen. Die beiden sahen sich die Trauerfeier gemeinsam auf dem Fernsehschirm an.

Das erleichterte mir den Entschluß, zu reisen, denn ich hatte das Gefühl, das sei meine Pflicht. Ich folgte dem Sarg nicht mit den anderen vom Weißen Haus zur Kathedrale, weil ich mich an jenem Morgen unwohl und schwindlig fühlte, aber ich wohnte selbstverständlich den letzten Riten auf dem Friedhof in Arlington bei und ging anschließend mit den anderen in das Weiße Haus, um den zahlreich erschienenen Staatsoberhäuptern, offiziellen Trauergästen und Freunden, die von weither gekommen waren, um Jack die letzte Ehre zu erweisen, den Dank unserer Familie auszusprechen.

Noch am gleichen Abend kehrte ich nach Hyannis Port zurück, um wieder bei Joe zu sein.

19. KAPITEL

»Denn ich muß mein Wort halten
Und viele Meilen gehen, bevor ich schlafen darf,
Und viele Meilen gehen, bevor ich schlafen darf.«

Robert Frost

»Ich weiß, eines würde Joe niemals wünschen – daß wir ein trauriges und trübsinniges Leben führen, weil er uns verlassen hat. Er würde vielmehr mit jenem wunderbaren Lächeln in seinen irischen Augen sagen: ›Könnt ihr es denn wirklich nicht lernen, ohne mich auskommen?‹«

Kathleen in Jacks Buch
As We Remember Joe

Jedes Mitglied unserer Familie reagierte in seiner eigenen Weise auf den Verlust. Wir alle bewahrten die Haltung, denn uns verbanden der Glaube, die Hoffnung und die Liebe. Und wir wußten, was Jack von uns erwartet hätte. Er hätte verlangt, daß wir Mut zeigten und unser Lächeln nicht verloren. Er hätte seinen Tod als eine Bestätigung des Lebens aufgefaßt. Er hätte gewünscht, daß wir uns seiner in Liebe erinnerten, daß wir dabei aber für die Lebenden weiterlebten. In seinem Sinne wäre es, wenn wir dieses Leben für uns und für andere so glücklich wie möglich gestalteten und so viel Licht, Hoffnung und beispielhafte Standhaftigkeit hineinbrächten, daß wir uns und anderen damit halfen. Wir alle wußten das, brauchten nicht darüber zu reden, und jeder tat sein Bestes.

Jeder weiß, eine wie tapfere Haltung Jackie bei der Beisetzung gezeigt hat. Im Anschluß empfing sie im Weißen Haus viele ausländische Gäste. Sie tat das nicht nur in vorbildlicher Haltung, sondern sagte auch jedem persönlich ihren Dank für seine Anteilnahme. General de Gaulle hat von ihr gesagt: »Sie hat der ganzen Welt ein Beispiel gegeben.«

Drei Tage später feierten wir Thanksgiving. Es war selbstverständlich, daß wir wie üblich in Hyannis Port zusammenkommen würden. So trafen am Dienstag und Mittwoch unsere Kinder, Schwiegerkinder, Vettern, Kusinen und Enkel bei uns ein. Wir wußten nicht, ob auch Jackie kommen würde. Nach allem, was sie in Dallas und Washington durchgemacht hatte, wäre es durchaus verständlich gewesen, wenn sie den Wunsch gehabt hätte, eine Zeitlang allein zu bleiben. Aber am Mittwochabend traf auch sie ein und brachte Caroline und John mit. Am Donnerstag war es dann soweit. Jeder suchte den Kummer, an dem er trug, zu verbergen und diesen Tag zu einem Tag des Friedens, der menschlichen Güte, des Optimismus, des Wohlwollens und der Dankbarkeit für die Segnungen zu machen, die uns geblieben waren.

Kürzlich hat sich Jackie dieser Zeit erinnert – und dabei auch an andere unglückliche und tragische Ereignisse gedacht, die später kamen – und sie schreibt:

> »Etwas Unglaubliches an ihnen ist ihre Tapferkeit. Man kann mit ihnen beim Essen sitzen, wenn etwas Trauriges geschehen ist – ja vielleicht sogar am gleichen Tage –, und man sieht deutlich, daß jeder spürt, wie der andere leidet. Sie setzen sich also in trauriger Stimmung zu Tisch. Aber dann bemüht sich jeder, fröhlich und ausgelassen zu sein, und sie versuchen, sich gegenseitig aufzumuntern. Und das wirkt ansteckend, weil sich alle daran beteiligen. Sie werfen sich gegenseitig die Bälle zu.
>
> Sie haben einen Humor, der mir besonders gut gefällt. Er ist etwas respektlos, sie machen sich dabei über sich selbst lustig, haben einen Sinn für das Komische, und wenn etwas Trauriges geschehen ist, dann wird die Respektlosigkeit zum Übermut.

Damit will ich nicht sagen, daß sie lachen, wenn es nicht angebracht ist. Aber sie bemühen sich, die Dinge leicht zu nehmen, wenn sie traurig sind, und das finde ich großartig.
Sie haben mir sehr geholfen. Meiner Veranlagung nach bin ich introvertiert, gern allein, ziehe mich in mich selbst zurück und grüble zu viel. Aber sie geben alle ihr Bestes. Sie zerfleischen sich nicht in Selbstmitleid. Ihre Tapferkeit macht einen stolz, und man denkt, sieh dir diese Leute an, wie sehr sie sich bemühen; daran solltest du dir ein Beispiel nehmen.«

Anfang Dezember gingen Joe und ich, wie schon seit vielen Jahren, für den Winter in das Haus in Palm Beach. Wir feierten dort Weihnachten, hatten wie immer einen großen, reich geschmückten Baum, und auch einige unserer Kinder und Enkel besuchten uns. Sie kamen in jenem Winter und Frühjahr, so oft es ihnen möglich war, um uns aufzuheitern.
Ich hatte viel zu tun, besonders während der ersten Monate. Wir hatten Tausende von Beileidsbriefen erhalten, viel mehr als ich persönlich hätte beantworten können. Deshalb mußten uns die Töchter, nahe Verwandte oder die Mitarbeiter aus Joes Büros in New York und Washington dabei helfen, sie in unserem Sinne zu schreiben. Es gab aber auch Hunderte von Freunden, die eine persönliche Antwort verdienten, und das war meine Aufgabe, denn Joe konnte es nicht tun.
Sein allgemeiner Gesundheitszustand schien sich nicht verändert zu haben. Doch bei den Besuchen des Präsidenten war er manchmal noch mit Hilfe eines Gestells etwas herumgegangen oder sogar mit einem Stock und gestützt von einer zweiten Person. Aber bald nach Jacks Tode gab er es auf und blieb für den Rest seines Lebens an den Stuhl gefesselt.
Die folgenden Verse aus *Ulysses* von Tennyson liebte Jack besonders:

Teil bin ich aller Dinge, denen ich begegnet bin,
Doch alles, was ich sah, ist nur ein Tor,

Durch welches jene unbekannte Welt mir leuchtet,
Die grenzenlos sich öffnet, wenn ich vorwärts schreite.
Wie töricht ist es, stehenzubleiben, aufzugeben,
Zu rosten, zu verzichten auf den Glanz, den nur die Tat verleiht!
Als wäre Atmen Leben. –
Doch Leben nur an Leben reihen, ist nicht genug.

Ich habe manchmal denken müssen, wie sehr diese Verse auf Joe und sein tragisches Schicksal zutreffen, auf ihn, dessen Horizont immer unbegrenzt gewesen war und der jetzt dazu verurteilt schien, »zu rosten, zu verzichten auf den Glanz, den nur die Tat verleiht«, während wir anderen unseren Trost darin suchen durften, etwas zu tun, um Jacks Andenken dadurch zu ehren, daß wir versuchten, zur Verwirklichung seiner Ideale beizutragen.
Die Ehrungen für Jack waren so zahlreich, daß es sogar uns überraschte, so dankbar wir auch dafür waren. Uns hatte der Verlust zwar schwer getroffen, aber wir hätten doch nicht ahnen können, in wie hohem Maß diese Empfindung von den meisten Amerikanern, ja sogar von einer großen Zahl von Menschen in der ganzen Welt geteilt wurde. Man hat mich oft eingeladen, an den Gedenkfeiern für Jack teilzunehmen. Wenn irgend möglich, habe ich das getan.
Die erste große Veranstaltung dieser Art fand im Januar in Boston statt. Hier zelebrierte Kardinal Cushing ein Hochamt für Jack in der Holy Cross Cathedral, und Erich Leinsdorf dirigierte das Bostoner Symphonieorchester in Mozarts Requiem in d-Moll. In Boston war Jack geboren, und hier erinnerte so vieles an ihn und an unsere Familie... Hier lebte der Kardinal, der Jack getraut hatte, der ihm bei der Amtseinführung seinen Segen gegeben und ihn jetzt beerdigt hatte, und der ein so guter Freund unserer Familie war... Schon als Brautpaar und Jungvermählte hatten Joe und ich viele schöne Konzerte des Bostoner Symphonieorchesters gehört. Die Schönheit des Hochamts, der Kathedrale und der Musik mit ihrer besonderen Bedeutung für uns –

denn Mozart starb, ehe er die Komposition beenden konnte –, das alles hatte eine fast überwältigende Wirkung. Es gelang mir, meine Haltung nach außen zu bewahren, aber es fiel mir unendlich schwer.
Im nächsten Monat nahm ich in New York an einem Wohltätigkeitsdinner der Joseph-P.-Kennedy-jr.-Stiftung für geistig Behinderte teil. Eunice hatte es organisiert, und auch Bobby und Ted nahmen daran teil. Präsident Johnson hielt die Ansprache. Er versicherte, seine Regierung werde die von Jack begonnene Arbeit für die geistig Behinderten in seinem Sinne fortsetzen. Dann fand er Worte der aufrichtigen Anerkennung für Jack als Menschen und Staatsmann und für unsere Familie. Er sagte: »Unsere Generation ist stolz darauf und darf sich glücklich schätzen, die Kennedys gekannt zu haben.«
Ostern fiel in diesem Jahr auf ein frühes Datum, und Jean sagte, sie wolle mit Steve und den Kindern für zwei Wochen nach Palm Beach kommen und für ihren Vater sorgen, wenn ich das wünschte, denn die Stadtverwaltung von Paris hatte eine Gedenkfeier für Jack vorgesehen. Eine der großen Avenuen sollte nach ihm benannt werden, und man hatte mich zu den Feierlichkeiten eingeladen. So reiste ich für die Zeit von Ende März bis Anfang April in die französische Hauptstadt. Dort schrieb ich in mein Tagebuch:

> »Der Präsident des Pariser Stadtrats, Aubertin, taufte in einer kurzen, bewegenden Ansprache den *Quai de Passy* in *Avenue du Président Kennedy* um. Es ist eine schöne, am rechten Seineufer gelegene Straße, mit der sich für mich zahlreiche Erinnerungen verbinden, die heute durch eine weitere bereichert werden... In vielen französischen Städten und Dörfern sind Straßen nach Jack benannt worden. Das ist auch in anderen Ländern geschehen.
> Bei den Feierlichkeiten in Paris sah man den Menschen die Ergriffenheit und das Mitgefühl an. Aber so begegnen sie mir

überall, wenn sie mich erkennen. Mein alter Bekannter, der Direktor des Hotels Ritz, M. Zembrzvski, sagte, er habe sich davor gefürchtet, mich wiederzusehen, weil sein Kummer so groß sei und er nicht wisse, was er sagen sollte.

Sosehr ich diese Empfindungen schätze, so machen sie es mir doch nicht leichter, weil sie mich ständig daran erinnern.«

Nach meiner Rückkehr in die Vereinigten Staaten hatte ich viel zu tun und zu bedenken. Es wurden Gedenkfeiern veranstaltet und große Projekte zu Ehren von Jack geplant. Das waren in erster Linie das Kennedy Center für die darstellenden Künste in Washington und die John F. Kennedy Memorial Library in Cambridge in der Harvard University.

In neuerer Zeit haben die amerikanischen Präsidenten es sich zur Gewohnheit gemacht, ihre Reden, wichtige Staatspapiere, Korrespondenzen und sonstige Dokumente aus ihrer Regierungszeit in Archiven zu sammeln, um sie Historikern, Wissenschaftlern und Studenten zugänglich zu machen. Jack hatte sich dafür einen Platz ausgesucht, der auf dem Gelände der Harvard University, aber auf der anderen Seite des Charles River gelegen war. Von hier überblickt man den Fluß und den größten Teil der Gesamtanlage der Universität. Er hatte nach Ablauf seiner Amtszeit als Präsident einen großen Teil seiner Zeit hier verbringen wollen. Auch wenn er für eine zweite Amtsperiode gewählt worden wäre, hätte er beim Verlassen des Weißen Hauses erst im zweiundfünfzigsten Lebensjahr gestanden und Amerika und der Welt noch viele Jahre seine Erfahrungen, seine Tatkraft und seine Fähigkeiten zur Verfügung stellen können. An diesem Ort wäre es ihm leicht gewesen, den Kontakt zu den zahlreichen kulturellen Einrichtungen und geistig bedeutenden Persönlichkeiten im Umkreis von Boston zu halten, wo es so viele hervorragende Universitäten und Colleges gibt. Dazu hätte er zu Tausenden von Studenten die Verbindung aufnehmen können, um sie anzuregen, zu informieren und für seine Ideale zu begeistern. Die Bibliothek, wie er sie sich vorgestellt hatte, hätte einen verhältnismäßig bescheidenen Umfang gehabt. Sie sollte ein paar Büros und Leseräume, die Archive und Bücher beherbergen, deren Inhalt eine Beziehung zu seiner Amtszeit als Präsident hatte. Dazu gehörte die Geschichte seiner Präsidentschaft, die er selbst schreiben wollte.

Nach seinem Tode kam man ganz spontan auf den Gedanken, die Bibliothek durch ein großes Auditorium, Hörsäle und andere Einrichtungen zu erweitern und damit ein Zentrum für das Studium der politischen Wissenschaften und der Staatskunst zu errichten. Zugleich mit der Bibliothek sollte hier eine Schule der Staatskunst entstehen, besonders durch das der Bibliothek angeschlossene Institut für Politik. Die Aufgabe dieser Schule würde es sein, »eines der wichtigsten Anliegen des Präsidenten Kennedy zu fördern, die Vermehrung des Verständnisses und der Zusammenarbeit zwischen der akademischen und der politischen Welt. Dabei darf die Politik nicht als das Streben nach politischer Macht, sondern muß auch als Anstrengung zur Förderung öffentlicher Aufgaben verstanden werden. Kurz gesagt, es geht dabei um die Regierungsaufgaben in ihrer Gesamtheit.« Ein besonderer Raum sollte besondere persönliche Erinnerungsstücke aufnehmen wie etwa die Briefe, die er als Kind geschrieben hatte und die ich hier zum Teil zitiert habe. Dazu gehörte neben einigen tausend anderen Gegenständen auch die Kokosnußschale, auf die er nach der Versenkung seines Schnellboots eine Botschaft geschrieben hatte und die von Eingeborenen zur nächstgelegenen alliierten Basis gebracht wurde, woraufhin er und die Überlebenden seiner Mannschaft gerettet wurden. Dave Powers ist Kurator dieser Sammlung. Die Archive sollten erweitert werden, um Material über unsere Familie und andere wichtige Dinge aufzunehmen, die sein Leben und Wirken betreffen. Auch das Material, das ich für dieses Buch zusammengetragen habe, wird eines Tages dort aufbewahrt werden.

Eine entsprechende Vergrößerung der Anlage würde natürlich viel Geld kosten. Deshalb wurden im ganzen Land Ausschüsse gebildet, um Geldsammlungen zu organisieren. Zudem war es notwendig, die gesetzlichen Voraussetzungen dafür zu schaffen. So mußte ich zum Beispiel nach meiner Rückkehr aus Frankreich vor dem Legislativausschuß, der für solche Fragen zuständig ist, aussagen und erläutern, weshalb eine solche Einrichtung als Gedenkstätte für ihn am besten geeignet sei, und weshalb ich glaubte, daß auch er damit einverstanden sein würde.

Die anderen Mitglieder unserer Familie betätigten sich im gleichen Sinne. Sie hielten Ansprachen, halfen Geld zu sammeln und beteiligten sich in vielerlei Weise an den Planungen und Vorbereitungen. Ich bin überzeugt, das hat ihnen und besonders Jackie geholfen, über ihren Kummer hinwegzukommen, denn gerade sie hätte allzu leicht von ihrem Schmerz überwältigt werden können; die Tragödie war zu unvermittelt über sie gekommen. Ihre Schwester Lee, mit der sie sich besonders gut stand, blieb zwar lange bei ihr, mußte aber dann natürlich zu ihrem Mann und ihren Kindern nach London zurückkehren. Zum Glück stand sich Jackie gut mit ihren Schwägerinnen, und auch sie kümmerten sich liebevoll um Jackie, soweit sie sich von ihren Männern, Kindern und anderen Verpflichtungen freimachen konnten. Mit Jean, die noch die kleinste Familie hatte und mit der sie etwa im gleichen Alter stand, war sie wahrscheinlich am engsten verbunden, besonders nachdem Jackie mit den Kindern von Washington nach New York übergesiedelt war, wo Jean, Steve und deren Kinder lebten. Jackie und Jean sind viel zusammen im Lande umhergereist, haben sich dabei Bibliotheken, Kulturzentren, Architekturzeichnungen und Modelle angesehen, mit Architekten gesprochen und versucht, die Anlage zu planen, die zum Andenken an ihren verstorbenen Ehemann und Bruder errichtet werden sollte. Das ist für sie selbst und auch für uns eine sehr gute Sache gewesen.

Im Frühsommer, am 19. Juni, wäre es in unserer Familie fast wieder zu einer Tragödie gekommen. Ted und einige seiner Mitarbeiter sollten an einer Versammlung in Mittelmassachusetts teilnehmen und hatten an einem nebeligen Abend ein Charterflugzeug genommen. Das Flugzeug stürzte beim Landeanflug ab. Der Pilot kam ums Leben, und auch Ed Moss, ein Freund und Mitarbeiter von Ted, starb später an seinen Verletzungen. Andere Passagiere erlitten leichte Verletzungen und Knochenbrüche, mußten in eine Klinik eingewiesen werden, überlebten das Unglück aber, ohne Dauerschäden davonzutragen. Ted wurde schwer verletzt. Wie wir später hörten, hatte er die anderen im ersten Krankenwagen vorausfahren lassen und war selbst mit seinen Notverbänden am Unglücksort liegen geblieben. Dort wartete er darauf, daß der zweite Krankenwagen kam, um ihn in das Krankenhaus zu bringen. Als der schließlich dort eintraf, zeigte es sich, daß Ted in Lebensgefahr schwebte, und niemand konnte sagen, ob er im Falle des Überlebens noch würde gehen und ein normales Leben führen können, denn mehrere Rückenwirbel waren gebrochen, und es bestand die Möglichkeit einer Rückenmarkverletzung.

Er mußte viele Monate fest liegen – mehrere Monate im Streckverband –, aber seine gute Konstitution ermöglichte es ihm, bald einen Rollstuhl zu benutzen, dann auf Krücken und schließlich ganz ohne Hilfe zu gehen, zu laufen und sogar Sport zu treiben. Aber noch jahrelang mußte er eine Rückenstütze tragen, die er erst kürzlich abgelegt hat. Jetzt scheint er wieder vollkommen gesund zu sein.

Noch in der Klinik konnte er seine wichtigsten Aufgaben im Senat via Telefon, Post und Kurierdienst erledigen, wie es auch Jack nach seinen Rückenoperationen getan hatte. Und wie Jack, der diese Zeit verwendet hatte, sein Buch *Zivilcourage* zu schreiben, benutzte Ted die Genesungszeit dazu, die Aufsätze über seinen Vater zu sammeln und zu redigieren, aus denen dann das Buch *The Fruitful Bough* entstand.

Es folgen einige im Frühsommer 1964 nach dem Unfall von Ted geschriebene Auszüge aus meinem Tagebuch:

»Ich suche mir ständig etwas zu tun, denn nur so kann ich normal bleiben und muß nicht zu viel daran denken, wie es früher bei uns war. Ich lese und lerne immer noch Französisch, wenn ich auch manchmal glaube, daß es sinnlos ist, denn in Paris im Hotel und bei den Couturiers spricht jeder Englisch, und gesellschaftlich habe ich nur wenige Beziehungen zu Franzosen. Wir gehen zum Essen oft zu den Kindern und treffen dort unter den Gästen viele Freunde von Jack. Bei uns haben wir uns einmal um das Klavier versammelt, Joan spielte, und wir sangen. Aber dann kamen wir plötzlich auf ein Lieblingslied von Jack. Ich sah zu Jackie hinüber. Ihr standen die Tränen in den Augen, auch meine Augen wurden feucht, und schließlich fingen alle an, zu weinen. Joan schloß das Klavier, und wir haben den Versuch nicht wiederholt...
Präsident und Mrs. Johnson haben angerufen, um uns zu sagen, wie leid es ihnen täte, daß Ted den Unfall gehabt hat und um ihm gute Besserung zu wünschen. In den sechs Monaten nach dem tragischen Tod von Jack sind sie sehr rücksichtsvoll und mitfühlend zu uns gewesen. Sie haben uns und Jackie einige Male angerufen. Es scheint ihnen viel daran zu liegen, uns in unserem Kummer zu trösten. Ich habe ihnen ein paarmal geschrieben, ihnen gedankt und dem Präsidenten gesagt, wieviel uns, besonders aber Joe, seine Freundlichkeit bedeutet. Sie hat ihm innerlich sehr geholfen.
Bobby ist hier, scheint aber durch die Ungewißheit im Hinblick auf seine eigenen Pläne abgelenkt zu sein. Er glaubt, er dürfe nichts unternehmen, womit er den Präsidenten Johnson davon abbringen könnte, ihn bei den nächsten Wahlen als Kandidaten für die Vizepräsidentschaft aufstellen zu lassen. Allerdings hält er es für unwahrscheinlich, daß dies geschehen könnte. Manchmal spricht er davon, für ein Jahr ins Ausland zu gehen, um ein Buch zu schreiben oder einfach einmal alles hinter sich zu lassen.«

Bobby und Jack waren sehr eng miteinander verbunden. Allerdings nicht als Kinder, denn es bestand zwischen ihnen ein Altersunterschied von acht Jahren, und das ist in der frühen Kindheit sehr viel. Aber mit zunehmendem Alter verringerten sich die Gegensätze, und bald erkannten sie sich gegenseitig an und fanden gemeinsame Interessen. Bobby hatte sich 1946 am Wahlkampf beteiligt, als Jack sich für den Kongreß aufstellen ließ; er hatte den ersten Wahlkampf von Jack für einen Sitz im Senat geleitet, ebenso auch den Wahlkampf für die Präsidentschaft; er war unter Jack Minister gewesen und hatte ihm bei allen Schwierigkeiten, die sich in seiner Amtszeit ergaben, zur Seite gestanden. Als Brüder waren die beiden durch gemeinsame Erinnerungen, eine starke Zuneigung und Loyalität verbunden. Ihr Handeln und Denken war ganz aufeinander abgestimmt. Es ist deshalb kein Wunder, daß Bobby zunächst den Eindruck machte, er sei völlig entwurzelt und wisse nicht, was er in den jetzt folgenden Jahren tun solle. Doch instinktiv war sein größter Wunsch, das zu tun, was Jack von ihm erwartet hätte, und das war in erster Linie, die Fürsorge für Jackie und die beiden Kinder zu übernehmen.

So war er es, der am Abend des Attentats das Flugzeug »Air Force One« auf dem Flugplatz in Washington erwartete, das Jack in seinem Sarg und Jackie im blutbefleckten Kleid aus Dallas zurückbrachte; er nahm alles in die Hand und übernahm die Verantwortung für die Familie. Bobby blieb bei Jackie und ist in den folgenden Tagen kaum von ihrer Seite gewichen. Er nahm an der Geburtstagsfeier für John jr. teil, fuhr gegen Mitternacht mit Jackie nach Arlington, um am Grabe von Jack zu beten und einen kleinen Blumenstrauß auf den Grabhügel zu legen. Bis sie mit Caroline und John jr. am Vorabend des Thanksgivingtages zu uns nach Hyannis Port flog, hat er sie ständig umsorgt und ihr zur Verfügung gestanden.

Bobby, der Jack so eng verbunden war, kam zu Thanksgiving nicht nach Hyannis Port. Irgendwie war es ihm unmöglich. Ich vermute, er stand damals noch unter den Auswirkungen eines fast

unerträglichen seelischen Schocks. Er ging mit Ethel und den älteren Kindern für ein paar Tage nach Florida, wo auch er wahrscheinlich – von seinen Gedanken verfolgt – am Strande umhergewandert ist.
In den folgenden Monaten, ja sogar während des ganzen nächsten Jahres war Bobby die Hauptstütze im Leben von Jackie. Er war ihr Ratgeber, Beschützer, Vertrauter und guter Kamerad, auf den sie sich in jeder Beziehung verlassen konnte. Auch Ted tat alles für sie, aber er war fast zwei Jahre jünger als Jackie; der vier Jahre ältere Bobby hingegen war allein durch sein Alter und Temperament mehr für die Rolle des älteren, beschützenden Bruders geeignet. Sie hatte keine nahen männlichen Verwandten. Ihr Vater war nicht mehr am Leben, und der viel jüngere Halbbruder war fast noch ein Kind. So war es nur natürlich und richtig, daß sie sich in der Trauerzeit, in der sie beginnen mußte, ein neues Leben aufzubauen, an Bobby und Teddy, besonders aber an Bobby anschloß.
Als Teddy mit dem Flugzeug verunglückte, waren wir in Hyannis Port. Jean hatte die Elf-Uhr-Nachrichten angestellt. Es wurde eine Sondermeldung durchgegeben. Sie lief über den Rasen und sagte es Bobby. Ohne ihren Vater oder mich im großen Haus zu stören, fuhren sie ab und waren um 4.00 Uhr morgens im Krankenhaus. Nachdem sie festgestellt hatten, daß Teddy noch lebte und die Chance hatte, durchzukommen, ging Bobby zu Mrs. Moss, deren Mann im Sterben lag, und versuchte, sie auf einem langen Spaziergang zu trösten.
Dann ging er zurück, um nach Ted zu sehen, der, umgeben von allen möglichen medizinischen Apparaten, auf der Intensivstation lag, ihn aber doch anlächelte und mit leiser Stimme sagen konnte: »Bist du wirklich ein so rücksichtsloser Mensch, wie man es dir nachsagt?« Das war ein für die Kennedys typischer Scherz unter Brüdern, und Bobby hat in diesem Augenblick sicher wieder Mut gefaßt und angenommen, Teddy werde es überstehen.
Im folgenden Jahr bewarb sich Teddy um seine Wiederwahl als

Senator. Persönlich auf Wahlreisen zu gehen, kam diesmal nicht für ihn in Betracht, er hatte aber sehr tüchtige Mitarbeiter. Mit ihrer Hilfe führte er den Wahlkampf von seinem Krankenbett aus. Auch ich habe mich einige Male an der Öffentlichkeit gezeigt und für ihn geworben. Doch seine Frau Joan stand im Mittelpunkt aller Bemühungen. Sie bereiste den ganzen Staat und übernahm alles, was eigentlich der Kandidat hätte tun sollen. Sie sprach mit den Leuten, schüttelte ihnen die Hände und hielt Reden. Obwohl ihr das nicht leichtfiel, arbeitete sie unermüdlich und mit großem Erfolg. Auch viele andere haben sich offenbar in der richtigen Weise für Ted eingesetzt, denn er wurde mit mehr als 75 Prozent der Stimmen wiedergewählt.

Im Verlauf des Sommers 1964 stellte es sich heraus, daß Präsident Johnson einen anderen Kandidaten für das Amt des Vizepräsidenten nominieren wollte als Bobby. Ich glaube, das war eine natürliche Reaktion und nicht unbedingt auf unfreundliche Gefühle zurückzuführen. Er wollte vielmehr, wenn er wiedergewählt würde, einen neuen Anfang machen, ohne durch Bobbys Gegenwart im Weißen Haus ständig an die glanzvolle Präsidentschaft von Jack erinnert zu werden. Und das wäre mit Sicherheit geschehen, wenn Bobby den Vorsitz im Senat geführt und ihn bei allen politischen Entscheidungen beraten hätte. Ich hatte vielmehr die Empfindung, daß die Johnsons uns anständig, taktvoll und freundlich behandelten und uns in einer Situation, die für sie ebenso schwierig war wie für uns, ihre aufrichtige Sympathie und ihren guten Willen entgegenbrachten. Es gab Leute, die zum Stabe von Jack gehört hatten und gegen Mr. Johnson eingestellt waren. Vielleicht gehörten auch einige Mitglieder unserer Familie dazu. Doch ich habe diese Haltung nicht geteilt. Ich schätzte ihn, bewunderte seine Fähigkeiten und konnte seine Lage verstehen. Auch für Lady Bird, die ihre großen Vorzüge besaß, hatte ich Verständnis, weil ich wußte, daß es fast jede Frau schwer haben würde, die als Nachfolgerin von Jackie die Pflichten der First Lady im Weißen Haus übernehmen mußte.

Bobby stand jetzt vor einer Entscheidung, und da er grundsätzlich entschlossen war, weiter im öffentlichen Leben zu bleiben, und glaubte, sein »Versprechen halten« zu müssen, wollte er sich nun bei den Senatswahlen als Kandidat für den Staat New York aufstellen lassen. Er wurde ohne große Schwierigkeiten von der Demokratischen Partei nominiert. Es bedurfte nur intensiver organisatorischer Vorbereitungen, und darin kannte er sich aus. Die allgemeinen Wahlen waren allerdings etwas anderes, denn als Gegner stand ihm der Republikaner Kenneth Keating gegenüber, ein Mann, der sich in der Politik ausgezeichnet hatte, der mit seinem silbergrauen Haar und feinen Zügen gut aussah, als Redner Eindruck machte und den Wählern gefiel.

Obwohl Bobby das innenpolitische Spiel hinter den Kulissen inzwischen in- und auswendig kannte, hatte er sich bisher noch nie um ein öffentliches Amt beworben und hatte sich noch nie darum bemühen müssen, die Öffentlichkeit für sich zu gewinnen. Für diese Rolle war er von der Natur nicht mit besonderen Gaben ausgestattet worden. Bisher hatte er keine Veranlassung gehabt, diese Eigenschaften zu entwickeln, und das paßte auch nicht zu seinem Stil. Jetzt nahm er die Herausforderung an, war aber nicht sehr glücklich dabei und tat es nicht leichten Herzens. (Aber ich erinnere mich, daß auch Jack zunächst nur ungern mit fremden Menschen zusammenkam, um sie zu bitten, sie möchten ihm ihre Stimme geben. Zu Beginn des Wahlkampfes für die Kongreßwahlen 1946 unterhielt sich Joe in Boston einmal mit ein paar Bekannten an einer Straßenecke, als Jack die Straße überquerte und sich den vorbeikommenden Passanten vorstellte. Erfreut und verwundert sah Joe ihm zu und meinte: »Ich hätte nie gedacht, daß er das fertigbringen wird.«)

Als Bobby sich zum erstenmal als Kandidat aufstellen ließ, hatte ich ja bereits einige Erfahrungen als Rednerin und Wahlkämpferin. So habe ich mich recht rege an diesem Wahlfeldzug beteiligt. Als seine Mutter hatte ich zum Beispiel die Möglichkeit, der Behauptung entgegenzutreten, er sei ein politischer Abenteurer,

käme von außerhalb des Staates New York und sei nicht berechtigt, sich hier um ein öffentliches Amt zu bewerben. Auf einer Versammlung in der Aula der Schule von Riverdale hatten wir eine solche Situation geprobt. Er kam selbst darauf zu sprechen und sagte, man werfe ihm vor, er sei kein Einheimischer. Dann wendete er sich an mich: »Sag es ihnen, Mutter.« Das tat ich und erzählte, daß wir, als Bobby zwei Jahre alt gewesen war, nach New York gezogen waren und dann vierzehn Jahre dort gewohnt hatten und daß wir auch später ständig eine Wohnung in New York City gehabt haben, da diese Stadt immer der Hauptsitz der geschäftlichen Unternehmen meines Mannes gewesen ist. Ich sagte, Bobby und seine Geschwister seien jahrelang in New York zur Schule gegangen. Damit hatte ich bewiesen, daß unsere Familie in diesem Staat beheimatet war. Das zerstreute augenscheinlich die Befürchtungen der Leute, Bobby könnte als Senator des Staates New York unter Umständen dessen Interessen nicht überzeugend vertreten.
Bobby gewann die Wahlen mit einer Mehrheit von über 700 000 Stimmen.

Teddy war Mitte Dezember aus dem Krankenhaus entlassen worden. Und als der Kongreß im Januar 1965 zusammentrat, saßen daher zwei Brüder Kennedy im Senat der Vereinigten Staaten.
Etwas später brachte die Zeitschrift *Time* einen ausführlichen Artikel über die beiden und über die ungewöhnlichen Umstände, die sie zur gleichen Zeit in diese Position gebracht hatten. Ihre Porträts erschienen auf dem Titelblatt, wo sie sich im Viertelprofil einander zuwendeten, während die Kuppel des Kapitols den Hintergrund bildete. Wir ließen das Titelblatt rahmen, und Joe bat mich, das Bild in seinem Schlafzimmer in Palm Beach gegenüber dem Bett aufzuhängen, damit er es sehen konnte, wenn er wach im Bett lag. Auf der anderen Seite über dem Kopfende hing ein feines, in zarten Farben gemaltes und sehr ähnliches Pastellporträt von Caroline im Alter von drei oder vier Jahren. Das Bett

steht nicht mehr dort, wir haben die Möbel umgestellt, aber die Bilder hängen noch an der alten Stelle.

In den folgenden zwei oder drei Jahren veränderte sich unser Leben kaum. Bob und Ted erfüllten ihre wichtigen und zeitraubenden Pflichten im Senat. Sarge wurde Botschafter in Frankreich; deshalb zogen Eunice und die Kinder mit ihm nach Paris. Wie man weiß, hatte er als Botschafter großen Erfolg. Pat und Peter trennten sich und wurden dann geschieden. Das war für sie, die Kinder und die ganze Familie aus vielen Gründen schmerzlich. Aber sie hatten schon längere Zeit nicht gut miteinander auskommen können, und es hat uns daher nicht überrascht, als es zum endgültigen Bruch kam. Sie und die anderen Töchter und Schwiegertöchter hatten jeweils für ihre eigenen Kinder zu sorgen, und schließlich hatten wir auch alle viel damit zu tun, zum Gedenken an die verstorbenen Mitglieder der Familie konstruktive und positive Arbeit zu leisten und zu versuchen, in ihrem Andenken das Leben der anderen so sinnvoll wie möglich zu gestalten.

Der Zustand von Joe hatte sich nicht verändert. Gelegentlich kam es zu Krisen, und dann hatte man den Eindruck, das Ende käme immer näher. Aber jedesmal erholte er sich wieder und fühlte sich so wohl, daß er aufstehen und ein paar Schritte gehen wollte. Im großen und ganzen war es ein grausamer und allmählicher Verfall, den er jedoch tapfer auf sich nahm.

Seit dem Schlaganfall mußte er ständig einen kräftigen Mann um sich haben, denn wenn er in einen Wagen, ein Boot oder die Badewanne steigen wollte, brauchte er Hilfe, und es gab Situationen, bei denen eine weibliche Person das nicht bewältigt hätte oder ihre Gegenwart peinlich gewesen wäre. Dieser Mann fuhr auch seinen Wagen, lenkte das Motorboot, half bei der Pflege, bettete ihn um, wenn es notwendig war (Joe wog immer noch etwa 180 Pfund), und leistete andere Handreichungen. Im Lauf der Jahre haben einige Pfleger diese Stelle innegehabt, aber der letzte, ein kräftiger junger Mann namens John Ryan, dessen

humorvolles, freundliches und optimistisches Wesen ihn für diese Arbeit besonders geeignet erscheinen ließ, kam 1966, pflegte meinen Mann bis zu dessen Tode im Jahre 1969 und blieb dann bis 1973 als mein Angestellter bei mir.
Ich selbst war fast immer zu Hause und war dann tagsüber und am Abend viel mit Joe zusammen. Das Frühstück, das Mittagessen und das Abendessen nahmen wir gemeinsam ein. Ich sprach mit ihm und erzählte ihm, was es in der Familie und bei unseren Freunden Neues gab, und berichtete über Dinge, von denen ich annahm, sie würden ihn interessieren. Manchmal las ich ihm aus Briefen vor, die ich erhalten hatte, oder aus Zeitungen und Büchern, die ich las, um mich weiterzubilden oder um meine Schlaflosigkeit zu bekämpfen. Nach dem Abendbrot sahen wir uns meist das Fernsehprogramm an, bis es Zeit für ihn wurde, zu Bett zu gehen. Das war immer recht früh, denn er ermüdete schnell. Ich wurde recht häufig zum Essen eingeladen, und es gab auch gewisse gesellschaftliche Ereignisse – die großen Wohltätigkeitsbälle in Palm Beach –, an denen jeder teilnahm und zu denen man festlich angezogen und in bester Laune erschien. Hier sah man seine alten Freunde wieder. Die Atmosphäre war immer anregend, und mir machte das Freude. Deshalb besuchte ich in jeder Wintersaison drei oder vier dieser Veranstaltungen. Das hat mich jedoch nicht daran gehindert, Joe genügend Zeit zu widmen. Wenn ich zum Lunch oder zum Dinner eingeladen war, sagte ich der Gastgeberin vorher, daß ich vielleicht etwas später kommen würde. Da Joe pünktlich um 12.00 Uhr zu Mittag aß und das Abendessen um 18.00 Uhr aufgetragen wurde, konnte ich mit ihm eine leichte Mahlzeit essen und anschließend doch noch pünktlich zu einer zweiten leichten Mahlzeit erscheinen. Die großen Gesellschaftsabende und Konzerte fingen nur selten vor 8.00 Uhr abends an, und um diese Zeit war Joe schon zu Bett gegangen. Er wußte immer, was ich vorhatte und interessierte sich dafür. Nie hat er gezeigt, daß er nicht einverstanden sei. Er wollte mich nicht an sein Krankenbett fesseln, sondern wünschte, daß

ich mein eigenes Leben führte und mich daran freute. Die äußeren Umstände hatten sich drastisch verändert, aber zwischen uns bestand immer noch das gleiche vollkommene Einverständnis, das in mehr als fünfzigjähriger Ehe geherrscht hatte. Aber eines war von dem Tage an, als er krank wurde, anders geworden. Wenn ich mich zu irgendeiner Gelegenheit festlich anziehen mußte, dann wartete ich mit dem Umziehen bis nach dem Abendessen und tat es erst, wenn er zu Bett gegangen war. Ich wollte ihn damit nicht täuschen, sondern glaubte, dieser Anblick werde ihn an die nicht zurückzugewinnende Vergangenheit erinnern, und es wäre rücksichtsvoller, wenn ich mich allein umzöge und auf den Weg machte.

Da Ann die Pflege übernommen hatte und tüchtige Krankenschwestern und Pfleger wie John Ryan ihr halfen, zudem ausgezeichnete Ärzte zur Verfügung standen, die im Notfall sofort kamen, glaubte ich, hin und wieder für einige Tage oder Wochen verreisen zu können. Es gab Dinge, die ich für notwendig hielt und tun wollte. In regelmäßigem Abstand von wenigen Monaten besuchte ich Rosemary. Ich wollte mich an unserem Hilfsprogramm für geistig Behinderte beteiligen und Anregungen dafür geben. Wir hatten dieses Programm im Gedanken an Rosemary ins Leben gerufen. Daneben gab es zahlreiche karitative Vorhaben, die von der Joseph-P.-Kennedy-jr.-Stiftung ins Leben gerufen worden waren. Auch an dem Fortschritt des Ausbaus der für Jack geplanten Gedenkstätte wollte ich teilnehmen – dazu gehörten unter anderem die Bibliothek und das Kulturzentrum. Ende 1964 und Anfang 1965 unternahm ich einige Auslandsreisen, um an einer Wanderausstellung von Photographien, Dokumenten und Erinnerungsstücken teilzunehmen, die mit Jack und seiner Präsidentschaft im Zusammenhang standen und bei deren Eröffnungen ich ein paar Worte zu sprechen hatte. So ging ich nach England, Frankreich, Deutschland und in einige andere Länder, hielt mich überall kurze Zeit auf und war bewegt, zu sehen und zu spüren, welches Interesse, welche Zuneigung und

Bewunderung so viele Menschen in so vielen verschiedenen Ländern Jack entgegenbrachten.
So gab es in jenen Jahren genügend Anlaß, aktiv zu sein. Das war natürlich 1968 noch mehr der Fall, als Bobby sich von der Demokratischen Partei als Kandidat für die Präsidentschaftswahlen aufstellen lassen wollte.
Sein Vater glaubte, es wäre besser gewesen, wenn er sich nicht beworben hätte. Er war jedoch nicht mehr in der Lage, Bobby von seinen Gründen zu überzeugen.
Auch ich hatte im Hinblick auf diese Kandidatur meine Vorbehalte. Bobby hatte gegenüber seiner eigenen Familie viele Verpflichtungen, ebenso aber auch gegenüber unserer ganzen Familie. Er war erst 43 Jahre alt und jung genug, sich auch etwas später noch um dieses Amt zu bewerben. Bis dahin sollte er nicht versuchen, die ganze Last der Verantwortung für die Nation auf seine Schultern zu nehmen, sondern sich lieber eine Weile entspannen und ausruhen.
Aber Bobby hatte seinen Entschluß gefaßt und wollte sich von dem, was er für richtig hielt, nicht abbringen lassen. Er hatte sicher das Für und Wider gewissenhaft gegeneinander abgewogen und seinen ganzen Lebenslauf überdacht. Man hat behauptet, Jack sei ein Romantiker gewesen. Aber Bobby war trotz seiner angeblichen Rücksichtslosigkeit – das war eine absolute Fehlbeurteilung – sicher ein ebenso großer Romantiker und Idealist. Ich verwende diesen Ausdruck so, wie ich ihn verstehe, und meine damit, daß es einem Menschen möglich ist, mit Hilfe seines Glaubens und ernster Bemühungen viel Gutes in der Welt zu erwirken. Ich habe schon erwähnt, daß der *Ulysses* von Tennyson zu den Lieblingsdichtungen von Jack gehörte. Er zitierte oft daraus, und zu den Versen, die ihm am besten gefielen und die sicher auch Bobby inspiriert haben, gehören die folgenden:

Kommt, meine Freunde,
Es ist nicht zu spät, nach einer neuen Welt zu suchen.

Legt ab, und auf den Ruderbänken in gewohnter Ordnung sitzend
Teilt die Wogen. Ich will nach Westen segeln,
Wo die Sinne sinkt und alle Sterne
Eintauchen in die Fluten, bis ich sterbe.
Vielleicht ziehn uns die Strudel in die Tiefe;
Vielleicht erreichen wir die blühenden Inseln
Und feiern Wiedersehen mit unsrem Freund Achill.
Wenn wir auch viel verloren, viel erduldet haben,
Und wenn auch unsre Kräfte schwanden, die in jenen Tagen
Bewegten Erd' und Himmel, wir sind noch die Alten,
Wir haben alle uns ein tapfres Herz bewahrt.
Das Schicksal und die Zeit, sie haben uns geschwächt,
Doch in uns lebt der Wille, und wir streben weiter,
Wir werden suchen, finden und uns nicht geschlagen geben.

Und so eilten »die Soldaten wieder zu den Fahnen«, die treuen Gefolgsleute, die Bobby, Ted, Jack und andere im ganzen Lande angeworben hatten. Natürlich traf auch ich Vorbereitungen, um auf die Reise zu gehen und dort zu helfen, wo man mich brauchte. Ich war 77 Jahre alt, und es schien die Leute zu überraschen, daß ich für meinen Sohn in den Wahlkampf zog und das anstrengende Leben, das ein so großes Unternehmen mit sich bringt, auf mich nahm. Mir kam das durchaus nicht seltsam vor, es war für mich vielmehr die natürlichste Sache von der Welt.

Bobby hatte eine ganze Weile gezögert, bevor er in die Vorwahlen ging, und zwar nicht, weil er unentschlossen war, sondern weil er es schätzte, gut beraten zu werden, und die beiden Menschen, deren Rat für ihn einen unschätzbaren Wert gehabt hätte, standen ihm nicht mehr zur Verfügung. Jack war gestorben, und sein Vater hatte die Sprache verloren und war in letzter Zeit zusehends hinfälliger geworden. Deshalb ging Bobby erst verhältnismäßig spät in den Wahlkampf für die Vorwahlen, und es mußte vieles nachgeholt werden.

Er hatte sich zu einem guten Redner, einer starken Persönlichkeit und einem im ganzen Volk geachteten Mann entwickelt, der seine Zuhörer zu fesseln verstand. Auch ich konnte mit großen Zuhörerzahlen rechnen.
Aber ich beging aus Unachtsamkeit einen Fehler, der von einer Zeitung aufgegriffen wurde. Bobby hatte gerade die Vorwahlen in Indiana gewonnen, und es gab wie immer unzählige Interviews. Ein Berichterstatter meinte, der Wahlkampf in Indiana habe sicher viel Geld gekostet, und es müsse angenehm sein, zu wissen, daß die Kennedys sich das leisten könnten. Ich hatte im Lauf des Jahres schon oft ähnliche Kommentare gehört. So war zum Beispiel eine Karikatur von Jack und seinem Vater erschienen, auf der Joe sagte, »Mach dir keine Sorgen, mein Sohn. Wenn du die Wahlen verlierst, werde ich dir ein ganzes Land kaufen.« Ich fand das alles unfair, denn obwohl Joe sich mit beträchtlichen Summen an der Finanzierung der Wahlkämpfe beteiligt hatte, waren diese Beträge unerheblich, wenn man sie mit denen verglich, die er für Schulen, wohltätige Zwecke, medizinische Forschung und ähnliches stiftete. Außerdem war ich überzeugt, daß das Geheimnis der politischen Erfolge der Kennedys nicht das Geld war, sondern die sorgfältige Planung und Organisation, die harte Arbeit, die Begeisterung und die Hingabe der Familie und ihrer Freunde. Ich war, was diese Frage betraf, zur Zeit des besagten Interviews wahrscheinlich an einen Punkt geraten, an dem ich kurz davor stand, aus der Haut zu fahren, denn ich wurde in dem Bericht wie folgt zitiert: »Es ist unser Geld, und wir haben die Freiheit, es so auszugeben, wie es uns gefällt. Das gehört zu diesem Wahlkampf. Wenn man Geld hat, dann gibt man es aus, um zu gewinnen...«
Vielleicht habe ich das oder etwas Ähnliches tatsächlich gesagt. Was ich aber anschließend gesagt hatte – und das war nicht in dem Bericht enthalten –, weiß ich noch recht gut. Ich hatte gesagt, es gebe Leute, die Geld haben und es für ihre Kunstsammlungen, große Jachten, aufwendige Häuser oder gesellschaftliche

Veranstaltungen verwenden; man gibt sein Geld so aus, wie es den eigenen Interessen entspricht; wenn wir uns für das politische Leben interessierten und auf diesem Sektor Geld ausgeben wollten, sei daran doch kaum etwas zu beanstanden. Und ich fragte, ob es denn nicht viel gesünder sei – für das politische Klima im allgemeinen –, wenn mein Mann sein eigenes Geld zur Verfügung stellte, als wenn seine Söhne auf Spenden reicher Leute oder Organisationen angewiesen wären, denen sie sich später verpflichtet fühlen müßten?

Das schien mir eine vernünftige Argumentation zu sein, und so denke ich auch noch heute. Ich habe damit jedoch eine in der amerikanischen Innenpolitik geltende Grundregel verletzt, die besagt: wenn ein Kandidat aus einer reichen oder wohlhabenden Familie stammt, spricht man darüber möglichst wenig. Das wurde mir am folgenden Morgen wieder klar, als ich sah, daß die Zeitungen in ihren Schlagzeilen und Berichten jetzt behaupteten, Bobby sei »der verwöhnte Sohn reicher Eltern«, dessen Vater bereit sei, sein Vermögen dafür einzusetzen, daß er nominiert wird. Ich hatte einen Fehler gemacht – über Geld durfte nicht gesprochen werden.

Auf den darauffolgenden Wahlversammlungen versuchten einige Reporter, zu dem gleichen Thema noch mehr von mir zu hören. Aber ich antwortete ihnen nur: »Die Leitung unseres Wahlbüros hat mich wissen lassen, daß man mich mit dem nächsten Flugzeug nach Hause schicken wird, wenn ich das Thema Geld noch einmal erwähne. Wenn es Ihnen daher nichts ausmacht . . .« Diese Antwort wurde in den nächsten Ausgaben der Zeitungen wörtlich zitiert. Als ich einige Tage später bei einem Essen, das gegeben wurde, um Geld für den Wahlkampf zu sammeln – das Gedeck kostete 100 Dollar –, sprechen sollte, stellte mich Bobby lächelnd mit den Worten vor: »Mutter glaubt, wir finanzieren diese Wahlkämpfe mit unserem eigenen Geld. Es ist daher nett von ihr, heute hergekommen zu sein, so kann sie nun selbst sehen, wessen Geld wir wirklich ausgeben.« Dabei machte er eine weit ausholende

Handbewegung und wollte damit andeuten, wie viele Menschen hier bereit gewesen waren, für das Menü 100 Dollar auszugeben. Auch dieser Ausspruch kam in die Zeitungen, und die Aufregung, die ich erzeugt hatte, legte sich allmählich.

Als Jack 1960 für das Amt des Präsidenten kandidierte, wollte ich in den Reden, die ich für ihn hielt, in erster Linie zeigen, daß er nicht zu jung sei, um Präsident zu werden, weil er sich schon sein ganzes Leben für Geschichte und Politik interessierte, weil es in der Tradition der Familie lag, öffentliche Ämter zu übernehmen, und weil er sich schon lange und intensiv mit politischen Wissenschaften beschäftigt hatte. 1968, als Bobby in den Wahlkampf ging, kam es vor allem darauf an, gegen die Vorstellung anzukämpfen, er sei »rücksichtslos«, eine Vorstellung, die sich irgendwie im Lauf der Zeit in der öffentlichen Meinung festgesetzt hatte. Ich versuchte, in dieser Richtung zu wirken, indem ich darauf hinwies, daß er in der Regierung viele schwierige Aufgaben hatte übernehmen müssen, die er mit Erfolg bewältigt habe, weil er bereit gewesen sei, aus voller Überzeugung, energisch, entschlossen und moralisch unbestechlich seine Pflicht zu tun. Er sei deshalb nicht »rücksichtslos«, sondern »einsatzbereit«. Man könnte auch sagen, er sei »opferbereit«, »mitfühlend«, »idealistisch« und »mutig«. Doch vor allem habe er ein gutes Herz, und nur zu oft beherrsche dieses Herz den Intellekt. Er sei offen, ehrlich und selbstlos.

Man könnte natürlich sagen, mein Urteil als Mutter sei parteiisch gewesen. Ich möchte deshalb im folgenden einige Abschnitte aus dem Buch *That Shining Hour* zitieren, das Pat über ihn herausgegeben hat. Averell Harriman schreibt darin:

»Robert F. Kennedy war einer der tapfersten Männer, die ich je gekannt habe. Er war furchtlos. Er stellte sich den Tatsachen. Es war ihm unmöglich, nicht die Wahrheit zu sagen, wie er sie sah. Ich glaube, deshalb haben einige Menschen ihn für rücksichtslos gehalten. Gegegentlich ist es rücksichtslos, die Wahrheit zu sagen. Er unterstützte die Vorhaben, an die er glaubte, und zwar ohne Rücksicht darauf und obwohl er wußte, daß er sich dadurch Feinde machte. Aber nur wenige Männer haben in so hohem Maß die Achtung und Zuneigung so vieler gewonnen. Die Schwarzen und andere Minderheiten wußten, daß er ihre Sache zu seiner eigenen machte.

Wäre er zum Präsidenten gewählt worden, so wäre er ein großer Präsident gewesen ... Er verstand die Probleme unserer Zeit ...«

Der Republikaner und Finanzier Benno Schmidt schreibt über seine erste Begegnung mit Bobby:

»Ich war überrascht und etwas neugierig, als ich am 8. Dezember 1966 in mein Büro kam und die Nachricht vorfand, ich möge Senator Robert Kennedy in Washington anrufen. Ich kannte Senator Kennedy damals noch nicht persönlich. Ich rief zurück, und er sagte, er würde mich gern aufsuchen – ›wenn möglich, heute‹. In einem vielleicht etwas schroffen Ton erwiderte ich, ›ich werde den ganzen Tag in meinem Büro sein‹. ›Gut‹, antwortete er sehr freundlich, ›wenn ich darf, würde ich mit dem Flugzeug um 16.00 Uhr nach New York fliegen. Ich könnte dann kurz vor 18.00 Uhr in Ihrem Büro sein und werde versuchen, mich so kurz zu fassen, daß Sie Ihr Abendessen nicht versäumen. Vielen herzlichen Dank ...‹ Ich war einigermaßen verwundert und dachte, wo bleibt denn die Arroganz, von der man so viel hört?

Er traf pünktlich zur verabredeten Zeit ein und war mir von dem Augenblick, da er seinen Fuß in mein Büro setzte, ungeheuer sympathisch. Nach kurzer Begrüßung und wenigen höflichen Worten trug er mir sehr beredt und überzeugend seine Pläne vor.

Seit diesem ersten Zusammentreffen ... wurde es mir immer deutlicher klar, wie unglaublich falsch die Vorstellung war, die man sich in weiten Kreisen von Bob als Persönlichkeit und Politiker machte. Er besaß ein ungeheuer starkes Mitgefühl, ließ sich von den edelsten Grundsätzen leiten, war in seinem Wesen scheu und etwas zurückhaltend, besaß aber den prächtigsten Sinn für Humor, der mir je begegnet ist (und dabei machte er sich gewöhnlich über sich selbst lustig). Es hat mir viel Freude gemacht, mit ihm zusammenzuarbeiten. Er akzeptierte nicht nur den seinen widersprechende Ansichten, sondern forderte sie heraus, und die Zusammenarbeit mit ihm war deshalb so besonders angenehm, weil man auf der einen Seite erhebliche Meinungsverschiedenheiten mit ihm haben konnte, sich aber auf der anderen Seite von ihm trennte und dabei deutlich empfand, daß die Freundschaft dadurch nicht gelitten hatte ...«

Harold Macmillan schreibt:

»Meine Beziehungen zu Bobby begannen als Freundschaft auf den ersten Blick ... Bobbys persönliche Ausstrahlung war Teil seines Charakters. Sie gehörte zu ihm, sie war angeboren und nicht anerzogen. Doch war sie nicht immer mit einer glücklichen Stimmung verbunden. Er konnte böse werden. Besonders ärgerte er sich über Selbstsucht und Dummheit und darüber, daß man die dringenden Hilferufe der Armen und Unterdrückten in seinem Lande und überall in der Welt aus niedrigen Motiven überhörte. Er konnte zornig sein und lächeln, denn was er fühlte, das empfand er tief und leidenschaftlich. Er hatte sich dazu erzogen, seinen differenzierten Verstand dem guten Herzen dienen zu lassen. Er war ein intellektuell und moralisch reifer Mann.«

Arthur Schlesinger jr. schreibt:

»Vor allem fiel auf, daß er hochgradig intelligent war, und zwar in einer direkten, frischen und unkonventionellen Art. Außerdem besaß er, was Eliot irgendwo eine ›erfahrungsbereite Natur‹ nennt, das heißt, er hatte einen ausnehmend starken Wissensdrang und ein ungewöhnliches Einfühlungsvermögen, das ihn befähigte, Probleme vom Standpunkt des anderen aus zu sehen. Das führte dazu, daß er sich besonders intensiv mit den Ausgestoßenen, den Opfern und den ins Unglück geratenen Mitgliedern unserer Gesellschaft identifizierte. Man hat ihn stets für hart und mutig gehalten. Daß er jedoch ein so warmherziger Freund sein konnte, machte es unmöglich zu glauben, er sei ein unnachgiebiger Mann... Immer mehr beeindruckte einen seine seltene Sanftheit und Fürsorglichkeit, und man wurde immer wieder von seinem wunderbaren, ungewöhnlichen und oft sarkastischen Humor bezaubert.

Lange Zeit waren diese Eigenschaften nicht nach außen hin sichtbar. Es war jedoch faszinierend zu beobachten, wie Bobby im letzten Jahrzehnt fast gegen seinen Willen eine allgemein bekannte Persönlichkeit wurde, und wie so viele Millionen Amerikaner – und das war ihm selbst offensichtlich peinlich – große Hoffnungen auf ihn setzten... Für einen schüchternen Menschen war er ein ausgezeichneter Redner, der bei seinen Zuhörern erstaunlich gut ankam. Ich werde nie eine Wahlreise vergessen, die ich Ende Mai 1968 mit ihm durch das Central Valley in Kalifornien unternahm. Es war ein klarer, sonniger, heiterer Tag. Es hatte sich eine große Menschenmenge eingefunden, um ihn zu sehen. Man sah die wettergebräunten Gesichter alter Farmer, temperamentvolle mexikanische Amerikaner, begeisterte junge Männer und Frauen, aufgeregte Knaben und Mädchen. Er fesselte und ermahnte seine Zuhörer mit einer herrlichen Mischung aus Scherz und Ernst. Einmal machte er sich über sie und sich selbst lustig, um dann wieder mit großem Ernst über die Armut, die Rassendiskriminierung oder den Krieg in Vietnam zu sprechen.

Er wuchs ständig und hätte nie aufgehört, zu wachsen. Er war zur Stimme der amerikanischen Vernunft und des amerikanischen Gewissens geworden ... Seine Fähigkeiten als Führerpersönlichkeit, Denker und Redner schienen alle auf einmal zur Reife gekommen zu sein. Es gibt Leute, die im öffentlichen Leben ihre private Persönlichkeit unterdrücken und zerstören. Im Falle von Bobby wurde das Gesicht, das er der Öffentlichkeit zeigte, zum getreuen Ausdruck seiner privaten Haltung. Man hatte das Gefühl, die Leute fingen endlich an, zu verstehen, wer Robert Kennedy wirklich war.

Es hat in unserem Lande keinen Mann gegeben, der bessere Voraussetzungen für ein öffentliches Amt mitzubringen schien als er.«

Theodore Sorensen schreibt:

»Daß die Menschen, die ihn nicht kannten, Bob Kennedy für einen rücksichtslosen ›Hasser‹ gehalten haben, war eine an das Absurde grenzende, bittere Ironie, denn ich habe noch keinen Menschen gekannt, der eine größere Liebesfähigkeit besaß.

Er war wirklich erfüllt von Nächstenliebe ... und konnte tief und sichtbar bewegt sein, wenn er erlebte, daß einzelne Menschen oder ganze Gemeinschaften guten Willen und Großmut bewiesen. Er liebte sein Land, versuchte, die Zustände darin zu verbessern, und war bereit, ihm in jeder Situation zu dienen, sofern er die Möglichkeit sah, für den Fortschritt einen wesentlichen Beitrag zu leisten.

Er liebte seine Eltern und Geschwister über alles – offen, ohne sich dessen zu schämen und unkritisch –, und viele von uns Außenstehenden hatten den Eindruck, daß sein Leben durch diese Liebe leuchtender und reicher wurde als durch irgend etwas anderes. Für seinen Bruder Jack empfand er eine besonders große Liebe ... Nach dem Tode des Präsidenten bewies er sie, indem er Jackie, Caroline und John mit seiner Zuneigung überschüttete. Wie viele andere, die er nach der Tragödie von

Dallas um sich versammelte, werde ich nie vergessen, wie tief es mich bewegt und wie sehr es mir geholfen hat, als er mich wenige Tage später in meinem Büro im Weißen Haus besuchte, immer noch mit der Sonnenbrille, um seine geröteten und geschwollenen Augen zu verbergen, um jetzt über unsere Zukunft und nicht über die Vergangenheit zu sprechen.

Als sein Vater schwer krank wurde – und diese Krankheit hätte einen weniger charakterfesten Sohn entmutigt –, verdoppelte sich seine Zuneigung zu ihm. Am 9. Mai 1968 hatte Bob im Wahlkampf ein anstrengendes und hektisches Tagesprogramm. Ihm stand eine vierwöchige Reise in den Westen bevor. Aber er ließ es sich nicht nehmen, noch nach Hyannis Port zu fliegen, um sich von seinem Vater zu verabschieden und mit ihm Mittag zu essen... Dabei schilderte er seinem Vater ausführlich, wie der Wahlkampf sich entwickelte, wo man schon Versammlungen abgehalten habe, und welches die Pläne für die nächste Zukunft seien, und er beteuerte, wie sehr man den Rat und Beistand des alten Kämpfers vermißte. Auf dem Rückflug nach Washington schlief er auf seinem Sitz ein – zufrieden, daß es ihm doch noch gelungen war, diesen kurzen und nicht leichten Besuch einzuschieben, der, so traurig es war, sein letzter sein sollte.«

Nachdem ich im Wahlkampf alles getan hatte, was man von mir erwarten konnte, wollte ich wieder nach Hause, um dort nach dem Rechten zu sehen. So flog ich am Wahltag nach Hyannis Port, um die Ergebnisse abzuwarten. Zunächst glaubte ich, es werde ein sehr knappes Rennen werden. Aber bereits gegen 1.00 Uhr abends hatte er einen großen Vorsprung, und es schien sicher, daß er siegen würde. Dankbar, aber von der Reise ermüdet ging ich zu Bett. Am folgenden Morgen wachte ich wie üblich rechtzeitig zur Messe um 6.00 Uhr auf, schaltete das Fernsehgerät ein, um die letzten Wahlergebnisse zu hören, und erfuhr statt dessen, daß man Bob ins Krankenhaus gebracht habe.

Wieder konnte ich nicht glauben, daß etwas wirklich Ernstes vorgefallen sein könnte, ja ich wollte es mir nicht erlauben, so etwas überhaupt zu denken. Vielleicht war es bei der Siegesfeier zu einem Unfall gekommen. Ich zog mich weiter an und hörte geistesabwesend die weiteren Nachrichten. Dann kam Ann herein und sagte, man habe auf ihn geschossen.

Es schien mir unmöglich, daß unsere Familie innerhalb von fünf Jahren zum zweitenmal die gleiche Katastrophe erleben sollte. Hätte ich das in einem Roman gelesen, dann hätte ich es für unglaubhaft gehalten. Immer noch wollte ich zur Messe gehen, ja ich hatte ein großes Verlangen danach, obwohl Ann mir sagte, wir würden ständig angerufen, und in der Kirche hätten sich schon die Reporter und Photographen versammelt.

Als wir aus dem Hause gehen wollten, kam uns unser Pfarrer, Monsignor Thomson, entgegen, der die Nachrichten gehört hatte und von Hyannis hierher geeilt war. Er fuhr mit mir zur Kirche. Ich weiß nicht mehr, worüber wir gesprochen haben, und welche Gedanken mir durch den Kopf gingen. Ich weiß nur, daß ich betete, »Herr, erbarme dich«, und immer wieder dachte, »O Bobby, Bobby, Bobby.«

Etwas später riefen Pat aus Kalifornien und Eunice aus Paris an, und beide schienen zu hoffen, daß Bob es überstehen würde. Aber die Berichte in den Nachrichten wurden ernster. Teddy rief an und sagte, es sei nur noch eine Frage der Zeit. Ich beschäftigte mich in meinem Zimmer, ordnete meine Sachen und versuchte, irgend etwas zu tun, weil ich in Bewegung bleiben mußte. Und ich betete und dachte nach. Ich konnte es wider mein besseres Wissen immer noch nicht fassen.

Am nächsten Morgen, Donnerstag, den 6. Juni, starb Bobby.

Ich ging zu Joe ins Zimmer und sagte es ihm. Dann blieb ich eine Weile bei ihm sitzen. Seine Augen waren feucht, aber er blieb ruhig und gefaßt. Wir hielten uns die Hände, und ich spürte, daß wir uns wie immer gegenseitig Kraft gaben.

Das Flugzeug mit dem Sarg traf am Abend ein, und Bobby wurde

in der St.-Patricks-Kathedrale in New York aufgebahrt. Sehr viele Menschen kamen, um ihm die letzte Ehre zu geben.
Bei dem Trauergottesdienst am Samstag hielt Ted die Gedenkrede. In diesen Minuten, die so viel von ihm verlangten, tat er es würdig, schlicht und mit ergreifenden Worten. Seine drei Brüder waren nicht mehr am Leben, und er wußte, daß auch sein Vater ihnen bald folgen würde. Er hat sich ihrer würdig erwiesen.
Was er über seinen Bruder sagte, entsprach ganz den Tatsachen:

»... ein guter und anständiger Mann, der das Unrecht sah und versuchte, es gut zu machen; der das Leiden sah und versuchte, es zu heilen; der den Krieg sah und versuchte, ihn zu beenden.«

Und er zitierte den für Bobby so bezeichnenden Ausspruch:

»Es gibt Menschen, die die Dinge sehen wie sie sind und sagen, ›Warum?‹. Ich träume von Dingen, die es nie gegeben hat, und sage, ›Warum nicht?‹«

Bobby war leidenschaftlich darum bemüht, zu tun, was er für richtig hielt, und er besaß den Willen und die Energie, seine Ziele ohne Rücksicht auf körperliche Ermüdung oder sonstige Schwierigkeiten zu verfolgen.
Als siebentes Kind in einer großen Familie mußte er jahrelang hören, wie seine beiden begabten älteren Brüder gelobt wurden, und deshalb mußte er sich, als er soweit war, besonders anstrengen, um es ihnen gleichzutun. Außerdem machte es ihm zu schaffen, daß er relativ klein war; deshalb fiel es ihm zum Beispiel auch schwer, beim Fußballspiel im College seinen Mann zu stehen. Aber es gelang ihm doch.
Die Feuertaufe in der Politik empfing er, als er seinem Bruder Jack im Wahlkampf half, den Senatssitz für den Staat Massachusetts zu gewinnen – die alte politische Hochburg der Familie Kennedy. Doch er selbst wurde in New York in den Senat

gewählt, wo er vor dem Eintritt in die Kriegsmarine seine Jugend verbracht hatte.
Im Staatsdienst übernahm er schwierige Aufgaben im Kampf gegen die Kriminalität und gegen das organisierte Verbrechen. Mit unermüdlichem Eifer versuchte er, gegen die Ungerechtigkeiten anzugehen, denen sich die vom Schicksal weniger begünstigten oder alten, gebrechlichen Menschen ausgesetzt sahen. Den Vietnamkrieg betrachtete er als eine tragische Episode in unserer Geschichte. Bei seiner Arbeit ließ er sich weder durch körperliche Erschöpfung noch durch abträgliche Kritik beeinflussen.
Er war durchdrungen von seiner Arbeit und glaubte an sie; er war Tag und Nacht tätig, reiste nach Watts und Bedford Stuyvesant, nach Afrika und Vietnam; er aß und schlief, wohin ihn das Schicksal auch immer verschlagen haben mochte.
Mit Ethel und seinen kleinen Kindern, mit denen er sooft es ihm die Zeit erlaubte, lachte und spielte, verband ihn eine tiefe Zuneigung. Seinen Urlaub verbrachte er stets mit ihnen beim Bergsteigen, Skifahren oder Wildwasserfahren im Kanu. Als ich Ethel und ihm einmal vorschlug, sich frei zu machen, sich zu entspannen und auch mal nur an die eigene Bequemlichkeit zu denken, winkte er sofort ab; er wollte sich nicht schonen oder um die Verantwortung drücken, die er auf sich genommen hatte. Er nahm die Herausforderung des Lebens an und begrüßte jede Gelegenheit, im positiven Sinne zu wirken. Dabei konnte er sich des Lebens freuen und mit großer Begeisterung singen und spielen. Er war ein tief religiöser Mensch, und dafür waren sein Vater und ich sehr dankbar. Es ist schmerzlich zu wissen, daß wir Bobby mit seinem vom Wind zerzausten Haar, seinem offenen und frohen Lachen nie mehr sehen werden, daß er uns nie mehr mit einem seiner Kinder auf dem Rücken und einem anderen an der Hand, dicht gefolgt von seinem Hund, entgegengelaufen kommen wird. Die schmerzliche Leere, die er hinterlassen hat, läßt sich durch nichts in der Welt ausfüllen. Wir haben ihn bewundert und geliebt, und ohne ihn ist unser Leben freudloser geworden.

Er war ein liebender Gatte, ein geliebter Sohn und ein von seinen Geschwistern bewunderter Bruder. Ich weiß, ich werde nie einem Menschen begegnen, der ihm gleicht.

In der Presse wurde später von meiner »Haltung«, »Selbstbeherrschung« und »Tapferkeit« berichtet, und es wurde erwähnt, daß ich von Zeit zu Zeit den Menschen, die in den Städten und Dörfern – manchmal sogar von den Hausdächern aus – den Trauerzug an sich vorbeifahren sahen, zugewinkt hätte. Ich kann nicht beurteilen, ob das richtig gewesen ist. Ich habe es aber getan und die Kinder und Enkel aufgefordert, es auch zu tun – und die meisten von ihnen sind meinem Wunsch gefolgt –, weil ich glaubte, wenn die Menschen so viel Mitgefühl zeigten und herbeigeeilt waren, um Bobby zu ehren, müßten wir unserer Dankbarkeit irgendwie Ausdruck verleihen. Was meine Haltung betrifft, so mußte ich sie einfach bewahren. Wenn ich meinem Kummer nachgegeben hätte, dann hätte ich die Trauer der anderen nur verstärkt, und es hätte eine Kettenreaktion entstehen können, die mit Tränenausbrüchen endete. Aber nicht nur ich habe mit meiner Haltung ein Beispiel gegeben. Jeder von uns gab es dem anderen. Bobbys siebzehnjähriger Sohn Joe, der seinen Vater leidenschaftlich liebte, ging von Wagen zu Wagen, wo alte Freunde, offizielle Trauergäste, Presseleute, Mitarbeiter und Untergebene von Bobby saßen, stellte sich vor und dankte ihnen im Namen der Familie dafür, daß sie gekommen waren.
Die Haltung von Ethel war bewundernswert. Sie war in aufrichtiger Liebe mit Bobby verbunden gewesen. Beiden hatte es viel bedeutet, ein gemeinsames Leben zu führen und alles zu teilen. Sie hatten eine vollkommene Ehe geführt. Sosehr ich selbst um Bobby trauerte und ihn vermißte, ich wußte, sie würde ihn noch mehr vermissen; nicht nur weil er so viel für sie bedeutet hatte, sondern auch, weil er der Vater ihrer zehn Kinder war und sie jetzt das elfte erwartete, das wenige Monate später geboren werden sollte. Ich wußte, wie schwierig es für sie sein würde, die

große Kinderschar ohne den Beistand von Bobby aufzuziehen. Auch ihr war das natürlich voll und ganz bewußt. Aber sie gab ihren Gefühlen nicht nach, sondern blieb ruhig und gefaßt. Ich war sehr stolz auf sie.

Nach Bobbys Tod erhielten wir aus dem ganzen Land und aus vielen Teilen der Welt von den verschiedensten Menschen so viele Kondolenzbriefe, daß ich glaubte, ich müßte – noch bevor sie einzeln beantwortet werden konnten, was Monate dauern würde – irgendwie unseren Dank zum Ausdruck bringen. Ich tat es in einer Fernsehansprache, die im ganzen Lande ausgestrahlt wurde. Im folgenden gebe ich Auszüge dieser Ansprache wieder:

> »Darf ich Ihnen allen, die uns durch Ihre Gebete, Ihre Zuneigung und Ihre Beileidsbezeigungen Ihre Verbundenheit gezeigt haben, aufrichtig danken... Wir wissen, daß es Ihnen von Herzen kam, und ebenso kommt unser Dank von Herzen...
>
> Wir können die Wege des Allmächtigen nicht immer verstehen... Wir haben Mut, wir bleiben standhaft, und wir werden weiter für die von Bobby vertretenen Grundsätze einstehen...
>
> Wir kennen seine Hoffnungen, wir werden ihn nicht mit nutzloser Trauer und vergeblichem Bedauern, sondern mit fester Entschlossenheit ehren... Wir werden etwas tun, um den Hunger zu bekämpfen, und dafür arbeiten, den Unglücklichen zu helfen, für die er ein so tiefes Mitgefühl empfand und für die er so lange und beharrlich gearbeitet hat.
>
> Im Gedenken an ihn und in unseren Gebeten werden wir Ethel nicht vergessen und auch nicht ihre Kinder, mit denen er gelacht und gespielt hat. Mögen sie ihren Vater nicht nur im Gedächtnis behalten als einen Mann, der sich fröhlich an ihren kindlichen Spielen beteiligte, sondern auch als einen Menschen, der sich von ganzem Herzen, von ganzer Seele und mit aller Kraft dafür eingesetzt hat, das Schicksal der Menschheit zu verbessern und für die geistige Erneuerung und die Ehre unseres großen Landes zu arbeiten.«

Nach dem Tode von Bobby verschlechterte sich der Zustand von Joe so sehr, daß er im Herbst fast vollkommen hilflos war. Er konnte kaum noch allein essen und litt unter allen denkbaren Beschwerden und Peinlichkeiten einer absoluten Lähmung. Mit seiner unglaublichen körperlichen Widerstandsfähigkeit und seiner bemerkenswerten Willenskraft blieb er bis zum 18. November 1969 am Leben. Dann starb er im Kreise der ihm noch verbliebenen Mitglieder der Familie. Ich kniete neben seinem Bett und hielt ihm die Hand. Nach Gott, dem Allmächtigen, habe ich niemanden so geliebt wie ihn und tue es noch – von ganzem Herzen, von ganzer Seele und von ganzem Gemüt. Aber jetzt empfand ich es als einen Segen, daß Gott ihn zu sich nahm.

Nachdem seine Brüder und sein Vater gestorben waren, blieb Ted als einziges männliches Mitglied unserer engsten Familie zurück. Als neuntes und letztes Kind, als jüngster Sohn mußte er jetzt die Rolle des »Familienoberhauptes« übernehmen. Er hat sich großartig bewährt.

20. KAPITEL

Aufrichtig, ehrenhaft und wahr
Hast du als Menschenfreund die goldene Jugend
Hier verbracht und läßt
Die Jugendfreuden und die Welt zurück.

Doch nein – wir sind's, die hier verderben.
Du bist befreit von aller Qual,
Und du steigst auf in lichte Höhn,
Erklimmst die Stufen der Unsterblichkeit.

Diese Verse aus *Fratri Dilectissimi* von John Buchan habe ich vor einigen Jahren in meine Zitatensammlung aufgenommen, sie lassen mich an meine verstorbenen Kinder denken.

Einem anderen Buch des gleichen Verfassers, *Pilgrim's Way*, habe ich die folgende Zeile entnommen und zu meinem Motto gemacht:

»Ich kenne weder Altern, Müdigkeit noch Niederlage.«

Mein Leben ging weiter, ich mußte lernen den Verlust zu tragen, in Liebe zurückzudenken und doch mit offenen Augen in die Zukunft zu schauen. In dieser Zeit habe ich besonders oft an Jacqueline denken müssen.

Wir alle haben es sicher für richtig gehalten, daß Jackie nach einer angemessenen Trauerzeit und nachdem sie wieder zu sich selbst gefunden hatte und fähig war, ganz am Leben teilzunehmen, noch einmal heiratete.

Eine Frau ist ebensowenig wie ein Mann dafür geschaffen, allein zu leben. Das galt gewiß auch für Jackie, die noch so jung und schön war und ein so empfindsames und warmes Herz hatte. Natürlich mußte man auch an Caroline und John jr. denken. Niemand konnte Jack ersetzen, aber es würde ihnen gut tun, wenn ein Mann seinen Beitrag zu ihrer Erziehung leistete.

Als Jackie wieder anfing, ins Theater zu gehen, sich am gesellschaftlichen Leben zu beteiligen, wieder Gäste zum Essen in ihre Wohnung einlud und eine männliche Begleitung brauchte, wenn sie ausging, gehörten diese Männer entweder zur Familie – zunächst war es Bobby – oder es waren gute Freunde und Bekannte wie Arthur Schlesinger Jr., Kenneth Galbraith und der Künstler William Walton. Da sie fast alle verheiratet waren, war die Aussicht zunächst gering, einen neuen Partner zu finden. Je mehr sich Jackie jedoch am gesellschaftlichen Leben beteiligte, desto größer wurde die Auswahl, und wir beobachteten diese Entwicklung mit Interesse und Zustimmung.

Ich kannte Aristoteles Onassis schon seit einigen Jahren und war ihm auf meinen Reisen in Europa hier und da begegnet. Wir trafen uns auf den gleichen Gesellschaften und Empfängen oder beim Essen in den gleichen Restaurants. Bei solchen Gelegenheiten unterhielten wir uns freundlich miteinander und schlossen Bekanntschaft. Auf seinen Reisen hat er uns auch ein paarmal für einen Tag oder Abend in Hyannis Port besucht. Ich sehe ihn noch, wie er an einem Sommertag etwas unbequem auf einem weiß gestrichenen Schaukelstuhl auf der Veranda saß. Wir anderen saßen in ähnlichen Stühlen um ihn herum oder hatten es uns auf dem Boden auf Verandakissen bequem gemacht, die von Sonne und Feuchtigkeit ausgebleicht und durch die intensive Benutzung unserer Enkel recht unansehnlich geworden waren. Der weiße Anstrich des Schaukelstuhls begann schon abzublättern. Unsere Einrichtung war zwar ganz hübsch und praktisch, aber alles andere als elegant. Da ich von seinem märchenhaften Reichtum und Lebensstil wußte, von den Inseln, Jachten, Villen und der großen Dienerschaft, fürchtete ich, die ungezwungene Atmosphäre bei uns könnte ihm etwas seltsam vorkommen. Wenn es so war, dann hat er es sich jedenfalls nicht anmerken lassen. Er war still, umgänglich, gesprächig, intelligent, hatte Sinn für Humor und konnte interessant erzählen.

Er gefiel mir; er war freundlich, anregend und, um ein griechisches Wort zu verwenden, eine charismatische Persönlichkeit.
Und doch war ich völlig überrascht, als Jean mich eines Morgens im Oktober 1968 anrief und sagte, Jackie werde ihn heiraten und würde mich später selbst anrufen. Ich wußte zunächst nicht, was ich sagen sollte. Ich dachte an den großen Altersunterschied und daran, daß sie verschiedenen Kirchen angehörten. Er war griechisch-katholisch und geschieden. Ich fragte mich, ob die römisch-katholische Kirche eine Ehe zwischen den beiden als gültig anerkennen würde. Ich dachte auch an Caroline und John jr. und überlegte, ob sie Onassis als Stiefvater akzeptieren würden, denn das war notwendig, wenn er ihnen die Anleitung geben sollte, die ein Mann seinen Kindern geben muß. So ging mir vieles durch den Kopf, aber ich versuchte, meine Gedanken zu ordnen und festzustellen, welches die wichtigsten Gesichtspunkte seien.
Ich kam zu dem Schluß, daß Jackie es verdiente, ein erfülltes Leben zu führen und eine glückliche Zukunft vor sich zu haben. Jack war vor fünf Jahren gestorben, und sie hatte Zeit gehabt, über alles nachzudenken. Es war nicht ihre Art, sich übereilt in ein Abenteuer zu stürzen. Sie mußte daher ihre Gründe gehabt haben.
Ich gab meine Bedenken auf und beschloß, Jackie meine ganze moralische Unterstützung zu geben, denn die vor ihr liegenden Wochen und Monate würden hohe Anforderungen an sie stellen. Als sie mich anrief, sagte ich ihr, sie sollte tun, was sie für richtig hielt, und meine guten Wünsche würden sie dabei begleiten. Es beruhigte mich, als sie mir sagte, sie habe mit Kardinal Cushing gesprochen, und er habe ihr seinen Segen gegeben. Er setzte sich mit der folgenden Presseerklärung für sie ein: »Ich rate allen Menschen, diese arme Frau nicht mehr zu kritisieren. Sie hat unendlich viel Schmerzliches erlebt und verdient alles Glück, das sie finden kann.« Meine Reaktion schien sie zu erleichtern, und später sagte sie Ted, es habe sie sehr gefreut, daß ich ihr gratuliert und Vertrauen gezeigt hätte.

Die Hochzeit sollte in Griechenland stattfinden. Jackie lud mich dazu ein, ich wollte aber wegen der Krankheit meines Mannes keine so weite Reise unternehmen. Pat und Jean, die Jackie altersmäßig am nächsten standen, vertraten die Familie, um zu zeigen, daß wir unter allen Umständen zu Jackie hielten.
Erst kürzlich hat sich Jackie wieder an diese Zeit erinnert und dazu gesagt:

> »Als ich Ari heiratete, hat ausgerechnet sie mir Mut gemacht. Sie sagte, ›er ist ein guter Mann‹ und ›mach dir keine Sorgen, meine Liebe‹. Sie war sehr freundlich zu mir. Ich war mit ihrem Sohn verheiratet gewesen und habe Kinder von ihm, aber gerade sie war es, die mir sagte, wenn ich glaubte, es sei das Beste für mich, dann sollte ich es tun. Das wird niemanden überraschen, der sie wirklich kennt. Aber wie großzügig ist doch diese Frau! Ich habe sie immer ›Belle Mère‹ genannt und nenne sie auch heute noch so.
> Manchmal kommt sie zu uns zu Besuch. Für Caroline und John ist das eine große Freude. Auch Ari schätzt sie sehr. Das erste Osterfest nach unserer Hochzeit war sie da und verbrachte einige Tage mit uns auf den karibischen Inseln. Im Sommer kam sie nach Griechenland. Sie war auf dem Wege nach Äthiopien, um gemeinsam mit Haile Selassie ihren und seinen achtzigsten Geburtstag zu feiern. Nachdem Grandpa Ende des Jahres gestorben war – ich war mit den anderen in seinem Zimmer, als er starb –, kam sie zum Jahreswechsel zu uns. Wenn ich mich jemals selbst bemitleide – und das ist etwas sehr Unangenehmes –, dann denke ich an sie. Ich habe es nur zweimal erlebt, daß sie ein paar Tränen vergossen hat. Das war einmal in Hyannis Port, als ich in ihr Zimmer kam. Ihr Mann war krank, Jack war nicht mehr am Leben, und Bobby war ermordet worden ... und ... das zweite Mal war es auf dem Schiff nach dem Tode ihres Mannes. Wir standen nebeneinander an der Reling und sprachen über irgend etwas ...

irgend etwas, das ihre Erinnerung weckte. Plötzlich versagte ihr die Stimme, und sie mußte aufhören zu sprechen. Dann nahm sie meine Hand, drückte sie und sagte: ›Niemand soll mich bemitleiden – nein, niemand soll mich bemitleiden.‹ Dann hob sie den Kopf, und ich dachte: mein Gott, was ist das für eine großartige Frau!«

Als ich anschließend im Februar 1970 wieder nach Hause gekommen war, schrieb ich in mein Tagebuch:

»Jackie hat mir ein Photoalbum mit Aufnahmen geschickt, die gemacht worden sind, als ich in Griechenland war, und sie mit lustigen Unterschriften versehen. In ihrem Begleitbrief schreibt sie in ihrer so warmherzigen Art, wie sehr sich alle über meinen Besuch zu Neujahr gefreut hätten.
Es beglückt mich, daß sie mir so herzlich geschrieben hat, denn nun wird es mir immer möglich sein, die Beziehungen zu Caroline und John zu pflegen, und ich weiß, daß sie mich alle gern bei sich sehen, auch Ari und seine Verwandten. Zu Neujahr haben sich die Kinder vielleicht etwas weniger fremd gefühlt, weil ich bei ihnen war.«

Jackie hat oft die Worte aus dem biblischen Buch Ruth zitiert, die Ruth zu ihrer Schwiegermutter Naomi sagt: ›Wo du hingehst, da will auch ich hingehen.‹ Ich glaube, die Bande der Liebe und des Verständnisses zwischen Jackie und mir sind ebenso stark wie die zwischen Ruth und Naomi. Sicher erhalten nur wenige Schwiegermütter einen solchen Brief, wie Jackie ihn an mich geschrieben hat.
Ich habe Jackie um die Erlaubnis gebeten, in diesem Buch daraus zu zitieren. Sie war einverstanden und sagte, »natürlich kannst du ihn verwenden. Selbstverständlich bin ich einverstanden damit, daß du nach deinem Gutdünken alles verwendest, was mich betrifft.«

Brief von Jacqueline Onassis vom Juni 1973:

»Ich hatte gerade Johns Geburt hinter mir – Frühgeburt mit Kaiserschnitt –, fast hätte ich ihn verloren, wie ich unser erstes kleines Mädchen verloren hatte. John mußte zunächst tagelang im Brutkasten bleiben – mit der gleichen Lungenschwäche, an der mein kleiner Patrick gestorben war. Auch ich hatte in Lebensgefahr geschwebt – zu Johns Taufe mußte ich im Rollstuhl gefahren werden.

Einem alten Brauch zufolge übergibt die scheidende First Lady der neuen das Weiße Haus. Doch aufgrund meiner Schwangerschaft war mir strikte Bettruhe verordnet worden. Die Ärzte hatten mir verboten, aufzustehen, um eine erneute Fehlgeburt zu vermeiden. Ich wollte nur sehen, welche Zimmer wir beziehen sollten, und welche als Kinderzimmer vorgesehen waren. Also bat ich Tish Baldridge, er möge der Sekretärin von Mr. Eisenhower sagen, wenn die Tradition es verlange, würde ich mich danach richten und kommen, und zwar am liebsten gleich (das war um den 15. November).

Dann kam die Frühgeburt – Mrs. Eisenhower bat mich, am Tag meiner Entlassung aus dem Krankenhaus zu ihr zu kommen – ich wußte, es würde mir zu viel werden. Aber Jack sagte, ich sollte auf jeden Fall gehen. Ich bat, mir einen Rollstuhl bereitzustellen, weil ich nicht lange ohne Beschwerden gehen konnte.

Als ich ankam, war kein Rollstuhl da. Ich mußte die große Hausbesichtigung über mich ergehen lassen – inklusive Treppensteigen, für Photographen posieren und all der anderen Dinge, die nach Ansicht meiner Ärzte ungemein gefährlich für mich waren. Wieder zurück in unserem Hause in Georgetown, fühlte ich mich sehr elend. Anschließend fuhr ich mit dem Baby und der Kinderschwester nach Florida.

John ging es zunächst nicht sehr gut. Es gab Gott sei Dank einen ausgezeichneten Kinderarzt in Palm Beach, der ihm

wirklich das Leben gerettet hat, als sein Zustand immer bedenklicher wurde.
Ich lag während meiner Krankheit und Genesungszeit in dem Zimmer, das ich mit Jack teilte. Das Haus war voller Menschen. Er schrieb gerade an der Rede, die er zur Amtseinführung halten sollte. Ich erinnere mich noch daran, wie die gelben Blätter im ganzen Zimmer verstreut herumlagen. Wenn er hinausging, sammelte ich sie auf und legte sie unter einen Briefbeschwerer auf den Schreibtisch.
Nicht selten kam damals Pierre Salinger oder irgend jemand anders ins Zimmer, um mit Jack etwas zu besprechen – also mußte ich ins Badezimmer, bis alles vorüber war. So ging das jeden Tag. Ich nahm an den gemeinsamen Mahlzeiten nicht teil – ich konnte kein Essen bei mir behalten.
Und ständig wollten mich Zeitungsreporter interviewen – Laura Berquist von der Zeitschrift *Look* wollte unbedingt wissen, welche First Lady ich am meisten bewunderte.
Ich wußte, welche ich am meisten bewunderte, doch als Laura Berquist kam, ging es mir zu schlecht, als daß ich sie hätte empfangen können. Ich bat Jack, das Interview für mich zu geben, und er hat es netterweise getan. Man erwartete, die Namen Dolly Madison oder Mrs. Roosevelt von mir zu hören, doch ich nannte Mrs. Truman – und ich bin auch noch heute dieser Ansicht – denn sie hat ihre Familie im Weißen Haus zusammengehalten – sie brachte ihre Tochter mit, die damals ein Teenager war – ein schwieriges Alter für jedes Kind – sie sorgte dafür, daß ihre Tochter nicht verwöhnt wurde, daß die Verbindung zwischen ihrem Mann und dem Kind nicht abriß – sie hielt das Familienleben aufrecht – und das im Rampenlicht, das auf einen Präsidenten fällt – sie hielt nach wie vor an den Dingen fest, die ihr wertvoll erschienen. Das war es, worauf es auch mir vor allem ankam: meine Familie im Weißen Haus zusammenzuhalten – ich wollte nicht in die Kohlenbergwerke gehen (Mrs. Roosevelt) oder ein Symbol für Eleganz werden

(Dolly Madison) – ich wollte für Jack, die Kinder und mich einen Teil normalen Lebens bewahren – auch wenn wir dann später vieles andere Schöne erleben sollten – auch wenn ich wußte, dieses große Haus, das Haus des Präsidenten, sollte auf jedem Gebiet Ausdruck für das sein, was Jack für wichtig hielt – mein Bemühen sollte in erster Linie einem gesunden normalen Leben für meine Kinder und ihren Vater gelten.
Du hast sehr treffend geschildert, welche Verwirrung in jenem Dezember, in dem ich die Klinik verließ, bis zur Amtseinführung herrschte. Ich weiß nicht, ob Du Dich an die Einzelheiten erinnerst – an den Tag, als Jack zur Amtseinführung mit der *Caroline* nach Washington flog – ich sollte ein fahrplanmäßiges Verkehrsflugzeug nehmen – ich war tagelang in meinem Zimmer gewesen – hatte das Bett nicht verlassen – all die Ereignisse waren einfach zuviel für mich geworden.
Die Rückkehr nach Washington – die Festlichkeiten anläßlich der Amtseinführung – die Amtseinführung selbst – ich glaube, ich war körperlich und nervlich am Ende – die kaum einen Monat zurückliegende Geburt war alles andere als eine Erholung gewesen – meine Ärztin sagte Jack, sie mache sich Sorgen um mich – der Flug und die Landung in einem normalen Flugzeug seien zu anstrengend für mich.
In Washington blieben wir zunächst zwei Tage in unserem Haus in Georgetown – ich mußte das Bett hüten – ich konnte an all den Feierlichkeiten nicht teilnehmen und hätte Jack doch so gern begleitet. Grandpa gab ein Essen – Jean und Steve gaben eine Gartenparty für alle Mitglieder der neuen Regierungsmannschaft, und ich konnte nicht dabeisein. Zum festlichen Empfang zur Amtseinführung begleitete ich Jack – (der herrliche Anblick, als Grandpa zugleich mit dem Mantel auch den Frack auszog!) – aber in der ersten Pause mußte ich bereits wieder nach Hause.
Ich konnte am Vormittag der Amtseinführung nicht einmal mit Jack zur Messe gehen. Wir nahmen gemeinsam an den Feier-

lichkeiten der Parade teil – aber ich mußte mittendrin gehen und den ganzen Nachmittag wieder im Bett liegen.
Den großen Ball besuchte ich mit Jack und den Johnsons, ich wollte diesen wunderbaren Abend so gern voll und ganz mit ihm gemeinsam erleben – aber plötzlich im Wagen verließen mich die Kräfte – er brachte mich wieder ins Weiße Haus und ging allein auf die vier weiteren Bälle – und ich mußte eine Woche lang das Bett hüten.
Jack war so glücklich – ich hätte diese ersten glanzvollen Stunden so gern mit ihm zusammen erlebt – wenigstens, tröstete ich mich, hatte ich ihm John geschenkt, den Sohn, den er sich so sehnlich gewünscht hatte. Die Woche, bevor ich wieder aufstehen durfte, verbrachte ich mit der Lektüre von Büchern über die Geschichte des Weißen Hauses – ich wußte, was ich dort tun wollte – mir war klar, wieviel vom richtigen Start abhing.
Der Vorsitzende des Ausschusses für bildende Kunst, David Findley, besuchte mich – er war ein alter Freund meiner Mutter und meines Stiefvaters – ich wußte, ohne seine Hilfe konnte ich nichts tun – (Jack hatte mir gesagt, ich sollte nicht versuchen, im Weißen Haus etwas zu verändern, und daran denken, wie sehr der Truman-Balkon kritisiert worden ist) – aber ich war anderer Meinung – wenn man angesehene Kunsthistoriker, Republikaner und Henry Dupont aus Winterthur vom bedeutendsten Museum für amerikanische Kulturgeschichte für sich gewinnen könnte, würde man vielleicht etwas schaffen, auf das man später stolz wäre. Ich war also keineswegs untätig ...
Jack hat in seinem ganzen Leben so viel zu leiden gehabt – und auch Du – und die Zeit, von der ich gesprochen habe, war für mich keine so glückliche Zeit, wie man den Photographien nach denken könnte. Die menschliche Belastung und der Streß waren groß – Du, die Du immer so tapfer bist, wirst das niemals überbetonen – aber ich finde, Du solltest den Hintergrund wissen – in Deinem Hause ging alles drunter und drüber – und ich habe Dir nie erzählt, wie es bei mir zuging.

Ich glaube nicht, daß man diese Seite ganz verschweigen sollte – Du bist so tapfer und verkraftest alles – dabei muß es für Dich noch viel anstrengender gewesen sein – Du darfst nicht so tun, als sei es nur eine Lappalie gewesen – das war es gewiß nicht.

Jack war so klug – er wußte immer, was korrekt und richtig war – er verabscheute Hüte – aber er wollte, daß bei seiner Amtseinführung alles in der richtigen Form geschah – er entschied sich dafür, der Tradition zu folgen – er, der sonst für Kleidung und äußere Dinge so wenig Sinn hatte – er fühlte sich in dieser Kleidung nicht eben wohl – aber er wollte diesem Tag nichts von seiner Würde nehmen.

Ich erinnere mich, daß er sich zu unserer Hochzeit einen Cut leihen wollte – Grandpa sagte ihm, er sei verrückt, er solle sich einen machen lassen – dann sah er so hinreißend darin aus, und er trug ihn auch zur Amtseinführung.

Zu Jacks Beerdigung hatte Teddy keinen Cut – mein Mädchen ließ ihn am Abend der Beerdigung aus, damit er Teddy paßte – ich weiß nicht, wo er jetzt ist, aber er muß immer noch etwas weiter sein als an jenem glücklichen Tag, als Jack ihn trug.«

Ich möchte nun noch etwas über Ted sagen. Vor einiger Zeit wurden Eunice und ich von den Verlegern dieses Buches zum Lunch eingeladen, und irgend jemand fragte uns, »würden Sie lieber Senator oder die Mutter eines Senators sein?« Ich antwortete ohne Zögern, »die Mutter eines Senators«. Eunice sagte mit der gleichen Entschiedenheit, sie wäre lieber selbst Senator. Nun gut, jedem das Seine. Ich habe über meine Antwort nachgedacht und anschließend die Bemerkung in mein Tagebuch geschrieben: »Ich möchte lieber die Mutter eines großen Sohnes sein, als die Verfasserin eines bedeutenden Buches oder eine Künstlerin, die ein berühmtes Gemälde gemalt hat.«

In vieler Hinsicht gleicht Ted seinen Brüdern, er unterscheidet sich aber natürlich auch von ihnen, wie auch sie sich voneinander unterscheiden. Jedes Kind ist eine Persönlichkeit für sich, ein Produkt der faszinierenden und geheimnisvollen Gleichung »Veranlagung plus Erziehung«. Als dem jüngsten Kind und einem hübschen, gesunden kleinen Jungen brachten ihm, wie das wahrscheinlich in jeder Familie wäre, schon im zartesten Alter alle Menschen ihre Zuneigung entgegen, und das hat dazu beigetragen, daß er einen so fröhlichen und offenen Charakter hat und es für selbstverständlich hält, die Menschen gern zu haben und von ihnen gemocht zu werden. Um einen altmodischen, aber sehr treffenden Ausdruck zu verwenden, er hat ein »sonniges Gemüt«.

Anders als seine drei Brüder genoß er den großen Vorteil, daß sich sein Vater intensiv mit ihm beschäftigen konnte, denn er war noch nicht neun Jahre alt, als Joe seinen Botschafterposten aufgab und sich mehr oder weniger ins Privatleben zurückzog. Allerdings betätigte sich Joe, wie schon berichtet, immer noch im Geschäftsleben und in der Politik, und Teddy kam bald ins Internat. Aber während der Ferien, besonders in den langen Sommerferien in Hyannis Port, war Joe zu Hause bei seiner Familie, außerdem konnte er an allen Veranstaltungen in der Schule teilnehmen und sich um alles kümmern, was seinen Sohn Teddy betraf. Er hatte sich zwar – wie jeder, der dieses Buch bisher gelesen hat, feststellen wird – mit großem Interesse um alle seine Kinder bemüht, aber für Teddy hatte er viel mehr Zeit als für die anderen Söhne, und das machte natürlich etwas aus.

In seinem Beitrag für dieses Buch spricht Ted über den Einfluß, den sein Vater und ich seiner Meinung nach im Leben der Familie und besonders in seinem eigenen gehabt haben:

> »Die Charaktere meiner Eltern ergänzten sich erstaunlich gut. Von ihm ging ein motivierender, beherrschender und starker Einfluß aus, und er verlangte viel, besonders von seinen Söhnen. Sie war sanft, gütig und verständnisvoll, und sie machte es möglich, daß man seine Anforderungen akzeptierte und ihnen zu entsprechen versuchte. Von ihm gingen starke

Impulse und Forderungen aus. Bei ihr spürte man Mitgefühl, sie ermutigte und unterstützte uns.

Sie waren in dieser Hinsicht keine absoluten Gegensätze, denn mein Vater war gütig und verständnisvoll, und meine Mutter konnte recht streng sein. Sie verlangte hervorragende Leistungen, und zwar auch von sich selbst. Noch jetzt treffe ich sie, wenn ich nach Hause komme, oft dabei an, daß sie ihre französischen Sprachplatten abhört, oder sie geht auf dem Rasen auf und ab und liest in ihrem Notizbuch, in dem sie ihren Zitatenschatz gesammelt hat. Sie schreibt die Zitate für mich ab und schickt sie mir. Und immer noch korrigiert sie uns, wenn wir kein ganz korrektes Englisch sprechen oder grammatikalische Fehler machen.

Wenn man mit ihr spazierengeht, dann kann es auch noch heute vorkommen, daß sie fragt, ›wie würdest du das Licht beschreiben, das dort auf diese Bäume fällt und sich allmählich verändert, und wie würdest du dich ausdrücken, wenn du die verschiedenen Farbschattierungen des Grases bezeichnen solltest?‹ Sie benutzt jeden kleinen Spaziergang dazu, etwas für unsere Bildung zu tun.«

Ich glaube, Teddy hat es auch deshalb besser gehabt als seine Geschwister, weil er drei ältere Brüder hatte, die er sich zum Vorbild nahm und denen er gefallen wollte. Ich habe an anderer Stelle erzählt, wie sehr er ihnen vertraute, so daß er im Alter von sieben oder acht Jahren auf das Kommando von Joe jr. oder Jack in Eden Rock von einem hohen Felsen ins Wasser sprang, wissend, daß seine Brüder bereit waren, ihm sofort beizuspringen, wenn er zu hart aufschlagen sollte. Er selbst hat einige Erinnerungen an jene Zeit – wir lebten damals noch in Bronxville –, und die Erlebnisse, von denen er berichtet, haben wahrscheinlich die Bewunderung gestärkt, die er für seine Brüder empfand.

»Ich weiß noch, wie sie mir das Radfahren beibrachten und mich mit einem Fallschirm vom Garagendach springen ließen.

Damals hatte Bobby gerade ein Schwein. Er wollte Geld verdienen, um sein Taschengeld aufzubessern. Irgend jemand hatte ihm gesagt, man könnte mit Schweinemast Geld machen. Er kaufte sich ein Ferkel, sperrte es in einen Stall und fütterte es. Es war bereits ganz schön groß, als es eines Tages aus dem Stall ausbrach. Bobby ist wahrscheinlich gerade nicht zu Hause gewesen, denn ich erinnere mich noch, wie Joe und Jack das Schwein über den Rasen jagten. Es wieder einzufangen war nicht leicht, aber schließlich kriegten sie es doch, und ich fand das großartig. Wir lebten in Bronxville in einer guten Gegend, und die Nachbarn müssen sich ihr Teil gedacht haben. Ich glaube, im gleichen Jahr beschafften sie sich auch einen Alligator und setzten ihn in unser Schwimmbecken in Florida, um uns zu erschrecken.«

Ja, und das war die Zeit, als wir die beiden ins Internat brachten.
Ich kann nicht sagen, welche Brüder sich am ähnlichsten waren, denn jeder war eine Persönlichkeit für sich. Ich glaube aber, zwischen Jack und Teddy bestand eine besonders enge Beziehung, wenn auch nur aus einem ganz einfachen Grunde. In unserer großen Familie gibt es zwischen den Kindern zum Teil große Altersunterschiede, und als Jean geboren wurde, kam ich auf den Gedanken, Joe jr., der mittlerweile alt genug war, um ihr Onkel zu sein, sollte ihr Taufpate werden. Er fühlte sich durch diesen Vorschlag sehr geehrt. Aus solchen Einfällen kann sich, wie auch hier, eine Tradition entwickeln, denn als Ted zur Welt kam, schrieb Jack einen reizenden Brief, in dem er fragte, ob er die Patenschaft übernehmen dürfe. Das geschah dann auch. Als Ted alt genug geworden war, um die Bedeutung dieser Beziehung zu verstehen – nach dem Tode von Joe jr. –, erhielt die Beziehung zu Jack für ihn eine neue Dimension. Jack war nicht nur der bewunderte ältere Bruder, sondern auch der Pate, dessen Worte, Gedanken, Anregungen, Beispiel und Haltung, ja dessen ganze

Persönlichkeit geachtet werden mußten. Die beiden überlebenden älteren Brüder haben ihn beeinflußt. Ted selbst berichtet in einem Gespräch darüber:

»Als ich jünger war, hatte ich zu meinen Brüdern ganz verschiedenartige Beziehungen. Jack ist in den ersten Jahren mehr mein sehr viel älterer Freund gewesen. Immerhin lagen vierzehn Jahre zwischen uns, und zunächst hatte er kein besonderes Interesse an mir. Als ich sechs war, war er schon zwanzig Jahre alt, und als ich vierzehn war, war er bereits Kongreßabgeordneter.

Später, als er schon Senator und ich erwachsen war, entwikkelte sich zwischen uns Brüdern ein sehr enges Verhältnis. Zur Zeit seiner Präsidentschaft und als ich in den Senat gewählt worden war, hatte sich der Unterschied aufgrund des Alters schon fast ausgeglichen. Was jedoch nie verlorenging, war das Bewußtsein, daß er der ältere und ich der jüngere Bruder war.

Bobby war nur sieben Jahre älter als ich. Er konnte mich aber damals nicht als Gleichaltrigen behandeln, hat sich aber doch mehr mit mir beschäftigt. Während ich in Milton die sechste bis achte Klasse besuchte, interessierte er sich intensiver für mich, denn er war auf die gleiche Schule gegangen und kannte sie.

Ich glaube, etwa als ich in die zehnte oder elfte Klasse ging, verstärkte sich Jacks persönliches Interesse. Er machte mir Mut, wenn es um die Schule ging, und konnte gut zuhören. Ich glaube, von allen Geschwistern hat er mir am meisten beigestanden, wenn ich Schwierigkeiten hatte. Darüber hinaus war es stets ein besonderes Vergnügen, mit ihm zusammenzusein.

Er nahm für mich eine zwischen Vater und Bruder liegende Stellung ein. Aber wie das bei einem Bruder sein muß, war er zugänglicher und konnte schwierige Situationen etwas leichter nehmen.«

Dies ist nicht der Ort, über die Entwicklung von Teddy als jüngstem Bruder zum Staatsmann zu sprechen, aber einiges möchte ich doch noch erwähnen.

Nachdem Jack und Bobby gestorben waren, machte es sich Teddy zur Aufgabe, ihre Pläne und Ziele zu verwirklichen. Im Sommer 1969 hatte er die Führung der Demokratischen Partei im Senat und auf Bundesebene übernommen. Die Mitglieder der Partei glaubten damals, er sei der geeignetste Kandidat für die Präsidentschaftswahlen 1972. Aber das sind bekannte Tatsachen.

Was aber nur wenige Menschen wissen können, ist, daß er sich zugleich großzügig und fürsorglich um mich, Jackie, Ethel und die Kinder gekümmert hat. Er nahm praktisch die Vaterstelle für sechzehn Kinder ein. Das waren die zwei von Jackie, die elf von Ethel und seine eigenen drei. Er war bei Ethel in der Klinik, als ihr Jüngstes nach Bobbys Tod geboren wurde. Er brachte sie nach Hause, und als sie die Klinik verließen, hatte er das Baby auf dem Arm. Er übernahm alle möglichen Pflichten, die sich in den meisten Fällen einfach daraus ergaben, daß er der einzig überlebende Sohn war, und er hat sie, obwohl er ohnehin viel zu tun hatte, gern übernommen.

Das Wochenende, an dem die Regatta in Edgartown stattfindet, ist am Cape immer eine festliche Zeit. Die Leute kommen von überall her, und es gibt neben allem, was direkt etwas mit der Regatta zu tun hat, noch zahlreiche andere Veranstaltungen und Feste. Meine Kinder hatten sich immer daran beteiligt, und 1969 sollte keine Ausnahme sein. Ich wußte, daß Ted am Freitag, dem 18., von Washington nach Martha's Vineyard fliegen wollte, um mit Joey Gargan auf Jacks altem Boot *Victura* nachmittags an der Regatta teilzunehmen. Ich wußte auch – und zwar wahrscheinlich von Joey, denn es war seine Idee, und er war der Gastgeber und Organisator –, daß sie sich nach der Regatta in einem von Joey gemieteten Wochenendhaus auf der benachbarten Insel

Chappaquiddick Island zu einer ländlichen Mahlzeit treffen wollten. Ich kannte die Insel kaum, und Ted war vorher nie dort gewesen. Joey hatte hier mit einigen männlichen und weiblichen Wahlhelfern, die Bobby im Wahlkampf um die Präsidentschaft zur Seite gestanden hatten, ein Picknick geplant. Das alles hielt sich so sehr im Rahmen des Normalen, daß ich mir keine weiteren Gedanken darüber machte. Ich kannte solche Ausflüge seit meiner Jungmädchenzeit. Im politischen Leben sind die persönlichen Beziehungen sehr wichtig, und die Menschen, die in einem Wahlfeldzug mit so viel Hingabe für einen Kandidaten arbeiten, verdienen eine Geste des persönlichen Dankes und der Anerkennung. Ich hatte mit meinem Vater an vielen solchen Veranstaltungen teilgenommen.

Eines der eingeladenen Mädchen war Mary Jo Kopechne. Sie war eine der vertrauenswürdigsten Mitarbeiterinnen Bobbys in Washington und im Wahlkampf 1968 gewesen, bei dem es um die Präsidentschaft ging. Sie war eine treue, fleißige und in jeder Weise bewundernswerte junge Frau. Ethel und andere junge Frauen aus unserer Familie kannten sie gut. Sie und die meisten anderen waren im Sommer zuvor bei einem Picknick und einer Segelregatta in Hyannis Port zu Gast gewesen und hatten sich im Winter in Washington wiedergetroffen.

Die Weltpresse hat über die Ereignisse jener tragischen Nacht ausführlich berichtet, und außerdem sind sie in den mehrere hundert Seiten umfassenden Akten über die Leichenschau enthalten. Dieses Material ist vollständig veröffentlicht worden, und es berichtet, wie Ted über eine schmale Brücke fuhr, der Wagen sich überschlug und ins Wasser stürzte, und wie Mary Jo ertrank; wie es Ted gelang, aus dem Wagen zu kommen, obwohl auch er fast ertrunken wäre; wie er mehrmals tauchte, um Mary Jo zu finden, und dann zu dem Sommerhaus zurückging, um Joey und seinen Freund Paul Markham zu Hilfe zu holen; wie auch diese drei bei ihren Bemühungen keinen Erfolg hatten, und wie Ted den Unfall erst am folgenden Morgen meldete.

Ich habe Ted erst wiedergesehen, als er am Nachmittag nach dem Unfall nach Hyannis Port zurückkam. Tragische Vorfälle waren für Ted nichts Neues mehr. Wie die anderen Mitglieder unserer Familie hatte er eine Schwester und drei Brüder vor der Zeit verloren. Durch Gottes Gnade war er nicht – wie sein guter Freund Eddie Moss – 1964 bei dem Flugzeugabsturz in Massachusetts ums Leben gekommen, obwohl er sich das Rückgrat brach, das zwar erstaunlich gut verheilte, ihm aber noch heute Beschwerden macht. Zur Zeit der tragischen Ereignisse, von der unsere Familie betroffen wurde, haben sein Glaube und seine Tapferkeit uns andere inspiriert.

Diesmal war es anders und für mich erschütternd. Als ich ihn sah, glich er so wenig sich selbst, daß ich kaum glauben konnte, er sei mein Sohn. Seine gewöhnlich so positive Haltung, die er in anderen schweren Zeiten deutlich bewiesen hatte, war verschwunden. Er war unsicher, verwirrt, geistesabwesend und krank vor Kummer über den Tod der jungen Frau.

Ich hatte den Eindruck, daß sein Denken und Handeln an den unmittelbar auf den Unfall folgenden Tagen die eines Menschen waren, der einen schweren Schock erlitten hat. Er selbst wäre fast ertrunken. Seine Verletzungen verursachten ihm heftige Schmerzen. Er war verzweifelt und wurde von Gefühlsaufwallungen bedrängt. Das alles ging über die Grenzen dessen hinaus, was ein Mensch ertragen kann.

Ich war tief bekümmert, besonders nach den Tragödien, die dieser vorangegangen waren. Wir alle fühlten die Nachwirkungen des Geschehenen. An den Tagen nach dem Unfall beobachtete ich – ebenso wie meine Töchter – aufmerksam, wie Ted versuchte, sich wieder zu fangen. Unter der gewissenhaften Betreuung unseres Hausarztes, Dr. Robert Watt, der Teds Verletzungen behandelte, und mit Hilfe seiner natürlichen Widerstandskraft und Reserven fing er an, sich zu erholen. Viele Freunde kamen, um uns ihre Freundschaft und Hilfsbereitschaft zu zeigen, obwohl er eigentlich vor allem Frieden und Ruhe brauchte.

Nachdem er Ende der Woche vor Gericht erschienen war, um sich dafür zu verantworten, daß er den Unfallort verlassen hatte, stellte er sich der Bevölkerung von Massachusetts im Fernsehen. Er erklärte, was geschehen war und gab zu, daß seine Handlungsweise fraglos bedenkenswert sei. In Anbetracht dessen und nicht zuletzt auch aufgrund des unerfreulichen, destruktiven Klatsches, der über den Unfall verbreitet wurde, sagte er, er müsse überlegen, ob es richtig wäre, weiter im Amt zu bleiben.

Die Reaktion der Öffentlichkeit – mehr als 100 000 Telegramme und Briefe gingen ein –, die Meinungsumfragen, die Leitartikel und Kommentare waren günstig für ihn und überzeugten ihn davon, daß man über die Kritik an seinem Verhalten hinwegkommen werde, daß er immer noch wirksam für seine Wähler sprechen könnte und deshalb auch weiter im Senat und im öffentlichen Leben bleiben sollte.

Um den Kummer zu besänftigen, kann man nicht viel mehr tun, als die Hinterbliebenen wissen zu lassen, daß man Verständnis hat und mit ihnen fühlt. Vielleicht kann man auch versuchen, ihnen Hoffnung zu geben und ihren Glauben zu stärken. Ich meine, Briefe sind sehr hilfreich. Ich schrieb an Mr. und Mrs. Kopechne und versuchte, ihnen zu sagen, daß ich, die ich selbst meine Tochter Kathleen im gleichen frühen Alter von 28 Jahren verloren hatte, verstehen konnte, wie schmerzlich der Verlust für sie war. Und ich sagte ihnen, wie schwer es mir sei, daß mein Sohn etwas mit ihrem Kummer zu tun habe und daß ich in meinem Mitgefühl und mit meinen Gebeten bei ihnen sei. Später, als ich in New York war und erfuhr, daß auch sie in der Stadt waren, lud ich sie zu mir ein, und wir sprachen über die Freuden und den Kummer, die es im Leben eines jeden gibt.

In den auf die Tragödie folgenden Monaten arbeitete Ted ungewöhnlich hart im Senat und für seine Wahlkampagne zur Wiederwahl im Jahre 1970. Die Wähler in Massachusetts haben ihm klar ihr Vertrauen ausgesprochen.

Als sich die Parteien 1972 darauf vorbereiteten, ihre Kandidaten für die Präsidentschaftswahlen namhaft zu machen, zeigte es sich bei den Meinungsumfragen, daß Ted einer der beliebtesten Männer in den Vereinigten Staaten war.

Ich wollte nicht, daß er sich bewarb. Niemand, der ihm wirklich nahe stand, wollte das; weder die Familie noch seine alten Freunde und engen Mitarbeiter. Hier waren wir, glaube ich, alle einer Meinung. Sogar Fremde haben mir gesagt, »lassen Sie es nicht zu, Mrs. Kennedy«. Angesichts dessen, was unsere Familie bisher erlebt hatte, waren die Gründe offensichtlich, und ich möchte nicht mehr darüber sagen, als daß augenscheinlich immer noch zu viele Verrückte frei herumlaufen. Ich könnte einen solchen Verlust nicht mehr ertragen. Zudem trug er die Verantwortung für Jacks, Bobbys und seine eigenen Kinder, und diese Kinder brauchten ihn.

Viele Parteiführer und Anhänger der Demokratischen Partei haben ihn unter Druck gesetzt und verlangt, er solle sich für die Nominierung zum Präsidentschaftskandidaten aufstellen lassen. Dieser Druck verstärkte sich, als Senator McGovern nominiert wurde und es darum ging, einen Kandidaten für das Amt des Vizepräsidenten zu finden. Das konnte ich aus seinen Äußerungen entnehmen, denn er war zur Zeit des Parteikonvents viel bei uns in Hyannis Port und segelte oft mit den Kindern.

Vielleicht klingt es sonderbar, aber wir haben diese Frage nie im Detail miteinander besprochen. Wir haben nicht im Wohnzimmer auf dem Sofa zusammengesessen und gesagt, »Teddy, ich denke...« und »ja, Mutter, ich glaube, es ist so...« Das war nicht unsere Art. Es wäre zu plump gewesen und hätte nicht dem Verhältnis entsprochen, das wir zueinander hatten. Wir brauchen keine solchen Dialoge, um uns zu verstehen. Er wußte, ich war dagegen, daß er sich in diesem Jahr für eines der beiden Ämter aufstellen ließ, und es stellte sich sehr bald heraus, daß auch er nicht die Absicht hatte, sich darum zu bewerben.

Eines Tages mag Ted vielleicht beschließen, sich um die Präsidentschaft zu bewerben. Wenn Zeit und Umstände richtig sind, sähe ich ihn gern als Präsident, denn ich weiß, er würde diesem hohen Amt entsprechen und könnte Großartiges für das Land leisten. Aber für die unmittelbare Zukunft hat er noch wichtige Aufgaben im Senat zu erfüllen, besonders im Rahmen der Gesundheitspolitik. Außerdem sind die meisten meiner Enkelkinder noch klein und brauchen ihn noch. Natürlich wird Ted darüber selbst entscheiden, wie es auch seine Brüder getan haben. Aber wenn mich jemand fragen würde, ob ich meine, daß er 1976 für die Präsidentschaft kandidieren sollte, so würde ich sagen: hoffentlich nicht.

In den letzten Jahren ist mein Leben auch ohne einen Präsidenten in der Familie erfüllt und interessant gewesen. Es war so ereignisreich, daß ich mir die Zeit sehr genau einteilen mußte, wenn ich einen großen Teil dessen tun wollte, was ich mir vorgenommen hatte. Ich bin vom frühen Morgen bis spät abends beschäftigt (mit Ausnahme eines Mittagsschlafs), aber doch wird mir die Zeit oft knapp. Heute bin ich bereits über achtzig, und nach wie vor recht tätig, nehme an gesellschaftlichen Veranstaltungen teil, spreche im Fernsehen, und bin bei allem gesund geblieben.

Ich halte viel davon, immer aktiv zu bleiben, sich für das Leben zu interessieren, etwas zu tun zu haben und nie aufzuhören, zu lernen. Eine geruhsame Lebensweise macht faul, und Faulheit hat leicht körperliches Sichgehenlassen zur Folge. Innere Lebendigkeit, Intelligenz, Wissensdrang, Aufnahmefähigkeit, Interesse für andere Menschen und Lebensfreude sind besonders wichtig, wenn man älter wird.

Ich versuche, mich nach diesen Grundsätzen zu richten. Ich beschäftige mich viel mit den Hilfsprogrammen für die geistig Behinderten. Eunice hat zwar innerhalb der Familie die Leitung der zahlreichen von der Joseph-P.-Kennedy-jr.-Stiftung finanzierten Projekte, aber ich mache mich überall nützlich, wo es möglich ist. Wenn ich zum Beispiel eine Einladung annehme, im Werbefernsehen zu erscheinen, dann stelle ich immer die Bedingung, daß ich einen Teil der Zeit dazu verwenden darf, für die Hilfsprogramme zur Unterstützung der geistig Behinderten zu werben, etwas über die bestehenden Vorhaben zu erzählen, die Menschen zu Spenden für diese Arbeit aufzurufen und ihr Interesse zu wecken. Mit anderen Worten, für mich ist das jedesmal eine Werbesendung, die ich in den Dienst der Sache stelle, die mir am wichtigsten ist. Damit habe ich viel erreicht. Natürlich bekomme ich für mein Auftreten im Fernsehen auch recht ansehnliche Honorare. Die Schecks stelle ich der Stiftung zur Verfügung.

Was die Politik betrifft, so ist meine Einstellung dazu seit langer Zeit die gleiche. Als Sarge 1972 zum Kandidaten der Demokratischen Partei für das Amt des Vizepräsidenten gewählt wurde, spürte ich die gleiche Erregung wie früher und stellte mich freiwillig zur Verfügung, um ihm zu helfen. Ich hatte damals noch vieles andere zu tun und arbeitete schon an diesem Buch. Man hat mich deshalb nicht sehr stark eingespannt. Aber ich bin in jenem Sommer und Herbst einige Male auf die Reise gegangen und habe für die Kandidaten der Demokratischen Partei, McGovern und Shriver, ein paar kurze Ansprachen gehalten.
Heute schalte ich mich in das politische Leben nur ein, wenn es von mir verlangt wird und sich die Gelegenheit ergibt, etwas Nützliches zu tun. Offenbar nehme ich im öffentlichen Leben eine bestimmte Stellung ein, die sich schwer definieren läßt. Vielleicht darf man sagen, daß man mir Respekt entgegenbringt, und es wäre sinnlos, diesen Umstand nicht für einen guten Zweck auszunutzen. Ich halte keine großen Wahlreden, übernehme nicht den Vorsitz in Ausschüssen, beteilige mich nicht an Demonstrationen und versuche nicht, in belehrendem Ton meine Ideen und Hoffnungen durchzusetzen.

Auf einer Abendgesellschaft bei Freunden, als das Gespräch einen etwas trübsinnigen, ja morbiden Ton angenommen hatte, sah ich mich kürzlich veranlaßt, zu sagen: »Aber ich bin gewiß,

Gott will, daß wir glücklich sind und Freude am Leben haben. Er will nicht, daß wir traurig sind.« Mein Tischherr sah mich daraufhin an, als sei ein Wunder geschehen, er reagierte auf meine Worte, als sei er vom Donner gerührt, obwohl ich nur etwas gesagt hatte, an das ich seit jeher glaubte.

Auch heute zweifle ich nicht an der Richtigkeit dieses Grundsatzes. Gott hat die Welt geschaffen, und er hat uns geschaffen, damit wir eine Zeitlang darin leben. Wir schulden ihm unendlichen Dank und haben unsere Pflichten. Dazu gehört aber auch, daß wir uns am Leben freuen; an der Schönheit der Natur, an den Menschen und Dingen, an den guten menschlichen Beziehungen, daran, daß wir lachen können, daß uns der Duft einer Blume entzückt und daß wahre Liebe uns beglückt. Nach all diesen Freuden dürfen wir greifen und sie als unser Eigentum beanspruchen, weil wir Menschen sind, die nach Gottes Willen geschaffen wurden und nach seinem weisen Ratschluß die Fähigkeit besitzen, an diesem Leben Freude zu haben, in das er uns als Teil seines großen Plans gestellt hat. Der Vogel singt, wenn der Sturm sich gelegt hat. Warum soll sich der Mensch nicht ebenso an jedem Sonnenstrahl freuen, der ihm geblieben ist? Wären die Menschen doch dankbarer für das, was sie besitzen, anstatt darüber zu klagen, was sie nicht haben. Pessimismus bringt immer wieder neuen Pessimismus hervor, aber auch Optimismus schafft immer wieder neuen Optimismus.

Für bestimmte Aspekte meines Lebens wünsche und brauche ich Stabilität und Sicherheit. Ich habe festgestellt, daß ich, wenn ich gewisse Dinge zu bestimmten Stunden am Tage tue, nicht nur mehr leisten kann, sondern daß das ganze Leben dadurch geordneter wird, denn man weiß, was man am nächsten Tage tun wird oder wenigstens zu tun vorhat. Alle Familienmitglieder wissen, daß ich meine Zeit genau einteile.

Im allgemeinen liegt mir daran, im voraus zu wissen, was geschehen wird. Aber ich könnte nicht mein ganzes Leben so verbringen. Das wäre zu starr. Es gibt zu viele Imponderabilien.

Als kleines Mädchen faszinierten mich die Schaufenster von Schiffsagenturen und Reisegesellschaften mit ihren großen Plakaten, und ich stellte mir vor, wie es sein würde, wenn ich selbst überall dort wäre. Ich wünschte mir, Rom, Paris und London, Petersburg, Konstantinopel, Athen und Kairo, Rio und Addis Abeba, Tokio, Hongkong und Schanghai und all die anderen Orte kennenzulernen, die bisher nur in meiner Vorstellung existierten.
Diese Reiselust ist mir geblieben. Heute habe ich viel von der Welt gesehen, aber meine Wünsche sind noch nicht alle erfüllt. Solange ich noch lebe, suche ich Anregungen für Geist und Sinne durch das Kennenlernen mir noch unbekannter Gegenden und die Erfahrungen, die ich dort machen kann.
Mit Menschen geht es mir ähnlich. Es gibt diejenigen, die ich von Herzen liebe und mit denen ich immer wieder zusammen sein möchte. Es gibt Freunde, die ich schätze und möglichst oft sehen will. Natürlich gibt es auch Freunde, mit denen ich nicht oft zusammenkomme, weil wir durch große Entfernungen oder andere Umstände voneinander getrennt sind, aber ich liebe sie trotzdem. Aber außer den Menschen, mit denen mich die Bande der Verwandtschaft, Freundschaft und gemeinsamer Erinnerungen verbinden, komme ich gern mit den verschiedensten Menschen zusammen, weil jeder seine ganz persönliche Art hat und man die Menschen aus verschiedenen Gründen schätzt.
Ich möchte nicht gern viel mit Leuten zusammen sein, die immer ernst sind und sich unaufhörlich mit ernsten Dingen beschäftigen, andererseits würde es mich aber entsetzlich langweilen, einen großen Teil meiner Zeit mit Menschen zu verbringen, die glauben, ein angenehmes Leben bestehe aus gesellschaftlichen Veranstaltungen, Tees, Golf und Bridgeparties.
Auch jetzt unternehme ich noch weite Reisen, ich fahre nach Frankreich, Griechenland oder besuche andere Länder auf dem europäischen Kontinent; oder ich fahre zu den karibischen Inseln, wenn meine Freunde Guinness oder die Wrightmans mich einla-

den, sie auf ihren Jachten dorthin zu begleiten. Solche Reisen unternehme ich drei- oder viermal im Jahr. Darüber hinaus reise ich auch in den Vereinigten Staaten umher, um persönliche Besuche zu machen oder um im Rahmen meiner karitativen Projekte für die geistig Behinderten zu wirken. In den Sommermonaten allerdings bleibe ich meist zu Hause, weil dann die Kinder und Enkel nach Hyannis Port kommen. Da alle Erwachsenen und auch die älteren Enkel weit verstreut leben und den verschiedensten Tätigkeiten nachgehen, ist es bei uns zu dieser Zeit ein ständiges Kommen und Gehen, aber irgendwie gelingt es ihnen doch immer, mich wenigstens für kurze Zeit zu besuchen und das so einzurichten, daß möglichst viele Mitglieder der Familie gleichzeitig bei mir versammelt sind.

Als Jackie wieder geheiratet hatte, entschloß sie sich, das Haus, das sie mit Jack in Hyannis Port bewohnt hatte, auch weiterhin zu behalten, weil es für sie, für Caroline und John jr. so viel bedeutete. Die Kinder sollten immer die Möglichkeit haben, dorthin zurückzugehen; und sie machen häufig davon Gebrauch, wenn auch manchmal in längeren Zeitabständen. Unlängst hat Jackie gesagt, was Hyannis Port und die dortigen Familientreffen für sie bedeutet haben und jetzt noch bedeuten:

> »Wir haben die ersten vier Sommer unserer Ehe zum größten Teil mit der Familie in Hyannis Port zugebracht. Zunächst hatten wir dort noch kein eigenes Haus, und als wir eines hatten, bezogen wir es doch erst nach Carolines Geburt, weil Grandpa uns alle um sich haben wollte. Mr. Kennedy kaufte es für uns zwei Jahre vor Carolines Geburt. Zuerst war ich gegen dieses Haus, denn ich fand, es lag zu nahe an der Familiensiedlung. Aber jetzt bin ich froh darüber. Ich habe kürzlich einen Bericht der Harvard University gelesen, der sich mit der Frage nach den Grundlagen für ein glückliches Familienleben beschäftigt – eine Frage, die gerade in unserem unsicheren Zeitalter von besonderer Wichtigkeit ist. Es wurden natürlich

viele eng miteinander verwobene Faktoren genannt. Aber als wichtigstes oder doch fast wichtigstes Moment wurde die Situation bewertet, in der eine Anzahl von Familien einander gut kennen, an gemeinsamen Idealen und Werten festhalten und sich gelegentlich zu Mahlzeiten einladen. Eine solche Situation läßt sich in einem Dorf, in einer Kleinstadt oder in einem Wohnviertel herstellen, und sie ist genau das, was sich hier innerhalb der größeren Familie abspielt. Den größten Teil des Jahres leben sie voneinander getrennt, in verschiedenen Städten oder in verschiedenen Gegenden der gleichen Stadt. Aber sie kennen sich alle. Und hier kommen sie alle zusammen, und das, glaube ich, bedeutet ihnen sehr viel.

Nachdem ich Ari geheiratet hatte, kam ich die ersten beiden Sommer nicht mit den Kindern her, obwohl sie zwischendurch zu kurzen Besuchen hier gewesen sind. Doch in diesem Jahr bin ich mit ihnen für etwa den halben Sommer nach Hyannis Port zurückgekommen.

Und manchmal denke ich, daß die Zeit alle Wunden heilt ... und man vergißt gewisse Dinge ... ich kann mich zum Beispiel nicht mehr genau an Jacks Stimme erinnern ... Aber ich kann den Anblick von Photos immer noch nicht ertragen, auf denen Jack abgebildet ist, und außer im Kinderzimmer habe ich keine im Hause ... Als ich jetzt zurückkam, wurde ich von all den Erinnerungen fast erdrückt, weil dies das einzige Haus ist, in dem wir wirklich zu Hause waren. Hier wurden unsere Kinder geboren ... und nichts hat sich seither verändert ... und alles Gewesene wurde vor meinen Augen wieder lebendig.

Nachdem ich mich umgesehen und ausgepackt hatte, ging ich gleich hinüber, um sie zu besuchen. Wir setzten uns zusammen und sprachen über alle möglichen Dinge. Dabei bemerkte ich: ›Es erschlägt einen regelrecht, verstehst du das ...‹ oder etwas Ähnliches ... und noch am gleichen Abend rief sie mich an und forderte mich zu einem kleinen Spaziergang auf, weil sie nicht wollte, daß ich hier allein herumsitze und auf traurige

Gedanken komme. Ich dachte, ›diese Frau, die so viel Grund hat, traurig zu sein – daß ausgerechnet sie daran denkt, mich anzurufen!‹, das zeigt wieder einmal, wie sie wirklich ist. Am nächsten Morgen rief sie wieder an und fragte, ob ich nicht kommen und mit ihr schwimmen gehen wollte... Wieder dachte sie an mich und machte sich Gedanken, weil ich in diesem Haus mit meinen Erinnerungen allein war. Das ist typisch für sie.

Und allmählich wurde ich hier richtig glücklich. Die Kinder genießen den Aufenthalt, ihre Vettern und Kusinen sind hier, und alle Enkel lieben die Großmutter. Sie haben sie gern, sie fühlen sich von ihr angezogen, sie freuen sich über sie und achten sie... Und die Großmutter tut etwas sehr Vernünftiges. Sie läßt die Kinder in kleinen Gruppen zu sich kommen. So lädt sie zum Beispiel nur meine beiden zum Mittagessen ein oder kommt selbst zum Essen zu uns; ein andermal läßt sie vielleicht die Kinder der Lawfords kommen oder die drei Teenager; dann wieder beschäftigt sie sich mit den beiden kleinen Jungen, die sich für das Angeln interessieren oder mit den Collegestudenten. Sie unterhält sich mit jedem auf der Ebene, die ihn interessiert, und bringt die Kinder nicht in der großen Masse zusammen, wo jeder einzelne doch untergeht.

Sie gibt ihnen ihre Lieblingsspeisen zu essen, und das sind die gleichen wie schon bei ihren Kindern. In all den Jahren, die ich sie jetzt kenne, gibt es bei ihr immer die gleichen herrlichen Gerichte. Es sind die besten Gerichte der Welt, sozusagen amerikanische Hausmannskost... Immer wieder Apfelgelee, Karotten und Sellerie, die wunderbaren Brathähnchen, Ahornsirup, Eiskrem, Boston Cream Pie und all die guten Sachen, die die Kinder so gern mögen... herrlich zu wissen, daß es die besten Dinge im Hause der Großmutter gibt.«

Gewiß, manchmal fällt es mir schwer, mit den Enkeln das richtige Gesprächsthema zu finden. Die Zeiten haben sich verändert, und die Vorstellungen verändern sich mit den Generationen. Es ist schwer, mit ihrem Denken Schritt zu halten und zu wissen, was in dieser Saison gerade »in« ist. Aber meine Töchter und Schwiegertöchter sagen mir, ich soll getrost das gleiche tun, was ich bei der Erziehung meiner Kinder getan habe.

Einige unserer Enkel haben – natürlich auch auf Anregung ihrer Eltern, Tanten und Onkel –, ihre Meinung über das Leben geäußert, wie es sich heute in unserer Familie abspielt. Dabei haben sie auch gesagt, was sie über mich, über Hyannis Port und vieles andere denken, und das wird andere vielleicht ebenso interessieren wie mich. Jedes Ding hat seine Zeit, und sie sprechen natürlich aus dem Geist des jeweiligen Lebensalters. John jr. ist jetzt elf Jahre alt und wird bald zwölf. Einiges von dem, was er sagt, und was andere in den folgenden mündlichen Äußerungen von sich gegeben haben, mag mir schmeicheln, anderes wird mich vielleicht zum Erröten bringen. Aber darauf kommt es nicht an.

John jr.:

»Sie will, daß ich viel lerne. Und jedesmal, wenn man hinübergeht, fragt sie einen über Mathe, Geschichte und Sprachen aus, oder wer die Pilgerväter waren, wann sie hierherkamen und wie sie hießen. Und sie fragt, weißt du dies oder weißt du das. Und sie spricht über die Kirche und über das Lernen und versucht, dir etwas beizubringen. Sie redet viel, aber es ist interessant, was sie sagt. Manchmal spricht sie von meinem Vater und erzählt Geschichten, wie ungezogen er als kleiner Junge war, oder sie erzählt von ihren eigenen Streichen als kleines Mädchen. Sie lacht, und man muß mitlachen. Immer, wenn wir sie besuchen, erzählt sie ein paar von den gleichen Geschichten. Die meisten sind wirklich komisch.

Es gibt tolles Essen bei ihr. Sie hat wirklich guten Boston Cream Pie. Sie hat immer jede Menge Kuchen da und guten Pudding.

Ich würde gern jedes Jahr herkommen. Mir gefällt es.«

Caroline:

»Sie möchte, daß alle möglichst glücklich sind, und will wissen, ob sie etwas dazu tun kann. Ich meine, wenn andere glücklicher werden können durch etwas, was sie tun kann, dann tut sie es.

Sie kümmert sich um jeden. Sie will, daß jeder seine Chance hat.

Ich habe sie in New York gesehen, als sie bei der David Frost Show auftrat. Ich saß unter den Zuhörern. Die Leute, die hinter mir saßen, fanden sie schrecklich. Sie waren etwas älter als ich, und sie sagten, sie sei nicht mehr von dieser Welt usw., weil sie allen erzählt, man soll was tun und anderen helfen, so wie sie es für die geistig Behinderten macht. Die Leute mochten es nicht, daß ihnen jemand so etwas sagt. Aber ich fand, sie war wirklich gut.

Großmütter müssen nicht bei jeder Gelegenheit böse mit einem werden wie Mütter. Grandma wird nur böse, wenn man sich gegen andere Menschen schlecht benimmt – wenn man grob oder gemein ist. Aber sogar dann sagt sie es freundlich. Sie wird nicht richtig wütend. Sie macht nur eine kurze Bemerkung, so daß man weiß, daß man sich gegenüber einem anderen schlecht betragen hat.

Sie versucht, aus allem das Beste zu machen. Wenn sie ein Photo von mir sieht, dann sagt sie vielleicht, ›du mußt immer daran denken, daß du die Hände nicht an der Seite herabhängen läßt, denn dann siehst du schlanker aus‹. Oder sie sagt, ich soll mir nicht auf die Lippen beißen, weil ich davon vorstehende Zähne bekomme. Sie bemüht sich wirklich ehrlich darum, einem zu helfen, und wenn man etwas tut, dann ermutigt und lobt sie. Ich zeichne und male gern und schreibe Gedichte. Bestimmt nichts Großartiges, aber wenn ich ihr mal schreibe oder ein Gedicht schicke, dann antwortet sie mir und schreibt vielleicht, ›wir wissen, daß du nicht nur eine Künstlerin, sondern auch eine Dichterin bist‹.

Ich glaube, Großmütter sind meistens gut. Ich könnte natürlich sagen: alle Großmütter sind gut, aber Grandma ist die beste. Doch das würde dumm klingen. Es wäre einfach zu plump. Aber sie ist gut, und ich weiß, wenn ich sie wirklich brauchte, wäre sie immer da.«

Im September 1972 kam Caroline auf das Internat der Concord Academy. Ich war gerade in Paris und schrieb ihr von dort einen Brief. Vor einiger Zeit hat sie ihn mir zur Verwendung in diesem Buch zurückgeschickt und dazu geschrieben: »Du mußt ihn in das Buch aufnehmen, auch wenn darin kein Platz mehr ist, weil er so gut ist, so typisch ›Du‹, und das wäre sehr wichtig...« Also muß ich gehorchen:

Paris, den 22. September 1972

»Liebste Caroline,

Nur ein paar Worte, um Dir zu sagen, daß ich an Dich denke und hoffe, alles wird gutgehen, und Du wirst Dich nicht zu einsam fühlen... Die ersten Wochen in einer neuen Umgebung sind immer die schwierigsten. Laß Dich daher nicht entmutigen, sondern nimm die Herausforderung entschlossen an und sei Dir bewußt, daß die neue Schule in diesem Jahr Deine besondere Aufgabe ist. Bemühe Dich darum, es zu einem erfolgreichen und glücklichen Jahr zu machen. Das Leben, meine liebste Caroline, ist für Euch alle so herrlich, weil Ihr unter so günstigen Voraussetzungen immer wieder neue und aufregende Dinge erlebt. Suche so viel wie möglich über Concord und Neu-England in Erfahrung zu bringen, denn an diesem Lande hing Dein lieber Vater so sehr und er hat in seinen Reden ein paarmal wehmütig davon gesprochen.

Bleib immer guten Mutes, denn ich weiß, Gott hat uns viele Möglichkeiten gegeben, vergnügt und lustig zu sein, und davon sollen wir nach Kräften Gebrauch machen.

Wenn Du an der Concord Library, der Concord High School

oder an der katholischen Kirche vorbeikommst, dann denke an mich, wie ich vor fast siebzig Jahren mit Pferd und Wagen im Sommer zur Bibliothek gefahren bin, um mir Bücher von Louisa Alcott zu leihen, wie ich in der High School Latein gelernt habe und wie ich in der katholischen Kirche zur Messe gegangen bin. Wenn Du dorthin kommt, dann bete auch für mich, wie ich hier in Paris für Dich bete – damit alles gutgeht.
Ich bin überzeugt, mein liebes Enkelkind, Du wirst dort ebenso glücklich sein wie ich.
Ich bin mit meiner Liebe bei Dir und umarme Dich. Besuche mich möglichst oft in Hyannis. Grandma.«

Die Kinder von Bobby und Ethel sind von meinen achtundzwanzig Enkeln die ältesten und jüngsten. Die älteste Enkelin ist Kathleen. In der Familie nennen wir sie Cathy. Sie ist ein reizendes Mädchen, hochintelligent und interessiert sich für Sozialarbeit. Sie hat zum Beispiel eine Zeitlang bei den Indianern gearbeitet. Sie hat sehr ihre eigenen Vorstellungen. Das heißt natürlich auch, daß wir über manche Dinge, die ich für wichtig halte, nicht einer Meinung sind. Aber das ist in Ordnung. Ich gestehe ihr durchaus das Recht zu, anderer Meinung zu sein, und außerdem glaube ich, daß sie sich, wenn sie älter geworden sein wird, meinem Standpunkt annähern könnte. Doch wie das auch sei, im folgenden erfahren wir etwas über ihre Einstellung zum Leben.

Kathleen:

»Ich kam mit meiner Freundin in Paris an. Wir hatten unsere Rucksäcke auf dem Rücken, denn wir hatten die großartige Idee, mit dem Fahrrad durch das Loiretal zu fahren. In Paris regnete es, und wir wußten noch nicht, wo wir unterkommen würden. Deshalb sagte Anne, ›warum besuchst du nicht deine Großmutter?‹ Wir wußten nämlich, daß sie in Paris war und immer im Ritz abstieg. So zogen wir zum Ritz. Wir marschierten fünfzehn Häuserblocks weit, weil wir auf der falschen U-Bahnstation ausgestiegen waren. Wir erkundigten uns im Ritz nach ihr, und der Portier sagte mit tiefem Bedauern, Mrs. Kennedy wohne diesmal nicht hier, sondern im Plaza Athene. So machten wir uns dorthin auf den Weg.

Zunächst wollten sie uns gar nicht hineinlassen, weil ich wie üblich ungewaschene Jeans anhatte, einen Rucksack trug, eine schlampige Mütze auf dem Kopf und eine Art Regenmantel über den Schultern hatte. Ich sah nicht sehr repräsentabel aus. Wir riefen sie von der Hotelhalle in ihrem Zimmer an, und sie war völlig überrascht, denn sie wußte nicht, daß wir jetzt in Paris sein würden. Dann gingen wir hinauf, und sie traute ihren Augen nicht, als diese beiden ungewaschenen jungen Mädchen ins Zimmer kamen. Aber sie war großartig. Es verschlug ihr zunächst fast den Atem, und sie sagte, ›ja, setzt euch nur hin‹. Sie wußte nicht recht, was sie mit uns anfangen sollte. (Sie hätte natürlich gern gesagt: ›als meine Kinder in eurem Alter waren, zogen sie sich gern hübsch an. Ihr macht euch nichts aus solchen Kleidern. Was kann ich euch schenken?‹) Sie möchte immer helfen, nur weiß sie nicht recht, wie. Aber sie war großartig. Sie lud uns ganz groß zum Tee ein und forderte uns auf, das Badezimmer zu benutzen. Sie meinte, wir würden uns wohler fühlen, wenn wir gebadet und uns zurechtgemacht hätten.

Sie wollte uns in ihrem Hotel ein Zimmer besorgen, aber wir hatten das Gefühl, daß wir eigentlich nicht hierher paßten. Dann fingen wir an, zu telefonieren, erreichten ein paar Freunde, und sie sagten uns, es gäbe eine gute, billige Unterkunft am anderen Ende der Stadt. Dieser Gedanke beunruhigte sie. Wir gingen also alle hinunter, und sie fragte am Empfang nach dieser Unterkunft. Natürlich hatte niemand eine Ahnung davon, und die Leute waren sehr ablehnend. Grandma meinte, für einen Jungen wäre das vielleicht das Richtige – aber nicht

für Mädchen. Dann fuhr sie mit uns im Taxi auf das linke Seineufer und ging mit uns in ihrem langen Diorkleid in ein kleines, etwas schäbiges Hotel. Dort sprach sie mit dem Portier. ›Werden die Mädchen hier auch sicher sein? Hat das Zimmer eine Dusche?‹ Sie versuchte, Französisch zu sprechen, denn der Mann in diesem Hotel sprach nur Französisch. Aber sie war ganz groß und behielt die ganze Zeit ihren Humor.
Sie versucht, immer ihren Humor zu behalten. Sie will immer wissen, was geschieht, und ist wirklich interessiert. Und immer wieder stellt sie Fragen, um sich zu vergewissern, daß wir etwas lernen. Wenn wir z. B. an Notre Dame, am Invalidendom oder am Louvre vorüberkommen, fragt sie uns: ›wißt ihr, wann und warum das erbaut worden ist?‹ Oder sie fragt uns über Architektur aus: ›Kennst du den Unterschied zwischen dorischen, jonischen und korinthischen Säulen?‹ Wenn man es weiß, ist sie überrascht. Und dann diese etwas wehmütigen Fragen, ›darf ich dir nicht ein Kleid von Dior schenken?‹ und ›ich weiß nicht, Kathleen, was gefällt dir denn wirklich?‹«

Offen gesagt, die jungen Leute setzen mich manchmal in Erstaunen. Als ich jung war, fand man nichts dabei, wenn jemand möglichst gut aussehen wollte. Auch die Männer, die ein nur geringes oder bescheidenes Einkommen hatten, arbeiteten dafür. Sie wollten sich, ihre Frauen und Kinder anständig anziehen, und wenn sie Glück hatten und genug verdienten, wollten sie sogar die besten Kleider und Anzüge kaufen, die es gab. Zu meiner Zeit galt es als ein Vorzug, und man hielt es für ein großes Glück, wenn man das College besuchen konnte. Es war die Ausnahme, und man wußte es zu schätzen. Aber jetzt ist es vor einiger Zeit sogar vorgekommen, daß Studenten die Colleges niedergebrannt haben. Was soll das bedeuten? Als ich jung war, hielt man Nüchternheit und Mäßigkeit für normal und tugendhaft. Etwas wie die »Drogenkultur« unter den jungen Menschen wäre undenkbar gewesen.

Wenn man alt wird, lernt man aber auch, daß es nicht richtig ist, die Menschen ständig belehren zu wollen. Ich glaube an bestimmte Wahrheiten, über die ich noch sprechen werde, aber je mehr das Wissen und das Verstehen in dieser sich so schnell verändernden Welt zunehmen, desto bescheidener werde ich, denn ich muß erkennen, wie schnell die »etablierten Wahrheiten« ihre Gültigkeit verlieren. Ich versuche aufgeschlossen zu bleiben. Außerdem ist Honig wirkungsvoller als Essig, wenn man eine verirrte Biene anlocken will.

Kathleen:

»Man behauptet, Großmütter und Enkelkinder kämen immer gut miteinander aus. Die Eltern müßten streng sein, und ich glaube, das ist zum Teil auch richtig. Sie schreibt ihre Briefe an Mami, Eunice, Jean, Pat und Joan und schlägt vor, sie sollten uns sagen, wo wir unsere Fahrräder hinstellen sollen, was wir mit den Hunden tun sollen usw. Aber mit ihren Enkeln selbst ist sie anders. Zwar will sie uns noch belehren, aber sie stellt sich auch oft auf unsere Seite.

Sie hat die erstaunliche Fähigkeit, objektiv zu sein und sich über sich selbst hinwegzusetzen. Dann versteht sie, daß jemand gern Französisch spricht und sich auch sonst ganz ordentlich benimmt, daß es aber in den 1970er Jahren manchmal etwas absurd ist, immer korrekt zu sein, und daß man in gewisser Hinsicht heute unbekümmerter ist. Es ist jedesmal erstaunlich festzustellen, daß jemand über sich selbst lachen kann, besonders wenn er schon älter ist. Man denkt, die Leute werden weiser, wenn sie älter werden. Dabei vergißt man, daß dazu auch der Humor gehört. Wenn die Menschen den nicht hätten, dann würden sie auch nicht weise werden. Und das ist mit das Beste an ihr.«

Es ist sehr erfreulich, wenn einem eine Eigenschaft zugestanden wird, die man schon immer zu besitzen geglaubt hat, auch wenn sie im öffentlichen und privaten Leben gelegentlich nicht zum Ausdruck gekommen ist, weil man durch die lawinenartig auf einen zukommenden Ereignisse überfordert wurde. Ich habe allerdings immer geglaubt, auch über ein gewisses Maß an »Unbekümmertheit« zu verfügen, und kann das durch einen Vorfall belegen, der sich erst kürzlich zugetragen und eine Zeitung in Palm Beach veranlaßt hat, mich in einem Artikel als »Anhalterin« zu bezeichnen.

Ich war zu einem Lunch eingeladen, mußte aber früher aufbrechen, weil ich noch eine Verabredung hatte. John Ryan sollte mich im Wagen abholen. Wir hatten uns aber offenbar irgendwie mißverstanden. Ich wartete eine Zeitlang auf der Veranda, und als er nicht kam, ging ich die Auffahrt hinunter bis auf die Straße. Nachdem ich auch dort eine Weile vergeblich gewartet hatte, machte ich mich zu Fuß auf den Weg. Da ich jedoch noch eine weite Strecke vor mir hatte, und es an diesem Tage sehr heiß war, beschloß ich, eines der vorbeifahrenden Autos anzuhalten. Ich winkte mit dem Daumen, wie ich es bei anderen Anhaltern gesehen hatte. Ich hatte ein hübsches weißes Kleid mit einem schönen Halstuch an und trug einen Hut. Ich glaubte, ganz respektabel, ja sogar attraktiv auszusehen, deshalb war ich erstaunt, als ein Wagen nach dem anderen an mir vorüberfuhr. Es waren mindestens ein Dutzend. Endlich hielt ein Mann, und ich stieg ein.

Um nicht mißverstanden zu werden, sagte ich ihm, wer ich sei, und was mich veranlaßt habe, ein Auto anzuhalten. Er sah mich etwas verwundert an und fuhr mich freundlicherweise bis vor die Haustür. Am gleichen Nachmittag ging ich in ein Geschäft und traf dort zufällig denselben Mann beim Einkaufen mit seiner Frau. Ich ging auf das Ehepaar zu, stellte mich der Frau vor und sagte ihr, daß ihr Mann mich mitgenommen habe. Er hatte es ihr schon erzählt. Wir lachten, ich gab ihr die Hand, und damit war die Sache augenscheinlich erledigt. Aber nach ein paar Tagen bekam die Presse Wind von der Geschichte, und es erschien ein

Artikel mit einer Karikatur von mir und der Unterschrift: »Die schon über 80jährige Rose Kennedy ist unter die Anhalter gegangen...«

Die meisten meiner Enkelkinder sind noch zu jung, um schon zu wissen, was sie vom Leben erwarten. Sie denken an das nächste Taschengeld und die Süßigkeiten, die sie sich dafür kaufen wollen, oder sie hoffen, am nächsten Wettsegeln teilnehmen zu dürfen. Sie denken an Puppen und Fußball, Cowboys und Cowgirls, Forscher und Indianer, an Eiskrem, an das Kino, an Abenteuer und Boston Cream Pie.
Auch die älteren von ihnen sind noch zu jung, um wirklich zu wissen, was sie wollen. Ich werde nicht versuchen, ihnen meine Ideen und Wertmaßstäbe aufzudrängen. (Es würde auch kaum etwas nützen.) Und ich versuche nicht, sie über ihr Leben auszufragen. Es kommt zu selten vor, daß ich mich ungezwungen und ganz persönlich mit ihnen aussprechen kann, und deshalb weiß ich nicht, womit sie sich am liebsten beschäftigen oder wie sie über vieles denken. Ich weiß auch nicht, ob sie regelmäßig zur Kirche gehen. Zwar führen wir gelegentlich religiöse Gespräche, aber ich muß oft feststellen, daß ihre Ideen über die Kirche, den Glauben und Gott sehr unbestimmt und skeptisch sind. Deshalb kann ich sie nicht immer recht verstehen. Als ich mit ihnen über die Passionswoche sprach, interessierte sie das, aber obwohl sie katholische Schulen besucht hatten und einige von ihnen sogar im Heiligen Land gewesen waren, wußten sie nur wenig darüber. Die Vorstellung, daß man zur Fastenzeit in die Kirche geht, kam einigen von ihnen ganz abwegig vor. Aber natürlich hat sich auch die Kirche verändert. Die alte Regel, daß man freitags kein Fleisch ißt, oder daß man vor der Kommunion ab Mitternacht fastet (heute nur noch eine Stunde) und ähnliche Vorschriften haben sich ebenfalls geändert. Der tiefere Sinn dieser Regeln liegt darin, daß man lernen sollte, Opfer zu bringen. In meinem langen Leben sind auf allen Ebenen Veränderungen eingetreten. Ich

glaube, das ist in einer so langen Zeitspanne ganz normal, doch gegenwärtig verändert sich alles in einem geradezu ungeheuren Tempo, das sich künftig wahrscheinlich noch in schwindelerregendem Maße beschleunigen wird.

In dieser Welt des ewigen Wandels, in der man sehr leicht die Orientierung verliert, denke ich natürlich an meine Enkelkinder, meine Großenkel – wenn ich noch das Glück haben sollte, sie zu erleben – und künftige Generationen und überlege mir, ob ich ihnen noch etwas zu sagen habe, was ihnen wichtig sein könnte.

Bestenfalls kann ich ihnen bestimmte Ideen und Hoffnungen vermitteln und mich dabei auf die Einsichten anderer berufen, die früher gelebt haben oder heute noch leben und wesentliche Erkenntnisse vermitteln können.

Ich hoffe, es wird ihnen bewußt werden, woher sie stammen, und welchen Umständen sie ihre gegenwärtige Stellung im Leben verdanken. Auf der Seite der Familien Kennedy und Fitzgerald hatten sie Vorfahren, die ohne eigene Schuld recht arm und in vieler Hinsicht benachteiligt waren, die aber Phantasie, die Entschlußfreudigkeit, die Intelligenz und die Energie besessen haben, für sich und ihre Familien eine neue und bessere Welt zu suchen. Sie waren bereit, hart zu arbeiten, das ihnen auferlegte Leiden hinzunehmen, vorauszuplanen soweit es möglich war und dankbar jeden Glückszufall auszunutzen, der sich ihnen bot – oder, wenn das Glück nicht kommen wollte, jede Chance zu ergreifen. In kurzer Zeit, nach wenigen Generationen, war aus den schwer geprüften irischen Emigranten eine Familie hervorgegangen, die von der ganzen Welt bewundert wurde und sogar einen Präsidenten der Vereinigten Staaten hervorgebracht hatte. Das war in der Tat eine erstaunliche Geschichte. Die Kinder sollten diese Tradition fortsetzen, und ich hoffe, sie werden sich ihrer würdig erweisen.

Ich hoffe, sie werden erkennen und sich daran erinnern, daß sich eine solche Familiengeschichte kaum irgendwo anders als in den Vereinigten Staaten abspielen konnte. Ich hoffe, sie werden diesem Land immer von Herzen dankbar sein und werden die Verpflichtung fühlen, es »zu erhalten, zu schützen und zu verteidigen«. Wenn sie dazu in das politische Leben gehen und öffentliche Ämter übernehmen, desto besser, denn auch das gehört zur Familientradition, und ich würde mich freuen, wenn sie fortgeführt würde. Es gibt aber auch andere Berufe, andere Mittel und Wege, die gleichen Ziele zu verfolgen. Doch jeder sollte etwas für das Allgemeinwohl tun.

Ich hoffe, sie werden mutig sein, und meine Definition dieses Begriffs stimmt mit der des Sokrates überein:

> »Wir sind fähig, Risiken auf uns zu nehmen und sie vorher abzuschätzen. Andere sind aus Unwissenheit mutig. Wenn sie anfangen, nachzudenken, dann beginnen sie, nachzugeben. Aber der Mann, den man wirklich als mutig bezeichnen kann, ist derjenige, der am besten die Bedeutung dessen kennt, was im Leben angenehm und was schrecklich ist, und dann furchtlos dem ins Auge sieht, was auf ihn zukommt.«

Ich hoffe, sie werden stark genug sein, die unvermeidlichen Schwierigkeiten, die Enttäuschungen und den Kummer zu ertragen, die das Leben ihnen bringen wird, und zwar mit Würde und ohne Selbstmitleid. Sie werden erkennen, daß es im Leben eines jeden einzelnen tragische Ereignisse gibt und daß es aussehen kann, als werde diesem oder jenem besonders viel Schweres auferlegt, obwohl es in Wirklichkeit nicht so ist. Ich hoffe, sie werden erkennen, daß viele Menschen in der Welt sehr oft Schlimmeres zu ertragen hatten und daß der Schmerz nicht durch Tränen, sondern durch Entschlossenheit leichter zu ertragen ist.

Ich hoffe, die Kinder werden verstehen, daß unsere Lebensspanne nur kurz und jeder Tag und jede Stunde kostbar sind. Ich hoffe, sie werden, solange sie am Leben sind, dieses Leben in allen Dimensionen mit all seinen Verpflichtungen und mit allem Schönen, das es uns bietet, voll ausschöpfen. Dazu einige Sätze von Kardinal Newman:

> »Gott hat mich geschaffen, ihm in besonderer Weise zu dienen. Er hat mir eine Aufgabe gestellt, die er keinem anderen Menschen übertragen hat. Ich habe meine Mission. Ich habe Anteil an einem großen Werk. Ich bin ein Glied in der Kette, ein Bindeglied zwischen Menschen. Er hat mich nicht umsonst erschaffen. Ich werde mich bewähren. Ich werde für ihn wirken.«

Man fragt mich oft nach meiner »Lebensphilosophie«. Das ist ein großes Wort und zu gewichtig, als daß man leichtfertig darauf eingehen könnte. Doch bin ich davon überzeugt, daß ich – wie jeder andere – gewisse Grundsätze und Wertbegriffe habe, die im Hinblick auf meine Einstellung zum Leben und zu den Problemen, mit denen wir nach bestem Vermögen fertig werden müssen, von besonderer Bedeutung sind. Jetzt, da ich kurz vor Beginn meines vierundachtzigsten Lebensjahres stehe – wenn ich das gedruckt vor mir sehe, dann komme ich mir noch älter vor –, finde ich es interessant, darüber nachzudenken, was mein Leben trotz mancher schmerzlichen Erfahrungen so glücklich gemacht hat.

Ich bin zu dem Schluß gekommen, daß das wichtigste Element im menschlichen Leben der Glaube ist.

Wenn Gott mir alle seine Segnungen, Gesundheit, körperliche Kräfte, Reichtum und Verstand nähme und mir nur eine Gabe ließe, so würde ich um den Glauben bitten, denn mit dem Glauben an ihn, an seine Güte, Gnade und Liebe und mit dem Glauben an das ewige Leben könnte ich den Verlust seiner anderen Gaben wohl verschmerzen und trotzdem glücklich sein. Ich könnte ihm vertrauen und alles seiner unfehlbaren Vorsehung überlassen. Wenn ich meinen Tag mit einem Gebet beginne, in dem ich mich ihm weihe und ihm mein ganzes Vertrauen schenke, dann bin ich vollkommen ruhig und glücklich, gleichgültig, welche Schicksalsschläge mich erwarten, weil ich weiß, sie sind Teil seines göttlichen Plans, und er wird für mich und die Menschen sorgen, die ich liebe.

Für mich bedeutet Glaube das unaufhörliche Bewußtsein der Existenz Gottes; nicht als einer fernen und von mir getrennten Wirklichkeit, sondern als eines Gegenstandes der spirituellen Erfahrung, mit dem mich eine ganz persönliche Beziehung verbindet. Damit will ich nur sagen, daß die Existenz Gottes für mich ebenso wirklich ist wie meine eigene, und daß ich ihn als Herrn und Erlöser sehe, der in seiner Liebe mit allem verbunden ist, was er geschaffen hat. Er offenbart sich in seinem Wort und, für die Katholiken, auch ganz besonders in seiner Kirche. Und beide müssen im Glauben erfahren werden, damit man den Reichtum dessen erkennt, was sie beinhalten.

Wir müssen uns vor dem Gedanken hüten, daß der Glaube ein bloßes Fürwahrhalten sei, das wir uns einreden können oder das man sich mit dem Verstande aneignen kann. In Wirklichkeit ist Gott der Mittelpunkt des Glaubens, und für diejenigen, die ihn suchen, kommt der Glaube von ihm. Auch dürfen wir nicht meinen, der Glaube sei etwas, in das wir hineingeboren werden, eine Art Familienerbteil im religiösen Bereich. Obwohl wir unsere Kinder schon in sehr frühem Alter die sogenannten Glaubenswahrheiten lehren, muß jedes von ihnen auf einer bestimmten Entwicklungsstufe als menschliches Wesen um die Gabe des Glaubens beten. Es muß die Gabe des Glaubens persönlich annehmen und an ihr als einem persönlichen Eigentum festhalten.

Was ich sagen will, ist, daß wir aus dem Glauben und durch den Glauben zu einem neuen Verständnis unserer selbst und der Welt kommen, die uns umgibt. Er stellt alles in eine geistige Perspektive, so daß Liebe, Freude und Glück ebenso wie Kummer, Sorgen und Verlust zu Teilen eines großen Bildes werden, das weit über Zeit und Raum hinausreicht.

Es wenden sich oft Menschen an mich, die von einem überwältigend tragischen Schicksal getroffen sind – vielleicht haben sie ein geisteskrankes Kind oder sie haben den vorzeitigen Verlust eines nahen Angehörigen zu beklagen –, und während sie mir schreiben, sind sie oft der Verzweiflung sehr nahe. Natürlich empfinde ich ein starkes Mitgefühl für solche Menschen und versuche, sie so gut wie möglich zu trösten, obwohl das schwierig ist, wenn man sie nur durch die wenigen Worte eines verzweifelten Briefes kennt.

Ich sage ihnen dann, daß ich nach meiner eigenen Erfahrung zu der Überzeugung gelangt bin, man müsse sich vertrauensvoll an Gott wenden und wissen, daß seine Liebe und Güte immer in greifbarer Nähe sind und daß seine Vorsehung niemals Prüfungen zuläßt, die unsere Kräfte übersteigen. Wenn wir wirklich an seine Gegenwart und Güte glauben können, sind wir nie allein oder verlassen.

Während meines langen Lebens sind es drei religiöse Übungen gewesen, die mich immer besonders inspiriert haben. (Der Rosenkranz hat mir geholfen, ein glückliches Leben in der hingebenden Liebe zu Gott, im Dienst an meiner Familie, meinen Freunden und meinen Nächsten zu führen.) Für manche Menschen mag der Rosenkranz ein bedeutungsloses Symbol sein. Aber wenn ich nicht schlafen konnte, wenn ich im Flugzeug saß und mir Sorgen machte, oder wenn ich verzweifelt über die Krankheit meines Mannes im Zimmer auf- und abging und den Rosenkranz in der Hand hielt, dann tröstete er mich, flößte mir Vertrauen ein, beruhigte mich, und ich verstand durch den Beistand der heiligen Mutter Gottes, an die ich mich mein ganzes Leben auch in glücklichen und erfolgreichen Zeiten gewendet habe, daß sie jetzt Verständnis für mich haben und mich in meinem Kummer trösten wird. Manchmal habe ich meinen Freunden, wenn sie mit ihren Problemen nicht fertig werden konnten, einen Rosenkranz geschenkt, und immer wieder haben sie gesagt, »O Rose, hätte ich nur deinen Glauben! Wenn ich dem

Allmächtigen doch nur so vertrauen und so an ihn glauben könnte wie du!« Deshalb habe ich auch meine Kinder und Enkel dazu angehalten, den ihnen überlieferten Glauben anzunehmen, zu pflegen und ihn nach Möglichkeit durch Gebet, Lesen und Forschen zu stärken und zu versuchen, sich über dogmatische Fragen zu informieren, die sie nicht verstehen können.

Die zweite religiöse Übung, die mir viel gegeben hat, ist die Meditation von Kardinal Newman. Sie tröstet mich, wenn ich den Mut verliere und mich in einem scheinbar ausweglosen Dilemma befinde, wenn unerwartete Wendungen eintreten, deren Ursache ich nicht erfassen kann.

Eine große Quelle der Inspiration ist für mich der Kreuzweg. Wie wir wissen, stellen die vierzehn Stationen des Kreuzweges Ereignisse aus den letzten drei Stunden im Leben unseres Herrn kurz vor seinem Tode dar. Oft vollziehe ich diesen Weg in der Kirche nach und knie vor jeder einzelnen Station, wie ich auch in Jerusalem auf der Via Dolorosa gekniet habe. In den ersten Stationen, wo die falschen Anschuldigungen gegen ihn erhoben werden, sehe ich den schweigenden Jesus. Ich sehe, wie seine Mutter ihm an der vierten Station begegnet, ohne über das grausame Schicksal zu klagen, das ihm bevorsteht, und ich bitte sie, auch mir und meinen Kindern zu helfen, unser Kreuz zu tragen. Ich sehe, wie Jesus auf diesem Wege dreimal stürzt, niedergedrückt von der körperlichen Erschöpfung und dem Gewicht des Kreuzes, wie er aber seinen Weg dennoch unverzagt und ohne zu klagen weitergeht, und ich denke an seine Worte im Garten Gethsemane, mit denen er sich an seinen Vater wendet: »Nicht mein Wille, sondern dein Wille geschehe.« Ich wiederhole seine Worte immer und immer wieder. An der zwölften Station, an der er starb, denke ich an meine Söhne, an die letzten Augenblicke ihres Lebens, an ihre entscheidende Mission zum Wohle der Menschheit, und ich neige mich schweigend vor Gottes heiligem Willen. Ich denke an meinen ältesten Sohn Joe, dessen Flugzeug über dem englischen Kanal explodierte. Ich denke daran, wie ich mit gebrochenem

Herzen am Sarg von Jack in der Rotunda in Washington gekniet habe, und ich weine noch einmal bei dem Gedanken an die Beisetzungsfeierlichkeiten für Bobby in New York, als Ethel und seine zehn Kinder dem Sarge folgten. An der vierzehnten Station sehe ich die Mutter Gottes zum letztenmal dabeistehen, als ihr Sohn ins Grab gelegt wird, und wieder denke ich an die Menschen, die ich liebe, und der Gedanke, daß ebenso wie Jesus Christus auferstanden ist, auch mein Mann und meine Söhne eines Tages auferstehen und mit mir glücklich vereint sein werden, ohne daß wir uns je wieder trennen müssen, gibt mir neue Kraft und neuen Mut. Mein Geist wird erfrischt, das Herz wird froh, und ich danke Gott für meinen Glauben an die Auferstehung, während ich tapfer versuche, mir die Tränen abzuwischen.